Aktuelle Beiträge zum öffentlichen Recht

herausgegeben von:

Rolf Gröschner
Martin Morlok
Helmuth Schulze-Fielitz

Band 5

Die Europäische Zentralbank:

Zwischen Selbstbestimmung und vertragsmäßiger Zusammenarbeit mit der Gemeinschaft

Ute Reumann

Centaurus Verlag & Media UG 2001

Die Autorin, geb. 1972, absolvierte ein Studium der Rechtswissenschaften an der Universität Würzburg, Promotion im Jahr 2000. Sie ist als Rechtsanwältin in einer Rechtsanwaltskanzlei in Frankfurt am Main tätig.

Die Deutsche Bibliothek – CIP-Einheitsaufnahme

Reumann, Ute:
Die Europäische Zentralbank : zwischen Selbstbestimmung
und vertragsmäßiger Zusammenarbeit mit der Gemeinschaft /
Ute Reumann. - Herbolzheim : Centaurus-Verl.-GmbH & Co. KG, 2001
(Aktuelle Beiträge zum öffentlichen Recht ; 5)
Zugl. Würzburg, Univ., Diss., 2000

ISBN 978-3-8255-0325-3 ISBN 978-3-86226-382-0 (eBook)
DOI 10.1007/978-3-86226-382-0

ISSN 0941-4363

Satz: Vorlage der Autorin
Umschlaggestaltung: DTP-Studio, Antje Walter, Lenzkirch

Danksagung

Die vorliegende Arbeit wurde von der Juristischen Fakultät der Bayerischen Julius-Maximilians-Universität Würzburg im Sommersemester 2000 als Dissertation angenommen. Das Manuskript wurde im Mai 2000 abgeschlossen. Mein herzlicher Dank gilt Herrn Prof. Dr. Bernhard Kempen für die fachliche und persönliche Betreuung der Arbeit. Herrn Prof. Dr. Hugo. J. Hahn danke ich für die zügige Erstellung des Zweitgutachtens.
Ganz besonders zu danken habe ich meinem Lebensgefährten Frank, der mir durch seine Unterstützung die Fertigstellung dieser Arbeit noch im Sommersemester 2000 erst ermöglicht hat. Auch meinen Eltern Karin und Gerhard und meiner Schwester Heike gebührt an dieser Stelle großer Dank.

Würzburg, im Juli 2000

Inhaltsverzeichnis

Teil 2
Verhältnis der EZB zu verschiedenen Institutionen der EG und der Mitgliedstaaten

Kapitel 1

Abkürzungsverzeichnis

a.A.	anderer Ansicht
a.a.O.	am angegebenen Ort
ABl.	Amtsblatt
Abs.	Absatz
a.E.	am Ende
a.F.	alte Fassung
Anm.	Anmerkung
AöR	Archiv des öffentlichen Rechts (ZS)
Art.	Artikel
AT	Österreich
Aufl.	Auflage
AWD	Außenwirtschaftsdienst des Betriebsberaters (ZS)
BayVBl.	Bayrische Verwaltungsblätter (ZS)
BB	Betriebsberater (ZS)
BBPS	Beutler / Bieber / Pipkorn / Streil
BBank	deutsche Bundesbank
BBankG	Bundesbankgesetz
BE	Belgien
Bearb.	Bearbeiter
Beih.	Beiheft
bezügl.	bezüglich
BIZ	Bank für internationalen Zahlungsausgleich
BR-DrS	Bundesratsdrucksache
BT	Bundestag
BT-DrS	Bundestagsdrucksache
BVerfG	Bundesverfassungsgericht
BVerfGE	amtliche Entscheidungssammlung des Bundesverfassungsgerichts
CMLR	Common Market Law Review (ZS)
DE	Deutschland
ders.	derselbe
d.h.	das heißt
dies.	dieselbe /dieselben
Diss.	Dissertation
DK	Dänemark
Dok.	Dokument
dt.	deutsch
DVBl.	Deutsche Verwaltungsblätter (ZS)
EA	Europaarchiv
EAGV	Vertrag über die europäische Atomgemeinschaft
EEA	Einheitliche Europäische Akte
EG	Europäische Gemeinschaft
EGKS	Vertrag über die Gründung der Europäischen Gemeinschaft für Kohle und Stahl
EGV	Vertrag zur Gründung der Europäischen Gemeinschaft; Artikel in der Numerierung des Vertrags von Amsterdam, alte Fassung angegeben in Klammern (ex Art...)
EIB	Europäische Investitionsbank
EP	Europäisches Parlament

ES	Spanien
ESZB	Europäisches System der Zentralbanken
etc.	et cetera
EU	Europäische Union
EuGH	Gerichtshof der Europäischen Gemeinschaften
EuGRZ	Europäische Grundrechte-Zeitschrift (ZS)
EuR	Europarecht (ZS)
europ.	europäisch
EUV	Vertrag über die Europäische Union
EWI	Europäisches Währungsinstitut
EuZW	Europäische Zeitschrift für Wirtschaftsrecht (ZS)
evtl.	eventuell
EWR	Europäischer Wirtschaftsraum
ex	ehemalig
EZB	Europäische Zentralbank
f / ff	folgende
FAZ	Frankfurter Allgemeine Zeitung
FI	Finnland
Fn.	Fußnote
FR	Frankreich
FS	Festschrift
Geldpol.	Geldpolitik
gem.	gemäß
GeschO	Geschäftsordnung
GG	Grundgesetz
GR	Griechenland
Graph.	Graphik
GTE	von der Groeben / Thiesing / Ehlermann
Hrsg.	Herausgeber
HVPI	harmonisierter Verbraucherpreisindex
ICLQ	International and Comparative Law Quarterly (ZS)
IE	Irland
insb.	insbesondere
i.S.d.	im Sinne des
i.S.v.	im Sinne von
IT	Italien
i.V.m.	in Verbindung mit
J	Japan
JZ	Juristenzeitung
Kap.	Kapitel
LU	Luxemburg
m.E.	meines Erachtens
m.w.N.	mit weiteren Nachweisen
NJW	Neue Juristische Wochenschrift (ZS)
NL	Niederlande

Nov.	November
Nr.	Nummer
o.ä.	oder ähnliches
Presseart.	Presseartikel
Prof.	Professor
PT	Portugal
RiA	Recht im Amt (ZS)
Rn.	Randnummer
RS	Rechtssache
Rspr.	Rechtsprechung
S.	Seite
SE	Schweden
Slg.	Sammlung
sog.	sogenannt
SZ	Süddeutsche Zeitung
u.a.	unter anderem
Unterabs.	Unterabsatz
UK	Vereinigtes Königreich
US	Vereinigte Staaten
u.U.	unter Umständen
u.v.a.	und viele andere
v.a.	vor allem
vgl.	vergleiche
v.H.	von Hundert
VO(en)	Verordnung(en)
Vorbem.	Vorbemerkung
VPI-EWU	Verbraucherpreisindex der Europäischen Währungsunion
VVDStRL	Veröffentlichungen der Vereinigung der deutschen Staatsrechtslehrer (ZS)
WFA	Wirtschafts- und Finanzausschuß
wiss.	wissenschaftlich
WM	Wertpapiermitteilungen, Zeitschrift für Wirtschafts- und Bankrecht (ZS)
WWU	Wirtschafts- und Währungsunion
ZaöRV	Zeitschrift für ausländisches öffentliches Recht und Völkerrecht (ZS)
z.B.	zum Beispiel
Ziff.	Ziffer
ZRP	Zeitschrift für Rechtspolitik (ZS)
ZS	Zeitschrift
z.T.	zum Teil

Wegen der umfangreichen Verweisungen auf Literatur aus den Jahren vor 1999 wurde im Text die Artikelzählung des Vertrags von Maastricht in Klammern als „ex Artikel" angegeben. Artikel ohne Klammer sind die der Fassung des Vertrags von Amsterdam.

Vorwort

1. Ziel der Untersuchung

Am 7. Februar 1992 wurde mit dem Maastrichter Vertrag[1] die Festlegung und Durchführung einer einheitlichen Geld- sowie Wechselkurspolitik beschlossen, die beide vorrangig das Ziel der Preisstabilität verfolgen (Art. 3a EGV). Dazu wurde gem. Art. 4a EGV[2] das Europäische System der Zentralbanken (ESZB), bestehend aus den nationalen Zentralbanken der teilnehmenden Staaten und der Europäischen Zentralbank (EZB) geschaffen.

Das gesamte ESZB wurde als unabhängiges System ausgestaltet. Das Ziel der vorgenommenen Untersuchung ist zunächst, schwerpunktmäßig darzustellen, in welcher Weise die Unabhängigkeit der Europäischen Zentralbank in den Verträgen von Maastricht und Amsterdam rechtlich abgesichert wurde. Begonnen werden muß daher mit einer Übersicht über die Normen, die dem Schutz der EZB dienen sollen und deren genauen Zweck und Reichweite. Insbesondere ist die Kernregelung des Art. 108 (ex 107) EGV zu beachten. Diese Norm verbietet Weisungen und Beeinflussungen der EZB, aber auch deren Annahme durch die Beschlußorgane der EZB. Ebenso ist aber aufzuzeigen, daß der EZB gerade wegen ihrer unabhängigen Stellung in ihrem Aufgabenbereich gem. Art. 105 Abs. 1 EGV klare Ziele und Grenzen gesetzt wurden. Strittig ist z. B. insbesondere der genaue Umfang der Unterstützungspflicht der EZB gem. Art 105 Abs. 1 Satz 2 EGV gegenüber der Wirtschaftspolitik in der Gemeinschaft.[3]

Schwerpunktmäßig muß daher die Einbindung der unabhängigen Zentralbank in das System der Gemeinschaft und ihrer Institutionen untersucht werden. Besonderes Augenmerk ist dabei auf das Verhältnis der EZB zu den Organen der Gemeinschaft, aber auch zu den Mitgliedstaaten zu legen. Eine Zusammenarbeit ist aufgrund zahlreicher Informationsrechte (so z.B. Art. 113 (ex 109b) EGV) und Verfahrensregeln (z.B. im Bereich der Wechselkurspolitik) im EGV vorgesehen. Hier wird versucht, eine Grenzlinie zwischen der notwendigen Unabhängigkeit

---

[1] Siehe ABl. Nr. C. 191 S.1.

[2] Nun nach dem Vertrag von Amsterdam (vom 2. 10. 1997 ABl. C 340 S. 173) unverändert Art. 4 und 8 EGV. Im Folgenden werden die Artikel in der Numerierung des Amsterdamer Vertrags verwendet. Da sich aber die Mehrzahl der Literatur noch auf die alte Zählung bezieht, ist diese zur Klarstellung zumeist in Klammern angegeben.

[3] Siehe hierzu nur die Anhörung des EZB-Präsidenten Duisenbergs vor dem Ausschuß für Wirtschaft und Währung des Europäischen Parlaments http://www.europarl.eu.int/dg2/econ/EMU/EN/default.htm am 20. 3. 2000 S. 5

der EZB und der ebenso notwendigen Koordinierung von Geld- und Wirtschaftspolitik aufzuzeigen.

Grundsätzlich muß zwischen den einzelnen Institutionen der Europäischen Union eine notwendige und für alle Seiten nützliche Kooperation stattfinden. Es muß aber auch im Falle einer Interessenkollision eine eindeutige Abgrenzung von Aufgabenbereichen und Befugnissen vorgenommen werden können. Diese nicht immer deutliche Grenzlinie soll hier herausgearbeitet werden. Dabei werden auch die Schutzmechanismen anzusprechen sein, die den einzelnen Institutionen gegen eine Aufgabenverkürzung zur Verfügung stehen. Herauszuheben ist dabei die Rolle des EuGH als Rechtsschutzinstanz, denn die EZB wurde umfassend in das Rechtsschutzsystem der Gemeinschaft eingearbeitet. Sie agiert jedoch in einem Bereich, der weite politische Ermessensspielräume offenläßt, so daß nach der tatsächlichen Effektivität des Rechtsschutzes für die EZB, aber auch nach ihrer Kontrolle und dem Rechtsschutz der anderen Institutionen zu fragen ist.

2. Vorbemerkungen allgemeiner Art

2.1. Stellung der nationalen Zentralbanken

Die nachfolgende Untersuchung erstreckt sich auf die Stellung der EZB. Die Geldpolitik wurde durch den Vertrag von Maastricht aber nicht der EZB alleine, sondern dem ESZB übertragen. Das bedeutet, daß bei einer Untersuchung in diesem Bereich die Stellung der nationalen Zentralbanken keinesfalls vernachlässigt werden darf, da sie die, die Geldpolitik ausführenden Institutionen sind. Man muß jedoch beachten, daß die EZB der Ort der zentralen Entscheidungsfindung ist, während Entscheidungen durch die nationalen Zentralbanken im ESZB dezentral umgesetzt werden. Die nationalen Zentralbanken sind rechtlich selbständig, sie müssen aber gem. Art. 12.2 Unterabs. 2 Satz 2 ESZB-Satzung[4] nach den Leitlinien und Weisungen der EZB handeln.

Da Grundsatzentscheidungen in den Beschlußorganen der EZB getroffen werden, wurde die Rolle der EZB gegenüber den Gemeinschaftsorganen untersucht, also in erster Linie beschränkt auf die europarechtliche Ebene. Die Verhältnisse in und zu den Mitgliedstaaten sind punktuell eingearbeitet. Es muß jedoch klar sein, daß, betreffend die Unabhängigkeit, jede Kette nur so stark ist, wie ihr schwächstes Glied. Das bedeutet, die Unabhängigkeit der EZB ist nur insoweit

---

[4] Protokoll über die Satzung des Europäischen Systems der Zentralbanken und der Europäischen Zentralbank ABl. Nr. C 191 vom 29. 7. 1992 S. 68.

geschützt, als die Unabhängigkeit der nationalen Zentralbanken in den Mitgliedstaaten nicht nur rechtlich sondern auch tatsächlich garantiert wird.

2.2. „EZB“

Die Arbeit spricht zumeist von der „EZB“. Wie ihre gesonderte Verankerung in Art 8. (ex 4a) EGV und die eigene Rechtspersönlichkeit (Art 106 Abs. 2 EGV, Art 9.1 ESZB-Satzung) erkennen lassen, sind das ESZB und die EZB keine Organe der EG, sondern eigenständige, dem Gemeinschaftsrecht aber voll unterworfene Institutionen.[5] Man kann sie daher als organähnliche unabhängige EG-Sondereinrichtung mit spezifischen Befugnissen[6] oder als Einrichtungen sui generis[7] bezeichnen. Über ihre Einordnung in das Gemeinschaftssystem herrscht Uneinigkeit, selbst darüber, ob die EZB überhaupt eine Institution der Gemeinschaft darstellt, oder nicht.[8] Diese Einordnung birgt aber wegen der ausführlichen Regelungen im EG-Vertrag im hier zu untersuchenden Zusammenhang nur punktuell Auswirkungen auf die Stellung der EZB oder auf ihr Verhältnis zu den einzelnen anderen Einrichtungen.[9]

Da die EZB eigene Rechtspersönlichkeit hat, handelt sie durch ihre Organe. Soweit die Unterscheidung zwischen den einzelnen Beschlußorganen nicht relevant für die Argumentation ist, wird auf eine genauere Differenzierung verzichtet und aus Vereinfachungsgründen die Gesamtbezeichnung „EZB“ gewählt.

---

5 Grabitz/Hilf Art. 4a EGV Rn. 1.

6 Oppermann Rn. 416.

7 GTE – Gnan / Wittelsberger Art. 107 Rn. 27.

8 Kritisch einer Einordnung als Institution der Gemeinschaft gegenüber: Hahn, Der Vertrag von Maastricht S. 42, 73; ders. JZ 99 S. 958 insb. Fn. 17. Siehe ebenfalls Selmayr AöR 99 S. 369ff und Zilioli / Selmayr CMLR 99 S. 285, jedoch dafür Stadler S. 94, ebenso Torrent CMLR 99 S. 1229ff.

9 Stadler a.a.O. Dies ergibt sich aus der Tatsache, daß die Aufgaben und Befugnisse der EZB und ihr Verhältnis zu den Organen der Gemeinschaft im Vertrag sehr ausführlich geregelt sind.

Teil 1
Die Unabhängigkeit der Europäischen Zentralbank und ihre Aufgabenstellung nach dem EGV

Die EZB wurde durch den Vertrag von Maastricht als unabhängige Institution mit der Aufgabe der Wahrnehmung der Geldpolitik[10] in der Wirtschafts- und Währungsunion geschaffen. Die Konstruktion einer Notenbank als unabhängige Zentralbank war bis dahin in den Mitgliedstaaten der EG nicht überwiegend vertreten, daher ist vorab ihr Sinn und Zweck zu erläutern. Insbesondere soll auch auf den Inhalt der Kernregelung über die Unabhängigkeit der EZB, nämlich Art. 108 (ex 107) EGV eingegangen werden.

Mit der Stellung als unabhängige Zentralbank ging eine klar definierte Aufgabenzuweisung einher. Gemäß Art. 105 Abs. 1 EGV wurde die EZB zur Verfolgung des Ziels der Preisstabilität verpflichtet, nachrangig aber in Satz 2 zur Unterstützung der Wirtschaftspolitik. Diese Aufgabenstellung gilt es, näher zu definieren und einzugrenzen. Des weiteren sind zusätzliche, von der EZB einzuhaltende Rechtsgrundsätze aufzuzeigen. Es wird daher untersucht werden, in welchem Maße die unabhängige EZB durch den ausdrücklichen Wortlaut des EGV oder durch seine Systematik in ihrer Aufgabenstellung bindende Vorgaben und Anforderungen einzuhalten hat, die sich auf die Ausführung ihrer Geldpolitik auswirken.

---

[10] Knapp definiert ist „Geldpolitik“ der Begriff für alle laufenden Maßnahmen der Notenbank im Bereich innerhalb eines Währungsraums. Dazu gehören die Änderungen der Notenbankzinsen, Einflußnahme durch Mindestreservesätze sowie Offenmarktoperationen der Notenbank. (Issing, Geldpolitik S. 1) Die Geldpolitik kann das Preisniveau nicht unmittelbar beeinflussen. Durch das Festlegen des Zinsniveaus und die Beeinflussung der Geldmenge wirkt die Geldpolitik aber mittelbar auf die Preise ein (Calliess – Häde Art. 105 Rn. 11).

Kapitel 1
Sinn und Zweck der Unabhängigkeit einer Zentralbank aus historischer Sicht

Von den meisten Volkswirten wird die Unabhängigkeit einer Notenbank als notwendig vorausgesetzt, um Preiswertstabilität überhaupt sinnvoll gewährleisten zu können.[11] Die Unabhängigkeit von Zentralbanken war vor 1999 in der Europäischen Union trotzdem weder die Regel,[12] noch war sie in der deutschen Verfassung eindeutig festgelegt.[13] Erst mit dem Vertrag von Maastricht[14] ist das Postulat der Zentralbankunabhängigkeit auf europarechtlicher Ebene eingeführt worden. Mit der Neufassung des Art. 88 Satz 2 GG am 21. 12. 1992 wurde es auch in die deutsche Verfassung eingeführt. Daher ist nun zuerst eine Definition einzelner Aspekte von Zentralbankunabhängigkeit zu finden. Dabei sollen die volkswirtschaftlichen Gründe für das Postulat der Unabhängigkeit näher beleuchtet werden.

1. Definition der Unabhängigkeit

Schon bei der Fassung des Bundesbankgesetzes im Jahre 1953 wurde der Ausdruck „Unabhängigkeit einer Notenbank" in den Gesetzgebungsmaterialien definiert. Die Notenbank ist demnach dann unabhängig, „wenn sie bei ihren währungspolitischen Entscheidung nicht der parlamentarischen Kontrolle unterliegt, nicht an Weisungen der Bundesregierung gebunden ist und nicht unter den Einfluß potentieller Interessenten an einer für die Sicherheit unserer manipulierten Währung gefährlichen Ausdehnung des Geldvolumens gerät."[15] Diese Definition ist allgemein gehalten. Um dieses Ziel der Währungssicherung zu erfüllen, bedarf es aus juristischer Sicht weiterer konkreter gesetzlicher Ausgestaltung, um

---

[11] Am eingängigsten: Beck S. 211; vgl. schon Delors-Bericht in: Dt. Bundestag, Wiss. Dienste I S. 25.

[12] Im Jahre 1990 waren nur in zwei der 12 Mitgliedstaaten der EG die Zentralbanken gesetzlich unabhängig. (Dt. Bundestag. Wiss. Dienste III, S.32), bis 1996 erfüllten nur wenige Zentralbanken die Anforderungen des Art 109 EGV , vgl. Jahresbericht EWI 1997 S. 118, dazu Scharrer S. 213f.

[13] Art. 88 GG alter Fassung regelte nur die „Errichtung einer Währungs- und Notenbank als Bundesbank."; zur Charakterisierung dieser Bank vgl. BVerwGE 41 S. 334ff (354) m.w.N., Hahn, BayVBl 1982 S. 34f.

[14] ABL. Nr. C 191 S. 1ff vom 7. 2.1992.

[15] BT-DrS. 3603/2. Wahlperiode 1953 sogenannter „Scharnbergbericht" S. 5, Janzen S. 89.

die Notenbank vor Beeinflussung zu bewahren.[16] Das EWI hat eine Liste mit den verschiedenen Aspekten der Zentralbankunabhängigkeit für die nationalen Zentralbanken des ESZB erstellt, wobei zwischen institutionellen, personellen und finanziellen Aspekten unterschieden wird. Dieselben Anforderungen wurden auch in den Text des EGV eingearbeitet, um die Unabhängigkeit der EZB zu gewährleisten. Sie können als allgemeingültige Definition angesehen werden. Die Unabhängigkeit einer Zentralbank wird hier mit einer Ausschlußliste definiert: Rechte Dritter (z.B. Regierung und Parlament) sind nicht vereinbar mit dem Vertrag und/oder der Satzung, wenn es den Dritten ermöglicht wird,

- Zentralbanken oder deren Beschlußorganen Weisungen zu erteilen,
- Entscheidungen von Zentralbanken zu genehmigen, auszusetzen, aufzuheben oder aufzuschieben,
- Entscheidungen der Zentralbanken aus rechtlichen Gründen zu zensieren,
- in Beschlußorganen einer Zentralbank mit Stimmrecht vertreten zu sein,
- (vorab) zu Entscheidungen einer Zentralbank konsultiert zu werden.

Diesen Anforderungen mußten als gesetzliche Garantie sowohl der EGV als auch die nationalen Notenbankverfassungen entsprechen. Wo derartige gesetzliche Regelungen und Verbote fehlen, dort ist vor der Aufnahme in die Währungsunion auch zukünftig eine Änderung der Gesetzes- oder Vertragstexte unbedingt notwendig.[17]

Im Folgenden wird nun untersucht werden, ob der Text des EGV als primärrechtliche Verankerung der Unabhängigkeit der EZB diesen Anforderungen entspricht.

Sowohl in der volkswirtschaftlichen als auch in der juristischen Literatur gibt es viele Versuche, den Aspekt Unabhängigkeit zu klassifizieren. Unabhängigkeit wurde in verschiedene Komponenten aufgespalten. Die einzelnen Elemente der Unabhängigkeit wurden dabei oftmals verschieden eingeordnet und benannt.[18] Die folgende Einordnung erscheint mir am sinnvollsten.[19] Unstrittig sind jedoch

---

[16] Siehe schon für das Bundesbankgesetz: Scharnbergbericht a.a.O.

[17] Dies ist vor allem auf die Zentralbankverfassungen der Mitgliedstaaten zu beziehen, die an der Währungsunion demnächst teilnehmen wollen. Siehe auch Jahresbericht des EWI 1997, S. 116.

[18] Zu diesem Problem schon Issing Unabh. S.16.

[19] Folgend Hahn, BayVBl 1982 S. 33 Fußnote 9 m.w.N.

auch bei unterschiedlicher Einordnung generell die Inhaltspunkte, auf die bei der Bewertung der Unabhängigkeit Wert gelegt wird.

1.1. Institutionelle Unabhängigkeit

Der Begriff institutionelle Unabhängigkeit beschreibt die Stellung der EZB im Gefüge des EGV.[20] Dies beinhaltet zum einen die Verleihung eigener Rechtspersönlichkeit der EZB gem. Art. 107 (ex 106) Abs. 2 EGV, zum anderen sind hier aber auch die hohen Hürden des Art. 48 (früher N) EUV für ein Vertragsänderungsverfahren zu beachten. Sowohl eine Änderung der Art 105 ff EGV, als auch der Satzung des ESZB,[21] die Teil des EGV ist, muß einstimmig durch alle Mitgliedstaaten erfolgen. Im Gegensatz zu der früheren Regelung in Deutschland[22] ist eine Aberkennung des Unabhängigkeitsstatus dadurch erheblich erschwert.

1.2. Funktionelle oder sachliche Unabhängigkeit

1.2.1. Umfang

Die funktionelle Unabhängigkeit[23] beinhaltet in erster Linie die Weisungsfreiheit der Zentralbank. Das bedeutet, daß es der Exekutive untersagt ist, auf die Zentralbank durch Weisungen oder auf andere Art direkten Einfluß auszuüben. Die Zentralbank hat gem. Art. 108 (ex 107) EGV von Weisungen oder Einflußnahmen jeglicher politischer Instanz unabhängig zu sein.[24]

Die funktionelle Unabhängigkeit bezieht sich auch auf den Spielraum der Zentralbank bei der Konzipierung und bei der Durchsetzung der Geld- und Währungspolitik, also die alleinige Befugnis des Emissionsinstituts zur Anwendung seiner Einflußinstrumente. Dies wird im Folgenden auch als instrumentelle Unabhängigkeit bezeichnet. Grundsätzlich setzt die Autonomie einer Zentralbank die funktionelle Unabhängigkeit ohne Verpflichtung auf konkurrierende wirtschaftspolitische Ziele voraus.

---

[20] Janzen S. 95ff; Endler S. 504ff.

[21] Zu den „Ausnahmen" im technischen Teil der Satzung vgl. Teil 2 Kap. 1 Punkte 3.4.1. bis 3.5.5.

[22] In Deutschland konnte das Bundesbankgesetz als einfaches Gesetz jederzeit vom Bundestag abgeändert werden.

[23] Die funktionelle Unabhängigkeit wird zusammen mit der „instrumentellen" Unabhängigkeit oft auch als materielle Unabhängigkeit benannt, z.B. Lampe S. 19, Janzen S. 118ff, Issing, Geldpolitik S. 11; oftmals wird sie als Teil der institutionellen Unabhängigkeit angesehen, vgl. Bofinger S. 191, Schmidhuber S. 9.

[24] Siehe hierzu ausführlich das gesamte Kapitel 2 des Teil 1.

1.2.2. Beschränkung des Handlungsraums als Ausfluß der Unabhängigkeit

Die Anforderungen an den Aufgabenbereich der EZB wurden in vielen volkswirtschaftlichen Arbeiten konkretisiert. Gerade um eine effektive Arbeit, also eine Zielerreichung bei vollständiger Unabhängigkeit zu gewährleisten, muß der Aufgabenbereich frei von sich widersprechenden Verantwortungen sein. Für die EZB darf keine Verpflichtung bestehen, eine Beschäftigungs- und Defizitpolitik der EG oder einzelner Mitgliedstaaten zu unterstützen, die den Geldwert gefährdet. Die EZB darf nicht dazu verpflichtet aber, um effektiven Schutz zu erlangen, auch nicht berechtigt sein, Staatsschulden zu finanzieren. Auch von Interventionsverpflichtungen auf dem Devisenmarkt, die im Rahmen einer Wechselkursstabilisierungspolitik entstehen, muß die EZB entbunden sein, falls dadurch Gefahren für den Geldwert entstehen könnten. [25] Die Geld- und Wechselkurspolitik der EZB darf also keinesfalls für die Verfolgung anderweitiger Ziele instrumentalisierbar sein. Diese Aspekte der Unabhängigkeit beinhalten auch eine Beschränkung für den Handlungsspielraum der EZB. Gewisse Maßnahmen sind ihr verboten oder es sind durch genaue Regelungen ihre Entscheidungs- und Handlungsmöglichkeiten eingeschränkt worden. Daher ist die Unabhängigkeit der Notenbank nur partieller Natur.[26] Sie ist nur auf den monetären Eigenbereich bezogen. Durch die Zielvorgabe des Art. 105 EGV wird sie noch zusätzlich beschränkt.

Ein theoretischer Ansatz in der Volkswirtschaftslehre unterscheidet zwischen „goal independence“ und „instrument independence“. Goal independence besteht dann, wenn die Notenbank ihre Ziele frei wählen kann oder zumindest darüber entscheiden kann, welche konkreten Zielwerte sie für ein vorgegebenes Ziel anstrebt. „Instrument independence“ liegt vor, wenn eine Notenbank die Freiheit besitzt, alle geldpolitischen Instrumente nach eigener Wahl und auf eigene Weise zu benutzen.[27] Eine sogenannte „goal independence“ liegt im Falle der EZB aber nicht vor. Das widerspricht der Systematik des Vertrags, der die Ziele für die EZB ausdrücklich in Art. 105 EGV festgeschrieben hat. Dieser Artikel hat die Zentralbank eindeutig auf das alleinige Ziel der Preiswertstabilität verpflichtet und somit ihre Aufgabe klar vorgegeben.[28]

---

[25] Siehe Teil 2 Kapitel 1 Punkt 4.2.1.3. Fn. 515.

[26] Hahn BayVBl 1982 S. 36.

[27] Bofinger S. 183, Fischer 1995, S. 202.

[28] Vgl. die Ausführungen bei Issing, Unabh. S. 28. Siehe auch später Teil 1 Kap. 3 Punkt 1.

1.3. Finanzielle oder vermögensrechtliche Unabhängigkeit

Auch die finanzielle Unabhängigkeit ist notwendig für effektive Arbeit der Zentralbank, wenn auch nicht von entscheidender Bedeutung.[29] Zentralbanken, die ihr Budget nicht eigenständig aufstellen oder über angemessene Mittel verfügen, sind letztlich leichter beeinflußbar in ihren Entscheidungen.[30] Ihre Geldpolitik kann einen anderen Schwerpunkt bekommen,[31] da sie sich bei der die Finanzmacht innehabenden Stelle verantworten müssen, oder nicht frei über ihr eigenes Kapital bestimmen können. Dies könnte Einfluß auf die einzelnen Instrumente haben.

Nach Art 28.2 der Satzung des ESZB dürfen lediglich die unabhängigen nationalen Zentralbanken Inhaber und Zeichner des Kapitals der EZB sein. Dadurch ist die finanzielle Unabhängigkeit der EZB gewährleistet.[32]

1.4. Personelle Unabhängigkeit

Die personelle Unabhängigkeit bezieht sich auf die Ernennung und Abberufung von Zentralbankgouverneuren. Durch den „Pluralismus der Ernennungsinstanzen“ und die relativ lange Amtszeit ohne Möglichkeit der Wiederwahl soll für die Zentralbanker eine Situation geschaffen werden, in der sie ohne Druck von politischen Instanzen arbeiten können.[33]

2. Bemessungsmodelle

Nach diesen Kriterien haben verschiedene volkswirtschaftliche Arbeiten sich damit beschäftigt, eine Einordnung anhand einer Bemessungsskala für die verschiedenen Zentralbanken vor der EWWU zu erstellen. Im Jahre 1990 waren auf einer dieser Skalen nur drei von den insgesamt 12 bemessenen Notenbanken weitestgehend unabhängig.

---

[29] Janzen S. 144ff.

[30] EWI Jahresbericht 1997 S. 117.

[31] Stark S. 7.

[32] Zur Einflußmöglichkeit des Rats siehe Teil 2 Kapitel 1 Punkt 3.4.4.

[33] Zum Aspekt der personellen Unabhängigkeit siehe ausführlich Stadler, S. 126 ff; Beck, S. 217ff; Endler, S. 424ff; die genauen Anforderungen an die nationalen Zentralbanken in: EWI Jahresbericht 1997 S. 117; kritisch zur personellen Unabhängigkeit an sich: Vaubel S. 104. Die Problematik der Amtsenthebung später bei Teil 2 Kapitel 5 Punkt 3.6.

Land	Beziehung zur Regierung					geldpolitische Instrumente		Index der Unabhängigkeit
	1	2	3	4	5	6	7	8
Belgien		•		•	•	•	• •	6
Dänemark		•			•	•	• •	5
Deutschland	•	•	•	•	•	•	•	7
England	•	•	•	•		•		5
Frankreich				•	•	•	• •	5
Griechenland				•		•		2
Irland		•	•	•		•		3
Italien				•				1
Niederlande			•	•	•	•		4
Österreich			•	•	•	•	• •	6
Portugal				•		•		2
Schweiz		•	•	•	•	•	• •	7
Spanien			•	•			•	3
USA	•	•	•	•	•	•	•	7

1. Es bestehen direkte Kreditfazilitäten, die aber nicht automatisch in Anspruch genommen werden können

2: Es bestehen direkte Kreditfazilitäten, die marktgerecht verzinst werden müssen

3: Es bestehen direkte Kreditfazilitäten, die nur temporär in Anspruch genommen werden können

4: Es bestehen direkte Kreditfazilitäten, die einer Obergrenze unterworfen sind

5: Die Notenbank erwirbt keine Wertpapiere direkt vom Staat

6: Der Diskontsatz wird von der Notenbank direkt festgesetzt

7: Die Notenbank ist überhaupt nicht für die Bankenaufsicht zuständig (• •), bzw. nicht alleine zuständig (•)

8: Index ökonomischer Unabhängigkeit als Summe der Zeichen in Spalte 1 bis 7

Tabelle 1: Zentralbankunabhängigkeit. Quelle: Bofinger S. 202, sowie S. 210

Es soll nun kurz der Zweck der Unabhängigkeit einer Notenbank skizziert werden, um den Sinn der Regelungen, die in den EGV Eintritt gefunden haben, verstehen zu können

3. Notwendigkeit der Unabhängigkeit

Auch in Deutschland wurde die Unabhängigkeit der Zentralbank in der Vergangenheit häufig kritisiert. Namhafte Politiker wie Adenauer[34] und Schmidt[35] sprachen sich gegen die bestehende Regelung der Unabhängigkeit aus.

Unter Theoretikern war die Notwendigkeit der Unabhängigkeit von Zentralbanken in den 70ern und 80ern umstritten, jedoch ist sie in den letzten Jahren anerkannt:

3.1. Unabhängigkeit der Notenbank als Mittel zur Wahrung der Geldwertstabilität

Der Grund hierfür liegt in erster Linie im Wesen und Verhalten der Politik und der damit befaßten Personen: Bei bestehender Ausgabefreudigkeit und Nachgiebigkeit gegenüber Interessengruppen ist die Finanzierung des Haushalts über die Zentralbank ein bequemer und politisch preiswerter Weg.[36] Es besteht immer die Gefahr, daß zugunsten kurzfristiger Interessen die Notenpresse angeworfen werden könnte, um Staatsschulden zu begleichen oder Staatsausgaben zu finanzieren.[37] Unabhängige Zentralbanker dagegen können das Ziel der Preiswertstabilität besser verwirklichen. Denn sie sind alleine diesem langfristigen Ziel verpflichtet und verlieren es nicht aufgrund damit unvereinbarer kurzfristiger politischer Interessen aus den Augen. Zu diesem Ergebnis sind übereinstimmend zahlreiche volkswirtschaftliche Veröffentlichungen gekommen,[38] aber auch aus geschichtlichen Aspekten finden sich hierfür genug Beweise. Zur Erreichung dieses Zieles stellt nach heute herrschender Ansicht die Unabhängigkeit der Notenbank vor Einflüssen durch die Politik und Interessengruppen das probate Mittel dar.[39]

---

[34] Auszüge aus der sog. Gürzenich-Rede Adenauers vom 23. Mai 1956 bei Issing, Unabh. S. 19 Fußn. 15.

[35] Siehe bei Ehrlicher / Simmert 82 – Issing S. 49.

[36] Hasse S. 121.

[37] Lastra S. 476, eine eingängige Erklärung für das Verhalten politischer Instanzen bei Kösters, S. 157ff.

[38] Beck S. 211; Bofinger S. 182ff; Hasse S. 121ff; Ehrlicher / Simmert 82 – Issing S. 53ff; Stark S. 4ff.

[39] Beck a.a.O., Schnelting S. 58.

Allein eine unabhängige Notenbank kann vermutlich die notwendige Glaubwürdigkeit erreichen, die eine wirksame Geldpolitik erfordert.[40]

3.2. Wirtschaftspolitisches Gegenargument

Dagegen wurde in den 70er Jahren oft ein wirtschaftspolitisches Argument gesetzt: Geldpolitik ist Teil der staatlichen Wirtschaftspolitik. Die Unabhängigkeit der Zentralbank kann zu Friktionen führen und die Erfolge der Wirtschaftspolitik verringern oder sogar verhindern, da Währungs- und Wirtschaftspolitik nicht ausreichend koordiniert werden können.[41]

Dieses Argument wird in weiten Teilen der Volkswirtschaft als überholt angesehen. So wurde zum Beispiel nachgewiesen, daß der Einfluß der Inflation auf die Arbeitsmarktsituation nur kurzfristiger Natur ist.[42] Eine Steuerung dieser Faktoren durch Einflußnahme auf die Geldpolitik ist somit bei weitem nicht so wirksam, wie damals erwartet. Die Risiken, die sich aus der Abhängigkeit ergeben, überwiegen außerdem einen eventuellen Vorteil. Dazu kommt ein rein „technisches" Argument: In einem unabhängigen Gremium aus Fachleuten erfolgt die Willensbildung in vereinfachter Weise, es gibt nämlich keine zeitliche Reaktionsverzögerung juristischer oder politischer Natur.[43] Die Geldpolitik der Zentralbank muß flexibel sein, um auf äußere Einflüsse angemessen schnell reagieren zu können. Diese Flexibilität ist bei der Führung durch die Regierung oder das Parlament nicht gewährleistet.

3.3. Gegenargumentation des „public choice"

Zweifel an der Standhaftigkeit und dem Stabilitätswillen der Zentralbanker meldeten schon von jeher verschiedene Gruppen von Ökonomen an. Milton Friedman wollte daher die Zentralbank unter die Aufsicht der Regierung stellen, aber gleichzeitig in der Verfassung eine starre Geldmengenregelung festlegen, um ebenfalls die Regierung von einer unzulässigen Einflußnahme abzuhalten.[44] Die Vertreter der sogenannten politischen Ökonomie lehnen die Unabhängigkeit mit dem Schlagwort: „Wer so unabhängig ist, daß er alles darf, der tut, was er will, und nicht was er soll."[45] ab und fordern bessere Kontrollmechanismen und An-

---

40 BIZ Jahresbericht 60 (1991) S. 198, Wagner S. 144f.

41 Hasse S. 121.

42 Zur Erklärung dieser sogenannten Phillips – Kurve und zu ihrer Ablehnung v.a. durch Milton Friedman Issing, Geldtheorie S. 207ff sowie ausführlicher Bofinger S. 22ff.

43 Hasse, S.121ff, ebenso Lastra S. 477.

44 Lastra S. 480; Issing, Unabh. S. 7, Kösters S. 160ff.

45 Vaubel S. 104

reizstrukturen für die Notenbankgouverneure, die auch Sanktionen im Falle eines Nichteinhaltens des Stabilitätszieles beinhalten.[46]

Diese Argumentation bezieht sich darauf, daß die niedrige Inflationsrate in den betreffenden Ländern auch dadurch verursacht worden sein kann, daß in der Öffentlichkeit ein besonderes Augenmerk auf die Stabilität der Währung gerichtet wurde und daher der Anreiz zur Einhaltung dieses Zieles besonders groß für Notenbanker war, weil sie Ansehen erlangen wollten.[47]

3.4. Konflikt mit dem Demokratieprinzip[48]

Die Gegner der Unabhängigkeit argumentierten außerdem mit einem staatrechtlichen Argument: Rechtspolitisch und demokratietheoretisch stellt eine unabhängige Zentralbank einen Fremdkörper in einer Demokratie dar, eine Art Nebenregierung, die sich dem allgemeinen Legitimationszwang entzieht.[49] Die Notenbank agiert in einem ministerialfreien Raum, ohne von den demokratisch legitimierten Instanzen angemessen kontrolliert zu werden. Unter ministerialfreien Räumen werden diejenigen Exekutivstellen verstanden, welche bei der Wahrnehmung der ihnen übertragenen staatlichen Kompetenzen von der Exekutivspitze teilweise oder völlig weisungsunabhängig sind.[50]

Aber auch diese Argumentation wurde in Deutschland bereits eingehend diskutiert und eine Rechtswidrigkeit abgelehnt. Weder aus dem Gewaltenteilungsgrundsatz, noch aus dem Demokratiegebot läßt sich jedoch ein starres Erfordernis rechtlich unbeschränkbarer parlamentarischer Kontrolle und Verantwortlichkeit der Regierung herleiten.[51] Eine ministerialfreie Verwaltung ist dann zulässig, wenn hierfür eine verfassungsrechtliche Möglichkeit der Zulassung besteht. Im Falle der Notenbank hat der Bundestag auf seine Kontrollrechte freiwillig verzichtet.

---

46 Vaubel S. 111, Beck S. 220, grundsätzliche Ausführungen zu diesem Thema bei: Frey, S. 1ff; einen umfassenden Überblick zu dem Themenfeld „Unabhängigkeit von Notenbanken“ gibt Eijffinger, Independent Central Banks and Economic Performance.

47 Kösters S. 165.

48 Zu diesem gesamten Problemkreis ausführlich: Waigel, Die Unabhängigkeit der Europäischen Zentralbank; Brosius-Gersdorf, Deutsche Bundesbank und Demokratieprinzip; sowie das sogenannte Maastricht-Urteil, BVerfG NJW 1993 S. 3047, zu diesem auch Winkelmann, Das Maastricht-Urteil des BVerfG.

49 Hasse S. 121.

50 Sodan NJW 1999, S. 1521 m.w.N.

51 BT-DrS. 3603/ 2. Wahlperiode 1953 Scharnbergbericht S. 13.

In Art 88 Satz 1 GG ist die Möglichkeit der Gestaltung der Notenbank als unabhängig ausdrücklich eingeflossen. Damit hat der Gesetzgeber das staatsrechtliche Eigengewicht der Zentralbank innerhalb der Exekutive anerkannt. Die Unabhängigkeit wird als notwendig erachtet, und angesichts des Zieles der Geldwertstabilität und seiner Auswirkung auf den gesamten Wirtschaftsraum ist hier ein Demokratiedefizit hinzunehmen. Das BVerfG führte in seinem „Maastricht – Urteil" aus: „Diese Modifikation des Demokratieprinzips im Dienste der Sicherung des in eine Währung gesetzten Einlösungsvertrauens ist vertretbar, weil es der – in der deutschen Rechtsordnung erprobten und, auch aus wissenschaftlicher Sicht, bewährten – Besonderheit Rechnung trägt, daß eine unabhängige Zentralbank den Geldwert und damit die allgemeine ökonomische Grundlage für die staatliche Haushaltspolitik und für private Planungen und Dispositionen bei der Wahrnehmung wirtschaftlicher Freiheitsrechte eher sichert als Hoheitsorgane, die ihrerseits in ihren Handlungsmöglichkeiten und Handlungsmitteln wesentlich von Geldmenge und Geldwert abhängen und auf die kurzfristige Zustimmung politischer Kräfte angewiesen sind. Insofern genügt die Verselbständigung der Währungspolitik in der Hoheitskompetenz einer unabhängigen Europäischen Zentralbank, die sich nicht auf andere Politikbereiche übertragen läßt, den verfassungsrechtlichen Anforderungen, nach denen das Demokratieprinzip modifiziert werden darf".[52]

4. Fazit

Die Unabhängigkeit der Zentralbanken ist nach alledem eine notwendige, wenn auch keine ausreichende Voraussetzung für Preisstabilität.[53] Es gilt als offensichtlich, daß die Höhe der durchschnittlichen Inflationsrate eines Landes unmittelbar mit dem Grad der Unabhängigkeit der entsprechenden Zentralbank zusammenhängt. Verschiedene Studien haben ergeben, daß, je unabhängiger die Zentralbank ist, desto geringer die Schwankungen in der Preisentwicklung dieses Landes sind.[54] Nach überwiegender Auffassung kann aber letztlich eine Zentralbank Stabilitätspolitik nur ausführen, wenn dieses Ziel von der Bevölkerung als grundlegend akzeptiert wird.[55]

---

[52] Maastricht-Urteil, BVerfG NJW 1993 S. 3047 (3057).

[53] Stark S. 7.

[54] Issing, Unabh. S. 10. Zusammenfassende Studie bei Alesina / Summers S. 151ff.

[55] Als Beispiel Woll S. 169 m.w.N. Kritisch zu dem Begriff der „Stabilitätskultur" allerdings Bofinger / Hefeker / Pfleger S. 121f.

Kapitel 2
Kernregelung zur Sicherung der Unabhängigkeit der EZB: Art. 108 (ex 107) EGV

Die zentrale Regelung zur Sicherung des unabhängigen Systems[56] der europäischen Zentralbanken stellt Artikel 108 (ex 107) EGV dar. Er entspricht inhaltlich dem Art. 7 der ESZB- Satzung:

> *„Bei der Wahrnehmung der ihnen durch diesen Vertrag und die Satzung des ESZB übertragenen Befugnisse, Aufgaben und Pflichten darf weder die EZB noch eine nationale Zentralbank, noch ein Mitglied ihrer Beschlußorgane Weisungen von Organen oder Einrichtungen der Gemeinschaft, Regierungen der Mitgliedstaaten oder anderen Stellen einholen oder entgegennehmen. Die Organe und Einrichtungen der Gemeinschaft sowie die Regierungen der Mitgliedstaaten verpflichten sich, diesen Grundsatz zu beachten und nicht zu versuchen, die Mitglieder der Beschlußorgane der EZB oder der nationalen Zentralbanken bei der Wahrnehmung ihrer Aufgaben zu beeinflussen."*

Der Vertrag verschließt damit formal- rechtlich die Möglichkeiten zur Beeinflussung der Geldpolitik von zwei Seiten. Die Zentralbank ist in ihrer Weisungsunabhängigkeit sowohl aktiv als auch passiv unantastbar.[57] Bereits ein Versuch der Beeinflussung gerät mit den Bestimmungen des Vertrags in Konflikt.[58] Artikel 108 (ex 107) ist dem Artikel 213 Abs. 2 EGV (ex 157 Abs. 2) nachgebildet,[59] der die Unabhängigkeit der Kommission regelt, geht aber sowohl inhaltlich als auch bezüglich der Genauigkeit der Formulierung weit über diesen hinaus.

---

[56] Das System der Zentralbanken ist auch ohne diese Regelung als Unabhängiges ausgestaltet, insoweit handelt es sich hier in erster Linie um eine zusätzliche Sicherung. (so auch GTE – Gnan / Wittelsberger Art. 107 Rn. 53).

[57] So auch für die Kommission: Smit/Herzog Art. 157 EGV, Anmerkung 157.05.

[58] Vergleiche dazu auch Stark S. 7.

[59] Zur vergleichenden Auslegung siehe Louis CMLR 1998 S. 43.

1. Systematik des Artikels

Artikel 108 (ex 107) EGV beinhaltet, wie schon erwähnt, zwei Regelungen. Satz 1 verbietet der EZB, den nationalen Zentralbanken und allen Mitgliedern der Beschlußorgane die Annahme von Weisungen von verschiedenen Stellen. Diese Formulierung erscheint sehr klar, birgt aber einige Probleme hinsichtlich des Auffangbegriffs der „anderen Stellen". Infolge dessen muß auch der Weisungsbegriff an sich genauer betrachtet werden. Satz 2 verpflichtet die Organe und Einrichtungen der Gemeinschaft sowie die Regierungen der Mitgliedstaaten, den Grundsatz des Satz 1 zu beachten und verbietet jeden Versuch der Einflußnahme durch diese Stellen. Auffällig ist hier, daß die „anderen Stellen" des Satz 1 nicht mehr erwähnt sind. Des weiteren bezieht sich Satz 2 nicht mehr auf die Zentralbanken als Ganzes, sondern schützt nur noch die einzelnen Mitglieder der Beschlußorgane vor Beeinflussung.

2. Festlegung der Adressaten des Verbots des Satz 1

Satz 1 richtet sich an die zu schützenden Stellen direkt und verpflichtet sowohl die EZB als auch die nationalen Zentralbanken selbst zur Wahrung ihrer Unabhängigkeit. Dasselbe gilt ausdrücklich auch für die einzelnen Mitglieder der Beschlußorgane. Dies geschieht durch ein explizites Verbot der Annahme von Weisungen, das über eine bloße Obligation hinausgeht.

Die Beschlußorgane der EZB, deren Mitglieder betroffen sind, sind in Art. 107 (ex 106) Abs. 3 EGV aufgezählt, nämlich der EZB-Rat und das Direktorium. Ihre Zusammensetzung bestimmt sich nach Art. 10 und 11 ESZB-Satzung. Diese Aufzählung ist jedoch nicht vollständig; auch der Erweiterte Rat[60] ist ein Beschlußorgan der EZB. Dies ergibt sich aus Art. 45 ESZB-Satzung. Zu seinen Mitgliedern zählen sowohl die Präsidenten der Zentralbanken der Staaten, die an der Währungsunion teilnehmen als auch die Präsidenten der Zentralbanken der Mitgliedstaaten, die nicht an der Währungsunion teilnehmen. Sein Aufgabenbereich ist gem. Art. 45.1 ESZB-Satzung i.V.m. Art. 107 (ex 106) Abs. 3 EGV eingeschränkt, insoweit als er von der Leitung des ESZB ausgeschlossen ist. Ungeachtet dessen werden ihm in Art. 47 ESZB-Satzung abschließend eigene Aufgaben zugewiesen. Diese betreffen in erster Linie organisatorische Bereiche, aber auch gewisse beratende Tätigkeiten. Auch an die Mitglieder des Erweiterten Rats ist daher das Verbot gerichtet, Weisungen entgegenzunehmen.[61] Das bedeutet im

---

[60] Zur Zusammensetzung des Erweiterten Rates und seinen Hauptaufgaben vgl. Europäische Zentralbank, Pressemitteilung vom 9. Juni 1998 S. 23f ; GTE – Weber nach Art. 109 m, Satzung ESZB und EZB Art. 47. Siehe auch noch unten Teil 2 Kapitel 6 Punkt 2.2.

[61] Siehe auch GTE – Gnan / Wittelsberger Art. 107 Rn. 58.

konkreten Fall, daß, soweit Fragen der Währungsunion betroffen sind, auch die Mitglieder des Erweiterten Rates aus England, Schweden, Dänemark und Griechenland, also die Präsidenten der dortigen Zentralbanken, von dem Verbot umfaßt sind. Bei einer Erweiterung der Union beträfe dies auch die neu hinzukommenden Staaten. Das Verbot der Weisungsannahme des Art. 108 EGV gilt für diese Präsidenten allerdings nur innerhalb des Aufgabenkreises des Europäischen Systems der Zentralbanken, das heißt, für die Präsidenten in ihrer Stellung als Mitglied des Erweiterten Rats.

Die Unabhängigkeit der nationalen Zentralbanken als solche ist gem. Art. 109 (ex 108) EGV geregelt.

Im Gegensatz zu Art. 8 der Satzung des EWI[62] gilt das Verbot der Weisungsannahme nun auch ausdrücklich für die nationalen Zentralbanken des ESZB und deren Mitglieder. Der Aufbau der nationalen Zentralbanken ist hierbei gleichgültig, es sind aufgrund der allgemein gewählten Formulierung „Mitglieder der Beschlußorgane" alle Entscheidungsträger betroffen. Während in der zweiten Stufe der Währungsunion im Tätigkeitsbereich des EWI noch Rücksicht auf die eventuell noch fehlende Unabhängigkeit der nationalen Zentralbanken genommen wurde, ist dies in der dritten Stufe hinfällig, da die nationalen Banken nun gemäß Artikel 109 (ex 108) EGV einen unabhängigen Rang haben müssen.

3. Verbotsumfang des Satz 1

In Art. 108 (ex 107) Satz 1 EGV werden die Stellen, von denen die Normadressaten keine Weisung entgegennehmen dürfen, in mehreren Gruppen aufgezählt.

3.1. Organe der Gemeinschaft

Das sind zum einen die Organe der Gemeinschaft. Sie sind in Art. 7 (ex 4) EGV abschließend genannt. Es sind demnach das Europäische Parlament, der Rat, die Kommission, der Gerichtshof und der Rechnungshof. Art. 7 (ex 4) EGV enthält einen Numerus Clausus der Organe der Gemeinschaft. Die Tatsache, daß von den Organen der Gemeinschaft die Rede ist, und nicht von den Organen der Gemeinschaften oder der Union schließt eine weiterreichende Geltung dieser Formulierung aus. Es sind also nur die in Art. 7 (ex 4) EGV genannten Organe gemeint. Eine vollständige Fusion zwischen den Gemeinschaften hat auch durch den Am-

62 Protokoll Nr. 19 zum Vertrag über die Europäische Union (ABl. C 191 S. 1ff vom 7.2.1992)

sterdamer Vertrag noch nicht stattgefunden.[63] Daher ist das politische Leitorgan der EU, der Europäische Rat[64], nicht einbezogen.

3.2. Einrichtungen der Gemeinschaft

Aber auch anderen Einrichtungen der Gemeinschaft ist es untersagt, Weisungen zu erteilen. Mit diesem Zusatz werden alle sonstigen Einrichtungen der Gemeinschaft umfaßt. Die institutionelle Hierarchie der Europäischen Gemeinschaft sieht eine Fülle von verschiedenen Einrichtungen zur Bewältigung der organisatorischen Aufgaben vor. Ihre Rechtsgrundlage kann aus dem Vertrag selbst resultieren. Einrichtungen der Gemeinschaft sind aber auch solche, die von den Organen selbst aufgrund allgemeiner vertraglicher Ermächtigung zur Rechtsetzung, also Art. 308 (ex 235) EGV,[65] geschaffen wurden. Zusätzlich gelten noch als Einrichtung der Gemeinschaft solche, die aufgrund der Organisationsgewalt eines oder mehrere Organe, also aufgrund der Geschäftsordnung der Organe geschaffen werden konnten. Nur wenige dieser Einrichtungen beschäftigen sich in ihrem Aufgabenbereich mit Währungspolitik oder angrenzenden Fachgebieten, so daß eine umfassende Aufzählung überflüssig erscheint.

Gesondert sind als sonstige Einrichtungen der Gemeinschaft die Ausschüsse des Art. 7 (ex 4) Abs. 2 EGV zu nennen, also der Wirtschafts- und Sozialausschuß, geregelt in Art. 257 ff (ex 193ff) EGV sowie der Ausschuß der Regionen, geregelt in Art. 263ff (ex 198a ff) EGV.[66] Die Aufgabe dieser Ausschüsse ist in Art. 7 (ex 4) EGV geregelt. Sie ist ausschließlich beratender Natur im Aufgabenbereich des Rates und der Kommission. Direkt im Spannungsfeld zwischen Zu-

---

[63] Oppermann Rn. 154; man kann aus völkerrechtlicher Hinsicht von einer Organunion sprechen, in der identischen Organen die Wahrnehmungszuständigkeiten verschiedener juristische Personen übertragen sind (so Grabitz / Hilf – Nettesheim Art. 4 EGV Rn. 5); zu dem komplizierten Rechtsverhältnis zwischen Europäischer Union und Europäischen Gemeinschaften vgl. ausführlich Dörr EuR 1995 S. 344, siehe auch Art. 47 des EUV.

[64] BBPS S. 57; differenzierend zur Stellung des Europäischen Rats: Grabitz / Hilf – Hilf / Pache Art. D EUV Rn. 7ff mit dem treffenden Hinweis, daß die EU selbst keine eigene Rechtspersönlichkeit besitzt, der Europäische Rat danach auch kein Organ der EU sein kann, ebenso Bleckmann Rn. 70; dagegen nun aber Wichard, EuR 1999 S. 178f; vgl. auch unten Punkt 3.3, zur genauen Abgrenzung zwischen supranationalem Gemeinschaftsrecht und intergouvernementalem, also zwischenstaatlich ausgestalteten Recht der Union siehe Koenig / Pechstein Rn. 9 ff.

[65] Genaue Aufschlüsselung bei Bieber, Handbuch I A 18 Art. 4 Rn. 44ff; als generelles Beispiel seien die Europäische Stiftung zur Verbesserung der Lebens- und Arbeitsbedingungen und das Europäische Zentrum für Berufsausbildung genannt.

[66] Zu deren genauer Stellung als Institutionen und Stellung als „organgleich" aufgrund Sonderregelungen, vgl. Oppermann Rn. 400 m.w.N.; Bleckmann Rn. 352 bezeichnet sie als „Nebenorgane".

sammenarbeit und Weisungsverbot ist der Wirtschafts- und Finanzausschuß des Art. 114 (ex 109c) Abs. 2 EGV als Einrichtung der Gemeinschaft zu erwähnen.[67]

3.3. Einordnung des Europäischen Rates

Die genaue Einordnung des Europäischen Rates in das System des Art. 108 (ex 107) EGV ist umstritten. In der Literatur wurden verschiedene Lösungswege erarbeitet, ihn in das System der Norm einzubeziehen. Man könnte ihn demnach sowohl einem Organ gleichstellen,[68] als Einrichtung der Gemeinschaft[69] oder als „andere Stelle"[70] betrachten.

Eine saubere Einordnung ist nur schwer möglich. Der Europäische Rat ist weder ein Organ der Gemeinschaft, noch im engeren Sinne in das System der Einrichtungen integriert. Er ist vielmehr eine politische Instanz in Form einer institutionalisierten, periodisch stattfindenden zwischenstaatlichen Konferenz,[71] deren Entscheidungen gemeinschaftsrechtlich nicht verbindlich[72] und auch nicht justiziabel[73] sind. Daß das Verbot der Weisung trotzdem in weitem Umfang auch für den Europäischen Rat gelten soll, ist aus der Entstehungsgeschichte des Vertrages zu entnehmen. Im französischen Vertragsentwurf war ein Mitspracherecht ausdrücklich vorgesehen. Diese Formulierung wurde aber abgelehnt (vgl. Art. 2.3 Abs. 2 und 4.1 des französischen Vertragsentwurfs zur WWU vom 25. 1.1991).[74] Der Europäische Rat gehört zu den Stellen, von denen nach Art. 107 EGV keine Weisungen entgegengenommen werden dürfen.[75]

Eine genaue Einordnung in das System dieses Artikels ist aber deswegen wichtig, weil sie den Umfang des Schutzes, den Art. 108 (ex 107) EGV gibt, mitbestimmt. Wird der Europäische Rat nämlich unter den Begriff der „anderen Stelle" subsumiert, so hätte das zur Folge, daß zwar die EZB oder die anderen genannten Schutzobjekte keine Weisungen entgegennehmen dürften, dagegen der Europäische Rat nicht explizit an einer Einflußnahme auf einzelne Mitglieder gehindert wäre. Die praktische Relevanz dieser Tatsache ist schwer abzuschätzen, dennoch wäre die Gefahr einer gewissen Signalwirkung gegeben.

---

67 Zur Aufgabenverteilung vgl. später Teil 2 Kap. 4 Punkt 2.2.
68 Endler S. 409.
69 GTE – Gnan / Wittelsberger Art. 107 Rn. 56, Seidel in FS Börner S. 427.
70 Grabitz / Hilf – Pernice, Art. 4a Rn. 2, Pipkorn EuR 1994 S. 65.
71 So Martenczuk S. 152ff, 174ff; Bleckmann Rn. 70, Streinz Rn. 230c.
72 Grabitz / Hilf – Hilf / Pache Art. D EUV, GTE – Jacqué Art. D EUV, Martenczuk S. 156.
73 Oppermann Rn. 301 m.w.N.
74 Siehe in Krägenau Wetter Dok. Nr. 64, S. 343ff.
75 Grabitz / Hilf – Pernice Art. 4a Rn. 2.

Fraglich erscheint, ob der Europäische Rat als Einrichtung der Gemeinschaft angesehen werden kann. Dies kann man dann bejahen, wenn der Europäische Rat durch eine originäre Aufgabenzuweisung in die Institution der Europäischen Gemeinschaft integriert wäre. Zum Teil wird dies bejaht mit dem Hinweis auf die Tatsache, daß mancherorts der Rat in seiner Zusammensetzung der Regierungschefs tagt, z.B. nach Art. 117 (ex 109 f) Abs. 2 EGV. In dieser Konstellation ist der Rat gem. Art. 203 (ex 147) EGV nahezu personengleich mit dem Europäischen Rat gem. Art. 4 EUV. Vereinzelt werden diese Gremien daher als identisch angesehen[76] oder gleichgestellt.[77] Diesen Schluß legt auch die feierliche Deklaration zur Europäischen Union vom 19. Juni 1983 in Stuttgart nahe, aus der man eine Gleichstellung herauslesen könnte.[78] Daß es sich hier keineswegs um dieselbe Institution handelt, erkennt man jedoch an Art. 99 (ex 103) Abs. 2 EGV. Hier werden dem Europäischen Rat einige Rechte zugeordnet. Es wird also innerhalb des Vertragstextes eindeutig zwischen den beiden Gremien unterschieden. Diese Differenzierung zwischen Rat und Europäischem Rat wird auch bei der Kooperation mit der EZB in Form der Berichtspflicht gem. Art. 113 (ex 109b) EGV Abs. 3 aufrechterhalten.

Fraglich ist, ob schon eine derartige Zuweisung von Erörterungsaufgaben, wie sie in Art. 99 (ex 103) EGV vorgenommen wurde, den Europäischen Rat zu einer Einrichtung der EG macht,[79] oder ob es sich hier nicht vielmehr um einen Akt der Zusammenarbeit von Organen der EG mit dem politischen Leitorgan der EU handelt. Denn bei der nach Art. 99 vorgeschriebenen Erörterung sind vor allem die Aufgaben betroffen, die der Europäische Rat laut Art. 4 (ex D) EUV innehat, nämlich die Festlegung der allgemeinen politischen Zielvorstellungen, zu denen auch die Grundlagen der Wirtschaftspolitik gehören.

In der Literatur wird der Europäische Rat mehrfach als Einrichtung der Gemeinschaft dann subsumiert, wenn er als deren Institution handelt.[80] Der Europäische Rat hat in der Vergangenheit des öfteren konkret Stellung zu Angelegenheiten

---

76 Glaesner EuR 1994 S. 26.

77 Wohl Oppermann Rn. 280, Bleckmann Rn. 70.

78 Bulletin der Europäischen Gemeinschaften Nr. 6 / 1983 S. 28: „Wird der Europäische Rat in Angelegenheiten aus dem Zuständigkeitsbereich der Europäischen Gemeinschaften tätig, so tut er dies als Rat im Sinne der Verträge."

79 So nämlich Seidel in FS Börner S. 427, Koenig / Pechstein sehen den Europäischen Rat als in die Europäische Gemeinschaft integriert durch eine sog. implizierte Vertragsänderung. Diese kam wegen der überragenden Bedeutung des Art. 4 (ex D) EUV zustande. (siehe dort Rn. 176ff, 101ff).

80 Ausführlich Glaesner, EuR 1994 S. 26, Seidel in FS Börner S. 427.

bezogen, die in den Zuständigkeitsrahmen der Gemeinschaften fielen.[81] Dabei hat er sich nicht mit der Rolle eines Kommentators von außen begnügt, sondern auch konkret Einfluß in die Vorgänge genommen.[82] Bezüglich der Inhalte der Geldpolitik kann sich der Europäische Rat aber nicht auf seine Kompetenz zur Festlegung der politischen Leitlinien gem. Art 4 EUV berufen. Dieses Konfliktfeld wurde bei der Vereinbarung der Verträge eindeutig zugunsten der Unabhängigkeit der Zentralbank gelöst.[83] Das potentielle Konfliktfeld der Geldpolitik mit der Wirtschaftspolitik ist aber weit. Ein Argument könnte demnach lauten, wenn der Europäische Rat Aufgaben, die im EGV normiert wurden, bearbeitet, dann muß er sich, soweit seine Tätigkeit Aufgaben der EG betrifft, mit einer Institution der EG gleichstellen lassen, da er sich dem Recht der EG unterwerfen muß.

Allein schon aus Effizienzgründen muß die Verbotsnorm des Art. 108 EGV auch den Europäischen Rat betreffen, und zwar nicht lediglich als andere Stelle. Denn es würde dem Sinn des Vertragstextes zuwiderlaufen, daß es sowohl dem Rat, als auch der Kommission verboten wäre, Mitglieder der Zentralbanken zu beeinflussen, nicht aber einem Gremium, das mit dem Rat in der Zusammensetzung der Staats- und Regierungschefs fast personengleich ist, wobei das zusätzliche Mitglied des Europäischen Rats der Präsident der Kommission ist.[84] Der Europäische Rat ist daher im Wege der teleologischen Auslegung der Norm[85] zumindest einer Einrichtung der Gemeinschaft gleichzustellen. Nur so ist es möglich, der Norm die vom Gesetzgeber gewollte Wirksamkeit zu verleihen. Eine Einordnung als „andere Stelle“ würde der Bedeutung, die der Europäische Rat gerade im empfindlichen Bereich zwischen Wirtschafts- und Währungspolitik spielt,[86] nicht gerecht werden.

---

[81] Siehe zusammenfassend Martenczuk S. 153ff.

[82] Zur generellen Entwicklung: Martenczuk S. 174ff; die Veröffentlichung der Schlußfolgerungen des Europäischen Rats erfolgt sowohl im Amtsblatt C als auch im Internet unter http://www.europa.eu.int/council/off/conclu/index/htm.

[83] Siehe auch Teil 2 Kapitel 1 Punkt 1 bei Fn. 355, zum französischen Entwurf der Befugnisse: Krägenau / Wetter bei Rn. 19; a. A. Seidel in FS Börner S. 426; zur genauen Abgrenzung der Aufgabenbereiche vgl. später Teil 2 Kapitel 4 Punkt 1.2.

[84] Zur Abgrenzung: Martenczuk EuR 98 S. 153.

[85] Dazu und zum effet utile, also der „nützlichen Wirkung“ von Vorschriften des Gemeinschaftsrechts: BBPS S. 247; für eine Gleichstellung mit einem Organ der Gemeinschaft Endler S. 409.

[86] Man denke nur an das in Madrid am 15. Und 16. 12. 1995 beschlossene „Szenario für die Einführung der einheitlichen Währung“, in ABl. Nr. C 22 vom 26.01.1996 S. 2 (Namensfestlegung für die Währung und Zeitablaufplanung).

Ein weiterer Überlegungsansatz wäre, auf die Rolle des Europäischen Rats als „Regierungskonferenz“ abzustellen. Aufgrund eines „erst-recht-Schlusses“ müßte der Europäische Rat dann den nationalen Regierungen gleichgestellt werden, da er gem. Art. 4 (ex D) Abs. 2 Satz 1 EUV eine Zusammenkunft der Staats- und Regierungschefs der Mitgliedstaaten darstellt. Es erscheint möglich, die Rolle des Kommissionspräsidenten hierbei zu vernachlässigen, weil auch er (als Teil eines Organs der EG) unter das Verbot der Beeinflussung fällt.

Alle Mitglieder des Europäischen Rats müssen als Einzelne[87] nicht nur das Weisungsverbot, sondern auch aktiv das Einflußnahmeverbot des Satz 2 berücksichtigen. Das Gremium als Gesamtes muß diesem Verbot daher ebenfalls unterliegen.

3.4. Regierungen der Mitgliedstaaten

Das Verbot richtet sich auch an die Regierungen der Mitgliedstaaten. Zu untersuchen ist nun, ob sich aus dem Wortlaut nur eine Verpflichtung für die Regierung als Ganzes ergibt, oder ob sich diese Formulierung auch auf Teile der Regierung, also einzelne Minister bezieht.[88]

Eine mit Art. 108 (ex 107) EGV vergleichbare Formulierung findet sich bei Art. 213 (ex 157) EGV bezüglich der Kommission. Demnach kann dieser Artikel zur Auslegung der Norm herangezogen werden. Beispielfälle unter dessen Geltungsbereich betreffen auch die Einflußnahme durch einzelne Mitglieder von Regierungen.[89] Eine Auslegung, die den Artikel nur bei einem Handeln der Regierung als Ganzes zur Anwendung brächte, wäre nicht vereinbar mit dem Effizienzgebot, das bei der Vertragsauslegung berücksichtigt werden muß. Denn wegen der Aufteilung der Regierungsarbeiten in einzelne Fachressorts unter Leitung eines Ministers[90] wird es selten zu einer Stellungnahme der gesamten Regierung kommen. Wichtiger sind die Fälle, in denen einzelne Fachminister als Teil der Regierung handeln.

---

[87] Siehe noch nächster Punkt.

[88] Dies galt für das Bundesbankgesetz, wo auch die Weisung durch einzelne Regierungsmitglieder verboten war, vgl. Gramlich Art. 12 BBankG Rn. 16.

[89] Einzelne Fälle hierzu bei Smits / Herzog Art. 157 Anm. 157.05.

[90] Für die Bundesrepublik vergleiche Art. 65 Satz 2 GG, siehe hierzu Degenhart Rn. 446ff S. 198.

3.5. Andere Stellen

Abschließend wird die Klausel noch vervollständigt durch die Formulierung „andere Stellen". Auch von diesen ist es den Adressaten der Norm verboten, Weisungen anzunehmen. Unstreitig gehören hierzu alle öffentlich-rechtlichen Stellen der EU oder der Mitgliedstaaten,[91] soweit sie nicht schon unter eine der vorherigen Alternativen fallen. Die Formulierung dient dazu, im öffentlich- rechtlichen Bereich eine abschließende Regelung zu erstellen, durch die der Bereich der öffentlichen Verwaltung und Politik abgedeckt ist. Das Weisungsverbot sollte für den gesamten öffentlich-rechtlichen Bereich lückenlos gelten.

Problematisch ist die Frage, ob auch die nationalen Zentralbanken schließlich selbst zu den anderen Stellen gehören. Dagegen spricht, daß sie selbst Schutzobjekte der Norm sind. Ein Ausdruck ihrer Unabhängigkeit ist ja gerade, daß sie in ihrer Entscheidungsfindung frei sind, also auch in der Art, wie diese vor sich zu gehen hat.

Aus diesem Grunde wird vertreten, daß die Entscheidungsfindung auch innerhalb der nationalen Zentralbanken nach einem Mehrheitsprinzip vor sich gehen könne.[92] Der Entscheidungsfreiheit ist jedoch dort eine Grenze zu setzen, wo die Entscheidungsfindung ohne Argumente aufgrund von Hierarchien vonstatten geht. Vorstellbar ist die Konstellation, daß eine nationale Zentralbank als Ganzes ihren Präsidenten, der gleichzeitig auch Mitglied im Rat oder erweiterten Rat der EZB ist, anweist, seine dortige Funktion nach vorher abgesprochenen Richtlinien auszuführen. Eine derartige Konstellation verstößt gegen das Unabhängigkeitsgebot. Denn die Mitglieder des EZB-Rats können als Präsidenten der nationalen Zentralbanken auch deren nationale Belange vorbringen. Die Entscheidungsfindung durch den EZB-Rat darf jedoch nicht verkürzt werden. Das Gremium EZB-Rat besteht zwar aus den Präsidenten der nationalen Zentralbanken, aber nicht in der Position als deren Stellvertreter.

Die Entscheidungsfindung innerhalb des ESZB richtet sich nach Art 8 ESZB-Satzung, welcher der EZB die Leitung über das System der Zentralbanken zuweist. In Art. 14.3 Satz 1 ESZB-Satzung wird die Weisungsgebundenheit der nationalen Zentralbanken gegenüber der EZB normiert. Diese Normen betreffen aber nur das generelle Verhältnis der Banken als Gesamtheit zueinander. Sie betreffen nicht die verflochtene Struktur innerhalb der einzelnen Gremien. Art. 108

---

[91] Als wichtigstes Beispiel seien hier die nationalen Parlamente genannt, siehe BK – Hahn 7 Häde Art. 88 Rn. 534.

[92] So nämlich Zeitler, WM 1995 S. 1614.

(ex 107) EGV ist die einzige Norm, die die Mitglieder der Beschlußorgane schützt. Daher ist er auch in dieser Konstellation anzuwenden. Die Präsidenten der nationalen Zentralbanken sollen nicht als nationale Interessenwalter agieren.[93] Deshalb ist es nur sinnvoll, wenn sie durch die eigene Zentralbank nicht im Sinne eines „imperativen Mandats" gebunden werden dürfen.[94]

Ebenfalls problematisch erscheint die Frage, ob das Weisungsverbot durch „andere Stellen" auch private Stellen betrifft. Die Möglichkeit des Einflusses durch private „pressure groups" erscheint zwar gering,[95] aber sowohl Interessengruppen wie auch Gewerkschaften und Parteien als auch Geschäftsbanken könnten theoretisch versuchen, die Politik der Europäischen Zentralbank zu beeinflussen,[96] um ihre Interessen durchzusetzen.[97] Zum Teil wird die Formulierung „andere Stellen" daher auch auf Private bezogen.[98] Ein Teil der Literatur dagegen bezieht den kompletten Artikel wegen seiner Systematik nur auf öffentlich-rechtliche Stellen.[99]

Zur Auslegung des Begriffs „andere Stellen" muß man berücksichtigen, daß er nur in Satz 1 verwandt wird. Das bedeutet, daß den „anderen Stellen" nicht verboten wird, zu versuchen, die EZB zu beeinflussen. Sie werden nur im Zusammenhang mit dem Begriff der Weisung genannt. Zu bedenken ist daher, daß private Stellen die EZB schon gar nicht aufgrund eines (vermeintlichen) Über-, Unterordnungsverhältnisses anweisen können. Dies könnte nur aufgrund anderer Druckmittel geschehen. Es ist jedoch nicht möglich, von dem Begriff „Weisung" auf die Auslegung des Begriffs „andere Stellen" zu schließen. Der Begriff Weisung könnte theoretisch beinhalten, daß nur rechtsverbindliche Akten aufgrund eines Über-, Unterordnungsverhältnisses der Zentralbank gegenüber verboten

---

93 Zu dieser Problematik Bleckmann DVBl. 1992 S. 342.

94 Schmidhuber S.9, so wohl auch GTE – Gnan / Wittelsberger Art. 107 Rn. 59 a.E., GTE – Gnan nach Art. 109m Art. 14 ESZB – Satzung Rn. 23 a.E., so auch BK – Hahn / Häde Art. 88 Rn. 535.

95 So zumindest Janzen S. 90.

96 Zu erwähnen sind hierbei auch internationale Währungsorganisationen, siehe BK – Hahn / Häde Art. 88 Rn. 541

97 zum Begriff der „pressure groups" vgl. Lampe S. 20, die insbesondere auf die indirekte Beeinflussung hinweist; Untersuchungen zu den parteipolitischen Beziehungen der Mitglieder von Zentralbanken bei Vaubel 1993 S. 54; Schnelting S. 140; Bofinger, S. 194, zu potentiellen Abhängigkeitsträgern auch Oswald Hahn S. 58.

98 Louis CMLR 98 S. 42; so auch Endler S. 409 mit Hinweis auf Grabitz / Hilf – Hummer Art. 157 Rn. 17 bezogen auf die Kommission in Art. 213 (ex 157); dazu auch Smit / Herzog Art. 157 Anm. 157.05.

99 GTE – Gnan / Wittelsberger Art. 107 Rn. 56.

sein könnten. Da aber insgesamt im Gemeinschaftsrecht kein einheitlicher Weisungsbegriff existiert und auch keine Institution der Gemeinschaft in einem solchen Über-, Unterordnungsverhältnis zur Zentralbank steht, ist der Begriff Weisung nicht eindeutig alleine nach dem Wortsinn auslegbar. Daher kann auch nicht aus dem Weisungsbegriff geschlossen werden, daß bestimmte Gruppen gänzlich ungeeignet sind, solche Weisungen zu erteilen. Vielmehr muß die Definition der in Frage kommenden Stellen zuerst erfolgen. Nach dieser Definition kann dann auf den Weisungsbegriff geschlossen werden.

Zieht man zur Auslegung der Norm den ähnlich lautenden Art. 213 (ex 157) Abs. 2 Satz 2 EGV heran, der die Weisungsunabhängigkeit der Mitglieder der Kommission und ein Verbot zur Annahme von Weisungen regelt, stellt man fest, daß unter den dort verwendeten Begriff der Anweisung auch Maßnahmen privater Stellen subsumiert werden.[100] Man kann argumentieren, daß im Fall der Kommission die Gefahr der Einflußnahme durch private Stellen, zu denen auch die politischen Parteien gehören, größer ist. Außerdem ist der unmittelbare Tätigkeitsbereich der Kommission enger mit der Wirtschaft verknüpft, da im Aufgabenbereich der Kommission Maßnahmen getroffen werden, die direkt einzelne Wirtschaftszweige oder Unternehmen betreffen (vgl. nur die Regelungen über die Subventionen). Diese Unterschiede sind aber nur rein tatsächlicher Art und ein schwaches Gegengewicht gegen das Argument des Gleichklangs der Normen. Dieser Gleichklang legt eine parallele Auslegung nahe.

Ein weiteres Argument für die Einbeziehung privater Stellen in den Geltungsbereich der Norm ist die unterschiedliche Reichweite von Satz 1 und 2. In letzterem werden nämlich die „anderen Stellen“ weggelassen. Das wird zum Teil damit erklärt, daß die Norm ansonsten einen zu weit gefaßten Geltungsraum bekäme.[101] Diese Argumentation ist zutreffend, allerdings in erster Linie dann, wenn man die anderen Stellen auch als private Stellen definiert. Wären die anderen Stellen lediglich der gesamte öffentlich-rechtliche Bereich, so wäre das Verbot immer noch umfassend, aber nicht sinnlos und unüberschaubar. Es gibt eine Vielzahl von Ge- und Verboten, die für den gesamten Behördenapparat im EU-Raum gelten.

Satz 2 wird weiterhin eingeschränkt, indem er nur die Beeinflussung der Mitglieder der Beschlußorgane der EZB oder der nationalen Zentralbanken, nicht der EZB als Ganzes verbietet. Uferlos und damit sinnlos wird die Norm erst dann,

---

[100] Smit / Herzog Anm. 157.05, Grabitz / Hilf – Hummer Art. 157 Rn. 17.
[101] GTE – Gnan / Wittelsberger Art. 108 Rn. 60.

wenn man damit jeden privaten Einflußnahmeversuch zu unterbinden suchte. Wären mit anderen Stellen nur die mitgliedstaatlichen Behörden und der Verwaltungsapparat gemeint, so wäre eine Weglassung und somit die feine Differenzierung nicht notwendig gewesen. Indirekt ist der gesamte Apparat der öffentlichen Verwaltung ja sowieso schon durch den „effet utile“ und das Loyalitätsgebot[102] verpflichtet, die Ziele der Gemeinschaft und dadurch indirekt auch die Unabhängigkeit der EZB zu wahren. Die Weglassung einer Gruppe ergibt erst dann einen wirklichen Sinn, wenn sich der erste Satz auf private Stellen bezogen hat.

Auch die Verwendung des Wortes „Stelle“ kann als Argument gegen die Einbeziehung Privater nicht herangezogen werden. Gerade im privaten Bereich werden vor allem und in erster Linie juristische Personen und Körperschaften oder Verbände ein so hohes Maß an Einfluß haben, daß sie in diesem Artikel berücksichtigt werden. Gering erscheint dagegen die Bedeutung natürlicher Personen.

Vom Sinn und Zweck der Regelung her ist eine Einbeziehung Privater in das Verbot sinnvoll. Zwar kann das nationalstaatliche Recht nicht zur Auslegung des Gemeinschaftsrechts dienen, jedoch kann anhand der Materialien des Bundesbankgesetzes der Sinn einer solchen Verbotsregelung generell aufgezeigt werden. Gerade in der Entstehungsphase des Bundesbankgesetzes wurden auch private Interessengruppen als potentielle Einflußnehmende auf den Bestand der Währung klassifiziert. So war in dem Bericht des Ausschusses für Geld und Kredit von Weisungen der Bundesregierung und Einfluß „potentieller Interessenten“ die Rede, was sich wohl auf private Stellen beziehen sollte[103]. Der Einfluß Privater auf die Währung wurde vielerorts diskutiert.[104]

4. Auslegung des Begriffs der Weisung

Zur Auslegung des Begriffs der Weisung ist der Katalog der im Vertrag aufgezählten rechtlichen Handlungsakte nicht heranzuziehen. Art. 249 (ex 189) EGV regelt abschließend die Instrumente, die den Organen der Gemeinschaft zur Handlung zur Verfügung stehen. Der Begriff der Weisung ist im Maßnahmenkatalog des Artikel 249 (ex 189) EGV nicht enthalten. Dieser Katalog gilt zu-

---

[102] Art. 10 (ex 5) des EGV normiert die sogenannte „Gemeinschaftstreue“.

[103] BT-DrS. 2832 zu 3606 2. Wahlperiode 1953 sog. Scharnbergbericht S. 5.

[104] Lampe S. 19ff m.w.N. für die Bundesbank, zurückhaltend Janzen S. 90; zur Einbeziehung in Art. 108 (ex 107) Endler S. 409 m.w.N. insb. zu Art. 157 EGV, Diskussion auch bei GTE – Gnan / Wittelsberger Art. 107 Rn. 56.

sätzlich auch nur bei Handlungen oder Rechtsakten, die Außenwirkung entfalten.[105] Während Weisungen der Bundesregierung in Deutschland ein eigenständig normiertes Instrument innerhalb der Verwaltung sind,[106] ist dies im EG-Recht nicht der Fall. Im Vertrag werden an verschiedenen Stellen Rechtsakte der einzelnen Einrichtungen der Gemeinschaften erwähnt. Man kann diese verschiedenen Akte, wie „Beschlüsse, Entscheidungen, Handlungen" o.ä. als Akte „sui generis" klassifizieren.[107] All diese Handlungsformen haben den gemeinsamen Nenner, daß die Gemeinschaft oder gemeinschaftsnahe Stellen mit ihnen gewisse Rechtswirkungen oder zumindest politische Effekte erzielen möchten.[108]

Die oben vorgenommene Beurteilung der von dem Weisungsverbot betroffenen Gruppen hat zur Folge, daß man den Begriff Weisung auf verschiedene Arten deuten kann. Zum einen kann er als rechtlich existentes Instrument gesehen werden, also als weiterer Akt sui generis im Gemeinschaftsrecht. Aber auch die Regierungen der Mitgliedstaaten, und insbesondere andere Stellen, die auch privater Natur sein können,[109] könnten sich ebenfalls gegenüber der Zentralbank der Handlungsform der Weisung bedienen. Daher kann man den Begriff der Weisung nicht im Sinne einer rechtlich definierten Handlungsform des Gemeinschaftsrechts verstehen.

Eine Weisung im Sinne des Bundesbankgesetzes wird als „auf den konkreten Einzelfall bezogener Akt der Bundesregierung im Rahmen ihrer Exekutivaufgaben" definiert.[110] Diese Auslegung alleine wird Art. 108 nicht gerecht, da sie zu eng gefaßt ist. Entgegen der Fassung des Bundesbankgesetzes ist nun der Bereich der Adressaten stark erweitert. Insbesondere der Rechtsbegriff der „anderen Stellen" verhindert eine derartig griffige Formulierung.

Die Erfahrung der Vergangenheit zeigt, daß eine offizielle Weisung einer Regierung als Gesamtheit auch in Fällen, als dies gesetzlich ermöglicht war, nicht oder nur sehr selten stattgefunden hat. Als Beispiele seien hier das Aussetzungsrecht

---

105 Bleckmann Rn. 470.

106 Kopp VwVfG § 35 Rn. 43, 45ff im Verwaltungsverfahren, siehe aber auch Art. 37 Abs. 2 GG.

107 Siehe hierzu ausführlich Bleckmann Rn. 470ff.

108 Oppermann Rn. 577 S. 218.

109 Vgl. oben, siehe auch Endler S. 409, Louis CMLR S. 43, inhaltlich: Janzen S. 90, zu Art. 157: Grabitz / Hilf – Hummer Art. 157 Rn. 17.

110 Brosius – Gersdorf S. 156 m.w.N.

der Bundesregierung gem. § 13 Abs. 2 BBankG[111] und das Verhalten des britischen Schatzamtes gegenüber der Bank of England[112] genannt. In beiden Fällen sind offizielle Weisungen nicht vorgekommen. Der Artikel hätte also, wollte man ihn streng am Wortlaut auslegen, nur einen sehr beschränkten Wirkungsraum.

Die in Art. 108 (ex 107) EGV gewählte Formulierung ist, wie schon erwähnt, ähnlich der des Art. 213 (ex 157) EGV. Daher könnte man diesen zur Auslegung vergleichend heranziehen. Es fällt auf, daß jener von „Anweisung" spricht, während in Art. 108 (ex 107) EGV das Wort „Weisung" verwendet wurde. Daraus aber eine rechtlich unterschiedliche Bewertung zu folgern, scheint überspitzt. Zwar kennt das deutsche Verwaltungsrecht als rechtliches Instrument die „Weisung", nicht aber die „Anweisung".[113] Diese Unterscheidung ist aber vom Vertragstext nicht gewollt. Sieht man den Vertrag in einer anderen Übersetzung, so kommt man zu einem anderen Ergebnis. Im Englischen wurde zweimal dieselbe Formulierung verwandt: „not to seek or take instructions from any other body". Im Bereich des EG-Vertrags gibt es gem. Art. 314 (ex 248) EGV jeweils 12 authentische Vertragsfassungen. Daher muß man bei Abweichungen eine Synthese, also einen eigenen gemeinschaftsrechtlichen Wortsinn finden.[114] Unter Berücksichtigung der Tatsache, daß wegen der oben getroffenen Einbeziehung Privater der behördliche Weisungsbegriff gar nicht weiterhelfen kann, ist ein Wortlautargument für eine unterschiedliche Bewertung bei der Auslegung der beiden Artikel nicht gegeben.

Vielmehr beinhaltet „Weisung", daß im Aufgabenbereich der EZB eine Entscheidung durch die oben genannten Stellen getroffen wurde, welche die EZB nun lediglich ausführt, bzw. ausführen soll.[115] Es handelt sich also um verbindlich gemeinte Anordnungen, die den jeweiligen Empfänger zu einem Verhalten veranlassen sollen, das den Willen des Anordnenden verwirklicht.[116]

Da sich das Verbot an die Zentralbanken richtet, muß der Begriff der Weisung aus ihrer Sicht, also aus der des potentiellen Weisungsempfängers definiert werden. Das heißt, eine Weisung liegt dann vor, wenn der Empfänger, also die Zen-

---

111 EWI Jahresbericht 1994 S. 101, Siebelt S. 180 Fn. 155.

112 Vergleiche Beispiel aus Endler, S. 411 und EWI Jahresbericht 1994 S. 103.

113 Vgl. oben Fn. 110.

114 Meyer, JURA 1994 S. 456, Oppermann Rn. 683, Streinz Rn. 237.

115 GTE – Gnan / Wittelsberger Art. 107 Rn. 57.

116 Diese allgemeine Definition benutzt Sodan, NJW 1999 S. 1523 ff, sie ist dem deutschen Verwaltungsrecht entlehnt. Sie ist aber ohne weiteres auch auf private Anweisende anwendbar.

tralbanken eine Maßnahme auf Verlangen ausführen sollen, die geeignet ist, ihren Ermessensspielraum einzuschränken. Diese weite Auslegung scheint angemessen, wenn man den Artikel auch auf private Stellen bezieht. Da hier ein Über- oder Unterordnungsverhältnis nicht möglich erscheint,[117] müßte man Weisung dahingehend auslegen, daß jede bindende Anordnung, die aufgrund ihres Charakters den Ermessensspielraum der Mitglieder des EZB-Rats gegen Null reduziert, darunter fällt. Unberücksichtigt muß dagegen der Grund für den bindenden Charakter bleiben. Er könnte daher genauso in der Androhung von Übel liegen.[118]

5. Verpflichtung der Gemeinschaftseinrichtungen (u.a.) zur Beachtung des Verbots

Art. 108 Satz 2 erste Hälfte EGV verpflichtet die Organe und Einrichtungen der Gemeinschaft sowie die Regierung der Mitgliedstaaten zur Beachtung des Weisungsverbots. Diese Formulierung ist eine spezialgesetzliche Ausformulierung des allgemeinen ungeschriebenen Loyalitätsgebots[119], das in der Regelung des Art 10 (ex 5) EGV eine Ausformulierung für das Verhältnis zwischen Mitgliedstaaten und EG findet.

Hier ist die Problematik bezüglich der Einordnung des Europäischen Rats relevant. Sollte er eine „andere Stelle" im Sinne des Art. 108 (ex 107) S. 1 EGV darstellen, so bestünde für ihn keine Verpflichtung, sich der Einflußnahme zu enthalten. Der Druck auf die Zentralbank wäre um ein Vielfaches größer.

6. Einflußnahme

6.1. Auslegung des Begriffs

Die zweite Hälfte des Art. 108 (ex 107) EGV verbietet den dort genannten Stellen jeden Versuch der Einflußnahme. Die Einflußnahme ist als Minus zur Weisung zu sehen. Problematisch ist jedoch ihre Abgrenzung zu erlaubtem Dialog und wissenschaftlichem Disput, sowie zur Koordinierung der Unterstützungspflicht der Zentralbank.

---

[117] Zur Sicherung der persönlichen Unabhängigkeit auch von „privaten" Stellen wie Parteien oder potentiellen Arbeitgebern aus der Wirtschaft beachte die ausführlichen Abhandlungen bei Beck S. 217ff, Stadler S. 126ff.

[118] So zu Art. 213 (ex 157) EGV: GTE – Schmitt von Sydow Art. 157 Rn. 40.

[119] Zu dessen Inhalt siehe Grabitz / Hilf – Nettesheim Art. 4 Rn. 36.

Das Auslegungsproblem ist jedoch dadurch entschärft, daß durch diese Norm nur die einzelnen Mitglieder der Beschlußorgane geschützt werden. Das bedeutet, daß die Zentralbanken und ihre Beschlußorgane als Gesamtheit nicht durch ein gesetzliches Verbot vor Beeinflussung bewahrt werden, im Umkehrschluß aber auch zum fachlichen Dialog offen bleiben.[120]

Eine Einschränkung des Begriffs der Beeinflussung durch die von den Grundrechten geschützte freie Meinungsäußerung kann nicht vorgenommen werden. Es gibt auf Gemeinschaftsebene ebenfalls ein Grundrecht auf freie Meinungsäußerung.[121] Aber auch in der Gemeinschaft gilt derselbe Grundsatz, wie in der Bundesrepublik. Grundrechte sind Abwehrrechte des Bürgers gegen den Staat. Sie schützen nicht die Betätigung des Staatswillens selbst.[122] Das bedeutet, die Staatseinrichtungen können sich auch beim Vorbringen sachlicher Argumente nicht darauf berufen, daß sie nicht gegen das Verbot der Einflußnahme verstoßen, weil ihre Äußerungen durch das kollidierende Grundrecht auf freie Meinungsäußerung geschützt seien.[123]

Zum Teil wird der Begriff der Beeinflussung als zu weit gegriffen angesehen. Es wird im Wege der teleologischen Reduktion eine Beschränkung vorgeschlagen.[124] Der Grund dafür ist, daß befürchtet wurde, andernfalls könne ein vernünftiger Dialog mit der EZB überhaupt nicht mehr geführt werden, ohne gegen den Vertrag zu verstoßen.[125] Der Begriff der Beeinflussung sollte daher erst dann eingreifen, wenn der Bereich der argumentativen Wechselrede verlassen und mit unzulässigen Manipulationen gearbeitet wird.[126] Diese Grenze ist nicht leicht zu ziehen. Der Begriff der unzulässigen Manipulation umfaßt jedenfalls die Situationen, in denen Sachverhalte und Daten vorbewertet, also durch eine vorherige Gewichtung manipuliert werden, um die Zentralbank zu einer Schlußfolgerung zu verleiten, die sie bei bloßer Tatsachendarlegung nicht gezogen hätte. Dies sind aber bloß Extremfälle. Weitaus problematischer sind Fälle, in denen im Rahmen

---

[120] GTE – Gnan / Wittelsberger Art. 107 Rn. 60.
[121] Oppermann Rn. 492; EuGHE 1985 S. 2605ff.
[122] Ausführlicher hierzu Sodan NJW 1999 S. 1523.
[123] Nach deutschem Recht ist der Umfang der Meinungsfreiheit z.B. bei Abgeordneten in Parlamentsdebatten noch weitergehender eingeschränkt und bemißt sich auch nicht nach Art. 5 I GG, BVerfG NJW 1982 S. 2233.
[124] Stadler S. 124.
[125] Von Hagen FAZ vom 7.11.1992 S. 13.
[126] Hahn JZ 99 S. 958f, Stadler S. 124.

sachlicher fundierter Diskussion versucht wird, die Politik der Zentralbank zu beeinflussen.

6.2. Abgrenzung zu erlaubten Stellungnahmen und Teilnahmerechte

Scheinbar im Widerspruch zu der Bestimmung des Satzes 2 stünde bei extensiver Auslegung des Begriffs „Beeinflussung“ das stimmrechtslose Teilnahmerecht des Präsidenten des Ministerrates und eines Kommissionsmitglieds an den Sitzungen des EZB- Rates gem. Art. 113 (ex 109b) Abs.1 S.1 EGV.[127] Es muß gesehen werden, daß die Sitzungen des EZB-Rats gem. Art. 10.4 ESZB-Satzung vertraulich sind, so daß die bloße Teilnahme an der Sitzung schon ein Vorrecht ist und einen eigenen Zweck der Verschaffung zusätzlicher Informationen erfüllt. Der besondere Schutz, der den einzelnen Mitgliedern des EZB-Rats durch die Vertraulichkeit der Sitzungsinhalte zugute kommt,[128] ist schon durch die Anwesenheit der gremiumsfremden Personen verringert.

Ein Teilnahmerecht hat trotzdem nur dann Sinn, wenn auch an der fachlichen Diskussion teilgenommen werden darf. Der bloße zusätzliche Informationsgewinn durch eine Beobachterstellung ist dagegen nicht ausreichend. Dies muß erst recht gelten, wenn sogar Anträge eingereicht werden dürfen, wie es Art. 113 (ex 109 b) Abs. 1 EGV vorsieht.[129] Dieses Recht zur Einbringung von Anträgen zur Beratung wäre überflüssig, wenn diese nicht mit dem Antragsteller diskutiert werden dürften.[130] Daher ist ein Ausgleich zwischen diesen beiden Normen, also dem Teilnahmerecht und dem Beeinflussungsverbot zu suchen, der beiden zu optimaler Wirkung verhilft.

Man könnte sagen, daß in einem derartigen Forum, nämlich der Sitzung des EZB-Rats der potentiell Beeinflussende nicht den einzelnen Mitgliedern gegenübersitzt, sondern dem Gremium als Gesamten. Der Schutz vor Beeinflussung ist daher nicht notwendig, da der EZB-Rat geschlossen auftritt. Dieses Argument erfaßt aber die grundsätzliche Problematik nicht komplett. Denn in vielen Fällen ist die Sachlage umgekehrt. Der Präsident der EZB vertritt diese gem. Art. 13.2 ESZB-Satzung nach außen. Immer wenn die EZB angehört wird, tritt er dem Rat

---

[127] Zusammenfassungen zur Diskussion über den Umfang dieser Teilnahmerechte bei den Vertragsverhandlungen siehe bei Endler S. 329 ff, GTE – Gnan / Wittelsberger Art. 107 Rn. 51 genauer auch noch nachfolgend, Kapitel 5 Punkte 1 – 3.

[128] Siehe hierzu später noch ausführlicher Kapitel 5 Punkt 4.

[129] Zum genauen Umfang des jeweiligen Teilnahmerechts siehe später noch konkret Teil 2 für den Rat Kapitel 1 Punkt 2.1. und für die Kommission Kapitel 2 Punkt 1.1.

[130] Siehe diesen Lösungsansatz auch bei Smits, S. 171.

oder der Kommission gegenüber. Die Beschlußorgane der EZB treten hier nicht geschlossen auf, sondern durch einen Vertreter.

Um einen sinnvollen Dialog auch in solchen, im Vertrag vorgesehenen Fällen zu ermöglichen, muß der Begriff der Beeinflussung wertend eingeschränkt werden. Aus der Systematik der Normen erschließt sich, daß die Einschränkung des Wortes Beeinflussung vorgenommen werden sollte. Der Begriff sollte nur in den Fällen eingreifen, in denen die sachliche Wechselrede einem manipulatorischen Verhalten mit unsachlichen Bezügen weicht. Nur eine derartige Auslegung kann dem Vertragstext zu optimaler Wirksamkeit verhelfen.[131] Wie derartige Einzelfälle bei Diskussionen, z.B. im Rahmen der Berichtspflicht der EZB aussehen können, kann nur von Fall zu Fall entschieden werden.

Problematisch ist auch, ob ein Einholen von Ratschlägen oder Informationen auf Initiative der Zentralbank unter den Begriff der Einflußnahme fallen kann. Dies muß aber abgelehnt werden. Ansonsten würde der Artikel dazu führen, die Arbeit der Zentralbank eher zu behindern, da eine Zusammenarbeit mit anderen Institutionen nicht mehr möglich wäre.[132] Auch an dieser Stelle kommt man mit dem eingangs vorgestellten eingeschränkten Beeinflussungsbegriff weiter, da die Weitergabe von reinen Informationen auf sachlicher Ebene zwar zur Willensbildung beitragen kann, aber nur dann eine Beeinflussung darstellt, wenn die Informationen manipulativ verarbeitet weitergegeben wurden.

Fraglich ist nun, ob und inwieweit eine sachliche Argumentation außerhalb der dafür im Vertrag vorgesehenen Gelegenheiten[133] schon den Tatbestand der Einflußnahme erfüllt. Zu denken ist hierbei an zahlreiche Presseveröffentlichungen und Kritik an dem Verhalten von Notenbankern durch Mitglieder der von dem Verbot betroffenen Stellen. Dieses kann die Notenbank selbst dann unter Druck setzen, wenn eine Äußerung nicht als Manipulation gedacht ist, sondern lediglich als Kritik im allgemeinen vorgebracht wurde. Auch nachträgliche Bewertungen einer Maßnahme der Notenbank können hierunter fallen.

Als Konsequenz auf diese Problematik muß das subjektive Element innerhalb des Begriffs der Beeinflussung eng ausgelegt werden. Jede dem Verbot unterfallende Stelle muß sich bewußt sein, daß Äußerungen über die Arbeit der Noten-

---

[131] Diese Definition findet sich auch bei Stadler S. 123 m.w.N., hierzu auch ausführlich Hahn, JZ 99 S. 959.

[132] GTE – Gnan / Wittelsberger Art. 107 Rn. 60ff.

[133] Z.B. Art. 104 (ex 104c) Abs. 14, Art. 105 Abs. 4, Art. 106 (ex 105a) Abs. 2, Art. 107 (ex 106) Abs. 3, Art. 111 (ex 109), insbesondere aber Art. 113 (ex 109 b) Abs. 2 Satz 2.

bank von der Öffentlichkeit bewertet werden und damit einen Druck auf die Notenbank ausüben.

Daher sind auch öffentliche Kommentierungen und Kritiken an vergangenen Aktionen der Zentralbank unter Umständen schon dann Beeinflussungen, wenn sie objektiv geeignet sind, den Druck auf das Verhalten der Zentralbankiers zu erhöhen. Das könnte manchmal sogar auch schon dann der Fall sein, wenn sie rein deskriptiver oder sachlich beurteilender Natur sind. Eine Manipulation fängt schon da an, wo versucht wird, auf das Ermessen der Zentralbank im Bereich der Geldpolitik durch das massive Gewicht der öffentlichen Meinung indirekt Druck auszuüben. Dies muß insbesondere dann gelten, wenn solche Äußerungen nicht im Rahmen eines Dialogs stattfinden, welcher der Zentralbank die Möglichkeit einer Argumentation, Erläuterung und Begründung ihres Tuns in sachlicher Weise als direkte Reaktion offenläßt. Nicht nur die Argumentation an sich kann „unsachlich“ sein, sondern auch die Art, wie eine Argumentation oder eine Analyse abgegeben wird. Aber auch hier ist eine Grenzziehung nur im Einzelfall möglich.

Hierbei ist aber zu beachten, daß die Stellung rein rechtspolitischer Forderungen nicht als Beeinflussung gelten kann. Damit sind solche Forderungen gemeint, die auf die Änderung der derzeitigen Rechtslage durch eine Vertragsänderung abzielen, um die Organisation der EG neu zu gestalten. Dies ist schon deswegen klar, weil solche Forderungen zum einen zum Wesen einer demokratischen Grundordnung gehören, zum anderen, weil es hierbei nicht um Handlungsaufforderungen an die EZB geht.

Von Bedeutung ist bei der Thematik der Beeinflussung der EZB die Problematik einer Aufforderung zur Unterstützung der Wirtschaftspolitik in der Gemeinschaft. Der Grat zwischen erlaubter Aufforderung zur Aufgabenwahrnehmung und verbotener Beeinflussung kann hier unter Umständen sehr schmal werden. Das kann insbesondere dann geschehen, wenn in Ermangelung effizienter gerichtlicher Lösungswege[134] versucht werden sollte, die Bank über den Weg der „Dramatisierung des Konflikts“ zur Unterstützung zu veranlassen. In diesem Falle wird ja die Beeinflussung gerade zum Werkzeug. Dieser Konfliktfall ist aber ebenfalls mit den erarbeiteten Definitionen zu lösen.

Eine gewisse Rolle spielt hier jedoch das tatsächliche Bestehen oder Nichtbestehen einer Unterstützungspflicht, also der Unterschied zwischen berechtigter

[134] Siehe zum Kontrollumfang des EuGH Teil 2 Kapitel 5 Punkt 1.1.2 nach Fn. 761, sowie Punkt 3.1.1. Zu beachten sind insbesondere die großen Ermessensspielräume, die der EuGH den politisch verantwortlichen Stellen wohl zugestehen wird.

Aufforderung zur Aufgabenerfüllung und ungerechtfertigter Beeinflussung. Das bedeutet, die Rechtmäßigkeit einer derartigen Aufforderung auch in der Öffentlichkeit ist zumindest zum Teil auch daran zu bemessen, ob die Voraussetzungen für eine Unterstützungspflicht gegeben sind.[135] Denn in diesem Fall kann eine bloße Handlungsaufforderung nicht als unsachlich charakterisiert werden. Dies gilt aber nur, soweit sich die Argumente auf der sachlichen Ebene bewegen. Der eingangs aufgestellte Beeinflussungsbegriff gilt auch hier.

7. Beschränkung der Weisungsfreiheit auf den Aufgabenbereich der EZB

Zum Teil ist umstritten wie weit die Unabhängigkeit der Zentralbank zu gehen hat. Die Weisungsfreiheit des Art. 108 EGV ist beschränkt auf den Bereich der Wahrnehmung der durch den EG-Vertrag und die ESZB-Satzung übertragenen Befugnisse, Aufgaben und Pflichten. Das ist zum einen der nach Art. 105 Abs. 2 EGV zugewiesene Aufgabenbereich. Aber noch an anderen Stellen des EGV und der ESZB-Satzung befinden sich zusätzliche Aufgaben für die EZB.[136] Das sind zum einen beratende Aufgaben der EZB sowie sämtliche Befugnisse, an Rechtsetzungsverfahren mitzuwirken.[137]

Zum anderen ist im Vertrag aber die Möglichkeit gegeben, der EZB Aufsichtsfunktionen zuzuweisen. Art. 105 Abs. 6 EGV weist diese Aufgabe nicht der EZB direkt zwingend zu, sondern ermöglicht einen Aufgabenzuwachs der EZB ohne Vertragsänderung. Allerdings ist die Formulierung beachtlich. Der EZB können Aufgaben im Zusammenhang mit der Bankenaufsicht[138] übertragen werden. Das ist nicht identisch mit der Formulierung „die Bankenaufsicht" an sich. Es erscheint, als wären lediglich Hilfsaufgaben oder eine geteilte Befugnis gemeint, nicht aber die alleinige Befugnis. Diese Auslegung wird durch den Wortlaut von Art. 25 ESZB-Satzung noch untermauert, weil dieser Artikel ausdrücklich von „beratenden Funktionen" in Abs. 1 und „besonderen Aufgaben im Zusammenhang mit der Aufsicht über die Kreditinstitute" in Abs. 2 spricht.

---

[135] Siehe hierzu Teil 1 Kapitel 3 Punkt 2.3.

[136] Zum Aufgabenbereich: Häde EuZW S. 175, Smits ICLQ S. 330ff, übersichtlich auch Lastra S. 508f.

[137] So auch Smits, ICLQ S. 331.

[138] Zum Sinn der Bankenaufsicht durch die Zentralbank Bofinger S. 225, zum volkswirtschaftlich umstrittenen Einfluß auf den Grad der Zentralbankunabhängigkeit zusammenfassend Schnelting S. 133f.

Im Bereich der Bankenaufsicht würde im Übrigen im Gegensatz zu den anderen Aufgaben der EZB das Subsidiaritätsprinzip gelten.[139] Der Grund dafür ist, daß die Aufgabe der Bankenaufsicht nicht ausschließlich[140] auf die Gemeinschaft übertragen wurde.[141] Daher ist Art. 5 (ex 3b) Abs. 2 EGV anzuwenden. Die Zentralbank müßte sich bei Wahrnehmung eines Teilbereichs der Bankenaufsicht in den Hierarchienaufbau in der Gemeinschaft einfügen.[142] Daher ist fraglich, ob die Zentralbank auch volle Unabhängigkeit genießen sollte, wenn ihr die Bankenaufsicht gem. Art. 105 Abs. 6 EGV übertragen ist. Das wäre nach einer Ansicht in der Literatur nicht nachzuvollziehen.[143] Diese Argumentation greift insbesondere bei solchen Aufgaben, die der EZB aufgrund der Rechtsetzung durch den Rat gem. Art. 105 Abs. 6 EGV übertragen würden. Diese wären ihr auch nicht unmittelbar durch die ESZB-Satzung oder den EGV übertragen.

Auf der anderen Seite ist die EZB im Rahmen ihrer allgemeinen Beratungsfunktion nach Art. 105 EGV Abs. 4 a.E. unabhängig. Bei einer Beratung in speziellen Sektoren kann sich da nichts anderes ergeben. Auch die Aufgabenzuweisung des Art. 105 Abs. 5 EGV, nämlich der Beitrag zur Durchführung von Maßnahmen im Rahmen der Bankenaufsicht, den die EZB gegenüber den zuständigen Behörden zu leisten hat, ist von der Unabhängigkeitsgarantie umfaßt. Eine Aberkennung des Unabhängigkeitsstatus in diesem Rahmen wäre ein Verstoß gegen Art. 108 (ex 107) EGV der die Unabhängigkeit im vertraglich und protokollarisch festgelegten Aufgabenbereich garantiert. Abzulehnen ist der Unabhängigkeitsstatus daher nur bei konkreten Aufsichtsfunktionen, die über diese allgemeinen Aufgaben durch eine besondere Ermächtigung des Rats hinausgehen.[144] Das bedeutet, sobald die allgemeine Beitragspflicht durch konkrete, vom Rat festgesetzte Aufgaben ausgestaltet wird, müssen die ausführenden Stellen der EZB auch bis zu einem gewissen Maße Weisungen annehmen. Das ist zwar de facto wohl sinnvoll und auch dem Vertragszweck dienlich, nimmt aber zumindest für diesen eingeschränkten Teilbereich der Unabhängigkeitsgarantie die Bedeutung.

---

[139] Roth, Beih. EuR 1994 S. 65.

[140] Zum Begriff der ausschließlichen Zuständigkeit Calliess – Calliess Art. 5 Rn. 18.

[141] Zu der umfangreichen Gesetzgebung und dem Verhältnis zwischen nationalen Regelungen und gemeinschaftsrechtlichen Vorschriften Handbuch EuR – Smits nach Art. 109 m Satzung des ESZB Art. 25 Rn. 1ff insb. 4; vgl. auch Jahresbericht der EZB 1998 S. 93f.

[142] So für die Bundesbank Brosius – Gersdorf S. 161.

[143] GTE – Gnan / Wittelsberger Art. 107 Rn. 55.

[144] Calliess – Häde Art. 108 Rn.10.

Die Übertragung weiterer Aufgaben an die EZB ist in diesem Bereich der Bankenaufsicht aber in größerem Umfang nicht geplant.[145]

Zum anderen ist zu überprüfen, inwieweit die Unabhängigkeit der nationalen Zentralbanken gehen soll, wenn ihnen nach Art. 14.4 ESZB-Satzung andere Aufgaben zugestanden werden, die nicht zu den Aufgaben des ESZB gehören. Zum Teil wird der unabhängige Status auch hier angenommen.[146] Das widerspräche aber dem Vertragstext. Denn Art. 14.4 ESZB-Satzung bezieht sich genau auf Aufgaben der nationalen Zentralbanken, die nicht zu denen in der ESZB-Satzung gehören.[147] Dies ist in Art. 14.4. Satz 2 ESZB-Satzung ausdrücklich normiert. Dieser Tätigkeitskreis fällt aus dem Schutzbereich des Art. 108 (ex 107) EGV heraus. Daher besteht keine Veranlassung zur Einräumung einer Sonderstellung durch den EGV. Die genauen Regelungen zum Schutze der nationalen Zentralbanken werden von den Mitgliedstaaten erlassen.

8. Sanktionen

In der Praxis wird die Sanktionierung eines Verstoßes gegen Art. 108 (ex 107) EGV wohl nur im extremen Ausnahmefall geschehen. Die EZB ist aber derart in das Rechtsschutzsystem der Union eingebunden, daß Verstöße gegen den Artikel gerichtlich überprüft werden können. Im EGV hat die EZB generell verschiedene Klagemöglichkeiten.[148] Im Vergleich zur Rechtslage bezüglich der Deutschen Bundesbank vor der Währungsunion fällt auf, daß sich hier eine Verbesserung ergeben hat. Der Status der EZB ist umfangreicher geschützt. Das resultiert daraus, daß in Deutschland ein Weg der Bundesbank zu den Gerichten umstritten war.[149] Somit wurde weithin der einzige Weg, einem derartigen Verstoß gegen das Weisungsverbot entgegenzutreten, in der sogenannten „Dramatisierung des Konflikts" gesehen,[150] also einer öffentlichen Auseinandersetzung mit dem Druckmittel der Wählermeinung. Dagegen ist die EZB vollständig in das Rechtsschutzsystem der EU integriert.[151]

---

[145] So zumindest Jahresbericht der EZB 1998 S. 94.

[146] So anscheinend Louis CMLR S. 43.

[147] GTE – Gnan / Wittelsberger Art. 107 Rn. 54; ebenso Calliess – Häde Art. 107 Rn. 11.

[148] Genauer dazu unten Teil 2 Kapitel 5 Punkt 1.

[149] Hahn § 18 Rn. 3 Fn. 14 m.w.N., zusammenfassende Darlegung bei Brosius – Gersdorf, S. 167 Fn. 69, diese auch zur Möglichkeit des Organstreitverfahrens.

[150] Zu diesem Begriff schon im Scharnbergbericht S. 5, des weiteren Hahn, DVBl 1982 S. 34, auch bezüglich der Problematik der Unterstützungspflicht.

[151] Siehe hierzu ausführlich Teil 2 gesamtes Kapitel 5.

Dies gewährleistet, daß ein Verstoß gegen das Verbot von Weisungen, aber auch gegen das Verbot der Annahme von Weisungen geahndet werden kann, was die Stellung der EZB stärkt. Die Effektivität des Rechtsschutzes durch den EuGH muß jedoch im Einzelfall bewertet werden.[152]

---

[152] Siehe dazu noch Teil 2 gesamtes Kapitel 5.

Kapitel 3
Einschränkungen im Aufgabenbereich der EZB durch den Text des EGV

Der Tatsache, daß die EZB als von anderen Institutionen unabhängig ausgestaltet wurde, mußte durch die Definition ihrer Aufgaben Rechnung getragen werden. Das alleinige Korrektiv für das Handeln der EZB ist die Bindung an das Recht der Gemeinschaft. Im Text des EGV erfolgte eine normative Begrenzung des Aufgabenbereichs der EZB. Nur innerhalb dessen handelt sie rechtmäßig. Daher ist nun zu klären, wo die Unabhängigkeit der EZB im instrumentellen Bereich durch Regelungen begrenzt wird. Diese Abgrenzung ist notwendig, um später eine konkrete Aussage zum Verhältnis der einzelnen Institutionen untereinander vornehmen zu können.

1. Verpflichtung der EZB auf das Ziel der Preisstabilität

Um die rechtliche Unabhängigkeit der EZB zu rechtfertigen, wurden ihre Aufgaben in Art. 105 EGV deutlich und klar niedergelegt. Vor allem wurde die EZB auf das Primärziel der Gewährleistung der Preiswertstabilität verpflichtet.

Die Möglichkeit, bzw. Verpflichtung zur Errichtung einer unabhängigen Europäischen Zentralbank mit dem Primärziel der Preiswertstabilität ist originär schon im deutschen Grundgesetz verankert. Während das alte Bundesbankgesetz als bloße einfachgesetzliche Vorgabe noch schwammig davon sprach, das oberste Ziel der Notenbank sei, „die Währung zu sichern",[153] ist die Zielvorgabe des neuen Art. 88 Satz 2 GG eindeutig auf das Primärziel Preiswertstabilität ausgerichtet. Nur unter diesen Voraussetzungen war die Bundesrepublik bereit, eine Währungsunion innerhalb der Europäischen Union einzugehen.[154] Die Regelungen über die Währungsunion, die im Maastrichter Vertrag (wortgleich übernommen in den Amsterdamer Vertrag[155]) festgelegt wurden, verpflichten die Europäische Zentralbank primär zur Verfolgung des Zieles Preiswertstabilität. Art. 105 Satz 1 EGV legt dies eindeutig fest. Auch in der Satzung des Europäischen

---

[153] Zu dieser Formulierung und der Anpassung mit Wirkung zum 1. Januar 1999: BR-DrS 294/97 S. 5.

[154] Stellungnahme des Wissenschaftlichen Beirats beim Bundesministerium für Wirtschaft zum Delors-Bericht, in Krägenau/Wetter, Dok. 53 S. 321. Vgl. auch den Wortlaut des Art. 88 S. 2 GG.

[155] ABl. C 340 vom 24.6.1997 S. 22ff.

Systems der Zentralbanken wird dieses Ziel in Art. 2 Satz 1 nochmals als Primärziel genannt. Die Satzung des ESZB ist gemäß Art. 311 (ex 239) EGV als Protokoll und Anhang zum Vertrag ein Teil des Vertrags an sich. Das bedeutet, sie stellt Primärrecht der Gemeinschaften dar.

Des weiteren wird die EZB in Art. 105 Abs. 1 Sätze 2 und 3 EGV auf die allgemeinen Ziele und Grundsätze der Art. 2 und 4 (ex 3a) EGV verpflichtet. Diese Artikel beinhalten ebenfalls das Ziel der Preisstabilität. Art. 2 EGV beauftragt unter anderem die Gemeinschaft als Ganzes, für ein „beständiges, nichtinflationäres Wachstum" zu sorgen. Ebenso verpflichtet Art. 4 (ex 3a) Abs. 3 EGV die Mitgliedstaaten und die Gemeinschaft auf die „richtungsweisenden Grundsätze" der stabilen Preise.

Mit dem Maastrichter Vertrag, der diese Normen einführte, wurde daher im Gegensatz zum früheren EWG-Vertrag der Vorrang der Preisstabilität eindeutig als Grundsatz in den Vertragstext aufgenommen. Das sogenannte magische Viereck (also die Festlegung der vier gleichwertig zu beachtenden Staatsziele Vollbeschäftigung, Wirtschaftswachstum, Geldwertstabilität und außenwirtschaftliches Gleichgewicht) findet auch in Deutschland durch das Stabilitätsgesetz seine Geltung.[156] Indes hat sich im Sonderbereich der Geldpolitik in den Verfassungs- und Gesetzestexten Deutschlands und vieler Länder die Priorität der Geldwertstabilität vor den anderen Zielen dieses Vierecks ausdrücklich durchgesetzt.[157]

Da das Ziel der Preisstabilität so eindeutig und vordringlich im Gemeinschaftsrecht (siehe Art. 105 und Art 2ff EGV) und im deutschen Grundgesetz (siehe Art. 88 S. 2 GG) verankert wurde, stellt sich die Frage nach dem Sinn und Nutzen der gewählten Regelung.

1.1. Sinn und Zweck der Geldwertstabilität[158]

Die Tatsache, daß immer mehr Länder und schließlich die EU sich als primäres geldpolitisches Ziel die Geldwertstabilität gesetzt haben, wird durch mehrere Argumente getragen. Die besondere Bedeutung der Geldwertstabilität als primäre Zielsetzung gerade in Deutschland ist auch geschichtlich zu erklären. Die Erfahrung mit zwei Hyperinflationen (im Jahre 1923 und 1948) hatte zur Folge, daß in Deutschland die Stabilität der Währung in der Öffentlichkeit zum besonderen

---

[156] Vgl. §1 des Gesetzes zur Förderung der Stabilität und des Wachstums der Wirtschaft (Sartorius Nr. 720).

[157] Häde EuZW 1992 S. 174f; zur Rechtslage bis 1992 sehr ausführlich: Studt S. 76 – 147.

[158] Siehe hierzu auch EZB Monatsbericht Januar 99 S. 43ff.

Anliegen wurde. Zahlreiche volkswirtschaftliche Untersuchungen haben die Wichtigkeit der Preiswertstabilität als oberstes Ziel der Währungspolitik herausgearbeitet.[159] Vereinfacht und zusammengefaßt kann man mehrere Hauptargumente[160] heranziehen, die gegenwärtig vorgebracht werden, um in der Geldpolitik den Vorrang der Preiswertstabilität vor anderen Staatszielen zu rechtfertigen.

Geld hat eine Tauschfunktion. Die Preise geldwerter Güter sind die wichtigsten Informationsträger in einer Marktwirtschaft, denn diese „relativen Preise" zeigen, wie teuer oder billig ein bestimmtes Gut im Verhältnis zu einem anderen ist. Stabiles Geld sorgt dafür, daß die Relationen zwischen den einzelnen geldwerten Gütern unverzerrt wiedergegeben werden. Das führt zu einer transparenten Marktsituation.[161]

Ein stabiler Geldwert zieht ein stabiles Zinsniveau nach sich. Inflationserwartungen bilden eine Komponente des nominalen Zinssatzes. Die Höhe der langfristigen Zinsen ist daher auch von der implizit enthaltenen „Inflationsrisikoprämie" abhängig. Daher begünstigt ein stabiles Geldwertniveau die Senkung langfristiger Zinsen. Die Entwicklung des Zinssatzes und des Geldmarktes erscheint voraussehbar. Das Geld ist somit für langfristige Investitionen, also als Wertaufbewahrungsmittel attraktiv. [162]

Zusätzlich verändert eine Reduzierung der Inflationserwartung im Inland unter günstigen Bedingungen den Zinsunterschied zwischen In- und Ausland. Das kann grenzüberschreitende Kapitaltransfers auslösen und somit – bei flexiblen Wechselkursen – Kapitalanpassungen hervorrufen.[163]

Die Voraussetzungen für wirtschaftsfördernde Sachinvestitionen ist, daß Geld langfristig angelegt wird. Ist das Geld nämlich nicht als Wertaufbewahrungsmittel attraktiv, dann wird es aus Angst vor Wertverlusten lediglich zu kurzfristigen

---

[159] Um unter den zahlreichen Veröffentlichungen an Lehrbüchern, Dissertationen und Aufsätzen nur einige Autoren zu nennen: Bofinger; Geldpolitik; Issing, Einführung in die Geldpolitik; Hasse, Die Europäische Zentralbank; Endler, Die Europäische Zentralbank und Preisstabilität, u.v.a.

[160] Diese Argumente wie die folgenden Ausführungen beziehen sich stets auf die von einer Inflation drohenden Gefahren. Wie sich bereits aus einigen dieser Argumente ergibt, ist ein Zustand der Deflation jedoch vergleichbar ungünstig. Allerdings ist die Deflationsgefahr in den letzten Jahrzehnten nie besonders relevant geworden und sei daher nur erwähnt.

[161] Stark S. 4, Hasse S. 125, Jarass S. 220 §13 Rn. 24.

[162] Stark S. 4, Hasse S. 125.

[163] Wagner S. 143f.

Investitionen kommen.[164] Das überschüssige Kapital wird dann nicht in Wachstumsbranchen gelenkt, sondern wird mit dem Ziel der Geldwertsicherung und nicht der Produktivität in „inflationssichere" Güter (z.B. Immobilien, Gold, u.ä.) investiert. Das bedeutet, die Wachstumsgrundlagen der Wirtschaft werden geschwächt.

Preisstabilität hat eine sozialpolitische Bedeutung. Der Wert von Einkommen, Renten und Spareinlagen bleibt konstant, das bedeutet, ihr Wert kann der Inflationsrate nicht immer angepaßt werden. Daher kommt es bei einer größeren Inflation zu einer Verschiebung des Verhältnisses zwischen den einzelnen Werten. Während die Preise steigen und auch der Kapitalmarkt anpassungsfähig ist, wachsen die eingangs genannten Größen nicht mit der Geschwindigkeit der Inflation, manche sogar überhaupt nicht. Dadurch kommt es bei typischen Inflationsabläufen zur Aushöhlung gerade privater Vermögenspositionen.[165] Renten und private Spareinlagen sind also unmittelbar vom Kaufkraftverlust betroffen. Als Schlagwort wurde daher in Anlehnung an Ludwig Erhard formuliert: „Nur stabiles Geld ist soziales Geld".[166]

Als überholt sind die Theorien anzusehen, nach denen eine leichte Inflation positiv auf den Arbeitsmarkt wirkt. Inzwischen wurde nachgewiesen, daß diese Auswirkungen nur vorübergehender Natur sind.[167] Vielmehr übersteigen die langfristigen Vorteile der Preiswertstabilität die vorübergehenden Kosten einer restriktiven Geldpolitik. Insgesamt erreicht also der Staat mit der Sicherung des Geldwertes, daß sowohl im wirtschaftlichen, aber auch im sozialen Bereich eine besondere Vertrags- und Rechtssicherheit herrscht.[168] Der geltende Rechtssatz des Nominalismus („Mark ist Mark", also keine Anpassung der schuldrechtlichen

---

[164] Ausführlicher hierzu Bofinger / Ketterer – Schlesinger S. 168f; des weiteren Stark, a.a.O.; Hasse a.a.O., Jarass S. 212 §13 Rn. 3.

[165] Stark S. 4f, Hahn, §16 Rn. 23.

[166] Sodan S. 1522 mit Verweis auf Erhard und Häberle, VVDStRL 30 (1972), S. 43 (62).

[167] Vgl. statt vieler die ausführliche volkswirtschaftliche Abhandlung Bofinger S. 22ff unter Auseinandersetzung mit den klassischen Theorien Friedman und Keynes, sowie in kürzerer Form Issing, Geldtheorie S. 206 ff, diese These beherrschte jedoch eine geraume Zeit die Politik in den Industrienationen. Hingewiesen sei als Beispiel nur auf das berühmte Zitat Helmut Schmidts von 1972, wonach ihm 5% Inflation lieber seien als 5% Arbeitslosenquote.(aus Dt. BBank S. 343, Nachweis ebenfalls bei Ehrlicher / Simmert 82 – Issing S. 49).

[168] Hasse S. 126.

Geldschuld an die Inflationsrate)[169] birgt bei einem stabilen Zustand der Preiswertstabilität kein Verlustrisiko in sich; anders bei inflationären Situationen.

1.2. Definition von Preiswertstabilität

1.2.1. Allgemein

Schon der Begriff des Geldwertes an sich ist volkswirtschaftlich durch eine Mehrzahl an Bedeutungen geprägt. Zum einen ist der Geldwert der Außenwert einer Währung. Auf diese Definition soll hier allerdings nicht weiter eingegangen werden.[170] Relevant im gegenwärtigen Zusammenhang ist der Aspekt des Geldwerts als Begriff für den Binnenwert, also für die Kaufkraft des Geldes in einer Volkswirtschaft.[171] Der Binnenwert ist es, den die Zentralbank originär beeinflussen kann, da in diesem Bereich ihre Instrumente wirken.

Auf dieser Basis muß nun der Begriff der Geldwertstabilität definiert werden. Kurz gefaßt kann man sagen, Geldwertstabilität bedeutet „gleiche Kaufkraft" des Geldes oder unveränderter Preisspiegel im Zeitablauf.[172] Das kann jedoch nicht bedeuten, daß die einzelnen Preise der Güter in einer Volkswirtschaft unverändert bleiben sollen, denn dies widerspräche dem System der freien Marktwirtschaft. Vielmehr wird der gewichtete Durchschnitt der verschiedenen Güterpreise in einer Volkswirtschaft, also das Preisniveau betrachtet. Geldwertstabilität bedeutet Preisniveau- oder auch Preiswertstabilität.[173] Der Begriff der Preisniveaustabilität ist aber an sich ebenfalls kein eindeutiger Terminus. Vielmehr bedarf diese allgemeine Definition einer näheren Konkretisierung.

1.2.2. Existenz einer Legaldefinition oder anderer bindender Vorgaben

Der Begriff der Preisstabilität wird in dem Protokoll Nr. 21 des EGV über die Konvergenzkriterien[174] in Art. 1 definiert. Dort wurde festgelegt, daß die Inflationsraten zur Bewertung der Konvergenzkriterien anhand des Verbraucherpreis-

---

[169] Dazu genauer Hahn, Währungsrecht §6 und Staudinger – Schmidt Vorbem. §244 BGB Rn. A 69f.

[170] Auf Dauer bestimmt die interne Geldwertstabilität auch den Außenwert des Geldes (Tietmeyer Auszüge aus Presseart. 43/99 S. 2). Ein Querschnitt der Meinungen zur Problematik der Euro-Schwäche Ende April, Anfang Mai 2000: Deutsche Bundesbank; Auszüge aus Presseartikeln Heft 21 / 2000 vom 28. April 2000 insb. S. 2 – 10.

[171] Ausführlich zur Definition: Weikart, S. 64ff.

[172] Hahn §16 Rn. 6.

[173] Bofinger S. 12, Maunz/Dürig – Herdegen Art. 88 Rn. 66.

[174] Protokoll Nr. 21 zum Vertrag von Maastricht, siehe ABl. Nr. C 191 vom 29. Juli 1992.

indexes des jeweiligen Mitgliedstaates festgestellt werden sollten. Da dieses Protokoll gem. Art. 311 (ex 239) EGV Primärrecht darstellt, könnte es sich hier um eine Legaldefinition handeln, an welche die EZB gebunden wäre.

In Ausführung des Konvergenzprotokolls und Art. 121 (ex 109j) EGV ermittelt die Kommission zur Bewertung der Inflation bzw. der Preisstabilität innerhalb der Mitgliedstaaten der Währungsunion durch die Einrichtung EUROSTAT[175] den sogenannten VPI-EWU, den Verbraucherpreisindex der Europäischen Währungsunion nach Artikel 2 der Verordnung Nr. 2494/95 des Rates.[176] Er beruht auf den harmonisierten Verbraucherpreisindizes der einzelnen Mitgliedstaaten. Die Gewichtung der einzelnen Positionen innerhalb dieses Index ist nicht in der Verordnung enthalten. Art. 14 dieser VO legt nur das Verfahren, nach welchem über die Gewichtung entschieden wird, fest. Die Gewichtung wird von der Kommission vorgenommen. Die VO[177] über die Einführung des HVPI beruht auf Art. 284 (ex 213) EGV. Danach kann die Kommission in dem vom Rat festgelegten Rahmen alle für die Erfüllung ihrer Aufgaben notwendigen Auskünfte einholen und erforderliche Nachprüfungen vornehmen. Im Rahmen der Währungsunion betraf dies allerdings in erster Linie die Feststellung der Einhaltung der Konvergenzkriterien. Der Schwerpunkt der Feststellung lag in einem Vergleich der Preis- und Inflationssituation der verschiedenen Länder, nicht in der Festsetzung des Begriffs absolute Preiswertstabilität.

Verordnungen des Rats sind gem. Art. 249 (ex 189) Unterabs. 1 EGV in allen Teilen verbindlich und gelten in jedem Mitgliedstaat. Sie sind aber gerade nicht dazu geeignet, die primärrechtlichen Aufgaben der Institutionen des EGV zu modifizieren. Nähme man eine Bindungswirkung für die EZB an diese Verordnung an, so hieße das in letzter Konsequenz, daß dem Rat die Befugnis zustünde, den Begriff Preiswertstabilität festzulegen, denn diese Definition wurde durch den Rat getroffen. Das wäre eine Umgehung der Aufgabenzuweisung des Art. 105 EGV und der Weisungsfreiheit der EZB gem. Art. 108 (ex 107) EGV.[178]

---

[175] Die aktuellen Zahlen sowie einige methodologische Anmerkungen finden sich im Internet unter http://www.europa.eu.int/en/comm/eurostat.

[176] Verordnung veröffentlicht in ABl. L. 1995 Nr. 257/1.

[177] Siehe Fn. 176.

[178] Zu diesem Thema ausführlich Teil 1 gesamtes Kapitel 2.

Aber schon das Protokoll Nr. 21 des EGV über die Konvergenzkriterien beinhaltet eine, wenn auch allgemeinere Regelung über die Preiswertstabilität. Es legt zur Messung derselben den Verbraucherpreisindex als Grundlage fest. Diese Festlegung stellt für die EZB jedoch keine bindende Legaldefinition bezüglich des Begriffs der Preisstabilität dar.

Zum einen bezieht sich das Protokoll auf die Zeit vor der Währungsunion bzw. auf das Verhältnis von nicht zur Währungsunion gehörenden Staaten zum Währungsraum. Es soll in erster Linie einen Vergleich zwischen den einzelnen Staaten sowie die Unterschiede zwischen den jeweiligen Preisentwicklungen darstellen. Das Bedürfnis für die Norm, die lediglich einen Harmonisierungszweck hatte, war die unterschiedliche Handhabung der einzelnen Staaten bei der Bemessung der Preisstabilität.

Die konkrete Aussagekraft der Norm geht somit auch lediglich dahin, daß die Bewertung der Stabilität von allen Staaten nach demselben Kriterium stattfinden sollte und auch in Zukunft soll. Die Norm bezog sich somit lediglich auf die Verwendung nationaler Verbraucherpreisindizes.

Von Relevanz ist dabei der Zweck, zu dem die Definition festgelegt wurde. Dies war gerade der Vergleich zwischen den einzelnen Staaten im Hinblick auf die Preisstabilität unter Berücksichtigung uneinheitlicher Meßdaten, nicht hingegen eine genaue Messung der Stabilität als Grundlage für die Geldpolitik. Der für die eine Aufgabe am besten geeignete Index muß das nicht unbedingt auch für die andere Aufgabe sein. Der Verbraucherindex wurde als besonders geeignet zum Vergleich der Situation in den einzelnen Staaten festgelegt. Daraus ergibt sich nicht zwingend, daß er auch geeignetermaßen als Basis für die geldpolitische Bewertung dienen müßte.

Zusätzlich ist die Festlegung des Verbraucherpreisindexes in der VO als relevante Größe für die Bemessung der Preiswertstabilität auch nicht unbedingt aussagekräftig für die Festlegung eines bestimmten Index. Denn die Definition desselben war zum Zeitpunkt der Erstellung des Protokolls in den Ländern der EU unterschiedlich. Das bedeutet, diese Legaldefinition stellt an sich nur eine Leerformel dar, die durch die oben genannte VO erst noch aufgefüllt werden mußte. Daß diese aber nicht bindend für die EZB ist, wurde oben schon erklärt.

Die Errichtung des einheitlichen Währungsraumes stellte vor allem wegen der fehlenden Homogenität der Verbraucher, aber auch der Wirtschaft, ein Novum dar. Innerhalb dieses Novums ist es gerade die Aufgabe der EZB, für ihren Aufgabenbereich einen geeigneten Index für den gesamten Währungsraum zu finden und anzuwenden. Dem Konvergenzprotokoll daher eine Bindungswirkung bezüglich des Stabilitätsbegriffs als Grundlage für die Geldpolitik zuzusprechen, kann somit nicht möglich sein.

1.2.3. Konkretisierung des Begriffs durch die Systematik des EGV

In der juristischen Literatur wird der Ausdruck Preiswertstabilität im EG-Vertrag zum Teil als flexible Größe unter Betrachtung auch der Gesamtumstände in der Binnenwirtschaft ausgelegt,[179] von anderen wird der Begriff als feste und konkrete Größe einer nullprozentigen Inflationsrate gesehen.[180] Die Meinungen sind geteilt, ob die Verpflichtung der EZB zur Einhaltung der Preisniveaustabilität sich auf einen absoluten oder relativen Stabilitätsbegriff im Vertrag bezieht. Als relative Stabilität ist dabei ein Zustand gemeint,[181] der durch positive, möglicherweise auch höhere Inflationsraten[182] gekennzeichnet ist. Die Systematik des EGV legt es jedoch nahe, Stabilität als absoluten Zustand zu begreifen.

In Art. 121 (ex 109j) EGV Abs. 1 Satz 3, erster Spiegelstrich wird der Begriff der Preisstabilität in Zusammenhang mit den Konvergenzkriterien verwendet. Es ist von der „Erreichung eines hohen Grades an Preisstabilität" die Rede. Der Begriff Preisstabilität wird hier relativiert. Die unmittelbaren Aufgaben und Ziele der EZB werden dagegen in Art. 105 EGV umschrieben: „Das vorrangige Ziel ist es, Preisstabilität zu gewährleisten."

Art. 105 i.V.m. Art. 4 (ex 3a) Abs. 2 EGV verpflichtet die EZB zur Festlegung und Durchführung einer (gemeinsamen) Geld- und Wechselkurspolitik, die beide vorrangig das Ziel der Preisstabilität verfolgen. Art. 4 Abs. 3 EGV schließlich stellt auch für die Zentralbank die richtungsweisenden Grundsätze der stabilen Preise auf.

Man sieht hieran deutlich, daß der EGV zwischen einem „hohen Grad an Preisstabilität" und „Preisstabilität" an sich als Zustand unterscheidet. Dies läßt darauf schließen, daß der Begriff als absoluter gemeint ist, der eine Abwesenheit von Inflation bedeutet.[183] Im Zusammenspiel der verschiedenen Formulierungen,

---

179 Eine ausführliche Darstellung m.w.N. bei Janzen S. 157ff.

180 Als Replik auf Janzen: ausführlich Maunz/Dürig – Herdegen Art. 88 Rn. 67, auch dort m.w.N.

181 Gängige Definition vgl. Endler S. 390.

182 Die gesamten Ausführungen dieses Kapitels gelten in ihrer Wertung auch für einen Zustand der Deflation.

183 Sehr ausführliche Auslegung bei Endler S. 389, ebenso Maunz/Dürig – Herdegen Art. 88 Rn. 67.

die sehr genau voneinander abgrenzbar sind, wird klar, daß eine relative Preisstabilität, die Raum für inflationäre Tendenzen birgt, nicht mit dem anzupeilenden Ziel der EZB vereinbar sein kann. Dieser Schluß ergibt sich, wie nachfolgend gezeigt wird, zusätzlich noch aus anderen Gesichtspunkten der Systematik des Vertrags.

1.3. Umfang der Verpflichtung der EZB auf die Stabilität

1.3.1. Begriff des Ziels

Die EZB kann nicht gewährleisten, daß absolute Preiswertstabilität dauerhaft und sofort im gesamten Gebiet der Währungsunion erreicht wird. Dazu ist dieser Wert noch von zu vielen anderen Faktoren abhängig. Die Zentralbank hat z.B. keinen Einfluß auf die Lohn- und Fiskalpolitik.[184] Ihre geldpolitischen Instrumente sind nur begrenzt wirksam.

Zum Teil wird aus diesem Grund die Verpflichtung auf einen absoluten Stabilitätsbegriff auch mit der Begründung abgelehnt, die EZB könnte alleine ein derart hoch gestecktes Ziel nicht erfüllen.[185] Um dies zu untermauern, kann man auf Erfahrungen in der Geldpolitik der Vergangenheit zurückgreifen. Es hat nämlich noch keine Zentralbank der nun an der Währungsunion teilnehmenden Staaten, der Schweiz und den USA in den letzten Jahrzehnten diese Anforderungen erfüllen können. Selbst die Bundesbank als vorbildliche Notenbank hat das Ziel der Einhaltung absoluter Preiswertstabilität nicht erfüllt.[186] Daraus wird geschlossen, das Ziel sei nicht zu erreichen und daher zu hoch gesteckt.[187]

Es ist nach dem Wortlaut des Art. 105 EGV aber nicht die unmittelbare Aufgabe der EZB, Preisstabilität zu gewährleisten, sondern das „Ziel". Dies stellt einen

---

[184] Janzen S. 158, weitere vielfältige Gründe für einen Preisauftrieb werden dargestellt bei Bärmann, S. 8.

[185] Janzen S. 157f, zum Zusammenspiel von Geldpolitik und anderen Faktoren vgl. nur die Diskussion um den Stabilitätspakt und z.B. das Manifest der 60 Wirtschaftswissenschaftler gegen Maastricht (in Krägenau/Wetter Dok. 81 S. 401; zuerst veröffentlicht in FAZ vom 11. 06. 1992).

[186] Siehe eine Grafik dazu bei Loef S. 330, der die Inflationsrate bezüglich des impliziten Preisindex des Bruttoinlandsprodukts von mehreren Ländern im Verlauf von 24 Jahren untersuchte.

[187] Siehe die Statistiken bei Bofinger S. 17f Schaubild II 2 (Vergleich der relevanten Zentralbanken), vgl. auch die Äußerung Prof. Schlesingers während des Prozesses vor dem BverfG, der mit dem sogenannten Maastricht – Urteil endete: „Unsere Politik hat über die letzten 40 Jahre zwar zu mehr Stabilität als in allen anderen Ländern geführt, aber leider nicht zu einem wirklich stabilen Geldwert." Aus: Winkelmann S. 538.

Unterschied dar. Eine Gewährleistungspflicht bezüglich der Preiswertstabilität an sich würde bedeuten, daß die EZB auch verantwortlich für das Nichteintreten dieses Zustands wäre und dafür einzustehen hätte.[188] Das kann aber im Vertragstext nicht gemeint sein. Vielmehr ist mit dem „Ziel der Gewährleistung von Preiswertstabilität" gemeint, daß die EZB verpflichtet ist, den Weg zur Preisstabilität ohne Umwege und Rückschritte zu gehen. Es besteht nicht die Verpflichtung, diesen Zustand der Preisstabilität sofort zu erschaffen und zu halten, das wäre in der Tat für die Zentralbank alleine schlicht unmöglich. Die Verpflichtung geht vielmehr dahin, alle Maßnahmen zu unterlassen, die diesem Ziel zuwiderlaufen und alle Maßnahmen zu ergreifen, die geeignet und notwendig sind, dieses Ziel zu verwirklichen. Alleine schon der Begriff „Ziel" beinhaltet, daß dies ein Endzustand ist, dem man sich unentwegt annähern muß.

Der Begriff der Preiswertstabilität und der Auftrag in Art. 105 Abs. 1 EGV und in Art 4 Abs. 2 EGV, sie als Ziel zu wahren, stellt eine „Zielbestimmung" dar. Diese Zielbestimmung ist in Art. 2 und 4 (ex 3a) EGV ebenfalls für die gesamte Gemeinschaft niedergelegt. Die Zielbestimmungen des EGV bleiben auf der anderen Seite auch nicht auf der Stufe des politischen Appells, der Absichtserklärung oder des bloßen Programmsatzes stehen.[189] Das bedeutet für die EZB, daß Art. 105 EGV eine verbindliche Anweisung für den Einsatz der bereits vorhandenen Instrumentarien der Geld- und Währungspolitik enthält. Die Orientierung dieser Politik wird alleine auf dieses Ziel festgelegt. Um den Umfang der Bindung der EZB festzustellen, muß man das Wort „Ziel", wie es im Vertragstext konkret verwendet wurde, näher definieren. Es gibt im Rahmen des EGV verschiedene Kategorien von Zielen, die man an ihrem Genauigkeitsgrad unterscheiden kann. Das Ziel der Preisstabilität ist aufgrund seiner inhaltlichen Klarheit und seiner Priorität im Bereich der Geldpolitik als eindeutiges Zustandsziel zu definieren, es gibt also nicht lediglich eine Tendenz vor, ohne dabei das Endergebnis klarzustellen. [190]

---

[188] Dem Charakter des objektiv-rechtlichen Gebot ist hier im übrigen auch inne, daß kein subjektiv-rechtlicher Anspruch eines Einzelnen auf Preiswertstabilität besteht. Siehe hierzu mit ausführlicher Herleitung Hahn §16 Rn. 34ff, ebenso Nicolaysen S. 39.

[189] Nicolaysen S. 39. Zum Inhalt der Regelung des Art. 4 Abs. 2 (ex 3a) ebenfalls Gormley/ Kapteyn S. 119ff. Zur Notwendigkeit der klaren Aufgabenfestlegung auch EZB Jahresbericht 99 S. 133.

[190] Ausführliche Abhandlung zur Differenzierung und Gewichtung der verschiedenen Zielsetzungen im EGV und ihrer Bedeutung bei Basedow, insb. S. 57ff.

Die Tatsache, daß die EZB durch ihre Instrumente nicht alleine Preisstabilität erschaffen oder erhalten kann, weil die Wirksamkeit ihrer Instrumente hierfür zu gering ist, bedeutet nicht, daß deswegen das Ziel der Geldpolitik, an welches sich die EZB anzunähern versuchen muß, aufgeweicht werden sollte. Gerade weil es sich bei der Forderung nach Geldwertstabilität „lediglich" um ein der EZB vorgeschriebenes Ziel handelt, muß sein Inhalt so klar wie möglich definiert sein.

1.3.2. Ermessensreduktion

Zum Teil wurde angenommen, die EZB hätte trotz des Ziels der Preiswertstabilität innerhalb dieses Begriffes einen gewissen Entscheidungsspielraum: Es muß Raum für einen gewissen Geldwertverlust vorhanden sein. Die EZB hat zwischen mehreren Zielen, die sich zum Teil widersprechen, zu entscheiden. Aus „Verhältnismäßigkeitsgründen"[191] kann es daher geschehen, daß das Ziel der Geldwertstabilität als nachrangig behandelt werden muß. Diese Wertung muß noch im Rahmen der Entscheidungsbefugnis der EZB liegen. Das bedeutet, die EZB würde auch dann noch korrekt handeln, wenn sie - das Fernziel Stabilität im Auge - als Nahziel ein anderes, dem widersprechendes Ziel hauptsächlich berücksichtigt. Diese Argumentation ist gefärbt vom Bezug auf das alte Bundesbankgesetz mit seiner freieren Formulierung. Die Frage, ob die EZB zwischen den verschiedenen Zielen einen Ausgleich zu suchen hat, oder ob sie an die Priorität der Geldwertstabilität gebunden ist, ist indes eine Frage des Verhältnisses der verschiedenen Zielsetzungen der EZB zueinander, nicht des Inhalts jedes einzelnen Ziels an sich. Art. 105 Abs. 1 Satz 1 EGV geht demgemäß auch von einer Kollision der verschiedenen Ziele aus.[192] Ein relativiertes Stabilitätsziel, innerhalb dessen die EZB einen Spielraum zur Abwägung mit anderen Belangen hätte, würde diese Kollision gerade verwischen.[193] Die Definition der einzelnen Zielpunkte darf nicht aufgeweicht werden, da diese klar gegeneinander abgegrenzt werden müssen, um im Kollisionsfall eine Abwägung überhaupt vornehmen zu können. Eine relative Auslegung dieser Zielsetzungen würde eine Aufweichung des Vertragstextes bedeuten. Es müssen also die verschiedenen Zielbegriffe gegeneinander abgewogen werden. Dieser Abwägungsvorgang darf nicht mit der Definition jedes einzelnen Ziels vermengt werden.

---

[191] Argumentation bei Nicolaysen, S. 39ff.

[192] Beachte die Formulierung: „Soweit dies ohne Beeinträchtigung des Zieles ... möglich ist ..." Dazu später im Rahmen der Unterstützungspflicht bei Kapitel 6.

[193] So auch Maunz/Dürig – Herdegen Art. 88 Rn. 67, Endler S. 394.

Die Priorität des Ziels Preisstabilität bedeutet vielmehr, daß eine Abwägung mit anderen wirtschaftspolitischen Zielen nicht stattzufinden hat. Dies unterscheidet die EZB von den Gemeinschaftsorganen und den Instanzen der Mitgliedstaaten, die einen breiteren Verantwortungsbereich haben.[194]

In der Umsetzung des geldpolitischen Zieles ist der EZB der Handlungsspielraum offen gelassen, hier hat sie unbeschränkten Handlungsspielraum. Die EZB setzt nach eigenem Ermessen ihre Instrumente von Fall zu Fall ein. Es besteht keine vorherige Festlegung der Geldpolitik z.B. in Form einer verbindlichen Geldmengenregel.[195] Viele Instrumente der EZB wirken direkt, manche auch erst mit einer gewissen Zeitverzögerung. Beim Einsatz der Instrumente ist der EZB dabei ein weit gespannter Gestaltungsspielraum zugewiesen, der sich sowohl auf den Wirksamkeitsgrad der Instrumente wie auch auf den zeitlichen Wirkungsrahmen ihrer Geldpolitik bezieht.

Fraglich ist, ob der EZB bei der Verwirklichung dieser Zielbestimmung dennoch ein gewisses zeitliches Ermessen zuzusprechen ist. Das Ziel der Preisstabilität ist alleine durch die Geldpolitik nicht erreichbar. Dem Träger dieser Politik ist die ständige Bemühung aufgegeben, sich ihm anzunähern.[196] Die EZB hat selbst die Erreichung der Preiswertstabilität als „medium-term objective" angesehen. Das bedeutet, sie hat dieses Ziel als mittelfristig angepeilt.[197]

Aus dem Begriff der „Gewährleistung" kann man aber eine Einschränkung des zeitlichen Ermessens der Zentralbank ersehen. Das Ermessen der EZB ist hier insoweit eingeschränkt, als das Wort „gewährleisten" zum Ausdruck bringen will, daß die EZB bei mehreren gleich wirksamen Verhaltensweisen immer diejenige zu wählen hat, die Preisstabilität im höchsten Maße verspricht. Ebenso ergibt sich eine Einschränkung aus der Vorrangigkeit des Ziels. Die Formulierung des Art. 105 Abs. 1 EGV weist darauf hin, daß die Zentralbank das Ziel Preiswertstabilität ohne Umwege zu erreichen suchen muß. Das bedeutet, auch in zeitlicher Hinsicht kann die EZB die Preiswertstabilität nicht zugunsten anderer Ziele zurückstellen. Ihr Ermessen ist hier reduziert.

---

[194] Schmidhuber, S. 7.

[195] Derzeit verfolgt die EZB eine gemischte Geldpolitik, das sogenannte „Zwei-Säulen-Modell", EZB-Jahresbericht 99 S. 3, 8ff, ausführlich EZB Monatsbericht Januar 1999 S. 52.

[196] Ähnlich: Klein DVBl. 91 S. 734.

[197] EZB Monatsbericht Januar 99 S. 50f.

Wegen der eindeutigen Formulierung des Art. 105 EGV ist daher ein zeitlicher Ermessensspielraum der EZB, Handlungen zur Stabilisierung des Preiswerts vorzunehmen oder aber hinauszuschieben, abzulehnen.

Für den volkswirtschaftlichen Laien scheint das Handeln der EZB dieser Auslegung zumindest auf den ersten Blick zu widersprechen. Wie bereits erwähnt, sieht nämlich die EZB das Inflationsziel als mittelfristiges Ziel an. Der Grund für diesen scheinbaren Widerspruch ist aber in der Wirkweise der geldpolitischen Instrumente zu sehen. Diese zeigen ihre Wirksamkeit nach den Vorstellungen der Volkswirtschaft erst frühestens ein Jahr nach ihrem Einsatz.[198] Daher ist es der EZB nicht als Verstoß gegen ihr Primärziel, die Preiswertstabilität, anzurechnen, wenn es kurzfristig aus Gründen wie z.B. Mehrwertsteuererhöhungen zu Werten des Index von über 2 % kommt.[199] Wenn hier ein Ausgleich nicht vollständig stattfinden kann, so bedeutet das nicht zwingend, daß die EZB ihren Stabilitätsauftrag nicht wahrnimmt. Vielmehr muß der konkrete Instrumenteneinsatz immer die Zielrichtung der Erhaltung von Stabilität haben.

Als Fazit kann man sagen, daß die Unterscheidung zwischen absolutem und relativem Stabilitätsbegriff letztlich auf den Umfang des Ermessens der EZB innerhalb ihre Aufgabenzuweisung hinausläuft. Die Frage nach der zulässigen Berücksichtigung anderer Ziele darf aber m. E. nicht mit der Definition des Primärziels vermengt werden.

1.3.3. Vereinbarkeit der Praxis der EZB mit den Anforderungen des Vertragstexts des EGV

1.3.3.1. Praxis der EZB

Die Europäische Zentralbank selbst hat ihr Ziel der Preisstabilität folgendermaßen definiert: „Price stability shall be defined as a year-on-year increase in the Harmonised Index of Consumer Prices (HICP) for the euro area below 2%".[200]

Sie nimmt also Bezug auf den sogenannten harmonisierten Verbraucherpreisindex (HVPI). Das ist der von der Kommission aufgrund der VO 2494/95 durch EUROSTAT ermittelte Index. Wie oben bereits ausgeführt ist die EZB jedoch nicht aufgrund des Konvergenzprotokolls, auf dessen Grundlage die VO des Rats

---

198 Issing / Angeloni, S. 10.

199 Issing / Angeloni S. 10, EZB Monatsbericht Januar 99 S.52.

200 Presseveröffentlichung der EZB vom 13. Oktober 1998; http://www.ecb.int/press/pr981013_1.htm, EZB Jahresbericht 99 S. 29f.

erlassen wurde, an die Indexauswahl gebunden. Dieses Protokoll beinhaltet keine Legaldefinition. Sie könnte vielmehr selbst einen für sie relevanten Index bestimmen, nach welchem sie Preisstabilität bewertet.

1.3.3.2. Problematik bei der Indexerstellung

Die Frage nach der Indexbindung der EZB erscheint auf den ersten Blick theoretisch und von geringer Bedeutung. Ihr Inhalt erschließt sich, wenn man die Problematik bei der Festlegung solcher Indizes berücksichtigt. Denn einen objektiven oder allgemeingültigen Index zur generellen Bewertung von Preisniveaustabilität gibt es nicht.

Das Statistische Bundesamt ermittelt in Deutschland zahlreiche Indizes, die sich immer auf eine bestimmte Verbrauchergruppe beziehen.[201] Diese Tatsache alleine zeigt schon auf, wie begrenzt aussagekräftig jeder einzelne Index ist, da er nur einen Teilbereich der Wirtschaft darstellen kann.[202] Denn durch die Zusammensetzung des Preisindexes kann man für die gleiche Zeitspanne unter Umständen zu gravierenden Unterschieden von Preisniveaubewegungen, je nach Bewertungsgruppe, kommen. Die Größen, die zur Bewertung von Preiswertstabilität herangezogen werden, sind daher schon alleine deswegen relativ, weil sie durch die Auswahl der relevanten Bezugsgruppe vorbewertet sind. Zur Bewertung der Preisniveaustabilität wird in der Praxis von dem Index für die privaten Verbraucher ausgegangen.[203] Dieser Konsumgüterindex stellt ein Abbild der durchschnittlichen Verbrauchergewohnheiten dar. Gerade die Endverbraucher sind anerkannterweise als Adressaten der Geldpolitik anzusehen.[204] Diese volkswirtschaftliche Praxis hat auch durch Art. 1 des Protokolls zum EGV über die Konvergenzkriterien Eingang in den EG-Vertrag gefunden.

---

[201] Bofinger S. 12f, Statistisches Bundesamt, Jahrbuch 1997 S. 607ff.

[202] Ein relativ allgemeiner Index ist der Preisindex des Bruttosozialproduktes, der sogenannte Deflator. Dieser sehr umfassende Indikator beinhaltet aber auch Größen, die als ungeeignet zur Feststellung der Preisniveaustabilität angesehen werden, wie die Staatsleistungen. Staatsleistungen sind z.B. Rechtsschutz oder äußere Sicherheit. Die Preise hierfür können nur hypothetisch festgesetzt werden. Vgl. hierzu ausführlicher Endler S. 65; Bofinger S. 14; Issing Geldtheorie S. 180.

[203] Deutsche Bundesbank, Monatsbericht 12/98 S. 61; EWI – Jahresbericht 1995 S. 43; aber auch Issing, Geldtheorie S. 180ff.

[204] Zu dem gesamten Thema: Bofinger S. 13f, Endler S. 65ff, Statistisches Jahrbuch S. 607ff; Issing Geldtheorie S. 180.

Zu berücksichtigen ist zusätzlich zu den Problemen bei der Indexauswahl, daß sich die Preisstabilität auf das gesamte Gebiet der Währungsunion beziehen muß. Das erschwert die Definition, weil innerhalb des Gebietes des Währungsraumes nicht immer homogene Zustände herrschen. Regionale Konsumentengewohnheiten sind im Euro-Raum sehr verschieden. Das hat zur Folge, daß ein Gesamtindex an Aussagekraft verlieren kann.[205] Die Berechnungsmethoden bei Erstellung der Indizes zur Bewertung der Konvergenzkriterien waren in den einzelnen Beitrittsstaaten ebenfalls unterschiedlich. Im Jahre 1995 hat der Rat eine Verordnung zur Ermittlung der Indizes innerhalb der EU erlassen. Seit 1. Januar 1997 werden die Indizes harmonisch ermittelt.[206]

1.3.3.3. Zusammenfassende Würdigung der Praxis der EZB

Mangels einer Definition des Begriffs der Preisstabilität oder auch nur einer Bestimmung der Kriterien für die Messung der Preisentwicklung im Vertrag selbst ist daher die weitere Konkretisierung anhand ökonomischer Maßstäbe durch die EZB zu besorgen.[207] Die EZB arbeitet tatsächlich mit dem von der Kommission und EUROSTAT ermittelten Index, sie wäre jedoch frei, einen ihr geeigneter erscheinenden anzuwenden. Ebenso ist sie frei, die dem Index zugrunde liegenden Daten anders zu bewerten, als dies durch EUROSTAT geschieht.

Abgesehen von der Auswahl des Index ergibt sich bei der Einhaltung des Ziels der Preisstabilität noch ein weiteres Problem für die EZB.

Die Meßdaten für die Preiswertstabilität ergeben sich aus den Indizes natürlich nur als nachträgliche Bestätigung einer Gesamtsituation. Die EZB muß aber weit vorausschauend arbeiten und zukünftige Zustände und Entwicklungen bezüglich der Preisstabilität abschätzen.[208] Die EZB hat also nicht nur kurzfristige, sondern auch mittelfristige Prognoseentscheidungen zu treffen. Der derzeitige Indexwert kann daher nur ein Indiz für zukünftige Preisentwicklungen darstellen, die die EZB zu beeinflussen versuchen kann.

---

[205] Zu dieser Problematik: von Hagen / Neumann S. 367. Siehe auch EZB Monatsbericht Oktober 1999 S. 39ff.

[206] EWI- Jahresbericht 1995 S. 43; Stadler S. 68.

[207] Stadler S. 396, ebenso Grabitz/Hilf Art. 105 Rn. 4.

[208] So Duisenberg bei der Befragung vor dem Wirtschafts- und Währungsausschuß am 20. 3. 2000 S.6 http://www.europarl.eu.int/dg2/econ/EMU/EN/default.htm.

All diese Fakten zeigen auf, daß der Begriff der Stabilität als Ziel der EZB theoretisch prägnant beschrieben werden kann, in der Praxis jedoch schwer zu messen und zu beschreiben ist.

Daraus ergibt sich nun die Frage, ob ein Zielkorridor nicht in zulässigem Maße den Zustand der absoluten Preiswertstabilität beschreibt, weil Preiswertstabilität auch jenseits einer Inflationsrate von 0% herrschen kann. Preisstabilität ist ein komplexer Zustand, der nur schwerlich durch eine bloße bezifferte Inflationsrate dargestellt werden kann. Es kann nur Annäherungswerte an diesen Zustand geben.[209] Ein absoluter Zahlenwert verfehlt daher wegen mangelnder Aussagekraft unter Umständen seinen Zweck. Die größeren Unsicherheiten bei der Ermittlung eines europäischen Preisindexes lassen es zumindest gegenwärtig angemessen erscheinen, eine breitere Spanne von bis zu 2 v.H. zu erlauben.[210]

Dies soll aber noch nicht bedeuten, daß ein Zielkorridor für die EZB ständig bestehen soll. Er ist vielmehr nur solange und soweit zulässig, wie die Möglichkeiten der harmonisierten Indizes zur genauen Bemessung eingeschränkt sind und ein Spielraum zur Bereinigung von Meßungenauigkeiten notwendig erscheint. Die Feststellung, daß Preiswertstabilität auch jenseits einer Inflationsrate von 0% herrschen kann, steht in keinem Widerspruch zum Stabilitätsbegriff, da diese absolute Auslegung im theoretischen Sinne nicht immer mit einem absoluten Zahlenwert korrespondiert. Selbst wenn man einen bestimmten Index als die einzig relevante Bezugsgröße definiert, kommt es noch aus anderen, statistischen Gründen zu Ungenauigkeiten.[211] Jeder Index wird durch mehrere Faktoren leicht verfälscht. Das sind zum Beispiel Qualitätsverbesserungen einzelner Güter oder die Einführung neuer Produkte sowie Sonderangebote etc.[212] Die statistische Verzerrung wird dabei auch nach einer Bereinigung auf 0,2 bis 2 % geschätzt.[213] Das bedeutet, daß ein theoretischer Zahlenwert von 0% Preisniveauänderung nicht auch im Tatsächlichen Preisstabilität gewährleistet, ein vermeintlich inflationärer Wert aber in der Tat noch Stabilität ausdrücken kann.

Es ist nach der momentanen Berechnung der Inflationsrate davon auszugehen, daß ein Zahlenwert von 0% Inflation nicht absolute Preiswertstabilität bedeuten würde, sondern tatsächlich einen Zustand der Deflation ausdrücken würde.[214]

---

209 Janzen S. 158f, Bofinger S. 13ff, Nicolaysen S. 39ff.

210 Ähnlich im Ergebnis auch Endler S. 71.

211 Ausführlich hierzu im Hinblick auf den neu eingeführten HVPI EZB Monatsbericht Januar 99 S. 51.

212 Nachweise Bofinger S. 19, Endler S. 69f.

213 Aus Bofinger S. 18 Fn. 10 und 11: Schlesinger 1996 S. 177, OECD 1994 S. 284.

214 So auch Issing / Angeloni S. 11.

Absolute Preiswertstabilität bedeutet aber definitionsgemäß auch, daß kein Zustand der Deflation vorherrscht.[215]

Auch bei einer fehlenden Legaldefinition des Begriffs Preiswertstabilität ist immer noch eine Bindung der EZB an den derzeitigen Stand der volkswirtschaftlichen Lehre und den Stand der Wissenschaft zu beachten, die ein Ermessen der EZB beschränkt. Eine Legaldefinition bezüglich des Index ist daher nicht erforderlich, vielmehr muß hier der allgemeine Kenntnisstand in der wissenschaftlichen Lehre der Volkswirtschaft als relevant betrachtet werden.

Die EZB ist demnach nicht an die Ratsverordnung, wohl aber an die herrschende volkswirtschaftliche Definition dieses Begriffes gebunden und hat zu seiner Bewertung auf die üblichen volkswirtschaftlichen Maßstäbe zurückzugreifen. Die Beurteilung des Wertes kann momentan wegen der Meßungenauigkeiten noch innerhalb des Zielkorridors erfolgen, dieser muß jedoch im Falle genauerer Ermittlung von Zahlenwerten durch EUROSTAT bezüglich des Euro-Raums angepaßt werden.

2. Unterstützungspflicht der EZB als Beschränkung ihres Aufgabenbereichs

Eine Einschränkung ihrer Unabhängigkeit scheint die EZB durch die Aufgabe der Unterstützung der allgemeinen Wirtschaftspolitik in der Gemeinschaft gem. Art. 105 Abs. 1 Satz 2 EGV hinnehmen zu müssen. Diese Pflicht ist jedoch aufgrund der ausdrücklichen Formulierung des Art. 105 Abs. 1 EGV nach dem Primärziel der Preisstabilität als nachrangig zu beachten. Inwieweit sie dennoch den Aufgabenbereich der EZB bestimmt, soll nun festgestellt werden.

2.1. Allgemeines zur Unterstützungspflicht als Einschränkung der Unabhängigkeit für die EZB

Die Unterstützungspflicht der Europäischen Zentralbank bezüglich der allgemeinen Wirtschaftspolitik in der Gemeinschaft nach Art. 105 Abs. 1 Satz 2 EGV wird in der wissenschaftlichen Diskussion unter vielen Gesichtspunkten und mit sehr unterschiedlichen Meinungen betrachtet. Es gibt strikte Befürworter[216] die-

---

[215] EZB Monatsbericht Januar 99 S. 51.

[216] So äußerte sich Professor Filc in einem Beitrag für die öffentliche Anhörung des Unterausschusses für Währungsfragen des Europäischen Parlaments vom 6. Januar 1999: „Es sei nun zu prüfen, ob die Autonomie einer Institution höher zu gewichten ist, als die Möglichkeit, durch Abstimmung der Träger der Stabilisierungspolitik einen Beitrag zu leisten, Massenarbeitslosigkeit abzubauen." Beispiel aus Stark. S.3; zum Grundsatz der Planlosigkeit bei feh-

ser Pflicht, die sie als zu wenig ausgeprägt ansehen, sowie Stimmen, die durch diese Pflicht die Unabhängigkeit der Zentralbank und somit deren Aufgabenerfüllung als ernsthaft gefährdet sehen.[217] Aufgrund dieser stark divergierenden Meinungen wird auch der Umfang der Unterstützungspflicht sehr unterschiedlich bewertet. Die Formulierung wird zum Teil als bloßer Programmsatz, zum Teil als strikte Bindung der Zentralbank an die Leitlinien des Europäischen Rats verstanden.

Vergleicht man den jetzigen Text jedoch mit der vormaligen Fassung in der Bundesrepublik,[218] dann fallen einige bedeutende Verbesserungen in der Formulierung sowie der Gesetzessystematik auf. Die Formulierung des Bundesbankgesetzes ließ verschiedene Auslegungen bezüglich des Umfangs der Unterstützungspflicht zu. Zum einen wurde argumentiert, die Unabhängigkeit der Bundesbank bezöge sich nur auf die instrumentellen Befugnisse und nicht auf die Zielsetzung der Geldpolitik.[219] Zum Teil wurde vertreten, die Unterstützungspflicht betreffe nur den sonstigen, außerwährungspolitischen Tätigkeitskreis der Bundesbank.[220]

Diese Auslegungsschwierigkeiten sind durch die eindeutigere Fassung des Art. 105 EGV nicht vorhanden. Im Unterschied zu § 12 BBankG wurde in Art. 105 EGV die eindeutige Priorität der Geldwertstabilität an erste Stelle gesetzt. Dieser eindeutigen Zielsetzung entsprach im Bundesbankgesetz der Hinweis „unter Wahrung ihrer Aufgaben". Die Formulierung verwies auf § 3 BBankG. Dort wurde als Aufgabe der Bundesbank das Ziel der Sicherung der Währung normiert.

Des weiteren wurde die Unabhängigkeit der Europäischen Zentralbank in einem eigenen Artikel behandelt. Artikel 108 (ex 107) EGV geht ebenfalls von seinem Wortlaut über das Bundesbankgesetz hinaus, da er die Unabhängigkeit

---

lender Koordinierung der Wirtschaftspolitik mit der Zentralbank vgl. Staudinger – Schmidt Vorbem. § 244 BGB A 74; siehe auch das Wortprotokoll zur Sitzung des Wirtschafts- und Währungsausschusses des Europäischen Parlaments vom 18. Januar 1999 S. 14ff. Siehe im Internet http://www.europarl.eu.int/dg2/econ/EMU/EN/default.htm.

[217] Entschiedenen Widerspruch fand die Regelung besonders im volkswirtschaftlichen Bereich, so z.B. Wagner S. 139ff, Überblick bei Janzen S. 129, aber auch Sachverständigenrat Nr. 497; Die Nachteile einer zu starken Koordinierung der verschiedenen politischen Bereiche sind dargelegt bei Bofinger / Ketterer – Tietmeyer S. 63f.

[218] § 12 Verhältnis der Bank zur Bundesregierung: [1]Die Deutsche Bundesbank ist verpflichtet, unter Wahrung ihrer Aufgabe die allgemeine Wirtschaftspolitik der Bundesregierung zu unterstützen. [2]Sie ist bei der Ausübung der Befugnisse, die ihr nach diesem Gesetz zustehen, von Weisungen der Bundesregierung unabhängig

[219] Faber S. 43ff.

[220] Brosius-Gersdorf S. 161.

der Zentralbank nicht nur bei Wahrnehmung ihrer Befugnisse, sondern bei der Wahrnehmung der „Befugnisse, Aufgaben und Pflichten nach dem Vertrag oder der Satzung“ garantiert.

2.2. Grundsätzliches zur Wirtschaftspolitik in der Gemeinschaft

Gemäß Art. 105 Abs. 1 Satz 2 EGV ist die Europäische Zentralbank verpflichtet, die allgemeine Wirtschaftspolitik in der Gemeinschaft zu unterstützen. Diese Formulierung der „allgemeinen Wirtschaftspolitik in der Gemeinschaft“ beinhaltet ein weites Feld an politischer Betätigung durch verschiedene Gremien und muß daher zu Beginn näher definiert werden.

Grundsätzlich kann man als allgemeine Wirtschaftspolitik die Summe der gestaltenden Maßnahmen des Staates im Hinblick auf Wirtschaftsprozeß, Wirtschaftsstruktur und Wirtschaftsordnung bezeichnen.[221]

2.2.1. Kompetenz der Mitgliedstaaten

Die Kompetenz und die Verantwortung zur Ausübung der Wirtschaftspolitik ist in weiten Teilen noch bei den Mitgliedstaaten verblieben. Zwei bedeutende Bereiche der Wirtschaftspolitik, die in mitgliedstaatlicher Kompetenz verblieben sind, sind zum Beispiel die Tarifpolitik sowie die Steuerpolitik.[222] Grundsätzlich gilt im gesamten Bereich der Europäischen Gemeinschaft das Prinzip der Subsidiarität gemäß Art. 5 (ex 3b) EGV. Das bedeutet, daß die Gemeinschaft, solange keine ausschließliche Zuständigkeit besteht, nur dann tätig wird, wenn die in den Mitgliedstaaten ergriffenen Maßnahmen nicht ausreichend zur Zielerreichung sind und somit gemeinschaftliche Maßnahmen die gesetzten Ziele besser erreichen können. Dieser Grundsatz gilt auch für den Bereich der allgemeinen Wirtschaftspolitik.[223] Die Mitgliedstaaten sind aber durch Art. 98 (ex 102a) EGV an die Ziele des Art. 2 EGV gebunden. Sie müssen ebenfalls zur Verwirklichung der Grundzüge der Wirtschaftspolitik gem. Art. 99 (ex 103) EGV beitragen.

Das Subsidiaritätsprinzip wird aber durch bestimmte speziellere Regelungen in diesem Bereich verdrängt bzw. modifiziert. Für die Finanz- und Haushaltspolitik bestehen Schranken, innerhalb derer sich die Mitgliedstaaten bewegen müssen.

---

[221] Definition bei Oppermann S. 353 Rn. 933.

[222] Zur genaueren Beschreibung der Systematik der Wirtschaftspolitik innerhalb der Europäischen Gemeinschaft Roth S. 70ff, Calliess – Häde Art. 4 Rn. 3.

[223] Zu dem recht großen Konfliktfeld, das sich im Bereich des Subsidiaritätsprinzips eröffnet ausführlich die Abhandlung von Calliess insb. S. 66ff und 221ff.

Insbesondere die mitgliedstaatliche Haushaltspolitik wurde durch die Verabschiedung des Stabilitätspakts[224] eingeschränkt. Die Gemeinschaft hat zudem gemäß Art. 99 (ex 103) EGV die Kompetenz, die Wirtschaftspolitik zum Zwecke der dauerhaften Konvergenz durch allgemeine Empfehlungen zu lenken und die wirtschaftlichen Entwicklungen zu überwachen (vgl. insbesondere Art. 99 Abs. 4 EGV).

2.2.2. Wirtschaftspolitische Kompetenz der Gemeinschaft

Grundsätzlich zählen zu den Bereichen der Wirtschaftspolitik, in denen die Gemeinschaft eine Kompetenz hat, auch weite Teile der Wettbewerbspolitik, die Agrarpolitik, die Verkehrspolitik und die Außenhandelspolitik. Dies ist noch keine vollständige Aufzählung. Die nationalen Wirtschaftspolitiken sind nach zahlreichen Regelungen im EGV[225] eine Angelegenheit des gemeinschaftlichen Interesses im Rahmen der EG. Der in Zusammenhang mit der Unterstützungspflicht der EZB stehende Begriff der Wirtschaftspolitik ist allerdings nicht mit dem gerade dargelegten, umfassenden identisch. Im Rahmen des Titel VII des EGV ist vielmehr der Bereich der Wirtschaftspolitik gemeint, der als der makroökonomische benannt wird.[226] Das bedeutet, es geht nicht um Teilbereiche spezieller Ausformung, sondern um die Entwicklung gewisser Grunddaten innerhalb einer Volkswirtschaft und deren Beeinflussung.

Diese Einschränkung ergibt sich nicht nur aus der Gesetzessystematik. Alleine in diesem Bereich kann die EZB sinnvoll eingreifen.

2.2.3. Anforderungen an die Wirtschaftspolitik der Gemeinschaft

Die Organe der Gemeinschaft und der Europäische Rat sind bei Erstellung der Grundzüge der Wirtschaftspolitik an die Ziele der Art. 2ff EGV gebunden. Auch die Mitgliedstaaten sind über Art. 98 (ex 102a) EGV unmittelbar an diese Ziele gebunden. Deren Inhalt ist unter anderem die Preiswertstabilität und die Abkehr von der Inflation. Daher könnte man meinen, wenn die genannten politischen Gremien auf dieselben Ziele verpflichtet sind, wie die Zentralbank, so könne die allgemeine Wirtschaftspolitik in der Gemeinschaft in ihrem Schwerpunkt gar

---

[224] Entschließung des Europäischen Rates über den Stabilitäts- und Wachstumspakt ABl. C Nr. 236 vom 2.8.97 S. 1ff, dazu Ratsverordnung Nr. 1466/97 (siehe ABl. L 209 vom 2.8.97) über den Ausbau der haushaltspolitischen Überwachung und der Überwachung und Koordinierung der Wirtschaftspolitiken und VO Nr. 1467 / 97 (ABl. L 209 S. 6ff) über die Beschleunigung und Klärung des Verfahrens bei einem übermäßigen Defizit.

[225] Vgl. nur Art. 2, 4, 12, 98ff, 202 (ex 2, 3a, 6, 102aff, 145) EGV.

[226] Zu einer Auslegung dieses Begriffs detailliert Smits S. 68, dazu Roth S. 74.

nicht in erheblichem Maße von der Richtung der Geldpolitik abweichen. Das ist aber nicht der Fall. Die Wirtschaftspolitik in der Gemeinschaft muß mehrere kollidierende Ziele beachten, denn zu den in Art. 2 EGV genannten Zielen gehört z. B. auch ein hohes Beschäftigungsniveau oder ein hohes Maß an sozialem Schutz. Ein Ausgleich zwischen diesen Zielen kann auch durch die Vernachlässigung eines Zieles, z.B. der Preiswertstabilität, zugunsten eines anderen, momentan wichtigeren geschehen. Der Rat kann also in Situationen hoher Arbeitslosigkeit deren Bekämpfung an erste Stelle setzen und diesem Ziel Vorrang vor den anderen, also auch der Preiswertstabilität einräumen.[227] Eine Wirtschaftspolitik, die unter gewissen Voraussetzungen die Preiswertstabilität als weniger wichtig erachtet als das Ziel des hohen Beschäftigungsniveaus, ist daher noch nicht wegen eines Verstoßes gegen Gemeinschaftsrecht rechtswidrig. Die Organe der Gemeinschaft haben im Bereich der Wirtschaftspolitik bei der Zielausgleichung einen weiten Ermessensspielraum, da sie die sich widersprechenden Ziele zu einem Ausgleich bringen müssen.[228]

Dazu kommt, daß politische Instanzen dazu tendieren, ihre Ziele eher kurzfristig erreichen zu wollen. Konsequente lang- oder mittelfristige Maßnahmen werden stets dann zugunsten schneller Erfolge vernachlässigt, wenn das Vertrauen der Wähler in kurzer Zeit gewonnen werden muß.

2.2.4. Festlegung eines Konfliktpartners

In Ermangelung der Vergemeinschaftung der nationalen Wirtschaftspolitiken wird argumentiert, es fehle über weite Gebiete ein umfassend zuständiger wirtschaftspolitischer Entscheidungsträger auf Gemeinschaftsebene, der als gleichgewichtiger Konfliktpartner gegenüber der EZB in Erscheinung treten könnte. Es fehle daher in diesem Rahmen eventuell auch eine einheitliche Politik, so daß sich die Frage gar nicht stellen müsse, ob die EZB eine konkrete einheitliche Politik zu unterstützen hat.[229] Diesem Argument ist insoweit zuzustimmen, als keine Unterstützungspflicht bezüglich jeder Einzelmaßnahme von Rat oder Kommission mit wirtschaftspolitischer Relevanz besteht.[230] Die EZB ist auch nicht verpflichtet, auf Forderung einzelner Teilnehmerstaaten hin regionale Maßnahmen zu ergreifen.

---

227 Endler S. 400ff.

228 So der EuGH in ständiger Rechtsprechung z.B. NJW 1995 S. 945 (946), Slg. 92 I RS. 311/90 S. 2061 (2081) Hierl / Hauptzollamt Regensburg.

229 GTE – Smits Art. 105 Rn. 14, Smits S. 187.

230 Janzen S. 127; das wird noch unter Punkt 2.3.2.1. genauer dargelegt.

Was allerdings das Fehlen eines konkreten Partners betrifft, ist zu beachten, daß sich zum einen die Anzahl der Partner, die versuchen, die EZB zu einer Unterstützung zu verpflichten, vermehrfacht hat. Forderungen könnten von allen Organen der Gemeinschaft sowie von den Regierungen der Mitgliedstaaten gestellt werden.

Der Rat hat im Rahmen der Koordinierung der Wirtschaftspolitiken eine herausragende Stellung inne, wie man an den Art. 99ff (ex 103ff) EGV ersehen kann. Nach Art. 99 (ex 103) Abs. 2 a.E. EGV ist der Rat zuständig zur Erstellung von Empfehlungen über die Grundzüge der Wirtschaftspolitik. Er ist dabei in gewisser Weise an die Grundzüge, die der Europäische Rat gem. Art. 99 Abs. 2 Satz 2 festlegt, gebunden.[231] Daher kann der Rat als Konfliktpartner von beträchtlichem Gewicht in Erscheinung treten.[232]

2.3. Umfang der Unterstützungsverpflichtung

2.3.1. Eintreten der Unterstützungspflicht (Entschließungsermessen)

2.3.1.1. Vorrang des Preisstabilitätsziels vor der Unterstützungspflicht

Die EZB muß dann nicht zur Unterstützung der allgemeinen Wirtschaftspolitik handeln, wenn durch die Unterstützungshandlung die Gefahr entstünde, das Ziel der Preiswertstabilität zu gefährden, dies hat der Vertrag ausdrücklich normiert. Aufgrund der klareren Strukturierungen und der genaueren Definitionen innerhalb des EGV ist in diesem Bereich eine Verrechtlichung eingetreten, die nicht nur der EZB, sondern auch den anderen Institutionen engere Grenzen setzt, als jemals zuvor.[233]

Art. 105 Abs. 1 Satz 2 EGV erklärt, wie schon dargelegt, eindeutig die Preiswertstabilität zum primären Ziel der EZB. Das bedeutet, eine Verpflichtung der EZB zur Unterstützung kann überhaupt nur dann bestehen, wenn dieses primäre Ziel der Zentralbank bereits erreicht und gesichert ist oder durch die Maßnahmen zur Unterstützung nicht verzögert würde.

In Rahmen einer Phase, die nicht als Preisstabilität zu werten wäre, könnte es geschehen, daß die wirtschaftspolitisch Verantwortlichen beginnen, Maßnahmen

---

[231] Zur politischen Bindung der Organe an die Leitlinien des Europäischen Rats generell ablehnend Everling, FS Börner S. 153 allerdings noch vor der Fassung des Vertrags von Maastricht. Eine politische Bindung ist schon wegen Art. 4 EUV anzunehmen. So auch Grabitz / Hilf – Bandilla Art 103 EGV Rn. 6; siehe dazu Kapitel 5. Der Inhalt der Empfehlungen befaßt sich mit den allgemeinen Zielsetzungen aber auch mit konkreten Lösungswegen in jedem Bereich der Wirtschaftspolitik, siehe auch bei Grabitz / Hilf – Bandilla Art. 103 Rn. 8ff.

[232] Siehe dazu noch später Teil 2 Kapitel 1 Punkt 1.

[233] Nicolaysen S. 35.

zu ergreifen und auch zu fordern, die leicht inflationäre Wirkungen haben, also den Weg zur absoluten Stabilität hinauszögern und verlängern. Die Zentralbank kommt dabei nicht in einen Konflikt, denn sie ist der absoluten Preiswertstabilität verpflichtet.[234] Eine Unterstützung dieser Politik wäre für sie somit rechtlich gar nicht möglich.

Auch wenn die Voraussetzung für eine Unterstützungshandlung, nämlich das Bestehen eines Zustands von Preisstabilität vorliegt, so muß die EZB vorrangig dieses Ziel wahren. Das bedeutet, Maßnahmen, die der Unterstützung dienen, dürfen selbst die Preiswertstabilität nicht beeinträchtigen. Zwischen mehreren möglichen Maßnahmen ist immer diejenige auszuwählen, welche die Preiswertstabilität nicht beeinflußt.

Es gibt auch Gegner dieser Auslegung, die eine expansivere Politik der EZB fordern. Ihr Argument ist u.a., daß ein Zustand der Inflation, solange er unter 10% jährlich bleibt, einer Volkswirtschaft nicht schadet.[235] Sie machen die restriktive Geldpolitik zum Teil für die langanhaltend schlechte Entwicklung der Arbeitsmarktsituation verantwortlich. Ohne genauer auf die einzelnen Argumente eingehen zu wollen, muß man dieser Meinung mit der klaren Vertragsfassung entgegentreten. Unterstützungshandlungen auf diese Weise zu fordern, verstößt gegen das Primärziel der Preiswertstabilität. Sollten sich wirtschaftswissenschaftliche Erkenntnisse in diese Richtung bewegen, so müßte der Vertrag im Wege des Vertragsänderungsverfahrens gem. Art. 48 EUV abgeändert werden. Vorher ist eine derart gestaltete Politik wegen der klaren Vorgaben des Vertrags nicht möglich.

Es ist aber dennoch zu überlegen, ob der EZB durch diese absolute Bindung an die Preiswertstabilität nicht ein Handlungsverbot auferlegt worden ist, das zu eng ist, weil ein Handeln zugunsten der Wirtschaftspolitik auch dann verboten ist, wenn die Untätigkeit der Zentralbank zu einer unharmonischen Entwicklung führt. Hier haben sich Autoren für eine Anwendung des Verhältnismäßigkeitsgrundsatzes ausgesprochen.[236] Dieser würde aber ein Ermessen bezüglich der verschiedenen Ziele der Wirtschaftspolitik voraussetzen. Ein solches steht der Zentralbank aber nicht zu. Im Gegensatz zu der alten Fassung des Bundesbank-

---

[234] Ausführliche Ausführungen zur Situation der Bundesbank in solchen Situationen der relativen Stabilität bei Lampe S. 48f.

[235] So zumindest dargestellt im Gutachten für das Europäische Parlament von Bean S. 6.

[236] Nicolaysen S. 40. Gegen eine derartige Abwägung Stimmen der EZB siehe z.B. Auszüge aus Presseartikeln Issing, Nr. 25 / 99 S. 3f und Stark S. 3f.

gesetzes ist die Zielverpflichtung der EZB eindeutig. Sie läßt keinen Raum für Verhältnismäßigkeitserwägungen.

Ein weiteres Argument gegen eine derartige Auslegung ist die Kompetenzaufteilung in der Gemeinschaft. Die Unterstützungspflicht ist eher als Ausprägung des Effizienzgebots anzusehen, denn als originäre Aufgabe der EZB. Diese besteht primär in der Geldwertsicherung. Werden die Aufgaben der einzelnen Institutionen[237] untereinander weniger strikt getrennt, so kann das zu einer Verwischung von Verantwortlichkeiten und daher letztlich zu einer mangelnden Effektivität in allen Bereichen führen. Daher muß von Verhältnismäßigkeitserwägungen, die die originären Aufgaben zugunsten anderer Entwicklungen zurückstellen, in aller Regel abgesehen werden.[238]

2.3.1.2. Zeitrahmen und Feststellungskompetenz

Nochmals muß verdeutlicht werden, in welchem Zeitrahmen die EZB verpflichtet ist, der Geldwertstabilität Priorität einzuräumen. Sie hat hier eine Gewährleistungspflicht bezüglich der Zielsetzung, die ihr zeitliches Ermessen einschränkt.[239] Die EZB hat das Stabilitätsziel als mittelfristiges Ziel definiert. Das bedeutet nicht, daß sie es nicht in schnellstmöglicher Zeit zu verwirklichen hat, sondern daß sie zum einen mit Instrumenten arbeitet, deren Wirkungsweise sich erst innerhalb eines gewissen Zeitrahmens zeigt und zum anderen auch keine Maßnahmen ergreift, die diesen langfristigen Wirkungsmechanismen entgegenwirken.

Theoretisch kann daher eine Unterstützungspflicht schon bei einem Zustand, der nicht als absolute Preiswertstabilität definiert werden kann, eintreten, wenn das mittelfristige Ziel nicht gefährdet ist. Diese theoretische Aussage ist aber in der Praxis wohl nur schwer zu realisieren. Denn die Einschätzung solch komplexer Entwicklungen ist kaum punktgenau vorzunehmen, es handelt sich lediglich um modellhafte Abschätzungen.[240] Die EZB hat hier umfangreiche Prognoseentscheidungen zu treffen, die nur in sehr geringem Umfang nachprüfbar sind.[241]

---

[237] Hier Geldwertsicherung der EZB auf der einen Seite und Durchführung einer erfolgreichen Wirtschaftspolitik durch Rat und Mitgliedstaaten auf der anderen Seite.

[238] Zu diesem Problem ausführlich Bofinger / Ketterer – Tietmeyer S. 61ff, Ausnahmen können sich höchstens in Extremsituationen ergeben.

[239] Siehe schon ausführlich Teil Kapitel 3 Punkt 1.3.2 bei Fn. 196.

[240] Zur Problematik der Verfolgung mehrerer Ziele durch die Zentralbank und der Komplexität von Prognoseentscheidungen Bofinger / Ketterer – Tietmeyer S. 50ff.

[241] Siehe dazu noch später Teil 2 Kapitel 5 Punkt 2.2.

Das Einfordern einer Unterstützungspflicht in einem solchen Stadium hätte wohl keinen Sinn.

Wenn es um die Einforderung von Unterstützungshandlungen geht, erscheint problematisch, wer die Feststellungskompetenz hinsichtlich des Vorliegens, aber auch einer Gefährdung der Preisstabilität innehat. Liegt diese allein bei der EZB, so kann nur sie selbst das Vorliegen absoluter Preiswertstabilität und somit das Eintreten der Unterstützungspflicht feststellen. Liegt sie hingegen (auch) beim Rat, so kann dieser seinen Forderungen ein größeres Gewicht verleihen.
Der EZB steht, was diese Frage betrifft ein großer Beurteilungsspielraum zu.[242] Ihre Entscheidungskompetenz ist aus der Tatsache zu folgern, daß sie ausschließlich zuständig im Bereich der Geldpolitik ist. Alleine sie hat in diesem Bereich umfassende Sachkunde, da sie mit einem umfangreichen Katalog bewertender Indikatoren arbeitet, die Bestandteil ihrer Politik sind. Dies wird als „Prärogativ in den Fragen der Währungspolitik"[243] verstanden. Das bedeutet, den Eintrittszeitpunkt der absoluten Preiswertstabilität und somit auch den Zeitpunkt, ab welchem eine Unterstützungspflicht eintritt, kann die EZB aufgrund eigener Definition bestimmen. Insbesondere das Vorliegen inflationärer Tendenzen, die das Ziel der Preiswertstabilität in der Zukunft beeinträchtigen könnten, wird alleine von der EZB überprüft. Das hat zur Folge, daß diese Prognosen gerichtlich nur in einem relativ geringen Maße überprüft werden können, weil der Zentralbank ein umfangreicher Beurteilungsspielraum bei der Bewertung der einzelnen Indikatoren zugestanden werden muß.[244]

Zwar hat der Rat im Rahmen der Konvergenzkriterien den Begriff der Preiswertstabilität definiert. Das bedeutet aber nicht, daß er im Rahmen der Geldpolitik eine Feststellungskompetenz inne hat. Denn die von ihm vorgenommene Definition war für einen anderen Zweck bestimmt, und diente als Vergleichskriterium, nicht als Bewertung im Rahmen der Geldpolitik.[245] Die Feststellungskompetenz ist daher alleine der EZB zuzusprechen.

---

[242] Siehe auch Stadler S. 106 dazu genauer Janzen S. 128 und Teil 1 Kapitel 3 Punkt 1.3.3.3. und unten Teil 2 Kapitel 5 Punkt 2.

[243] Ausdruck bei Janzen S. 128.

[244] So auch Stadler S. 106.

[245] Siehe zur Bedeutung der Ratsverordnung 2494/95, veröffentl. in ABl. L 95 257/1, für die Zentralbank oben Punkt 1.2.2.

2.3.1.3. Fazit: Unterstützungspflicht bei Preisstabilität

Zu untersuchen ist, in welchem Umfang die EZB bei Vorliegen der Voraussetzung „Preiswertstabilität“ in die Pflicht genommen werden kann.

Der Grund für die Normierung der Unterstützungspflicht ist, daß die EZB in Zeiten von Preisstabilität nicht eigenmächtig wirtschaftspolitische Ziele verwirklichen kann. Sie muß vielmehr in die Grundsätze der gemeinschaftlichen Wirtschaftspolitik eingebunden sein.[246] Dieser Grundsatz ergibt sich schon alleine aus dem Effizienzgebot der Gemeinschaft. In einem derartig komplexen Bereich wie der Wirtschaftspolitik sind alle beteiligten Institutionen verpflichtet, loyal zusammenzuwirken, um eine Erfüllung der gemeinschaftsrechtlichen Ziele zu ermöglichen.[247] Die Unterstützungspflicht des Art. 105 EGV ist nur eine spezielle Ausformung dieses allgemeinen Grundsatzes. Das bedeutet, kann die Zentralbank die Wirtschaft der Gemeinschaft unterstützen, ohne ihr eigenes Ziel zu gefährden, so ist sie dazu auch verpflichtet. In einem solchen Fall ist ihr Entschließungsermessen gegen Null reduziert. Die Unterstützungspflicht stellt somit für die EZB nicht lediglich einen unverbindlichen Programmsatz dar, sondern eine Rechtspflicht.

2.3.2. Gegenstand der Unterstützungspflicht

2.3.2.1. Keine Verpflichtung zur Unterstützung einer bestimmten Politik

Der Begriff der „allgemeinen Wirtschaftspolitik“ in Art. 105 Abs. 1 Satz 2 EGV drückt aus, daß die EZB sich an die Grundleitgedanken der gemeinschaftlichen Wirtschaftspolitik halten muß. Der Begriff ist als Gegensatz zu der speziellen und konkreten Wirtschaftspolitik einzelner politischer Entscheidungsträger anzusehen. Zusätzlich spricht Art. 105 EGV von der Wirtschaftspolitik „in“ der Gemeinschaft. Auch das zeigt, daß nicht die konkrete Politik der einzelnen Gemeinschaftsorgane gemeint ist.[248]

Der Begriff bezieht sich daher auf die Grundsätze der Gemeinschaftspolitik und die Koordinierung mit der mitgliedstaatlichen Politik, wie sie in Art. 99 (ex 103) EGV Abs. 2 vorgenommen wird, nämlich im Rahmen der „Grundzüge der Wirtschaftspolitik der Mitgliedstaaten und der Gemeinschaft“.

Diese Grundzüge des Europäischen Rats sind rechtlich nach EGV nicht bindend. Auch die darauf beruhenden Empfehlungen des Rats gem. Art. 99 Abs. 2

---

246 Von Hagen / Neumann S. 365.

247 Zu diesem Grundsatz siehe EuGH RS. 230/81 Luxemburg / Parlament Slg. 1983 S. 255 (287), auch Grabitz / Hilf – von Bogdandy Art. 5 Rn. 6.

248 Smits S. 188, Endler S. 401.

a.E. EGV sind gem. Art. 249 (ex 189) EGV generell unverbindlich. Eine Bindung der EZB oder des ESZB an die allgemeinen Grundzüge der Wirtschaftspolitik gem. Art. 99 (ex 103) EGV wird daher z.T. prinzipiell abgelehnt.[249] Als Grund dafür wird die Unabhängigkeit der Zentralbank genannt. Die Organe der Europäischen Gemeinschaft sind zumindest politisch an die Grundzüge der Wirtschaftspolitik des Europäischen Rats gebunden.[250] Der Europäische Rat kann aber an die Zentralbank aufgrund ihrer unabhängigen Stellung keine Befehle erteilen, ebensowenig können das die anderen Organe. Dies begründet die Ablehnung einer direkten rechtlichen Verpflichtung. Diesem Ergebnis ist bezüglich der Ausführung der Geldpolitik durchaus zuzustimmen. Die Regelung des Art. 108 (ex 107) EGV ist insofern eindeutig.

Diese Argumentation wird aber in bezug auf die Unterstützungspflicht der EZB der komplexen Kompetenzverteilung des Vertrags nicht vollkommen gerecht. Eine Verpflichtung zur Berücksichtigung der festgelegten politischen Leitlinien könnte sich nämlich für die Zentralbank aus dem Vertragstext selbst ergeben. Denn der Vertrag weist die Kompetenz zur Bewertung der allgemeinen Grundzüge der Wirtschaftspolitik dem Europäischen Rat zu. Sie werden als Empfehlungen des Rats gem. Art. 99 (ex 103) Abs. 2 EGV niedergelegt.[251] Weder der Europäische Rat, noch der Rat ist befugt, die EZB anzuweisen. Trotzdem ist die EZB verpflichtet, deren Kompetenzen zur Festlegung der allgemeinen Wirtschaftspolitik zu beachten. Diese Grundregeln der Kompetenzverteilung gelten trotz ihrer Unabhängigkeit auch für die EZB.[252] Das heißt, daß die EZB kein politisches Eigenleben führt, sondern sachlich in die Gemeinschaftsmaßnahmen eingebunden ist, um auch dazu beizutragen, die Ziele des Art. 2 EGV zu verwirklichen. Das Ermessen, einer bestimmten Richtung der Wirtschaftspolitik zu folgen, darf nicht alleine bei der EZB liegen, sondern bedarf der Koordination. Durch die Unterstützungspflicht, die in Art. 105 EGV normiert ist, ist die EZB rechtlich verpflichtet, an diesem Koordinationsprozeß aktiv mitzuwirken. Die Unabhängigkeit der EZB gem. Art. 108 (ex 107) EGV der EZB wird lediglich innerhalb ihres Aufgabenbereichs garantiert. Die Unterstützungspflicht ist ein Teil dessen.

---

[249] Grabitz / Hilf a.a.O. Rn. 7.

[250] Zum Umfang dieser Bindung vgl. Teil 2 Kap. 4 Punkt 1.1.

[251] Die Veröffentlichung erfolgt im Amtsblatt unter der Rubrik „Nicht veröffentlichungsbedürftige Mitteilungen".

[252] Grabitz / Hilf – Pernice Art 105 EGV Rn. 7, so auch Schachtschneider JZ 1993 S.756, wenn auch etwas zu überspitzt. Gormley – Kapteyn S. 120 lehnt mit dem Argument der Unabhängigkeit aber jede Bindung an Grundzüge der Wirtschaftspolitik ab. Jedoch relativiert er dieses Ergebnis in S. 120 Fn. 32.

Ein Schutz für die EZB ist insofern durch die Beschränkung auf die allgemeine Wirtschaftspolitik gegeben. Nochmals sei verdeutlichend erwähnt, daß die EZB nicht verpflichtet ist, Einzelmaßnahmen zu unterstützen.[253]

Wäre aber keine Bindung an eine derart allgemeine Wirtschaftspolitik vorhanden, so hätte es systematisch genügt, der EZB die Pflicht aufzugeben, nachrangig zum Primärziel der Stabilität die anderen Ziele der Art. 2ff EGV zu unterstützen.

Dabei ergibt sich die Problematik, wie die EZB sich zu verhalten hat, wenn sie eine vorgegebene Wirtschaftspolitik entweder für kritikwürdig oder im Extremfall für rechtswidrig hält.

2.3.2.2. Argument der rechtswidrigen Gemeinschaftspolitik

In der Literatur wird vertreten, daß die EZB keine Unterstützungspflicht bezüglich einer rechtswidrigen Wirtschaftspolitik trifft, das heißt, wenn diese gegen Ziele des EGV verstößt.[254]

Die Ziele der Gemeinschaft im Bereich der Wirtschaftspolitik sind in Art. 4 (ex 3a) und 2 EGV geregelt. Hier können für die Gemeinschaft gewisse Zielkonflikte auftreten, welche die Organe, in erster Linie der Rat, nach eigenem Ermessen zu einem Ausgleich bringen sollen. Im Rahmen dieser Zielwertung hat der Rat einen umfassenden Beurteilungsspielraum.[255] Das liegt daran, daß es sich hier um Entscheidungen politischer Natur handelt, bei denen die politischen Organe grundsätzlich die Zweckmäßigkeit ihres Handelns in weitem Umfang selbst bestimmen können. Nur bei Verletzung dieses weiten Ermessensspielraums ist die Politik überhaupt als rechtswidrig einzustufen.

Problematisch ist, ob man die Befugnis der Verweigerung von Unterstützung einer rechtswidrigen Gemeinschaftspolitik aus Art. 105 EGV herauslesen kann. Die EZB hat im Rahmen ihrer Unterstützungspflicht die Aufgabe, „zur Verwirklichung der in Art. 2 festgelegten Ziele der Gemeinschaft beizutragen". Aus dieser Aufgabenstellung könnte sich die Befugnis ergeben, sich bei rechtswidriger Politik zu verweigern.

Auch rechtswidrigen Akten der Gemeinschaftsorgane kommt grundsätzlich Geltung zu.[256] Die Feststellungsbefugnis über die Rechtmäßigkeit liegt beim

---

[253] Smits S. 188.

[254] Janzen S. 128.

[255] Siehe zum Umfang des Spielraums bei der Zielabwägung nur EuGH Slg. 1992, I S. 2061 (2081) RS.311/90; Slg. 79 S. 2575 (2599) RS.166/78 Italien / Rat.

[256] GTE – Krück Art. 173 Rn. 2, Nachweise zur Rspr. des EuGH dort.

EuGH. Das gilt allerdings nicht für Empfehlungen und Stellungnahmen der Organe, denn diese sind generell unverbindlich.

Die EZB ist nicht verpflichtet, einzelne Rechtsakte der Organe der Gemeinschaft zu unterstützen. Oben wurde dargelegt, daß der Begriff „allgemeine Wirtschaftspolitik in der Gemeinschaft“ deckungsgleich mit dem Begriff der Empfehlungen ist, die der Rat in dem Verfahren des Art. 99 (ex 103) EGV erstellt. Diese Empfehlungen stellen thematische Leitfäden oder Orientierungshilfen dar. Sie sind rechtlich nicht verbindlich. Das bedeutet, daß die EZB, sollte sie diese Empfehlung für rechtswidrig halten, sie nicht erst vor dem EuGH für nichtig erklären lassen muß.

Als Ergebnis kann man schließen, daß die Unterstützungspflicht von der EZB nicht nur mit dem Argument der Stabilitätsgefährdung durch ihr eigenes Verhalten abgelehnt werden darf. Auch das Argument der Stabilitätsgefährdung durch die Wirtschaftspolitik kann die EZB vorbringen, da sie ihr eigenes Ermessen an das der zuständigen Organe stellen kann. Die EZB kann also selbst entscheiden, ob sie die allgemeine Wirtschaftspolitik der Gemeinschaft in bezug auf die Zielabwägung hinsichtlich des Preisstabilitätsziels für rechtswidrig hält und sie somit nicht zu unterstützen hat.

Das hebt aber ihre Unterstützungspflicht nicht generell auf. Die EZB trifft trotzdem noch eine Pflicht zur Unterstützung der rechtmäßigen Politik, die über einen bloßen Programmsatz hinausgeht. Ihr Entschließungsermessen ist daher reduziert, wenn die Voraussetzung, daß das Ziel der Preisstabilität nicht gefährdet wird, vorliegt.

2.3.3. Konkrete Ausgestaltung der Unterstützungspflicht (Ausführungsermessen)

Unabhängig von der Frage nach dem Eintreten der Pflicht ist jedoch die Frage zu beantworten, wie die konkreten Maßnahmen auszusehen haben, die die EZB ergreifen muß oder überhaupt ergreifen kann.

Der Zentralbank stehen zur Ausführung ihrer Politik verschiedene Instrumente zur Verfügung. Die Wirkung dieser Instrumente ist zum einen die Kontrolle über die umlaufende Geldmenge, zum anderen der direkte Eingriff in das Zinsniveau. Die Manipulation dieser beiden Faktoren ist ein Mittel, durch das die EZB die Wirtschaftspolitik unterstützen kann. Die konkrete Ausgestaltung, wie eine derartige Unterstützung aussehen müßte, ist umstritten.

Von zahlreichen Wirtschaftswissenschaftlern wird argumentiert – und dieser Meinung sind auch die Mitglieder des EZB-Rats[257] – daß es die beste Unterstützung für das Wachstum der Wirtschaft sowie die Reduzierung der Arbeitslosigkeit darstellt, wenn die Zentralbank versucht, die Einhaltung von Preiswertstabilität zu garantieren. Diese Argumentation läuft darauf hinaus, daß ein Eingriff der Zentralbank im Sinne einer expansiven Geldpolitik kurzfristig positive Ergebnisse erzielen könnte, aber langfristig nur zu höherer Inflation führt. Eine solche kostet die Volkswirtschaft aber mehr Geld, als durch die kurze Belebung der Wirtschaft gerechtfertigt ist. Mit diesem Hinweis werden Rufe nach aktiverer Unterstützung zumeist abgelehnt.

Der EZB-Rat sieht selbst seine effektivste Möglichkeit zur Unterstützung der Wirtschaftspolitiken in der Schaffung von Glaubwürdigkeit und Transparenz im Rahmen der Geldpolitik. Ein Effekt hiervon wäre z.B., daß langfristige Zinssätze bei geringer Inflationserwartung sinken.[258] Dadurch wird die Wirtschaft positiv beeinflußt.

Des weiteren sieht der EZB-Rat eine wichtige Aufgabe darin, den anderen verantwortlichen Instanzen, also Regierungen, aber auch z.B. Tarifpartnern als Trägern der Lohnpolitik, diese Position und daher den notwendigen Kurs nahezubringen und sie somit zu notwendigen Reformen zu bewegen.[259]

Als unzulässig wäre dagegen die Vorgabe eines geeigneten Policy-mixes für die EZB durch den Rat und eine eventuelle Selbstverpflichtung der EZB hierauf anzusehen.[260] Das würde zum einen der Unabhängigkeit der EZB widersprechen, denn sie muß die ihr aufgegebene Aufgabe nach alleinigem Ermessen ausüben. Zum anderen bestünde eine Gefährdung für die Preisstabilität, sollte die EZB nicht auf jede Situation spontan angemessen reagieren können.

---

[257] Siehe die Einführungsrede von Duisenberg anläßlich der Sitzung des Wirtschafts- und Währungsausschusses 29. November 1999 , sowie die Rede von Noyer vor der spanischen Association of Corporate Treasurers (ASSET). Ebenso EZB Monatsbericht Januar 99 S. 45f, EZB Jahresbericht 99 S. 82ff.

[258] Den gegenteiligen Effekt und damit auch die Empfindlichkeit der entsprechenden Märkte konnten man im Sommer 1999 bemerken. Aufgrund sich z.T. widersprechender Äußerungen einzelner Mitglieder des EZB-Rats über gewisse Inflationserwartungen stiegen die langfristigen Zinssätze um 1,5 Prozentpunkte, während die kurzfristigen weitgehend stabil blieben. Siehe Gutachten Gros anläßlich der Sitzung des Wirtschafts- und Währungsausschusses 29. Nov. 1999 Graph. 1.

[259] Siehe die Reden von Duisenberg und Noyer (oben Fn. 17) und das Gutachten Bean S. 5f. Dieses Verhalten, auch gegenüber Geschäftsbanken kann man als „moral suasion" bezeichnen, dazu ausführlich Issing, Geldpolitik S. 134ff.

[260] EZB Jahresbericht 1999 S. 82.

Aus diesem Grund kann von der EZB auch nicht generell das Unterlassen bestimmter Maßnahmen gefordert werden.

Ein weiterer Punkt, bei dem an Unterstützung durch geldpolitische Maßnahmen gedacht werden könnte, ist der unterschiedliche Wirtschaftsstand in den verschiedenen Mitgliedstaaten. Einzelne Mitgliedstaaten könnten regionale Hilfe wegen eines Ungleichgewichts innerhalb der Währungsunion fordern. Dieses Ungleichgewicht kommt in den für den gesamten Währungsraum geltenden Indizes nicht umfassend zum Vorschein.[261] Solchen Forderungen widersetzt sich die EZB mit dem Hinweis auf die Einheitlichkeit ihrer Geldpolitik.[262]

Als Ergebnis kann man sagen, daß die EZB zumindest die Pflicht hat, bei gleicher Effektivität der Maßnahmen bzw. bei Nichtgefährdung der Preisstabilität immer das Instrument einzusetzen, das die allgemeine Wirtschaftspolitik in der Gemeinschaft am besten unterstützt.

Im Rahmen ihrer Unterstützungspflicht wird die EZB nochmals dazu verpflichtet, die Ziele des Art. 2 EGV zu wahren. Die nochmalige Erwähnung des Art. 2 EGV bei der Aufgabenstellung soll die EZB zur Wahrung dieser Ziele bei der Auswahl ihrer eigenen Mittel anhalten. Da sie nur zur Unterstützung der allgemeinen Gemeinschaftspolitik verpflichtet ist, steht ihr bei der Ausgestaltung der Unterstützungshandlung ein großer Ermessensspielraum zu, und zwar auch dann, wenn sie das Primärziel Preisstabilität berücksichtigt. Innerhalb dieses Rahmens hat sie selbst sich an den Zielen des Art. 2 EGV zu orientieren.

2.4. Ergebnis für den Unabhängigkeitsstatus

In der Unterstützungspflicht der EZB gegenüber der allgemeinen Wirtschaftspolitiken in der Gemeinschaft ist kein Widerspruch zu ihrer Weisungsfreiheit zu sehen.

Der Grund für die Unterstützungspflicht wird zum Teil darin gesehen, daß die Zentralbank nicht durch die Hintertür zum entscheidenden Beschlußorgan der Wirtschafts- und Sozialpolitik werden soll.[263] In der völligen Unabhängigkeit der beiden Bereiche voneinander wurde schon früher die Gefahr der Planlosigkeit

---

[261] So wurde im November 1999 besonders Kritik in Italien gegen die, von Duisenberg sogenannte „one-size-fits-all" Geldpolitik der Zentralbank laut. Siehe Deutsche Bundesbank Auszüge aus Presseartikeln Nr. 71 / 99 S. 8 und Sitzungsprotokoll des Wirtschafts- und Währungsausschusses des Europäischen Parlaments vom 29. November 1999.

[262] Siehe zu diesem Thema Teil 1 Kapitel 4 Punkt 2.2.2. und 2.3.1.

[263] Janzen s. 125 mit Hinweis auf Spindler, Becker Starke §12 Anm.1a S. 260.

erblickt, welche die Zielerreichung gefährden könnte.[264] Die Unterstützungspflicht ist vielmehr notwendiger Bestandteil eines Kooperationsmodells innerhalb der Gemeinschaft. Bei Abwesenheit einer Gefährdung des Ziels der Preisstabilität ist die EZB daher verpflichtet, Maßnahmen zur Unterstützung zu ergreifen. Solange die Unterstützung der Wirtschaftspolitik eindeutig zweitrangige Aufgabe hinter der Gewährleistung von Preisstabilität bleibt, und sie EZB die Möglichkeit hat, nach eigenem Ermessen die geldpolitischen Eckdaten zu bewerten, ist eine Gefährdung des Unabhängigkeitsstatus nicht gegeben. Dazu trägt auch die Möglichkeit zur Konfliktlösung durch Gerichte bei.

Dabei ist der Charakter der Unterstützungspflicht nicht ein lediglicher Programmsatz. Vielmehr hat die EZB kein Entschließungsermessen, wenn die Voraussetzungen zur Unterstützung gegeben sind. In einer Wertung muß man jedoch dazu kommen, daß diese rechtliche Bindung aber weitgehend bedeutungslos ist, weil die EZB umfängliches Auswahlermessens hat, also die Art der Maßnahmen ohne Einschränkung selbst bestimmen kann. Dessen Grenzen zeigen sich lediglich am Effizienzgebot und an dem Grundsatz der Verhältnismäßigkeit.

---

[264] Staudinger – Schmidt Vorbem. § 244 BGB Rn. A 74 m.w.N.

Kapitel 4
Rechtliche Anforderungen an den Einsatz der geldpolitischen Instrumente

Neben der ausdrücklichen Definition des Aufgabenbereichs stellt der EGV aber noch andere Anforderungen an das Verhalten der EZB. Diese sind z.T. allgemeiner Natur, aber auch bezogen auf die konkrete Ausgestaltung ihrer Geldpolitik. Diese Anforderungen ergeben sich teils ausdrücklich aus dem Vertragstext, teils aus seiner Systematik. Sie sollen nachfolgend näher untersucht und ihre Bedeutung dargelegt werden.

1. Transparenzgebot

1.1. Grund für das Transparenzgebot

Als grundlegende Regel für die Geldpolitik der EZB gilt das Transparenzgebot. Die demokratische Legitimität der EZB ist umstritten.[265] Dennoch verbietet die unabhängige Stellung der EZB eine Rechenschaftspflicht gegenüber anderen Institutionen betreffend die geldpolitischen Entscheidungen.[266] Diese Stellung bringt aber auch das Erfordernis der öffentlichen Nachvollziehbarkeit der Tätigkeiten der EZB mit sich. Daher kann das Transparenzgebot als Notwendigkeit und als Ausfluß demokratischer Kontrolle und Verantwortung angesehen werden.[267] Die Politik der unabhängigen Institution EZB muß sowohl von den anderen Organen der Gemeinschaft, aber auch von der Öffentlichkeit überwacht und beurteilt werden können.[268]

---

[265] Bedenken dagegen insb. bei Waigel S. 245ff, Schachtschneider u.a. JZ 93 S. 755, Gormley S. 3ff. Aus ihrer unabhängigen Stellung und der daher fehlenden direkten demokratischen Legitimation ziehen mehrere Autoren das Erfordernis der parlamentarischen Verantwortlichkeit der EZB (Amtenbrink S. 378f, Lastra S. 497f und Gormley S. 8f.) Ausführliche Stellungnahmen hierzu schon vorne Teil 1 Kapitel 1 Punkt 3.4. und auch noch später Teil 2 Kapitel 1 Punkt 3.2.2. und Teil 2 Kapitel 3 Punkt 2 bei Fn. 614.

[266] Siehe dazu noch unten Teil 2 Kapitel 3 Punkt 3.2.

[267] Zur Diskussion, ob das Transparenzgebot alleine auch als ausreichend anzusehen ist, später Teil 2 Kapitel 3 Punkt 6 ebenso Teil 2 Kapitel 3 Punkt 2.

[268] EZB Jahresbericht 99 S. 134f.

1.2. Ausgestaltung

1.2.1. Kommunikation mit den Organen der Europäischen Gemeinschaft

Der Transparenzpflicht der EZB wird zum einen durch die Berichtspflicht gegenüber den anderen Organen gem. Art. 113 (ex 109b) EGV Genüge getan.[269] Art. 113 EGV verpflichtet die EZB unter anderem in Abs. 3 zur Vorstellung eines Jahresberichts über die Tätigkeiten des ESZB und die Geld- und Währungspolitik im laufenden und letzten Jahr vor dem Europäischen Parlament, dem Rat, der Kommission und auch dem Europäischen Rat.

1.2.2. Weitere Berichte der EZB

Durch die ESZB-Satzung wird die EZB zur Veröffentlichung weiterer Berichte verpflichtet. Das sind ein vierteljährlicher Bericht nach Art. 15.1 ESZB-Satzung, der auch dem Parlament vorgestellt wird, der wöchentliche konsolidierte Ausweis gem. Art. 15.2 ESZB-Satzung, sowie der Jahresabschluß nach Art. 26.2 ESZB-Satzung und eine jährlich konsolidierte Bilanz nach Art. 26.3 ESZB-Satzung.

Um dem Transparenzgebot noch weiterhin Genüge zu tun, hat die EZB sich selbst entschlossen, freiwillig über diese Verpflichtung hinaus Veröffentlichungen vorzunehmen. Daher hat sie mit der Veröffentlichung von Monatsberichten begonnen. Nach der jeweils ersten Sitzung des EZB-Rats pro Monat halten der Präsident und der Vizepräsident eine freiwillige Presseerklärung mit Fragestunde ab. Die Ergebnisse werden auch im Internet veröffentlicht.[270]

1.3. Grenzen der Transparenz: Geheimhaltungspflicht bezüglich des Sitzungsprotokolls des EZB-Rats

Art. 10.4 ESZB-Satzung regelt, daß die Aussprachen in den Ratssitzungen stets vertraulich sind. Der EZB-Rat kann beschließen, die Ergebnisse der Sitzungen zu veröffentlichen. Ihm steht ein Wahlrecht lediglich bezüglich der Veröffentlichung der Ergebnisse zu, nicht aber auch bezüglich des Abstimmungsvorganges und der vorangegangenen Beratung.[271] Die Mitglieder des EZB-Rats sind zum ersten vor nachträglichen Beeinflussungen durch Dritte wegen ihres Stimmverhaltens zu schützen, um zweiten aber auch davor, in einer veröffentlichten Ab-

---

[269] Zur genauen Ausgestaltung sowie dem notwendigen Inhalt dieser Pflicht siehe Teil 2 Kapitel 3 Punkt 3.1.

[270] Monatsbericht EZB Januar 1999 S. 46f; ebenso Jahresbericht 99 S. 132, sowie bei Issing / Angeloni S. 11, www.ecb.int.

[271] So auch Handbuch europ. Recht – Zilioli Satzung ESZB Art. 10 Rn. 19.

stimmung von vornherein nicht mehr nach eigener Ansicht und Gewissen abstimmen zu können. Das Zustandekommen der Beschlüsse mit Stimmenanzahl kann nicht dermaßen von Belang sein, daß man einzelne Mitglieder in der Öffentlichkeit nach ihrem Abstimmungsverhalten bemessen dürfte. Die Gefahr der politischen Erpressbarkeit steht in keinem Verhältnis zu dem relativ geringen Wert der zusätzlichen Information über das Abstimmungsverhalten in den Gremien.[272] Zusätzlich ist fraglich, ob die Veröffentlichung von Abstimmungsergebnissen (z.B. bei knappen Ergebnissen) nicht zu zusätzlichen unerwünschten Komplikationen auf den empfindlichen Finanzmärkten führen kann.

Kritiker verlangen eine Veröffentlichung der Sitzungsprotokolle des EZB-Rats,[273] auch zur Wahrung des Demokratieprinzips.[274] Die Zentralbank hat auf Anforderungen wie diese mit dem Hinweis auf ihre Unabhängigkeit reagiert. Es wird die Auffassung vertreten, daß eine Veröffentlichungen der Tagungsprotokolle dazu führen würde, die einzelnen Mitglieder des Rats zusätzlichen Beeinflussungen und öffentlichem Druck auszusetzen, der nicht mehr geeignet ist, ein Handeln wirkungsvoll und ohne Einflüsse zu gewährleisten.[275]

Grundsätzlich erfolgt keine Veröffentlichung der Protokolle der Sitzungen des EZB-Rats. Nur unter besonderen Umständen werden die Ergebnisse der Beratungen veröffentlicht.[276] Nach Art. 23.1 der Geschäftsordnung (GeschO) der EZB[277] haben auch die einzelnen Mitglieder des EZB-Rats den Verlauf der Sitzung vertraulich zu behandeln.

Diese Geheimhaltungspflicht kann grundsätzlich mit der Berichterstattung im Rahmen von Pressekonferenzen in Konflikt geraten. Dort finden zumeist zusätzlich zu der Veröffentlichung von Ergebnissen auch kommentierte Inhaltszusammenfassungen statt. Meist gibt der Präsident der EZB solche offiziellen Konferenzen nach den Beratungen.

---

[272] Dazu auch Issing in Bundesbank Presseart. Nr. 44 / 99 S. 2 (oben Fn. 132).

[273] Woods, S. 3, Hautala, Protokoll der Verhandlungen des Europäischen Parlaments ABl. v. 13. 5. 1998 Nr. 4 – 519 / 149, Randzio-Plath, Wirtschaftsdienst 98 S. 276.

[274] Grundsätzlich zu der Problematik zwischen Demokratieprinzip und Geheimhaltung durch die Exekutive Rösch, 112f, S.154. Es ist aber hier darauf hinzuweisen, daß die EZB gerechtfertigterweise (Maastricht-Urteil) einen besonderen Status genießt.

[275] Issing in: Handelsblatt Wirtschafts- und Finanzzeitung, Düsseldorf / Frankfurt, vom 28. Juni 1999, veröffentlicht in Dt. BBank, Auszüge aus Presseartikeln Nr. 44 / 99 S. 2. Zu diesem Problem schon ausführlich oben Punkt 1.1.2.5.

[276] Vgl. Art 10.4 der Satzung des ESZB.

[277] Abgedruckt in Amtsblatt der Europäischen Gemeinschaften Nr. L 338 vom 15.12.1998 S. 28, aber auch Handbuch Europ. Recht – Ehlermann I A 53 / 3.5.

Art. 13.2 der ESZB-Satzung normiert den Präsidenten als Vertreter nach außen. Er ist daher zur Abgabe von Erklärungen legitimiert. Aber auch der Präsident ist als Vertreter der EZB an ihre GeschO gebunden. Deren Art. 23.1 gibt ihm zwar die Befugnis, die Ergebnisse der Sitzungen zu veröffentlichen, wenn er dazu gem. Art. 10.4 der ESZB-Satzung ermächtigt wurde, fraglich ist hierbei aber, wie dieser Begriff auszulegen ist.

Der Begriff des Ergebnisses bedeutet, daß der EZB-Präsident über die getroffenen Beschlüsse und die wesentlichen Entscheidungsinhalte der Sitzung berichten darf. Im Rahmen dessen gehören zu einem Ergebnis sicherlich auch die Hauptargumente, die zu der Entscheidung geführt haben. Problematisch ist, ob der Präsident auch Äußerungen über den Verlauf oder sogar das Abstimmungsverhalten einzelner machen kann. Hier ist die Formulierung von Art. 10.4 der ESZB-Satzung genauer zu betrachten. Dieser spricht eindeutig lediglich vom „Ergebnis". Das Ergebnis stellt aber nur einen Teil der Sitzung dar. Es ist vom Argumentations- und Abstimmungsverlauf zu unterscheiden.

Wenn Art. 10.4 ESZB-Satzung als abschließend auszulegen ist, so kann auch durch eine ergänzende Regelung in der GeschO eine weitergehende Veröffentlichung der Inhalte der Sitzungen des EZB-Rats nicht geregelt werden. Die Geschäftsordnung ist im Grundsatz ein organinterner Rechtsakt, der in erster Linie das Organ selbst bindet.[278] In der GeschO der EZB wird die interne Organisation der EZB und ihrer Beschlußorgane genauer normiert. Die GeschO beruht auf Art. 12.3 ESZB-Satzung. Die Vertraulichkeit des gesamten Verfahrens ist in Art. 23 der GeschO der EZB geregelt. Als organinterner Rechtsakt darf die Geschäftsordnung nicht gegen Primärrecht verstoßen. Sie muß daher mit dem Inhalt des Art. 10.4 ESZB-Satzung vereinbar sein.

Als Auslegungshilfe kann hier der Zweck der Norm dienen. Die Beschränkung der Veröffentlichung auf das „Ergebnis der Beratungen“ dient dem Schutz der Unabhängigkeit des EZB-Rats. Daß die Beschlußorgane der EZB oder ihre Mitglieder keine Dispositionsbefugnis über ihren eigenen Unabhängigkeitsstatus haben, belegt schon deutlich Art. 108 (ex 107) Satz 1 EGV, der nicht nur ein Verbot an Dritte ausspricht, sondern es auch den Mitgliedern der Beschlußorgane der EZB verbietet, Verhaltensmaßnahmen Dritter zu dulden. Dieses doppelte Verbot des Art. 108 EGV zeigt auf, daß die EZB nicht freiwillig auf Teile ihres Unabhängigkeitsstatus verzichten kann. Dieser Grundsatz muß berücksichtigt werden, wenn man Art. 10.4 der ESZB-Satzung auslegt.

---

[278] So für den Rat: Lenz – Breier Art. 208 Rn. 6.

Auch der eindeutige Wortlaut der Norm, die das „Ergebnis der Beratungen“ als zu veröffentlichen benennt, spricht gegen eine erweiterte Auslegung, aufgrund derer die EZB auch ein Protokoll veröffentlichen könnte. Zusätzlich würde der Sinn der Norm als Schutz der Unabhängigkeit der Beschlußorgane durch die Vertraulichkeit der Beratungen unterlaufen.[279] Der Umfang, in welchem die Nichtöffentlichkeit gewahrt bleiben muß, kann daher nicht vom EZB-Rat selbst festgelegt werden. Diese Auslegung zeigt, daß die Veröffentlichung von Sitzungsprotokollen mit Abstimmungsergebnissen nicht rechtmäßig wäre und somit in der Geschäftsordnung nicht vorgesehen werden kann.

Grundsätzlich können auch die anderen Mitglieder des EZB-Rats in der Öffentlichkeit Rede und Antwort stehen.

Hierbei unterliegen sie, wie sich schon aus Art. 10.4. ESZB-Satzung ergibt, den Vorschriften über die Vertraulichkeit bezüglich der Sitzungen des EZB-Rats.[280] Diese Regelung kann auch nicht insoweit umgangen werden, als Mitglieder des Beschlußorgans ihr eigenes Stimmverhalten offenlegen dürfen. Denn das gehört zum Abstimmungsvorgang und ist daher kein „Ergebnis der Beratung“.

Auch was ihre sonstige Tätigkeit betrifft, sind sie strengen Vertraulichkeitsregeln unterworfen. Das wird durch Art. 23.1 der GeschO der EZB bewirkt. Diese Norm ist ausdrücklich auch auf die Tätigkeit des Direktoriums und der Unterausschüsse bezogen.[281]

Bezüglich der Sitzungen sind die Mitglieder daher lediglich befugt, die veröffentlichten Daten und Ergebnisse wiederholend zu erläutern und ihre Ansichten dazu darzulegen, jedoch ohne ihr eigenes Abstimmungsverhalten offenzulegen.

Diese Regeln über die Vertraulichkeit stehen in gewisser Weise im Konflikt mit der Strategie der EZB, durch Information Transparenz zu schaffen und ihrer Geldpolitik somit Akzeptanz und Glaubwürdigkeit zu verleihen. Als Experten in geldpolitischer Hinsicht sind die Mitglieder des EZB-Rats aus diesem Grund verstärkt im Licht der Öffentlichkeit.

Sanktionen bei Verstößen gegen die Geheimhaltungspflicht sind weder in der GeschO der EZB noch in der Satzung des ESZB oder im EGV selbst ausdrück-

---

279 Handbuch europ. Recht – Zilioli I A 53 Satzung ESZB Art. 10 Rn. 19.

280 A.A. insoweit anscheinend Buiter, dargestellt bei Hahn JZ 1999 S. 962.

281 Dieser Grundsatz galt auch schon im Rahmen der Geschäftsordnung des EWI (Protokoll Nr. 4 zum Vertrag von Maastricht, siehe ABl. Nr. C 191 vom 29. Juli 1992) , siehe GTE – Smits nach Art 109m EGV, Art. 10 der Satzung des ESZB Rn. 16

lich normiert. Für die Mitglieder des Direktoriums ist hier auf Art. 11.4. ESZB-Satzung zurückzugreifen. Die Präsidenten der nationalen Zentralbanken sind nach Art. 14.2. Satz 2 ESZB-Satzung zu behandeln.[282]

In beiden Fällen ist geregelt, daß die Personen dann abzusetzen sind, wenn sie eine „schwere Verfehlung" begangen haben. Eine gängige Definition für die schwere Verfehlung findet sich, wenn man die parallele Regelung des Art. 216 (ex 160) EGV zu Rate zieht, der sich auf die Kommission bezieht. Demnach ist eine schwere Verfehlung eine schuldhafte, nicht notwendigerweise strafbare, trotzdem als schwer zu qualifizierende Amtspflichtverletzung.[283]

2. Grundsätze bei der Ausführung der konkrete Geldpolitik

Grundsätzlich ist die EZB in der Ausgestaltung der konkreten Geldpolitik im Rahmen ihres Aufgabenbereichs frei. Zusätzlich zu der Beschränkung dieses Aufgabenbereichs[284] oder zu den gerade z.T. dargestellten Anforderungen an das allgemeine Verhalten der EZB[285] hat sie aber auch beim konkreten Einsatz ihrer Instrumente gewisse durch den EGV vorgegebene Grundsätze einzuhalten. Diese sind teilweise in Art. 105 Abs. 1 Satz 3 EGV ausdrücklich aufgezählt. Sie sollen nachfolgend genauer untersucht werden.

2.1. Einhaltung des Grundsatzes der offenen Marktwirtschaft mit freiem Wettbewerb

Dem Grundsatz der offenen Marktwirtschaft mit freiem Wettbewerb kommt in Art. 105 Abs. 1 Satz 3 EGV (fast wortgleich in Art. 2 Satz 3 ESZB-Satzung) besonderes Gewicht zu. Er bezieht sich aber nicht nur auf die Unterstützungspflicht des Satz 2 sondern gilt für das gesamte Handeln der Zentralbank. Satz 3 enthält sogar eine „doppelte" Verpflichtung auf diesen Grundsatz, denn er verweist auf Artikel 4 EGV. Dessen Abs. 2 normiert ebenfalls den Grundsatz der offenen Marktwirtschaft, jedoch hier nur im Zusammenhang mit der Wirtschaftspolitik. Aus dieser mehrmaligen Verpflichtung könnte man zum einen lesen, daß dieser Grundsatz ein ganz besonderes Gewicht erhalten sollte. Kritischere Betrachtungen haben diesen doppelten Verweis aber auf einen eher nachlässigen Vertrags-

---

[282] Genaueres, insbesondere zu den Schwächen des Verfahrens in Teil 2 Kapitel 5 Punkt 3.1.2. Fn. 820.
[283] So Grabitz / Hilf – Hummer Art 160 Rn. 7ff. Siehe später Teil 2 Kapitel 5 Punkt 3.6.2.
[284] Siehe hierzu das gesamte vorangegangene Kapitel.
[285] Siehe gerade Punkt 1.

entwurf zurückgeführt.[286] Trotzdem wird diesem Grundsatz eine besondere Bedeutung zugemessen,[287] wenngleich mancherorts sein Rechtscharakter als bloßer Programmsatz definiert wird.[288] Aufgrund der konkreten Bezugnahme in Art. 105 Abs. 1 EGV, die dieses Ziel vor den anderen des umfangreichen Aufgaben- und Zielkatalogs der Art. 2 und 3 EGV hervorhebt, ist eine völlige Unverbindlichkeit dieses Grundsatzes für die EZB aber abzulehnen.

Inhaltlich bedeutet der Grundsatz der freien Marktwirtschaft für die gesamte Gemeinschaft eine Abkehr von einer planerischen Gestaltung der Wirtschaftspolitik, wie sie noch in den 70er Jahren stärker auch innerhalb der Europäischen Union vertreten war.[289] Die freie Marktwirtschaft stellt für die Gemeinschaft vielmehr ein Ordnungsprinzip dar, ohne daß ihr Inhalt jedoch genau konkretisiert wäre.[290]

Im Konkreten bedeutet das für die EZB, den marktkonformen Steuerungsmitteln ist zumindest ein relativer Vorrang einzuräumen.[291] Allerdings wird auch vertreten, dieser Grundsatz beinhalte ein gänzliches Verbot interventionistischer Politik für die EZB.[292] Für die Europäische Gemeinschaft jedoch kann dieser Grundsatz kein völliges Verbot von Regulativakten beinhalten. Derartige Akte, die in die offene Marktwirtschaft beschränkend eingreifen, müssen jedoch zumindest marktintegrativ wirken und aus Gründen des Rechtsgüterschutzes erforderlich sein.[293]

---

[286] So Smits S. 190.

[287] Zu der Entwicklung des Prinzips Bleckmann DVBl. 92 S. 341, siehe auch Achtes Hauptgutachten der Monopolkommission 1988 / 89 BR-DrS. 512 / 90 vom 13.7.1990. Kritisch zu der Umsetzung des Prinzips Immenga EuZW 94, S. 16f.

[288] Als unverbindlich sieht Immenga EuZW 94 S. 15f diesen Grundsatz an.

[289] Hierzu Gormley – Kapteyn S. 127. Zu Beispielen hierfür, die direkt mit der Geldpolitik zusammenhingen Bofinger / Ketterer - Tietmeyer S. 47ff.

[290] Handbuch Europ. Recht – von Estorff / Molitor Art. 3a Rn. 18, Heintzen EuR 97 S. 6, Grabitz / Hilf – Bandilla Art. 3a Rn. 7. Everling – FS Mestmäcker S. 376, M. Weber Kompetenzverteilung S. 112f.

[291] Calliess – Häde Art. 105 Rn. 5. Siehe zu dieser Anforderung noch näher anhand des konkreten Beispiels Art. 20 ESZB-Satzung unten Punkt 3.2.

[292] Siehe Stadler S. 202, ebenso Grabitz / Hilf – Bandilla Art. 3a Rn. 11.

[293] Gegen die absolute Geltung des Prinzips unter Hinweis auf die gegenwärtigen Regelungen im Bereich der Agrarpolitik BK – Hahn / Häde Art. 88 Rn. 574, auch Dauses – Müller-Graff A I Rn. 103, ebenso Everling FS Mestmäcker S. 376, Bleckmann DVBl. 92 S. 341.

Auch die Tatsache, daß dieser Rechtsgrundsatz für die EZB aufgrund der ausdrücklichen Wiederholungen in erhöhtem Maße zu berücksichtigen ist, schließt für sie eine Güterabwägung nicht aus.[294]

2.2. Effiziente Geldpolitik

Als Zweck einer Geldpolitik, die mit der offenen Marktwirtschaft und dem freien Wettbewerb übereinstimmt, ist die effiziente Ausnutzung der Ressourcen genannt. Fraglich ist, ob diese Formulierung eine Bindung für die EZB an eine bestimmte Wirkung für ihre Geldpolitik beinhaltet, ob es sich also um einen weiteren Rechtsgrundsatz handelt, oder ob durch diese Formulierung eine bloße Erklärung der Wirkung der offenen Marktwirtschaft mit freiem Wettbewerb erfolgte.[295]

Zum Teil wird vertreten, daß es sich hierbei um eine Rechtspflicht für die EZB handelt, die ihr Ermessen im Hinblick auf die Ausübung der Geldpolitik an gewisse Ziele bindet.

Durch die Geldpolitik soll in erster Linie eine optimale Ressourcenallokation verfolgt werden. Dieses Ziel stellt andere mögliche Effekte der Geldpolitik, wie Versorgungseffekte, niedrige Verbraucherpreise, etc. zurück.[296] Die Ressourcenallokation soll nicht durch Steuerung der EZB sondern durch die Mechanismen der freien Marktwirtschaft erfolgen.

Gegen diesen Charakter als eigenständiger Rechtsgrundsatz spricht jedoch die geringe Aussagekraft der inhaltlich unbestimmten Formulierung. Ihr haftet keine weitergehende Bindung an, als der Verpflichtung auf die offene Marktwirtschaft. Ebenso spricht gegen die Charakterisierung als bindender eigenständiger Grundsatz, daß die EZB den effizienten Gebrauch der Ressourcen nur mittelbar beeinflussen kann. Der Einsatz der Ressourcen ist Sache der Wirtschaftsbeteiligten und somit kann die EZB nur einen Rahmen hierfür bereitstellen.[297] Allerdings verhindert dies nicht das Bestehen einer Rechtspflicht, die den Umfang des Rahmens festlegt.

---

[294] Siehe zu diesem Grundsatz ausführlich die Bewertung der zulässigen Instrumente nach Art. 20 ESZB-Satzung, unten Punkt 3.2. bei Fn. 338.

[295] Bindungswirkung nimmt Grabitz / Hilf – Pernice Art. 105 Rn. 9 an, m.w.N. (Geelhoed).

[296] Grabitz / Hilf – Pernice Art. 105 Rn. 9.

[297] Grabitz / Hilf – Bandilla Art. 102a Rn. 4.

Der Grundsatz der offenen Marktwirtschaft muß, wenn auch nur gerechtfertigt, bei Bedarf in der Geldpolitik anderen Erwägungen weichen können.[298] Somit ist zu fragen, ob an diese Rechtfertigung durch den Grundsatz der Förderung der Ressourcen noch weitere Anforderungen zu stellen sind.

Als rechtfertigende Erwägungen genügen nicht die oben genannten Beispiele wie Versorgungseffekte etc. alleine. Denn eine Rechtfertigung für die Abkehr von dem Gebot der offenen Marktwirtschaft findet sich einzig in dem Bestehen einer Gefährdung des Primärziels Preisstabilität.

In der deutlichen Aussage ist somit eine Wertung zu entnehmen, daß für die EZB die Einhaltung des Grundsatzes der freien Marktwirtschaft unter optimaler Ausnutzung der Ressourcen auch dann Anwendung findet, wenn andere Maßnahmen der EZB die Wirtschaftspolitik in der Gemeinschaft eher unterstützen würden. Der Zusatz ist daher besonders bei Maßnahmen im Rahmen der Unterstützungspflicht als Grundsatz zu beachten. Er bedeutet eine Konkretisierung des Gebots der offenen Marktwirtschaft insofern als er die Rechtfertigungsgründe einschränkt, die geeignet sind, Maßnahmen zu ergreifen, die nicht völlig marktkonform sind.

Das Gebot der Effizienz hat in der Geldpolitik – wie allgemein im EGV – jedoch noch eine weitere, allgemein gehaltene Bedeutung als Rechtsgrundsatz.[299] Dieser enthält eine Anforderung an das Verhalten der Institutionen der Gemeinschaft. Sein Inhalt bezieht sich unter anderem auf die zeitliche Komponente von Organhandeln.[300] Aber der Effektivitätsgrundsatz bedeutet auch ganz allgemein, daß den Zielen der Gemeinschaft zu größtmöglichem Erfolg verholfen werden soll. Bezogen auf die Geldpolitik muß die EZB daher so handeln, daß ihre verfolgte Strategie möglichst wirksam ist und die Instrumente so ausgewählt werden, daß sie am effektivsten sind. Der Grundsatz der Effizienz stellt sich für die EZB nicht nur ausdrücklich beim Fördern der Zahlungssysteme gem. Art. 22 ESZB-Satzung, sondern im gesamten Bereich der Tätigkeit der EZB.[301]

Ein Ausdruck effizienter Arbeit zeigt sich daher auch in der Zusammenarbeit mit den anderen Organen der Gemeinschaft. Die Institutionen der Gemeinschaft ha-

---

[298] Siehe schon Punkt 2.1. und unten Punkt 2.2.1.
[299] GTE – Bieber Art. 4 Rn. 61f, Bleckmann Rn. 559.
[300] GTE – Bieber Art. 4 Rn. 61ff.
[301] Handbuch europ. Recht Art. 105 Rn. 25. Menkhoff S. 44 zur vorrangigen Effizienz der Offenmarktpolitik.

ben eine gemeinsame Verpflichtung zur effizienten Aufgabenerfüllung und zur Kooperation und loyalen Zusammenarbeit untereinander.[302] Fraglich ist, ob dieses Gebot zur Zusammenarbeit auf die EZB wegen ihrer Unabhängigkeit anzuwenden ist. Eine konkrete Ausformulierung fand dieses Gebot m.E. schon durch die Normierung der Unterstützungspflicht der EZB gem. Art. 105 Abs. 1 Satz 2 EGV gegenüber der allgemeinen Wirtschaftspolitik in der Gemeinschaft. Fehlende Koordination führt zu Ineffektivität. Daher dient die Unterstützungspflicht der Effektivität. Die Ziele des Vertrags sollen auf dem besten und schnellsten Wege erfüllt werden. Das heißt für die EZB, daß sie kein politisches Eigenleben führt, sondern sachlich in die Gemeinschaftsmaßnahmen eingebunden ist, um die Ziele des Art. 2 EGV zu verwirklichen. Das bedeutet wiederum, daß die EZB bei der Auswahl ihrer Mittel in ihrem Ermessen die bestehende Politik in der Gemeinschaft ausreichend zu berücksichtigen hat. Diese Aussage ist z.B. dahingehend auszulegen, daß die EZB bei der Auswahl verschiedener Mittel das zu wählen hat, das bei gleichartiger Garantie der Preiswertstabilität die allgemeine Wirtschaftspolitik am meisten fördert. Sollte die EZB die Wirtschaftspolitik der Gemeinschaft für kritikwürdig erachten, kann sie sie dennoch nicht boykottieren, sondern muß bei der Auswahl ihrer Maßnahmen das Effizienzgebot beachten.[303]

2.2. Grundsatz der offenen Marktwirtschaft mit freiem Wettbewerb

Die Geldpolitik der EZB wird gem. Art. 105 Abs. 1 Satz 3 EGV auf das Prinzip der offenen Marktwirtschaft mit freiem Wettbewerb verpflichtet.

Der freie Wettbewerb ist ein Grundsatz der Wirtschaftsverfassung der Europäischen Gemeinschaft. Wettbewerb ist für Unternehmen und für die Mitgliedstaaten sowie deren Hoheitsträgern zum Schutz deren Eigeninteressen nur nützlich und sinnvoll, wenn er bestimmten Regeln unterworfen ist, die Wettbewerbsverfälschungen und somit Wettbewerbsvorteile für einzelne Konkurrenten ausschließen.[304]

2.2.1. Wettbewerbsneutralität und freie Marktwirtschaft

Wettbewerbsneutralität der Hoheitsträger ist ein Bestandteil der freien Marktwirtschaft. Das bedeutet auch, daß die Adressaten der Geldpolitik anderen Marktteilnehmern gegenüber, mit denen sie in unmittelbarem Wettbewerb ste-

---

[302] Calliess – Calliess Art. 7 Rn. 22, ebenso GTE – Bieber Art. 4 Rn. 57.
[303] Smits S. 189, Mégret – Louis S. 59.
[304] Dauses – Müller-Graff A I Rn. 105.

hen, nicht benachteiligt werden dürfen.[305] Als klassisches Beispiel hierfür ist der Konflikt über die Verwendung des geldpolitischen Instruments Mindestreserven[306] anzusehen. Durch die Mindestreservepflicht können den Kreditinstituten der Währungsunion Nachteile entstehen sowohl gegenüber Banken aus dem Nicht-Eurogebiet, die dieser Mindestreserve nicht unterworfen sind, als auch Instituten gegenüber, die als Nichtkreditinstitute als Finanzdienstleister direkte Mitwettbewerber der Banken in anderen Sektoren sind.

Dennoch wurde auf die Mindestreservepflicht nicht verzichtet. Sie stellt im Instrumentenkatalog der EZB einen wichtigen Bestandteil dar, weil sie als wichtiges Instrument zur Stabilisation der Geldnachfrage dient. Dies ist vor allem aufgrund des geringer werdenden Bargeldbedarfs wegen des elektronischen Zahlungsverkehrs wichtig.[307]

Um die negativen Effekte der Mindestreserve zu kompensieren, wird sie durch die EZB nun gem. Art. 8 der VO (EG) Nr. 2818/98 der EZB[308] verzinst. Dadurch werden die Nachteile der Banken, die auf einen Teil ihres Kapitals verzichten müssen, ausgeglichen.[309]

Anhand dieses Beispiels kann man sehen, daß interventionistische Maßnahmen, die aufgrund ihres Zwangscharakters (Mindestreserven wurden z.T. als Sondersteuer für Geschäftsbanken bezeichnet[310]) mit dem Grundsatz der offenen Marktwirtschaft kollidieren, nur nach einer ausreichenden Abwägung angewendet werden sollen. Dabei ist auf die Wahl des mildesten Mittels zu achten. Aus diesem Grunde wurden die negativen Effekte der Mindestreserve durch eine Verzinsung zu kompensieren versucht.[311]

Eine derartige Auslegung ist notwendig, weil nur sie den Grundsätzen einer offenen Marktwirtschaft mit freiem Wettbewerb genügen kann, wie sie in Art. 2

---

[305] Eine ausführliche Untersuchung über den Umfang der Wettbewerbsbeeinflussung der verschiedenen geldpolitischen Instrumente bei Issing Beih. 10/88 S. 219ff.

[306] Unter Mindestreserven versteht man die Bestände an bestimmten Aktiva, meist Zentralbankgeld, die auf Veranlassung der Notenbank von den Kreditinstituten als Mindestguthaben auf einem Konto der nationalen Zentralbanken gehalten werden müssen. Siehe zu diesem Instrument: EZB Geldpolitik S. 8, EZB Monatsbericht Januar 99 S. 20f, Köhler S. 85ff, ebenso Teil 2 Kapitel 1 Punkt 3.5.2.

[307] Siehe Remsperger / Angenendt, Die Bank 95, S. 403f, Goetze S. 115, EZB Jahresbericht 99 S. 54.

[308] Verordnung vom 1. Dezember 1998 über die Auferlegung einer Mindestreservepflicht, ABl. L 356 vom 30. 12. 1998.

[309] BK – Hahn / Häde Art. 88 Rn. 572.

[310] Remsperger / Angenendt Die Bank 95 S. 401, Issing Beih. 10/88 S. 228.

[311] Siehe dazu auch Menkhoff S. 73.

EGV i.V.m. Art. 4 Abs. 1 EGV genannt werden. Art. 4 EGV ist im Bereich der Wirtschafts- und Währungspolitik als spezielle Ausarbeitung zur Verwirklichung der allgemeineren Ziele des Art. 2 EGV anzusehen.[312]

2.2.2. Wettbewerbsneutralität und einheitliche Geldpolitik

Im Rahmen der Wettbewerbsneutralität ist das Prinzip der einheitlichen Geldpolitik nach Art. 4 (ex 3a) Abs. 2 EGV relevant. Es besagt, daß die Geld- sowie die Wechselkurspolitik einheitlich sein soll. Das Gebot der Wettbewerbsneutralität gilt somit in regionaler Hinsicht, denn im räumlichen Sinne kann Wettbewerbsneutralität nur durch eine einheitliche Geldpolitik gewährleistet werden. Dieses Gebot bezieht sich nicht lediglich auf die Gründung einer Währungsunion mit einer einheitlichen Währung, sondern auf die konkrete Geldpolitik. Das bedeutet, die Instrumente der Geldpolitik müssen für das gesamte Währungsgebiet einheitlich angewandt werden, eine differenzierte Geldpolitik unter Berücksichtigung regionaler Unterschiede ist daher nicht möglich. Zwar ist die Unterstützung regional schwacher Gebiete in der EG ein Anliegen, das aufgrund seiner Häufigkeit bei den Vertragsvorschriften fast schon als allgemeiner Grundsatz gelten kann,[313] dies kann im Bereich der Geldpolitik aber nicht gelten. Der Ausdruck „einheitliche" Geldpolitik ist insofern deutlich. Diese Einheitlichkeit verhindert regionale Wettbewerbsverzerrungen.

So wäre es z.B. verboten, wenn durch eine zinsgünstigen Refinanzierungspolitik Subventionselemente gezielt in wirtschaftsschwache Regionen gelenkt werden würden.[314] Auch Sonderkredite (z.B. zur Rettung insolventer Banken) werden als aus Wettbewerbsgründen verbotene Einzelmaßnahmen angesehen,[315] hier würde der Aspekt der Wettbewerbsneutralität mißachtet. Insbesondere ist zu beachten, daß derartige Maßnahmen, wie die sektorale Unterstützung gewisser Gebiete, wegen der Bevorzugung einzelner Wettbewerber oder Regionen einer Subventionierung gleichkämen, eine derartige liegt aber nicht im Zuständigkeitsbereich der EZB.[316]

---

[312] Zu deren genauem Verhältnis Gormley – Kapteyn S. 118f.

[313] Bleckmann S. 263 Rn. 738, dieser Grundsatz hat auch durch die Neufassung des Art. 2 EGV durch den Amsterdamer Vertrag eine Hervorhebung erfahren, so Gormley - Kapteyn S. 113. Siehe als Beispiel hierfür nur die Regelung über die Subventionsvergabe Art. 87 (ex 92) Abs. 3 EGV.

[314] Auch aus politökonomischen Gründen ablehnend: Menkhoff S. 10.

[315] So Roth S. 69 m.w.N., im Ergebnis ebenso Handbuch Europ. Recht – Smits Art. 105 Rn. 25. So auch Stadler S. 202.

[316] Ausdrücklich zu diesem Thema auch

Die Geldpolitik der Gemeinschaft, die durch die EZB ausgeführt wird, ist gem. Art. 4 (ex 3a) Abs. 2 EGV als einheitliche charakterisiert. Im Rahmen der konkreten Ausführung der Geldpolitik ist somit zu fragen, wieviel Platz der EZB bleibt, im Rahmen ihrer Geldpolitik regionale Unterschiede zu beachten, auf der anderen Seite aber, welche Bedeutung den nationalen Zentralbanken als ausführenden Institutionen der Geldpolitik überhaupt noch zukommt.

2.3. Einheitliche Geldpolitik und die Struktur des ESZB

2.3.1. Einheitlichkeit

Die Einheitlichkeit der Geldpolitik wird für das Funktionieren der Währungsunion als notwendig angesehen.[317] Das Einheitlichkeitsgebot widerspricht aber nicht grundsätzlich der eigentlich dezentralen Struktur des ESZB. Die nationalen Zentralbanken sind gegenüber der EZB weisungsgebunden und haben sich an die Leitlinien des EZB-Rats bezüglich der Geldpolitik zu halten. Das bedeutet, die Geldpolitik wird weitgehend durch eine zentralisierte Institution, die EZB, festgelegt. Innerhalb dieser einheitlichen Vorgaben verstoßen aber regionale Unterschiede in der Ausführung in gewissen Grenzen[318] nicht gegen ein Einheitlichkeitsgebot, denn wie in jeder föderalen Organisation bedeutet Einheitlichkeit nicht Einförmigkeit.[319]

Das bedeutet, die konkrete Ausgestaltung einzelner Instrumente kann dann in den einzelnen Nationalbanken unterschiedlich sein, wenn dies den Weisungen des EZB-Rats nicht widerspricht. Diese unterschiedliche Ausführung darf jedoch nicht dazu führen, daß sich die Ergebnisse der Geldpolitik regional variieren. Als Beispiel für eine zulässige regionale Ausgestaltung kann die Festlegung der Kategorie-2-Sicherheiten[320] durch die nationalen Zentralbanken gelten.[321] Gerade

---

http://www.europarl.eu.int/dg2/econ/EMU/EN/default.htm Duisenberg Protokoll des EP vom 18. Januar 1999 S. 15, zu dem Begriff der Wettbewerbsneutralität im Bereich der Geldpolitik ausführlich Issing Beih. 10/88 S. 235ff.

[317] Ausführlich hierzu M. Weber Kompetenzverteilung S. 107ff m.w.N. auch zum „magischen Dreieck der Geldpolitik", nach dem feste Wechselkurse, freier Kapitalverkehr und autonome nationale Geldpolitiken nicht miteinander vereinbar sind.

[318] Das zeigt sich schon am Aufbau und an den Strukturen der nationalen Zentralbanken die zwar den Anforderungen des EGV, insb. Art. 109 (ex 108) EGV und Art. 14 ESZB-Satzung genügen müssen, ansonsten aber unterschiedlich sind, weil die Kompetenzen zu ihrer Errichtung und Organisation bei den Mitgliedstaaten verblieben sind.

[319] Zur Integration dezentraler Elemente gerade im Bereich der Mindestreservepolitik siehe Alting S. 144ff.

[320] Im Rahmen nach Art. 18.1 ESZB-Satzung sind für alle Kreditgeschäfte des ESZB ausreichende Sicherheiten zu stellen. Diese werden in zwei Kategorien unterschieden. Sie werden von der EZB selbst oder von den nationalen Zentralbanken mit Zustimmung der EZB aus-

durch die regional unterschiedliche Festlegung von Sicherheiten, die für die nationalen Bankensysteme und Finanzmärkte besonders von Bedeutung sind, wird eine einheitlich starke Wirkung der Instrumente erst gefördert.

2.3.2. Subsidiarität

Grundsätzlich gilt im Bereich der Gemeinschaftspolitik gem. Art. 5 (ex 3b) EGV für die Organe der EG das Subsidiaritätsprinzip. Die Gemeinschaft wird also nur dann tätig, wenn die Mitgliedstaaten die relevanten Ziele nicht oder nur weniger effektiv umsetzen können. Das gilt jedoch gem. Art. 5 Satz 2 EGV nicht für den Bereich der Geldpolitik, denn die Mitgliedstaaten haben der Gemeinschaft die ausschließliche Zuständigkeit zur Ausführung der Geldpolitik übertragen. Die Kompetenzen der Mitgliedstaaten, wie z.B. der Bundesrepublik gem. Art. 73 Nr. 4 GG, bestehen dabei formell weiter. Die Mitgliedstaaten können aber nicht durch den Erlaß von Gesetzen die Tätigkeit der EZB steuern. Da also der EZB die ausschließliche Kompetenz im Bereich der Geldpolitik übertragen wurde, ist für das Subsidiaritätsprinzip in diesem Bereich kein Platz mehr.[322]

Dieser Grundsatz, der die Geldpolitik ausschließlich der Gemeinschaftsebene zuweist, besagt aber noch nichts über die konkrete Ausführung dieser Politik innerhalb des ESZB.

Die Ausführung der Geldpolitik wird gem. Art. 105 Abs. 2 EGV dem ESZB zugewiesen, innerhalb dessen die nationalen Zentralbanken gem. Art. 14.3 Satz 1 ESZB-Satzung nach den Weisungen und Leitlinien der EZB zu handeln haben. In welchem Umfang die EZB verpflichtet ist, den nationalen Zentralbanken die Ausführung der Geldpolitik zu übertragen, ist nicht explizit gesetzlich geregelt. Art. 12.1 Unterabs. 2 a.E. ESZB-Satzung stellt dies ins Ermessen der EZB.

Diese Regelungen über den Vollzug der Geldpolitik haben aber nichts mit dem Subsidiaritätsprinzip zu tun. Das ist vielmehr eine Frage der Vollzugskompetenzen der nationalen Zentralbanken. Das Subsidiaritätsprinzip im Sinne des Art. 5 (ex 3b) EGV muß als Kompetenzausübungsregel[323] zwischen der Gemeinschaft und den Mitgliedstaaten verstanden werden. Davon zu unterscheiden ist die Frage der organisatorischen Aufteilung innerhalb des ESZB. Für das oben

---

gewählt und in ein Verzeichnis aufgenommen. Die EZB legt vorher die Kriterien für die Sicherheiten fest. EZB Geldpolitik S. 41ff, Goetze S. 108f.

321 Siehe genauer bei EZB Geldpolitik S. 39, 41ff.

322 GTE – Zilioli nach Art. 109m Art. 12 ESZB-Satzung Rn. 30, so auch BK – Hahn / Häde Art. 88 Rn. 579. Für eine Anwendung Zeitler WM 95 S. 1612

323 A. Weber JZ 94 S. 59 m.w.N., z.B. BVerfG EuGRZ 1993 S. 429ff.

genannte Subsidiaritätsprinzip ist hier kein Platz.[324] Als „Subsidiarität" in einem weiteren Sinne könnte man die Tatsache betrachten, daß die grundlegenden Vollzugsaufgaben bei den nationalen Zentralbanken vorgenommen werden. A. Weber[325] spricht hier von einem „Vollzugsföderalismus".

Es obliegt der EZB, darüber zu entscheiden, wie und in welchem Ausmaß die nationalen Zentralbanken tätig werden. Das ergibt sich aus Art. 12.1. Unterabs. 2 ESZB-Satzung, der der EZB eine unbeschränkte Weisungsbefugnis zugesteht. Der Grundsatz der Subsidiarität besagt demgegenüber genau das Gegenteil, nämlich eine primäre Zuständigkeit der mitgliedstaatlichen Stellen. Im System des ESZB handelt es sich vielmehr um eine lediglich intern vorzunehmende Zuständigkeitsverteilung.[326] Es besteht somit allenfalls nur eine beschränkt einklagbare Rechtspflicht der EZB, die Ausführung der Geldpolitik den nationalen Zentralbanken zu überlassen.[327]

3. Tatbestand des Art. 20 ESZB-Satzung als Beispiel für die Grundsätze der Geldpolitik

Die hervorgearbeiteteten Grundsätze zur Ausführung der konkreten Geldpolitik lassen sich am anschaulichsten darstellen, wenn man die Möglichkeit der Schaffung neuer geldpolitischer Instrumente betrachtet. Dazu ist in Art. 20 der ESZB-Satzung die Möglichkeit geschaffen worden. Diese Norm ermächtigt die EZB zur Verwendung anderer als der im Vertrag ausdrücklich genannten Instrumente. Sie stellt also in gewissem Sinne eine Öffnungsklausel dar. Aus den allgemeinen Grundsätzen, die im Rahmen der Geldpolitik zu beachten sind, ergeben sich die Grenzen der Benutzung eines neuartigen Instruments. Diese Grundsätze sind aber auch bei der Überlegung, ob und wie ein neuartiges Instrument ausgewählt werden soll, von Relevanz.

3.1. Charakter des Art. 20 ESZB-Satzung als Auffangtatbestand

Zum Teil wird angenommen, eine Anwendung des Art. 20 ESZB-Satzung komme erst dann in Betracht, wenn die in den anderen Artikeln zugelassenen Instrumente ausgeschöpft und andere währungspolitische Mittel erforderlich

[324] GTE – Zilioli nach Art. 109m Art. 12 ESZB-Satzung Rn. 32. M. Weber WM 98 S. 1473 dagegen sieht Art. 12.1 Unterabs. 3 ESZB-Satzung als spezielle Ausformulierung des Subsidiaritätsprinzips.

[325] A. Weber JZ 94 S. 59.

[326] BK – Hahn / Häde Art. 88 Rn. 581.

[327] Gegen eine rechtliche Pflicht BK – Hahn / Häde Art. 88 Rn. 581, aber: M. Weber Kompetenzverteilung S. 140.

sind.[328] Art. 20 ESZB-Satzung ist also nicht als Öffnungsklausel zur Erweiterung des Instrumentenbestands gedacht, sondern als Auffangklausel und ultima ratio.[329] Diese Auslegung als „ultima ratio“ sollte aber sinnvollerweise dahingehend konkretisiert werden, daß eine Anwendung neuer Instrumente dann möglich ist, wenn die bestehenden in ihrem Zusammenspiel deutlich minder effektiv sind als die Anwendung eines neuen Instruments. Der Ermessensspielraum der Zentralbank ist hierbei nicht völlig reduziert, da der Übergang zur Erschöpfung der Standardinstrumente fließend ist und sehr von langfristigen Prognosen abhängt. Zweck der Öffnungsklausel ist es gerade, auf veränderte Marktsituationen flexibel reagieren zu können.

Ein weiterer Grund zur Aufnahme dieser Regelung könnte als rein praktischer darin liegen, daß ein Änderungsverfahren bezüglich des Protokolls über die Satzung des ESZB und der EZB im Hinblick auf neu entwickelte Instrumente der Währungspolitik relativ schwerfällig ist. Denn um der EZB ohne Bestehen diese Öffnungsklausel die Anwendung eines neuen Instruments zu ermöglichen, müßte ein Verfahren der Vertragsänderung nach Art. 48 EUV angestrengt werden. Der Rat ist nicht befugt, in einem vereinfachten Verfahren ein neues Instrument der Geldpolitik zu kreieren. Denn die Satzung des ESZB stellt als Protokoll zum Vertrag Primärrecht dar. Dieses kann nur nach den Regeln des EUV geschaffen werden. Der Grund für diese Öffnungsklausel kann daher auch sein, die Schwerfälligkeit eines derartigen Verfahrens zu umgehen. Insgesamt kann man also Art. 20 ESZB-Satzung als Auffangtatbestand charakterisieren.[330]

3.2. Freie Wahl der Instrumente insbesondere unter Berücksichtigung des Grundsatzes der freien Marktwirtschaft

Art. 20 ESZB-Satzung ist, was die Wahl der Instrumente betrifft, offen. Das bedeutet, die EZB könnte in diesem Sinne theoretisch z.B. auch das Instrument der Kreditplafondierung[331] oder der Aktiv-Zuwachsreserven[332] einsetzen. Denkbar

---

328 Handbuch Europ. Recht – Smits nach Art. 109m Satzung ESZB Art. 20 Rn. 1.

329 So zumindest Stadler S. 207.

330 So auch Smits S. 284.

331 Dazu Issing Geldpolitik S. 123ff, Issing Beih. 10/88 S. 231, Endler S. 478, Smits S. 284; Kreditplafondierungen sind quantitative Kreditkontrollen, durch die die Kreditaufnahme von Nichtbanken bei den Kreditinstituten direkt beschränkt werden kann.

332 Siehe bei Endler S. 478ff, Issing Geldpolitik S. 111. Hier geht es eigentlich um eine Sonderform der Mindestreserve nach Art. 19 ESZB-Satzung. Das sind Mindestreservesätze, die je nach Bestand und Zuwachs der reservepflichtigen Aktiva von der Notenbank festgelegt werden.

wären auch währungsbehördliche Anordnungen, die den Marktzins direkt reglementieren könnten.

Inwieweit die Pflicht zur Beachtung des Grundsatzes der freien Marktwirtschaft die Instrumentenauswahl der EZB beschränkt, ist umstritten. Daß hier im Rahmen des Art. 20 ESZB-Satzung interventionistische Maßnahmen nicht generell verboten sind, zeigt sich schon an Art. 20 S. 2 ESZB-Satzung. Ähnlich wie bei dem Instrument der Mindestreserve (Art. 19.2 ESZB-Satzung) ist hier auch eine Mitwirkung des Rats beim Eingriff in Rechte Dritter vorgesehen. Dieser Satz wurde gerade eingefügt, um der EZB die Benutzung neuer geldpolitischer Instrumente mit Eingriffscharakter zu ermöglichen, da die EZB zum Eingriff in Grundrechtspositionen von Marktteilnehmern eine konkrete Rechtsgrundlage benötigt.[333] Auch die Tatsache, daß mit der Mindestreserve schon ein eher interventionistisches geldpolitisches Instrument existiert, scheint dafür zu sprechen, daß man nicht von vornherein von einem absoluten Verbot interventionistischer Instrumente ausgehen kann.

Instrumente mit Eingriffscharakter jedoch widersprechen dem Grundsatz der freien Marktwirtschaft, da sie die freie Tätigkeit der Marktteilnehmer beschränken. Zum Teil wird der Einsatz derartiger Maßnahmen auch abgelehnt, weil sie eine Möglichkeit bieten könnten, sachfremde Ansprüche an die Geldpolitik, z.B. in Richtung einer kurzfristig orientierten Geldpolitik zur konjunkturellen Belebung zu Lasten der Geldwertstabilität, zu stellen.[334] Diesem Argument ist mit der Unabhängigkeit der EZB und ihrer Pflicht zur Wahrung der Preiswertstabilität entgegenzutreten. Die Unabhängigkeit der EZB bedeutet auch, daß man die Entscheidungsträger für fähig halten muß, Forderungen und Einflußnahmeversuchen entgegenzutreten. Derartige Befürchtungen, die EZB könne sachfremden Einflüssen nicht standhalten, sind nicht geeignet, den Beurteilungsspielraum der EZB im Rahmen der Geldpolitik von vornherein zu beschränken.

Viele Autoren sind der Ansicht, wenn überhaupt, dann sollten Lenkungsmaßnahmen wie quantitative Kreditlimitierung, Zinsreglementierungen und Preisstopregelungen nur als letztes Mittel in Ausnahmefällen zulässig sein.[335] Vereinzelt sind noch weitergehende Meinungen vorhanden. Der Grundsatz der offenen Marktwirtschaft hat danach im Rahmen der Wirtschafts- und der Geldpolitik eine

---

[333] Dazu ausführlich später Teil 2 Kapitel 1 Punkt 3.2.2.

[334] So zumindest Menkhoff S. 16.

[335] Roth S.68, Stadler S. 207 hält sie für generell unzulässig, a.A. Smits S. 284f, 286, Endler S. 477ff.

besondere Bedeutung. Auf ihn wird an mehreren Stellen direkt und indirekt verwiesen. Zum Teil wird daher der Einsatz von Instrumenten, die nicht marktkonform sind, als gemeinschaftswidrig eingeordnet.[336] Die Bindung an die Regeln der offenen Marktwirtschaft könnte dahingehend ausgelegt werden, daß ein Rückgriff auf administrative Kontrollinstrumente bzw. interventionistische Maßnahmen nicht erlaubt ist. Die EZB dürfte daher keine interventionistischen Mittel benutzen.

Der generelle Ausschluß von interventionistischen Maßnahmen wurde oben schon abgelehnt. Wie die Systematik der ESZB-Satzung klarmacht, kann auch die besondere Bedeutung des Grundsatzes der freien Marktwirtschaft für die EZB kein Verbot interventionistischer Instrumente bewirken. Allerdings ist allgemein anerkannt, daß in die Freiheit der wirtschaftlichen Betätigung in gut begründeten Ausnahmefällen und unter Beachtung des Prinzips der Verhältnismäßigkeit eingegriffen werden kann.[337] Die EZB muß daher vor der Einführung und Benutzung derartiger Instrumente eine Verhältnismäßigkeitsprüfung vornehmen, wobei der Zweck des Instruments den Eingriff in die Rechte Dritter rechtfertigen muß.

Um zu einer konkreten Grenzziehung zu gelangen, zieht Smits zur Auslegung einen Vergleich mit Art. 59 (ex 73f) EGV heran, der die Anwendung besonderer Schutzmaßnahmen durch den Rat im Rahmen des Kapital- und Zahlungsverkehrs unter bestimmten Umständen erlaubt. Die Situationen sind deswegen vergleichbar, weil Art. 56 (ex 73b) Abs. 1 EGV eine Beschränkung des freien Kapitalverkehrs generell verbietet. Diesem Verbot steht aber mit Art. 59 (ex 73f) EGV eine Ausnahmeregelungen in Krisenfällen gegenüber, die einen Eingriff in das Ermessen des Rats stellt. Um beschränkend in den gem. Art. 56 (ex 73b) EGV grundsätzlich freien Kapitalverkehr eingreifen zu können, muß nach Art. 59 EGV eine außergewöhnliche Situation das Funktionieren der WWU schwerwiegend stören oder zu stören drohen. Die deswegen ergriffenen besonderen Maßnahmen müssen auf höchstens 6 Monate beschränkt sein. Eine Beschränkung des allgemeinen Kapital- und Warenverkehrs wird also dann als zulässig angesehen, wenn diese Maßnahme in einem angemessenen Verhältnis zu der zu beseitigenden Störung steht und nicht gegen das Übermaßverbot verstößt.[338] Das bedeutet, daß bei der Auswahl von Maßnahmen vorrangig auf die Zweck-Mittel-Relation geachtet werden muß.

---

[336] Stadler S. 207, gegen diese Auffassung BK – Hahn / Häde Art. 88 Rn. 574.

[337] Siehe Handbuch Europ. Recht – von Estorff / Molitor Art. 3a Rn. 19.

[338] Ausführlich Honrath S. 221ff.

Diesen Handlungsrahmen will Smits auf die Zentralbank übertragen. Grundsätzlich ist das Gebot der offenen Marktwirtschaft einzuhalten, indem auf marktkonforme Instrumente zurückzugreifen ist. Aus der Regelung über den freien Kapitalverkehr lassen sich mehrere allgemeine Grundsätze erschließen, die auch für die EZB im Rahmen ihrer Abwägung von Belang sein müssen.

Dem Vertrag ist kein generelles bzw. absolutes Verbot auch schwerwiegender Eingriffe in die freie Marktwirtschaft zu entnehmen. Interventionistische Maßnahmen sind unter den Umständen erlaubt, unter denen sie als angemessen aber auch notwendig zur Zweckerfüllung erscheinen. Der Einsatz interventionistischer Instrumente hängt davon ab, ob mildere Mittel mit der gleichen Wirksamkeit einsetzbar wären oder eben nicht. Das bedeutet auch, daß der Einsatz relativ „leichtgewichtiger“ Eingriffe um so eher möglich sein kann.

Ein wichtiger Punkt, der bei Smits anhand des Vergleichs mit der Problematik des freien Kapitalverkehrs aufgeworfen wurde, ist, daß die Zentralbank, um nicht gegen ein Übermaßverbot zu verstoßen, derartig schwerwiegende interventionistischen Mittel von vornherein zeitlich zu beschränken hat.[339]

Die Zentralbank hat also vor dem Einsatz derartiger Mittel eine gründliche Verhältnismäßigkeitsprüfung durchzuführen. Insbesondere ist die Schwere der bestehenden oder der drohenden Störung zu berücksichtigen. Die Sicherung einer derartig sorgfältigen Verhältnismäßigkeitsprüfung wurde z.T. in der Hürde der Zwei-Drittel-Mehrheit im EZB-Rat für die Einführung neuer Instrumente in Art. 20 ESZB-Satzung gesehen.[340] Art. 20 ESZB-Satzung selbst ist als Auffangtatbestand zu qualifizieren. Dies muß um so mehr für den Einsatz von Mitteln gelten, die nicht mit dem Grundsatz der freien Marktwirtschaft konform sind. Derartige Instrumente können, ähnlich wie die Eingriffe des Art. 59 EGV, nur in besonderen Situationen ergriffen werden. Gänzlich ausschließen sollte man daher die Anwendbarkeit auch stark beschränkender Maßnahmen nicht.

3.3. Durchführung

Die Einführung eines neuartigen Instruments bedarf der vorherigen Abstimmung im EZB-Rat über die Verwendung. Dabei müssen zwei Drittel der abgegebenen Stimmen für die Einführung des Instruments votieren. Grundsätzlich entscheidet

---

[339] So auch Smits S. 284ff mit ausführlichen Belegen zur Gegenmeinung.

[340] Duijm Wirtschaftsdienst 98 S. 664.

der EZB-Rat gem. Art. 10.2 Unterabs. 2 S. 2 ESZB-Satzung mit einfacher Mehrheit. Diese Abstimmungsverhältnisse werden nur bei Entscheidungen mit großer Bedeutung geändert. Bei der Einführung eines neuartigen geldpolitischen Instruments sollte zwischen den Mitgliedern des EZB-Rats ein weitgehender Konsens gesichert sein, da sie die Durchführung der Geldpolitik entscheidend verändern würde.

Bei neuartigen Instrumenten mit Eingriffscharakter ist wie bei der Mindestreserveregelung ein Rechtsetzungsakt durch des Rat notwendig. Dieser legt die Obergrenzen der Belastung für Dritte fest. Die einzelnen Anwendungsmodi kann er jedoch nicht festlegen.

3.4. Fazit

Durch die Regelung des Art. 20 ESZB-Satzung wurde der EZB somit als Auffangtatbestand die Möglichkeit des Einsatzes neuer Instrumente gegeben, um auf neue Marktsituationen flexibel reagieren zu können. Dabei ist auch der Einsatz interventionistischer Instrumente nicht ausgeschlossen, er kann jedoch erst nach einer angemessenen Verhältnismäßigkeitsprüfung unter besonderer Berücksichtigung des Übermaßverbots als rechtmäßig gelten.

4. Verbot der Notenbankfinanzierung gem. Art. 101 (ex 104) EGV

Neben diesen Anforderungen an die allgemeine und konkrete Geldpolitik wurden zum Schutz der EZB und vor allem der Preisstabilität gewisse Maßnahmen von vornherein ausgeschlossen und durch den EGV ausdrücklich verboten. Zu diesen verbotenen Maßnahmen gehört die Finanzierung des öffentlichen Bereichs durch die Notenbank gem. Art. 101 (ex 104) EGV.

Art. 101 EGV stellt eine Ergänzung und Absicherung der in Art. 108 (ex 107) EGV statuierten Unabhängigkeit dar. Er regelt für den gesamten öffentlichen Bereich[341] das Verbot, bei der EZB oder den nationalen Zentralbanken Überziehungs- oder sonstige Kreditfazilitäten zu unterhalten, sowie das Verbot an die Banken des ESZB, Schuldtitel von dem gesamten öffentlichen Bereich zu erwer-

---

[341] Unter diesen Begriff fallen gem. Art. 101 Abs. 1 EGV alle Organe oder Einrichtungen der Gemeinschaft, Zentralregierungen, regionale oder lokale Gebietskörperschaften oder andere öffentlich – rechtliche Körperschaften, sonstige Einrichtungen des öffentlichen Rechts und öffentliche Unternehmen der Mitgliedstaaten. Zur Ausnahme vgl. Art. 101 (ex 104) Abs. 2 EGV.

ben.[342] Die Norm ist schon seit Beginn der zweiten Stufe der Währungsunion in Kraft (vgl. Art. 116 Abs. 3, ex Art 109 e EGV). Der Inhalt des Art. 101 (ex 104) EGV wurde durch die Ratsverordnung 3603 / 93 vom 13. Dezember 1993 konkretisiert. Die einzelnen Begriffe wurden dort näher definiert.

Das Ziel dieses Verbots ist es, auszuschließen, daß die Zentralbank gezwungen werden kann oder auch selbst entscheidet, Kredite an mitgliedstaatliche oder supranationale Gewaltenträger zu gewähren. Wird es nämlich politischen Instanzen ermöglicht, auf diese Weise Kredite direkt von der Zentralbank in Anspruch zu nehmen, so kann durch die übermäßige Inanspruchnahme eine Geldmengensteuerung erschwert werden. Unter Umständen ist eine stabilitätsgerechte Kontrolle der Zentralbankgeldschöpfung dann nicht mehr möglich.[343]

Der Artikel beinhaltet zum einen ein geldpolitisches Verbot an die Zentralbanken. Zum andern stellt er aber auch eine Reglementierung nationaler Haushaltspolitiken dar, da den Mitgliedstaaten dieser Finanzierungsweg verschlossen wird. Zum Gelingen einer stabilitätsorientierten Währungsunion ist diese Regelung unumgänglich. Das bedeutet, auch dieses Verbot an die Notenbank dient nur dazu, ihren unabhängigen Status zu schützen. Ein Druck auf die EZB von Seiten verschiedener Regierungen wird somit unterbunden. Das Ziel der Gewährleistung von Geldwertstabilität kann damit nicht durch eine Verpflichtung zur Staatsfinanzierung gefährdet werden.

Der Artikel beinhaltet aber kein Verbot, Staatsanleihen am Sekundärmarkt für Staatspapiere zu kaufen. Der Grund dafür ist, daß dies mit dem Instrument der Offenmarktpolitik kollidieren würde.[344] Die Offenmarktpolitik, die auf dem Kauf von Wertpapieren auf dem offenen Markt beruht, stellt ein wichtiges Instrument der Geldpolitik dar. Ein Mißbrauch dieser Möglichkeit und eine Umgehung des Verbots des Art. 101 auf diese Weise ist aber nur schwer vorstellbar.[345] Außerdem verpflichtet VO Nr. 3603 / 93 des Rates die Mitgliedstaaten, geeignete Maßnahmen zu ergreifen, damit das Verbot nicht durch Erwerb auf dem Sekundärmarkt umgangen wird.

---

342 Diese Norm ist sehr strikt. Daher mußte das BBankG abgeändert werden, weil es vorsah, daß die Bundesbank kurzfristig Buchkredite oder Schatzwechselkredite, also sogenannte Kassenkredite bis zu festgelegten Höchstgrenzen gewähren konnte.

343 Lenz – Schill Vorbem. Titel VII Rn. 12, detailliert auch bei Issing, Geldpol. S. 214ff; eine derartige Überbeanspruchung war ein Grund für die deutsche Hyperinflation im Jahre 1923.

344 Lenz – Schill Art 104 Rn. 2.

345 Siehe hierzu ausführlich Stadler S. 211f.

Teil 2
Verhältnis der EZB zu verschiedenen Institutionen der EG und der Mitgliedstaaten

Der erste Teil der Arbeit hat den grundsätzlichen Umfang des Begriffs „Weisungsfreiheit der Zentralbank“ aufgezeigt, aber ebenfalls die Tatsache, daß eine völlige Freiheit der Notenbank vom gemeinschaftsrechtlichen System nicht gegeben sein kann. Kein politischer Aufgabenbereich innerhalb der EG kann sich von den anderen völlig lösen. Die Erfüllung der Aufgaben der Zentralbank ist mit den sonstigen Aufgaben in der EG, insbesondere der gemeinschaftlichen Wirtschaftspolitik eng verwoben.[346] Die Wirtschaftspolitik der Gemeinschaft kann eine glaubwürdige Geldpolitik entweder stärken oder beeinträchtigen. Ebenso bestimmt die Geldpolitik der EZB durch Beeinflussung des Inflations- und des Zinsniveaus wesentliche ökonomische Größen, die in der Wirtschaftspolitik zu berücksichtigen sind.[347] Im Folgenden soll nun das konkrete Verhältnis der EZB zu den einzelnen Institutionen der Gemeinschaft, aber auch zu den Mitgliedstaaten skizziert werden, wobei es nun im konkreten darum geht, die Grenzlinie zwischen der Unabhängigkeit der EZB und der notwendigen Zusammenarbeit innerhalb der EG zu finden. Diese Zusammenarbeit ist unerläßlich, um eine effektive gemeinschaftliche Entscheidungsfindung zu gewährleisten und damit zur Verwirklichung der gemeinsamen Ziele, wie sie in Art. 2 ff EGV allen Institutionen der Gemeinschaft vorgegeben sind, zu ermöglichen.

---

[346] So schon zur Stellung der Bundesbank Lampe S. 20.

[347] Dazu ausführlicher Bofinger S. 22ff und in juristischer Hinsicht Endler S. 416.

Kapitel 1
Konkretes Verhältnis der EZB zum Rat der Europäischen Gemeinschaft

1. Allgemeines zur Stellung des Rats insbesondere in der Wirtschaftspolitik der EG

Zunächst ist die Zusammenarbeit der EZB mit dem Rat der Europäischen Gemeinschaft näher zu betrachten. Wie nachfolgend noch gezeigt wird, ist er der wichtigste Dialogpartner der EZB. Als Überblick sei kurz die Grundstruktur innerhalb der EG und die grundlegende Aufgabenverteilung erläutert, um seine Bedeutung, aber auch seine Interessenschwerpunkte zu verdeutlichen.

Der Rat ist ein Gremium, das aus den Vertretern der einzelnen Mitgliedstaaten besteht. Er verkörpert das intergouvernementale Element, das die Wahrung mitgliedstaatlicher Souveränität bezweckt. In ihm werden, da er aus weisungsgebundenen Vertretern der Mitgliedstaaten besteht, auch die mitgliedstaatlichen Interessen zum Ausdruck gebracht.[348] Der Rat ist außerdem das Hauptrechtsetzungsorgan der Gemeinschaft. Dort werden alle Entscheidungen getroffen, die nicht lediglich technischer Natur sind, denn die Mitgliedstaaten wollten ihre jeweiligen Rechtsetzungsbefugnisse nur in geringem Umfang aus der Hand geben.[349] Daher wird er als das gemeinschaftspolitische Steuerungsorgan angesehen.[350]

Der Rat hat im Bereich der Wirtschafts- und Währungspolitik eine dominantere Rolle, als in den übrigen Bereichen der Gemeinschaftspolitik. Er ist in diesem Bereich das einzige Gremium, das befugt ist, die Grundzüge der Wirt-

---

[348] Schweitzer / Hummer Rn. 909, Bleckmann Rn. 216. Aufgrund der schwach ausgeprägten Befugnisse des Europäischen Parlaments ist eine Rückbindung der Ratsmitglieder an die nationalen Parlamente gegeben. So werden in der Bundesrepublik den Rat betreffende Entscheidungen nach Art. 23 Abs. 2 und 3 GG i.V.m. dem Gesetz über die Zusammenarbeit von Bundesregierung und Deutschem Bundestag in Angelegenheiten der EU (Sartorius Nr. 95) von Bundesregierung und Bundestag, evtl. auch noch Bundesrat nach Art. 23 Abs. 4 GG zusammen gefällt. Ein dem widersprechendes Abstimmungsverhalten eines Ratsmitglieds ist prinzipiell wirksam, könnte jedoch unter Umständen aufgehoben werden. Es ist aber für die Mitgliedstaaten bei ihren Weisungen das Prinzip der Gemeinschaftstreue gem. Art. 10 (ex 5) EGV zu beachten. Siehe dazu Oppermann Rn. 284, Bleckmann Rn. 216.

[349] Siehe auch Bleckmann Rn. 224. Im Rahmen des Amsterdamer Vertrags haben sich die Verhältnisse geringfügig zugunsten des Europaparlaments verschoben, m.E. allerdings noch nicht in einem Maße, das eine andere als die bisherige Bewertung der Organstellungen rechtfertigen würde.

[350] Oppermann Rn. 318, Streinz Rn. 281ff.

schaftspolitik, die das Hauptinstrument der wirtschaftlichen Koordinierung darstellen, zu formulieren und zu verabschieden.[351] Die Ausgestaltung seiner Zusammenarbeit mit der EZB ist daher besonders relevant. Hauptgesprächspartner der EZB ist dabei der Rat in der Zusammensetzung der Wirtschafts- und Finanzminister, der sogenannte ECOFIN-Rat.[352] Er ist zuständig für das Verfahren zur Koordinierung der Wirtschaftspolitiken der Mitgliedstaaten und die Lenkung der gemeinschaftsrechtlichen Wirtschaftspolitik. Diese Schwerpunkte sind in Art. 98 (ex 102a)ff EGV normiert.

Der Begriff der Wirtschaftspolitik im Rahmen des Titel VII des EGV beinhaltet auch eine Beeinflussung der Finanz- und Haushaltspolitik der Mitgliedstaaten.[353] Die herausragende Rolle bei der Koordinierung und Überwachung spielt hierbei der ECOFIN-Rat.

Die Notwendigkeit einer engen Zusammenarbeit zwischen Rat und EZB zeigt sich im Rahmen des EGV z.B. an der Tatsache, daß im Titel 7 des Vertrags „Die Wirtschafts- und Währungspolitik"[354] insgesamt 14 verschiedene konkrete Verfahren der Entscheidungsfindung durch den Rat unter verschiedentlicher Einbeziehung der EZB vorhanden sind.

Lange Zeit wurde von Frankreich eine Bindung der EZB an die politischen Leitlinien des Rates gefordert. Dem wurde nicht gefolgt.[355] Schließlich einigte

---

[351] Schlußfolgerungen des Europäischen Rats in Luxemburg 1997, Amtsblatt C Nr. 44 oder http://www.europa.eu.int/council/off/conclu/index/htm. Siehe Art. 99 (ex 103) EGV.

[352] Zum Namen vgl. EWI Jahresbericht 1997 S. 130, nach der Erklärung Nr. 3 zum Vertrag von Maastricht (siehe BGBl. II 1992 S. 1319) wird die Zusammensetzung des Rats im Bereich des Titels VII (ex VI) des EGV als Rat der Wirtschafts- und Finanzminister bestimmt. Die Stimmenverhältnisse bei den für die WWU relevanten Abstimmungen variieren jedoch je nach Thema. Die nicht an der WWU teilnehmenden Staaten haben z.T. kein Stimmrecht. Dies ist in Art. 122 (ex 109k) Abs. 5, 3 EGV, sowie in Art. 104 Abs. 11, 13 EGV festgelegt.

[353] Oppermann Rn. 428. Allgemeine Grundsätze wurden zwischen den Staaten im sogenannten Stabilitätspakt vereinbart, der die Nachhaltigkeit der 1998/99 erreichten wirtschaftspolitischen Konvergenz der „EURO-Staaten" sichern soll. (Oppermann Rn. 1012 mit Nachweis des Inhalts: VOen ABl. Nr. C 236/1 v. 17. 6. 1997 (abgedruckt in Handbuch Europ. Recht, I A 53/1.1) und 1466/97 ABl. Nr. L 209/6 (Handbuch Europ. Recht I A 53/2.10).) Durch ihn wurden umfangreiche Überwachungsmaßnahmen eingeführt, mit dem Ziel, eine gemeinschaftskonforme stabile Wirtschaftspolitik, gemessen an gewissen gemeinschaftlichen Standards, zu gewährleisten. (Zur Entwicklung des Pakts ausführlich Hahn, Der Stabilitätspakt S. 5ff.) Bei der Überschreitung der Grenzen für das Haushaltsdefizit (3%) und den Gesamtschuldenstand (60%) sind Sanktionen normiert.

[354] Ohne Kapitel 4 „Übergangsbestimmungen".

[355] Scharrer S. 213.

sich der Europäische Rat 1997 auf eine behutsame Formel für das Verhältnis ECOFIN-Rat und EZB.[356]

Der ECOFIN-Rat ist politisch an diese Formel des Europäischen Rats gebunden. Eine rechtliche Verpflichtung zur Einhaltung dieser Schlußfolgerungen des Europäischen Rats für die Organe der Gemeinschaft besteht nach dem EGV allerdings nicht. Die politische Bindungswirkung ergibt sich einerseits aus der Stellung des Europäischen Rats als Impulsgeber für die EU (vgl. Art. 4 EUV), wobei dies nur die Grundsätze in der Gemeinschaft betreffen kann, zum anderen aus der Tatsache, daß der ECOFIN-Rat, der aus den Wirtschafts- und Finanzministern besteht, sich wohl nicht gegen ein Gremium stellen kann, in dem sämtliche Regierungschefs vertreten sind.[357] Die politische Bindungswirkung stellt somit nicht etwa einen juristisch verbindlichen Begriff, wie z.B. ein rechtlich durchsetzbares Weisungsverhältnis dar. Zumeist ergibt sie sich rein faktisch aus einem „mittelbaren" Über- Unterordnungsverhältnis der betreffenden Personen, also aus einem Abhängigkeits- oder Weisungsverhältnis, das an anderen Stellen zwischen den betreffenden Personen existiert, mit der konkreten Situation direkt aber nichts zu tun hat.

Der Europäische Rat weist in seinen Schlußfolgerungen nochmals ausdrücklich auf die Unabhängigkeit des ESZB hin. Er gibt die „Anweisung", die vorgesehenen formellen Teilnahmerechte als Kanäle für den Informations- und Meinungsaustausch voll zu nutzen. Der Europäische Rat hat damit nochmals klargestellt, daß der ECOFIN-Rat im Verhältnis zur EZB vertragsgemäß der erste Dialogpartner ist.

2. Allgemeiner Informationsaustausch: Gegenseitige Teilnahmerechte

Aufgrund der engen Verbundenheit der Zuständigkeitsbereiche von Rat und EZB muß der Zusammenarbeit der Träger der jeweiligen Verantwortlichkeit ein sehr hoher Stellenwert beigemessen werden. Nur durch einen ausgeprägten gegenseitigen Informationstransfer wird eine Abstimmung der Wirtschafts- und Währungspolitik möglich. Aus diesem Grund wurde in Art. 113 (ex 109b) EGV ein detailliertes gegenseitiges Informationssystem normiert.

---

[356] Entschließung des Europäischen Rats vom 13. Dezember 1997, ABl. Nr. C 35 vom 2.2.1998 S. 1.

[357] Man denke auch an die nationale Weisungsgebundenheit der einzelnen Ratsmitglieder.

2.1. Teilnahmerecht des Rats an Sitzungen des EZB-Rats

Art. 113 (ex 109b) Abs. 1 EGV gewährt sowohl dem Ratspräsidenten als auch einem Mitglied der Kommission Zugang zu Sitzungen des EZB-Rats. Der EZB-Rat muß gem. Art. 10.5 ESZB-Satzung mindestens zehnmal im Jahr tagen. In der Praxis tritt der EZB-Rat jedoch regelmäßig zweimal monatlich zusammen.[358] In Art. 2.2 der GeschO der EZB[359] ist außerdem festgelegt, daß der EZB-Rat auf Antrag dreier seiner Mitglieder oder auf Entscheidung des Präsidenten hin an zusätzlichen Terminen zusammentreten kann. Der Ratspräsident hat zwar ein Teilnahmerecht, er ist aber nicht als Mitglied des EZB-Rats anzusehen.[360] Daher wären seine Bitten um Zusammentritt des EZB-Rats hierbei nicht zu berücksichtigen.

2.1.1. Fehlendes Teilnahmerecht an Direktoriumssitzungen

Art. 113 EGV gewährt keinen Zugang zu den Sitzungen des Direktoriums. Das Direktorium hat nach Art. 12.1 der ESZB-Satzung die Aufgabe, die Geldpolitik nach den Leitlinien und Entscheidungen des Rats auszuführen. Aufgrund der relativ geringen Anzahl an gesetzlich vorgesehenen Sitzungen des EZB-Rats wird darauf hingewiesen, daß der EZB-Rat nur die Grundsatzentscheidungen der Geldpolitik fällt,[361] während das Direktorium die laufenden Geschäfte führt und somit wesentliche Einzelentscheidungen trifft.[362] Außerdem bereitet das Direktorium gem. Art. 12.2 ESZB-Satzung i.V.m. Art. 5f GeschO EZB die Sitzungen des EZB-Rats vor, wodurch es im Vorfeld lenkend tätig werden kann.

Das Direktorium ist nicht weisungsabhängig vom EZB-Rat. Denn Art. 107 (ex 106) Abs. 3 EGV unterstellt die Leitung des ESZB ausdrücklich beiden Organen ohne die Festlegung eines Stufenverhältnisses. Trotzdem ist das beherrschende Organ, von dem die eigentliche Geldpolitik ausgeht, der EZB-Rat. Das Direkto-

---

[358] Siehe Issing / Angeloni Auszüge aus Presseartikeln Nr. 68 / 99 S. 10. Zu den konkreten Terminen siehe den veröffentlichen Terminkalender unter www.ecb.int.

[359] Geschäftsordnung der EZB, Fassung vom 22. April 1999, ABl. Nr. L 125 vom 19.5.1999 S. 34, ebenso Compendium EZB S. 111ff.

[360] Vgl. Art. 10.1 ESZB- Satzung und Art. 112 (ex 109a) EGV.

[361] Zum Beispiel die Höhe der Zinssätze für Hauptrefinanzierungsgeschäfte, die Spitzenrefinanzierungsfazilität und Einlagefazilität; siehe jeweils den aktuellen Beschluß bei: http://www.ecb.int/press, auch in den Monatsberichten der EZB sowie Dt. BBank Auszüge aus Presseartikeln.

[362] Potacs, EuR 1993 S. 33f. zur Bedeutung des Direktoriums siehe M. Weber Kompetenzverteilung S. 168ff.

rium nimmt zwar als Exekutivorgan[363] die laufenden Geschäfte wahr, allerdings oft erst nach dem Erlaß von detaillierten Leitlinien des EZB-Rats.[364] Daß es die Leitlinien des EZB-Rats zu berücksichtigen und auszuführen hat, ist ausdrücklich in Art. 12.1 Unterabsatz 1 der ESZB-Satzung normiert. Von einer völligen Unabhängigkeit voneinander kann daher ebenfalls keine Rede sein. Die Leitlinien, die durch den EZB-Rat verabschiedet werden, können Leitzinssätze und die Bereitstellung von Zentralbankgeld, in erster Linie aber die geldpolitischen Zwischenziele, also die Festlegung der geldpolitischen Strategie betreffen.

Die Tatsache, daß kein Teilnahmerecht des Ratspräsidenten an den Sitzungen des Direktoriums besteht, ist grundsätzlich nicht als Einschränkung der Zusammenarbeit anzusehen, die das Gleichgewicht, das zwischen den Institutionen geschaffen werden sollte, unangemessen verlagert. Eine noch weitergehendere Beteiligung an der Geldpolitik als eine Teilnahme bei der Erstellung der Leitlinien durch den EZB-Rat wäre weder sinnvoll noch erstrebenswert. Das hat mehrere Gründe.

Die Teilnahme an Sitzungen, deren Inhalt über die Erstellung allgemeine Leitlinien und damit die Basis der Geldpolitik hinausgeht, erfordert einen genauen internen Überblick über die Wirkungsmechanismen des ESZB und auch über den internen Verwaltungsablauf. Des weiteren ist das umfangreiche Fachwissen eines Experten für Geldpolitik vonnöten, um die vielen Einzelentscheidungen der Ausführung der Geldpolitik in den gesamtpolitischen Kontext zwischen Wirtschafts- und Währungspolitik zu bringen. Das bedeutet, die Informationen, die im Rahmen eines derartigen Beteiligungsrechtes zu erhalten sind, wären zu speziell, um von gesamtpolitischer Bedeutung zu sein, so daß der Nutzen des Rechtes im Verhältnis zum zeitlichen Aufwand bei der Wahrnehmung unbedeutend wäre. Hierbei ist zusätzlich noch ein rein tatsächliches Argument zu beachten, nämlich daß der EZB-Rat stets öfter als gesetzlich vorgesehen, nämlich zweimal monatlich tagt, so daß auch hier eine ausreichende Unterrichtung gewährleistet scheint.[365]

Ein weiterer Grund gegen ein Teilnahmerecht an Sitzungen des Direktoriums ist, daß es dem institutionellen Gleichgewicht innerhalb der EG widerspräche. Der bloße Hinweis auf das institutionelle Gleichgewicht ist für sich gesehen allerdings kein Argument, um die Strukturen zwischen den Institutionen zu klären.

---

[363] So Hahn, JZ 99 S. 959.

[364] Vgl. zu diesem Thema GTE – Smulders Art. 109b Rn. 1; ausführlich auch Weinbörner S. 381, ebenfalls Seidel Integration 98 S. 208ff, EZB Monatsbericht Juli 1999 S. 65f.

[365] Siehe hierzu auch Issing / Angeloni in Auszüge aus Presseart. Nr. 68 / 99 S. 10, siehe auch die Chronik im EZB Jahresbericht 1999 S. 181ff und die Beschreibung S. 139.

Dieser Grundsatz garantiert nicht per se ein Machtgleichgewicht zwischen ihnen.[366] Der Begriff muß stets teleologisch, also zielbezogen ausgelegt werden, um den Umfang von Beteiligungsrechten festzulegen.

Der Zweck dieses Teilnahmerechts liegt in erster Linie in der Ermöglichung von politischer Koordination und Kooperation. Das Teilnahmerecht dient aber nicht der Kontrolle des geldpolitischen Bereichs durch die Organe der Gemeinschaft. Diese Schlußfolgerung läßt sich aus der Zuständigkeitsverteilung im geldpolitischen Bereich ziehen.

Man kann daher sagen, daß es zu weit führen würde, wenn die Organe der Gemeinschaft nicht nur die Fassung von Grundsatzentscheidungen bei der unabhängigen Institution EZB mitverfolgen, sondern auch noch den gesamten laufenden, internen Arbeitsablauf überwachen könnten. Ein ständiges Teilnahmerecht an Sitzungen des Direktoriums würde aber de facto eine derartige Überwachung des Tagesablaufes und der Verwaltungsstruktur bedeuten. Ein Beteiligungsrecht an Sitzungen des Direktoriums ist daher mit den Zielen des Vertrags nicht vereinbar.[367]

Der Argumentationsansatz, daß das Direktorium eine überragende Stellung hat, weil es im Vorfeld bei der Erstellung der Tagesordnung durch eine Themenlenkung Einflußnahme auf die Meinungsbildung im EZB-Rat nehmen kann, ist wohl zu weit hergeholt, um das Bedürfnis eines Teilnahmerechts an Sitzungen des Direktoriums zu begründen. Dieses Gestalten der Tagesordnung gem. Art. 5.1 GeschO der EZB ist außerdem wegen des Antragsrechts des Präsidenten des Rats nicht von entscheidender Bedeutung. Durch eigene Antragstellung kann nämlich auch der Präsident des Rats Einfluß auf die Tagesordnung nehmen. Der Umfang des Teilnahmerechtes ist daher nicht zu kritisieren.

Die fehlende Teilnahmeberechtigung an Sitzungen des Direktoriums wird sogar mancherorts als Akt der Wiederherstellung eines Gleichgewichts gesehen, das durch das Antragsrecht des Ratspräsidenten zugunsten des Rats verschoben scheint.[368]

---

[366] Grabitz / Hilf – Nettesheim Art. 4 EGV Rn. 6, ebenso Handbuch europ. Recht – Bieber I A 18 Art. 4 Rn. 66, der den Begriff nur als Umschreibung bestehender Beziehungen (und somit als Leerformel) oder als verfassungspolitische Zielsetzung und nicht als eigenständige Rechtsquelle normativer Aussagen zum Organverhältnis qualifiziert. Der EuGH benutzt den Begriff jedoch als Stütze zur Begründung des Umfangs gewisser Beteiligungsrechte. (EuGH Slg. 80 S. 3333ff RS 138, 139/79).

[367] Diese Wertung auch bei Hahn JZ 99 S. 959.

[368] Slot S. 235.

In welchem Umfang innerhalb der Sitzungen eine sachliche Diskussion stattfindet, bemißt sich nach Art. 108 (ex 107) EGV. Es gilt grundsätzlich der oben herausgearbeitete Grundsatz, daß die Unabhängigkeit der Mitglieder der Beschlußorgane der EZB nicht angetastet werden darf.[369] Dennoch ist das Teilnahmerecht an den Sitzungen des EZB-Rats, wie schon besprochen,[370] nicht ein bloßes Anwesenheitsrecht, sondern kann zur aktiven Teilnahme als Rederecht genutzt werden. Eine Einflußnahme in Form der sachlichen Wechselrede ist nicht zu beanstanden, gegensätzliche Ansichten können dargelegt und ausführlich diskutiert werden.[371]

2.1.2. Fehlendes Vetorecht

Im Gegensatz zur Formulierung des Bundesbankgesetzes wurde in Art. 113 (ex 109b) EGV auf ein aufschiebendes Vetorecht der von außen kommenden Teilnehmer verzichtet. Ein solches wurde als unvereinbar mit der Unabhängigkeit der Zentralbank angesehen. So mußte aufgrund von Art. 109 (ex 108) EGV auch das deutsche Bundesbankgesetz insoweit geändert werden, als es vorgesehen hatte, daß die Beschlußfassung des Zentralbankrats auf Antrag der Mitglieder des Kabinetts für die Dauer von zwei Wochen ausgesetzt werden konnte (§13 Abs. 2 Satz 3 BBankG a.F.).[372] Diese Regelung war geeignet, politischen Einfluß auf die Politik der Zentralbank zu nehmen. Durch eine Aussetzung der Beschlußfassung wäre der Zentralbank verdeutlicht worden, die von ihr geleistete Argumentationsarbeit sei nicht ausreichend oder nicht opportun gewesen. Die Aussetzung von Beschlüssen hätte in formeller Hinsicht eine Weisung gegenüber der EZB und inhaltlich eine starke Beeinflussung der Arbeit der EZB und somit eine Verletzung des Unabhängigkeitsgrundsatzes dargestellt.[373] Eine derartige Formulierung wurde daher nicht in den EG-Vertragstext aufgenommen.

---

[369] Ausführlich dargelegt schon im gesamten Kapitel 2 des Teil 1.

[370] Siehe Teil 1 Kapitel 2 Punkt 6.2.

[371] Ausdrücklich auch Smits S. 171, ebenso Hahn, JZ 99, 959 unter Verweis auf die Notwendigkeit des umfassenden Gesprächs und der Statthaftigkeit überzeugungskräftigen Darlegens.

[372] Dieses Recht war jedoch nie ausgeübt worden. Hierzu genauer Siebelt S. 180f. Die Regelung wurde mit dem Änderungsgesetz zum Bundesbankgesetz vom 22.12.1997 BGBl. I 3274 abgeschafft.

[373] So auch Stadler S. 161.

2.1.3. Antragsrecht des Ratspräsidenten

Nur der Ratspräsident (nicht auch das Mitglied der Kommission) hat gem. Art. 113 (ex 109b) Abs. 1 Satz 2 EGV während der Sitzungen ein Antragsrecht zur Beratung. Das heißt, der Ratspräsident kann durch eine Antragstellung die Tagesordnung (Art. 5 GeschO EZB) der Sitzungen beeinflussen.[374] Der Präsident des Rats kann aber keine Punkte zur konkreten Abstimmung vorlegen, da sich sein Recht lediglich auf die Stellung von Anträgen zur Beratung erstreckt. Dieser Unterschied macht deutlich, daß die EZB in keinem Fall die Kompetenz zur Abwägung und Entwicklung geldpolitischer Konzepte oder Belange mit anderen Institutionen teilt. Das Antragsrecht des Ratspräsidenten ist auch nicht als Initiativrecht im Bereich der Geldpolitik anzusehen, denn das Antragsrecht beinhaltet nur Gegenstände zur Beratung. Nicht nur abschließende Entscheidungen an sich, auch der Vorgang der Entscheidungsfindung obliegt dem EZB-Rat alleine.[375] Schon die Annahme eines vorformulierten Antrags zur Abstimmung ohne eigene Entwicklung der Regelung durch vollständige Beratung würde eine Möglichkeit beinhalten, das Ermessen des EZB-Rats zu verkürzen. So aber hängt die komplette Bedeutung eines Antrags alleine von der Überzeugungskraft der Redebeiträge im Rahmen der allgemeinen Diskussion ab.[376] Die Unabhängigkeit der Zentralbank in ihrer Ermessensausübung ist auch der Grund, weswegen dem Präsidenten des Rats kein Stimmrecht bei Entscheidungen des EZB-Rats zukommt. Dies wäre nicht vereinbar mit der Stellung der Zentralbank als selbständiger, unabhängiger Institution des Währungsrechts, der die ausschließliche Kompetenz im Bereich der Geldpolitik zusteht.

2.1.4. Umfang des Vertraulichkeitsgrundsatzes bezüglich Sitzungen des EZB-Rats

Die Unabhängigkeit der EZB wird auch dadurch geschützt, daß die Inhalte der Tagungen des EZB-Rats geheimgehalten werden.

Diese Geheimhaltungspflicht betrifft die Mitglieder des EZB-Rats selbst,[377] zu untersuchen ist aber auch der Umfang der Verpflichtung des Ratspräsidenten zur Geheimhaltung. Denn vor allem in seinem Amt sind die erlangten Informationen auch für andere Zwecke (zum Beispiel auf nationaler Ebene) von Bedeutung, so

---

374 Zu diesem Punkt auch Gormley S. 10, Smits S. 171.

375 Zusätzlich weisen Smits S. 171 und Gormley S.10 darauf hin, daß alleine das Direktorium ein Initiativrecht bezüglich der Entscheidungen des EZB-Rats hat.

376 So für die vergleichbare Rechtslage im (alten) BBankG: Hahn §18 Rn. 6.

377 Die Verpflichtung wurde für die Mitglieder des EZB-Rats oben schon ausführlich unter dem Aspekt des Schutzes der Unabhängigkeit dargestellt, siehe Teil 1 Kapitel 3 Punkt 1.3.

daß sich hier ein Interessenkonflikt zwischen Geheimhaltung und optimaler Nutzung der Informationen ergeben könnte. Aus diesem Grund müssen die Grenzen der Geheimhaltungspflicht genau bestimmt werden.

Auch der Ratspräsident und das teilnehmende Kommissionsmitglied haben den Inhalt der Sitzung vertraulich zu behandeln. Problematisch ist jedoch, ob sich dies bereits aus der Geschäftsordnung der EZB ergibt. Denn die beiden Personen sind keine Mitglieder des ESZB. Fraglich ist daher schon, ob die Geschäftsordnung für sie trotz ihres Status als teilnahmeberechtigte Gäste überhaupt direkte Bindungswirkung entfalten kann. Die Formulierung der Ermächtigungsnorm, Art. 12.3 ESZB-Satzung legt nämlich als Regelungsinhalt für die Geschäftsordnung nur die interne Organisation der EZB fest.

Auf der anderen Seite ist zu berücksichtigen, daß beide gem. Art. 113 (ex 109b) Abs. 1 Satz 1 EGV als ständige Teilnehmer an Sitzungen des EZB-Rats mit verminderten Rechten gesehen werden können. Dieses Teilnahmerecht ist also primärrechtlich konstituiert. Beide sind daher nicht mit zeitweiligen fremden Teilnehmern wie Gutachtern oder anderen Berichterstattern zu vergleichen. Das im EGV zugesicherte, ständige Recht muß daher wegen seiner Umfänglichkeit zur Folge haben, daß der Präsident des Rats und das Kommissionsmitglied auch dem Vertraulichkeitsgebot von Art. 23.1 der GeschO der EZB unterfallen. Die Geschäftsordnung stellt Regelungen für alle ständigen Teilnehmer an den in ihr angesprochenen Sitzungen auf.

Zusätzlich ergibt sich die Verschwiegenheitspflicht bezüglich der Inhalte der Sitzungen für den Ratspräsidenten und das teilnehmende Mitglied der Kommission aus dem Vertragstext selbst. Während die Geschäftsordnung der EZB grundsätzlich als organinterner Rechtsakt gilt, der nur die Institution selbst bindet,[378] ist die Satzung des ESZB gem. Art. 311 (ex 249) EGV ein Bestandteil des Vertrags, also Primärrecht. Art. 10.4 ESZB-Satzung regelt verbindlich die Vertraulichkeit der Sitzungen. Adressaten sind alle Teilnehmer der Sitzungen, also gerade auch der Ratspräsident und das Kommissionsmitglied. Der Artikel ist eine spezielle Schutzvorschrift zur Wahrung der Unabhängigkeit der Zentralbank. Der Gesetzeszweck macht daher klar, daß der Adressatenkreis nicht auf den EZB-Rat selbst beschränkt ist, eine derartige Beschränkung ergäbe keinen Sinn, sie liefe vielmehr dem Vertragszweck zuwider.

Dieser Vertraulichkeitsgrundsatz gilt im Verhältnis zur Öffentlichkeit, denn sein Gegenteil ist gerade die „Veröffentlichung von Ergebnissen". Fraglich ist nun, ob

[378] Siehe für den Rat Lenz – Breier Art. 207 EGV Rn. 6, für den EuGH Lenz – Borchardt Art. 230 EGV Rn. 70.

das konkrete Abstimmungsverhalten in Rat und Kommission durch die teilnehmenden Mitglieder bekanntgegeben werden darf.[379] Dann wären die Organe Kommission und Rat mit der „Öffentlichkeit“ gleichgestellt.

Die beiden betreffenden Personen handeln als Vertreter ihres Gremiums. Die Berichterstattung in den Gremien und eine Diskussion über die genauen Inhalte der Tagungen ist gerade der Zweck des Teilnahmerechts. Die beiden teilnehmenden Personen sind als Stellvertreter des jeweilig gesamten Organs zur wahrheitsgemäßen Berichterstattung sogar verpflichtet. Sollten keine genaueren Informationen über die Tagungen stattfinden, so wäre ein Teilnahmerecht gerade für das Kommissionsmitglied, dessen Recht sich ja auf ein bloßes Rederecht ohne eigenes Antragsrecht beschränkt, weniger sinnvoll. Es könnte innerhalb der Kommission nicht einmal vollständig über die Beratung im EZB-Rat gesprochen werden.

Schlußfolgerungen könnten sich aus Situationen ergeben, in denen ähnlich wie hier nur ein Teil eines Organs Informationen erlangt. Eine ähnliche Konstellation ist z.B. bei den Ausschußsitzungen des Europäischen Parlaments anzunehmen, auch dort befaßt sich ein Teil des Parlaments mit einer gewissen Sachlage, weil wegen der Größe der Institution eine Befassung aller nicht gleichermaßen effektiv wäre. Selbst, wenn derartige Sitzungen vertraulich sind, so besteht doch zwischen dem Ausschuß und dem Parlament keine Geheimhaltungspflicht.[380] Der Grund dafür ist, daß Ausschüsse nur einen aus Praktikabilitätsgründen verkleinerten Querschnitt des Parlaments darstellen und dessen originäre Aufgaben wahrnehmen.

Gemäß ihren Geschäftsordnungen sind sowohl die Sitzungen von Rat und Kommission ebenfalls vertraulich,[381] so daß die Gefahr des mittelbaren Informationsflusses an die Öffentlichkeit überhaupt nicht gegeben ist.

Gegen diese Argumentation sprechen aber mehrere Überlegungen. Der Grundsatz, daß Ergebnisse und Themen, die in Unterausschüssen behandelt werden, vor dem gesamten Parlament zu veröffentlichen sind, gilt nicht uneinge-

---

[379] Das Verbot der Bekanntgabe an die Öffentlichkeit siehe oben ausführlich Teil 1 Kapitel 3 Punkt 1.3.

[380] Zu den nichtständigen Untersuchungsausschüssen siehe Anlage VIII zur Geschäftsordnung des EP, Fassung Feb. 97 ABl. 97 Nr. L 49/1 insbesondere Art. 4 und Art. 2 Abs. 2. Hier sind die Mitglieder des Ausschusses verpflichtet, den Inhalt vor Unbefugten und der Öffentlichkeit geheimzuhalten. Das beinhaltet nicht die restlichen Abgeordneten des Parlaments.

[381] Siehe Fischer / Köck S. 365, 358, Art. 7 der GeschO der Kommission, Art. 5 der GeschO des Rats.

schränkt.[382] Dieses Argument kann wiederum damit relativiert werden, daß Parlamentssitzungen öffentlich sind, während dies aber weder bei Rats[383]- noch bei Kommissionssitzungen der Fall wäre. Mit der Veröffentlichung im Parlament wären die Ergebnisse somit gleichzeitig der Öffentlichkeit bekanntgegeben (vgl. Art. 148.4 der GeschO EP[384]). Diese Gefahr besteht nicht bei Rat und Kommission.

Ein grundlegender Unterschied zu den Parlamentsausschüssen liegt jedoch darin, daß diese eigene Aufgaben des Europäischen Parlaments wahrnehmen. Das Teilnahmerecht von Kommission und Rat besteht aber nicht im eigenen Aufgabenbereich, sondern in einem fremden Aufgabenbereich als Zuhörer. Die EZB ist von den Organen der EG weisungsunabhängig. Das bezieht sich auch auf den Behördenaufbau. Da die EZB in den Aufbau nicht eingegliedert ist, z.B. durch Aufsichtsmaßnahmen, besteht kein „verwaltungsinternes"[385] Verhältnis. Daher können die Grundsätze, die bei Ausschußsitzungen der Parlamente gelten, nicht uneingeschränkt angewandt werden. Das Verhältnis zu Rat und Kommission muß als „Außenverhältnis" qualifiziert werden.

Zu dem „sachlichen" Vertraulichkeitsschutz, der durch die Nichtöffentlichkeit der Sitzungen beider Organe gewahrt ist, kann eine „persönliche" Geheimhaltungspflicht[386] der Teilnehmer über das Stimmverhalten des EZB-Rats kommen.

Der Vertraulichkeitsgrundsatz, der auch von der EZB nicht umgangen werden darf, soll die einzelnen Mitglieder gerade davor schützen, wegen ihres Abstimmungsverhaltens, aber auch wegen ihres persönlichen Argumentationsverhaltens insbesondere gegenüber nationalen Stellen unter Druck zu geraten. Das Abstim-

---

382 Als ein Beispiel hierfür kann der deutsche Bundestag gelten, dieser kennt auch eine Geheimhaltungspflicht der Mitglieder des Unterausschusses gegenüber dem Bundestag. Die grundlegende Regel hierfür ist Art. 69 Abs. 2 der GeschO BT. Danach kann vom Bundestag eine Zutrittsbeschränkung beschlossen werden, die auch nachträglich bestimmte Beratungen betreffen kann. Mit dieser korrespondiert eine erhöhte persönliche Geheimhaltungspflicht der Beteiligten. Für die Ausschüsse des EP ergibt sich das aus der Anlage VII zur GeschO und aus der Tatsache, daß Art. 148 GeschO EP (Öffentlichkeit der Arbeit – Protokoll) in dem, das Verfahren vor den Ausschüssen regelnden Art. 165.4 GeschO EP nicht genannt ist.

383 Der Rat kann jedoch auch öffentliche Sitzungen gem. Art 6 Abs. 2 GeschO abhalten.

384 14. Aufl. Juni 1999, Sartorius 2 Nr. 260, Fassung Feb. 97 ABl. 97 Nr. L 49/1.

385 Sodan NJW 1999 S. 1521f erklärt dies anhand des Begriffs der „ministerialfreien Räume" für das deutsche Recht. Zu dem Umfang der Staatsaufsicht über verselbständigte Verwaltungsträger in den Mitgliedstaaten Starck – Breuer S. 44ff zur EG Starck- Pipkorn S. 244f.

386 Zur begrifflichen Unterscheidung von Vertraulichkeit und Geheimhaltung siehe Rösch S. 112ff.

mungsverhalten sollte daher auch gegenüber jeglichen anderen Institutionen vertraulich bleiben.

Es wäre dem Gesetzeszweck nicht gedient, wenn zwar der Präsident des EZB-Rats, der in erster Linie die Interessen der EZB vertritt, nicht über die Veröffentlichung der Abstimmungsergebnisse entscheiden dürfte, diese aber aufgrund der Berichterstattung in Rat und Kommission diesen Gremien ohne weiteres bekannt würden. Man darf nicht übersehen, daß der Rat dasjenige Organ der Gemeinschaft ist, in welchem die nationalen Interessen in erster Linie vertreten werden. Diese können der Politik der Zentralbanken oft widersprechen.

Der Zweck dieser Regelung ist es, die EZB vor Einflußmaßnahmen wegen ihres Stimmverhaltens zu schützen. Die Stellen, vor deren potentieller Einflußnahme die EZB aber zu schützen ist, sind besonders in Art. 108 (ex 107) EGV aufgezählt. Es sind die, deren Weisungen nicht angenommen werden dürfen, und deren Einflußnahme nicht nachgegangen werden darf. Wie oben ausführlich beschrieben, handelt es sich dabei in erster Linie um öffentliche Stellen. Die relativ geringe Bedeutung Privater ist ebenfalls dargestellt worden.[387] Der Schutz der EZB durch Geheimhaltung von Abstimmungsergebnissen liefe nach diesen Erkenntnissen weitgehend ins Leere, würde er einen großen Teil der Stellen, die betroffen sind, nämlich die Organe der EG (hier also Kommission und Rat), sowie die mitgliedstaatlichen Regierungen, deren Wirtschafts- und Finanzminister aufgrund ihrer Ratsmitgliedschaft auch betroffen sind, ausnehmen. Gerade von diesen Seiten sind Manipulationsversuche denkbar und die Gefahr der Manipulation ist um so größer, wenn der EZB-Rat in Einzelpersonen „aufgespalten" werden kann.

Generell kann das Problem, das im Rat entstehen würde, auf die Frage reduziert werden, wie Entscheidungsträger damit umgehen sollen, wenn sie in einer Position (als Ratsmitglied) Informationen erlangen, die sie in ihrer Person als Regierungsmitglied der nationalen Regierung nicht erhalten sollten. Denn die Ratsmitglieder sind stets auch (weisungsabhängige) Vertreter ihrer nationalen Regierung und nicht nur Mitglieder eines europäischen Organs.[388] Es liegt dann ein innerer Interessenkonflikt vor. Da dieser Interessenkonflikt geeignet ist, die Unabhängigkeit der EZB zu gefährden, weil er Versuche der Beeinflussung provoziert, sollte er von vornherein vermieden werden.

---

[387] Es ist sogar umstritten, ob Private mit dem Beeinflussungsverbot des Art. 108 (ex 107) Satz 1 Alt. 2 EGV als „andere Stellen" überhaupt gemeint sind. Siehe Teil 1 Kapitel 2 Punkt 3.5. Fn. 99.

[388] Siehe schon oben Punkt 1 insb. Fn 349 und auch Bleckmann Rn. 223.

Im Ergebnis muß die Berichterstattung in Rat und Kommission daher unter Berücksichtigung einer „persönlichen“ Geheimhaltungspflicht geschehen. Das heißt, es darf gegenüber den restlichen Mitgliedern von Rat und Kommission nur eine entpersonalisierte Berichterstattung stattfinden: Sachargumente dürfen wiedergegeben werden, das Verhalten einzelner Personen darf nicht Thema der Berichterstattung werden. Diese Regelung ist für die beteiligten Institutionen am zweckmäßigsten.[389]

2.2. Teilnahmerecht des EZB-Präsidenten an Ratssitzungen

Art. 113 (ex 109b) Abs. 2 EGV besagt, daß der Rat den Präsidenten der EZB zu den Tagungen des Rats einlädt, wenn Themen von währungspolitischer Bedeutung erörtert werden.[390] Grundsätzlich ist aber zu sagen, daß Art. 113 Abs. 2 EGV nicht bewirkt, daß Tagungen des Rats, die die Ziele des ESZB thematisch tangieren, ohne Anwesenheit eines Vertreters der EZB unrechtmäßig sind. Die Teilnahme des Vertreters der EZB ist nicht zwingend, das heißt, es besteht für die Vertreter der EZB keine Anwesenheitspflicht.[391] Dies ergibt sich aus dem Charakter der gegenseitigen Teilnahmeregelungen des Art. 113 EGV als Normen, die eine gegenseitige Information ermöglichen wollen. Es handelt sich gerade nicht um starre Verfahrensregelungen.

Es stellt sich nun aber die Frage, ob dieser Art. 113 Abs. 2 EGV eine rechtliche Verpflichtung des Rats zur Einladung des Präsidenten der EZB beinhaltet und ob der EZB-Präsident aus diesem Grund nicht sogar ein eigenes Recht zur Teilnahme an Tagungen des Rats vor dem EuGH einklagen könnte.

2.2.1. Rechtspflicht des Rats zur Einladung

Eine Rechtspflicht des Rats zur Einladung des EZB-Präsidenten ergibt sich noch nicht eindeutig allein aus der Formulierung der Norm, die auch Platz für einen Ermessensspielraums des Rats ließe, sondern aus zusätzlichen Gründen.

---

389 Gormley S. 12f scheint diese Problematik zu lösen, daß er zwischen der Teilnahme an den Beratungen des EZB-Rats und dem fehlenden Teilnahmerecht am Abstimmungsvorgang im EZB-Rat differenziert. Art. 113 Abs. 1 EGV spricht jedoch allgemein von „Sitzungen“. Der Begriff beinhaltet wohl beides, die Beratung und den Abstimmungsvorgang. Jedoch wäre die bei Gormley als Idealvorstellung vorgeschlagene Lösung in der Tat der bessere Weg.

390 Die Terminkalender für die Ratssitzungen werden halbjährlich im Voraus vom Ratspräsidenten z.B. im Internet bekanntgegeben. Die Formalia bezüglich der Ladung finden sich in der GeschO des Rats, so regelt Art. 2 Abs. 1, daß die Tagesordnung 14 Tage vor der Sitzung versandt werden muß.

391 So auch Hahn, JZ 99 S. 959, Calliess – Häde Art. 113 Rn. 5.

Zu unterscheiden ist dieses Anwesenheitsrecht des Art. 113 EGV jedoch von der Teilnahme der EZB an Tätigkeiten des Rats, in denen es um Rechtsetzungsakte geht. Für derartige Tagungspunkte gelten spezielle Rede- und Stellungnahmerechte.[392]

Als Grund für die allgemeine Einladungspflicht könnte man annehmen, daß sich eine prinzipielle Notwendigkeit der Anwesenheit einer betreffenden Institution ergibt, sobald es in Ratssitzungen um deren Zuständigkeitsbereich geht. Ein solcher Grundsatz existiert jedoch nicht. Es kann dem Rat nicht verboten werden, über Themen zu beraten, die in den Zuständigkeitsbereich anderer Entscheidungsträger fallen, ohne diese gleich einladen zu müssen.[393] Sollten sich daraus Rechtsakte formulieren, so greifen leges speciales über Beteiligungspflichten und -rechte ein.

Vielmehr ist hier der besondere Zweck des Art. 113 Abs. 2 EGV zu untersuchen. Der gesamte Art. 113 EGV befaßt sich mit der gegenseitigen Informationspflicht und gegenseitigen Teilnahmerechten. Daher muß auch Art. 113 Abs. 2 EGV im Kontext ausgelegt werden. Eine Einladungspflicht des Rats an die EZB gem. Art. 113 Abs. 2 EGV würde mit dem Teilnahmerecht des Rats bei den Sitzungen des EZB-Rats gem. Art. 113 Abs. 1 EGV korrespondieren. Die unterschiedliche Formulierung zeigt lediglich, daß das Recht des Ratspräsidenten gem. Art 113 Abs. 1 EGV ein unbeschränkbares Teilnahmerecht ist, während die Pflicht zur Einladung des Präsidenten der EZB zu Tagungen des Rats gem. Art. 113 Abs. 2 EGV an weitere Voraussetzungen, nämlich den bestehenden sachlichen Bezug zum Aufgabenbereich der EZB geknüpft ist. Weitere Rückschlüsse lassen sich aus der Formulierung alleine nicht ziehen.

Sinn der gesamten Regelung ist es, die beiden Institutionen umfassend mit den notwendigen Informationen zu versorgen, um eine effektive Zusammenarbeit zu gewährleisten. Das bedeutet aber, daß, sobald im Rat Themen erörtert werden, die für die Arbeit der EZB von Belang sind, der Rat kein Ermessen mehr haben kann, diese Informationen der EZB zugänglich zu machen. Vielmehr trifft ihn die Pflicht, die EZB an der Informationsfindung und -verarbeitung teilhaben zu lassen. Dies gebietet der Grundsatz der Effektivität.

Im Widerspruch hierzu scheint die Tatsache zu stehen, daß die Kommission überhaupt keine derartige Einladungspflicht dem EZB-Präsidenten gegenüber trifft. Der Grund hierfür ist aber in der verringerten Bedeutung der Kommission

---

[392] So z.B.: Art. 105 Abs. 4, 6, Art 107 (ex 106) Abs. 5, 6, Art. 111 (ex 109) Abs. 1, 2 und 3 u.v.a..

[393] So auch GTE – Bieber Art. 4 Rn. 55.

im Währungsbereich zu sehen, denn ihre typischen Exekutivaufgaben wurden im Bereich der Währungspolitik fast vollständig an die EZB abgegeben.[394] Zusätzlich wurden ihre Aufgaben im Bereich der Wirtschaftspolitik, die für die EZB in erster Linie relevant ist, zugunsten einer Verstärkung der Stellung des ECOFIN-Rats etwas zurückgesetzt,[395] so daß sie betreffend diese Aufgabenbereiche nicht der erste Dialogpartner ist.

Der Vergleich mit der Kommission führt sogar eher in eine andere Richtung. Im Bereich der Währungspolitik hat die EZB weitgehend die Rolle der Kommission als Exekutivorgan übernommen.[396] Somit ist der Umfang ihres Anwesenheitsrechts in Ratssitzungen bei dementsprechenden Belangen dem Recht, das der Kommission üblicherweise zusteht, anzunähern.

Allerdings ist primärrechtlich auch im Verhältnis zwischen Rat und Kommission keine Einladungspflicht normiert. Vielmehr hat der Text des EGV in Art. 218 (ex 162 EGV) die Regelung der Zusammenarbeit den Organen der Gemeinschaft selbst überlassen.[397] Die gegenseitigen Pflichten sind in den Geschäftsordnungen normiert. In Art. 4 Abs. 3 der GeschO des Rats hat dieser eine generelle Einladung an die Kommission ausgesprochen. In der Praxis nimmt stets ein Kommissionsmitglied an Ratssitzungen teil.[398]

Eine Pflicht des Rats zur Einladung des Präsidenten der EZB ergibt sich daher im Hinblick auf die Bedeutung des Rats bei Festlegung der Wirtschaftspolitik und insbesondere seine Möglichkeiten zur Beeinflussung der Ergebnisse der EZB-Politik. Denn die Beratungen des Rats dienen nicht lediglich der Meinungsfindung, wie das z.B. beim Europäischen Parlament[399] der Fall ist, sondern haben stets konkrete Auswirkungen auf die Koordinierung der Gemeinschaftspolitik und die Politik in den Mitgliedstaaten. Durch diese Regelung wird der ständige

---

[394] Dazu genauer später, auch zu dem Punkt, daß ebenfalls kein Vertreter des Rats an Kommissionssitzungen teilnimmt, siehe Teil 2 Kapitel 2 Punkt 1.3, dort bei Fn. 595.

[395] Siehe nur die Konzeption des Art. 99 (ex 103) EGV.

[396] Sie trifft die technischen Entscheidungen zur Durchführung der Währungspolitik nach eigenem Ermessen (Art. 105 Abs. 2 EGV) und erläßt dazu auch die notwendigen Durchführungsverordnungen gem. Art. 110 (ex 108a) EGV.

[397] Außer Frage stand jedoch stets trotz fehlender primärrechtlicher Regelungen die ständige Teilnahme der Kommission an Ratssitzungen. (Oppermann Rn. 293, Grabitz / Hilf – Hummer Art. 162 Rn. 11.

[398] Zur regelmäßigen Teilnahme der Kommission an Ratssitzungen siehe die Protokolle der Sitzungen, veröffentlicht im Internet unter der Adresse ue.eu.int/newsroom Stichpunkt „Rat“

[399] Das Parlament kann auch als primäres demokratisches Forum politischer Auseinandersetzung und Meinungsbildung angesehen werden. Siehe auch Teil 2 Kapitel 3 Punkt 3.3.

Informationsfluß, der für die Arbeit der Institutionen relevant ist, in beide Richtungen gewährleistet.

Daher ist die Verpflichtung zur Einladung[400] notwendig zur Erhaltung eines institutionellen Gleichgewichts[401] zwischen den Institutionen der EG. Dieser Grundsatz ist nicht nur auf die Organe der EG gem. Art 7 (ex 4) EGV anzuwenden, sondern auch auf die EZB als selbständige Institution der Gemeinschaft. Denn sie nimmt ebenfalls gewichtige politische Befugnisse innerhalb der EG nach der Kompetenzverteilung des EGV wahr. Zur Bewertung des institutionellen Gleichgewichts muß aber auf die Aufgabe einer Institution, also auf die grundsätzliche Kompetenzverteilung innerhalb der Gemeinschaft abgestellt werden und auf die Bedeutung, die der Institution aufgrund dieser allgemeinen Kompetenzzuweisung zukommen muß, nicht auf eine bestehende formelle Organstellung.

Der Rat ist dieser Rechtspflicht zur Einladung der EZB durch eine ausdrückliche Selbstverpflichtung in Art. 4 Abs. 3 Satz 2 seiner GeschO[402] nachgekommen. Hier spricht er auch zugunsten der EZB eine generalisierte Einladung aus, von der nur durch Beschluß abgewichen werden kann. Er beschränkt sie jedoch auf die Fälle, in denen die EZB ihr „Initiativrecht" wahrnimmt.

Der Begriff des Initiativrechts bedeutet im allgemeinen zumeist das Recht, Gesetzesvorlagen oder -entwürfe bei den rechtsetzenden Institutionen einzubringen.[403] In dieser Weise kann der Begriff hier jedoch nicht auszulegen sein. Denn ein Initiativrecht in diesem Sinne hat die EZB nur in wenigen Artikeln, z.B. Art. 107 (ex 106) Abs. 5 und 6 EGV (Änderungen und Ausführungsbestimmungen bezüglich der ESZB-Satzung) und Art. 111 Abs. 1 Satz 1 und Satz 2 EGV (förmliche Wechselkursabkommen). Eine Einschränkung der Einladungen auf diese Themenbereiche ist nicht mit Art. 113 Abs. 2 EGV vereinbar. Der Rat würde bei einer solchen Auslegung seiner Geschäftsordnung die Rechte der EZB

---

400 Eine Rechtspflicht des ECOFIN-Rats zur Einladung des EZB-Präsidenten bei entsprechendem Inhalt der Tagesordnung nimmt auch Hahn (JZ 99 S. 959) an.

401 Der EuGH billigt diesem Grundsatz als Surrogat für das Gewaltenteilungsprinzip normativen Charakter zu. Daher begründet er die Unzulässigkeiten gewisser Kompetenzverschiebungen mit einer Störung des institutionellen Gleichgewichts. (Herdegen S. 113ff.) Die Anwendung des Grundsatzes ist aber nicht unumstritten. Er ist alleine für sich noch nicht aussagekräftig, sondern bedarf immer der zielgerichteten Begründung. Handbuch europ. Recht – Bieber Art. 4 Rn 66, Grabitz / Hilf – Hummer Vor Art. 155 Rn. 27f zum Meinungsstand.

402 ABl. Nr. L 147 / 13 vom 12.6.1999

403 Allgemein Creifelds S. 649, insbesondere im Europarecht Gormley S. 10, Oppermann Rn. 266, 355, Gündisch /Mathijsen S. 76, Grabitz / Hilf – Hummer Art. 155 Rn. 52. Insbesondere wird dieser Begriff in Zusammenhang mit dem Initiativmonopol der Kommission gebraucht.

zu weit einschränken, da eine Einladung in sonstigen Fällen, also in Bereichen, in denen die Währungspolitik zwar tangiert ist, der EZB aber keine Initiativmöglichkeit zur Rechtsetzung zusteht, nach der GeschO überhaupt nicht vorgesehen wäre. Eine derartige Beschränkung in der GeschO des Rats wäre schon aus den oben dargelegten Grundsätzen des institutionellen Gleichgewichts wegen eines Verstoßes gegen Primärrecht rechtswidrig.

Die Regelung würde, wollte man sie als abschließend auslegen, auch mit dem reinen Wortlaut des Art. 113 (ex 109b) Abs. 2 EGV nicht übereinstimmen. Dessen Zusatz „wenn dieser Fragen im Zusammenhang mit den Zielen und Aufgaben des ESZB erörtert“ zeigt deutlich, daß nicht nur eine Teilnahme bei Diskussionen über konkrete Rechtsetzungsakte gewollt war, sondern eine Teilnahme umfassenderer Art. Ansonsten hätte die Formulierung nicht dermaßen allgemein gehalten werden dürfen. Schließlich greift der Absatz 2 des Art. 113 EGV die allgemeinen Begriffe der „Ziele und Aufgaben“ aus der Formulierung des Art. 105 EGV wieder auf.

Daher muß der Begriff des „Initiativrechts“ in der GeschO des Rats weiter ausgelegt werden um den Anforderungen des EGV genüge zu tun. Der Begriff des Initiativrechts kann als „untechnisch“ und auf die konkrete Konstellation bezogen dahingehend verstanden werden, daß der Rat dem Präsidenten der EZB gegenüber eine generalisierte Einladung ausspricht, aber unter der Voraussetzung, daß der Präsident der EZB den Rat zur Einladung auffordert. Erst auf diese Initiative hin ergeht dann die Einladung durch den Rat. Jede andere Auslegung stünde im Widerspruch zu dem Vertragstext.[404]

Bei der somit alleine rechtmäßigen „untechnischen“ Auslegung des Begriffs des Initiativrechts kann man Art. 4 Abs. 3 der GeschO des Rats noch nicht selbst als Einladung verstehen, sondern nur als Anspruchsnorm hierauf. Vielmehr bedarf es also noch eines Umsetzungsaktes des Rats.[405]

Fraglich ist, ob der Rat seiner Rechtspflicht zur Einladung der EZB dadurch Genüge tut, daß er ihr ein Initiativrecht einräumt. Diese Auslegung verschiebt die Aufgabe, den Inhalt der Tagungen auf Relevanz im Hinblick auf den Aufgabenbereich der EZB zu überprüfen vom Rat auf diese selbst. Das Initiativrecht muß von der EZB wahrgenommen werden, um eine Einladung zu erhalten. Das bedeutet, die Prüfung, ob relevante Themen für die EZB behandelt werden, liegt

---

[404] Dann wäre die Geschäftsordnung rechtswidrig und könnte von der EZB gerichtlich angegriffen werden.

[405] Das wäre die Zusendung einer Ladung mit der vorläufigen Tagesordnung nach Art. 2 Abs. 1 der GeschO des Rats und die Übersendung eines Einlaßscheins gem. Art. 4 Abs. 5 der GeschO des Rats.

nach der GeschO des Rats bei dieser, der Rat spricht also von selbst keine Einladung aus.[406] Diese Regelung in der GeschO des Rats erscheint aus diesem Grund auf den ersten Blick als unangemessen. Bei genauerer Betrachtung muß man aber zu dem Schluß kommen, daß die EZB selbst am besten geeignet ist, die Wichtigkeit der Themen im Vorfeld zu prüfen. Insoweit stellt die Regelung eine Verschiebung zugunsten der EZB dar, da der Rat die Entscheidung, welches Thema für die Geldpolitik der EZB relevant ist, in die Hände der EZB übergibt. Daher ist gegen eine derartige Regelung dann kein Einwand der Rechtsverkürzung zum Nachteil der EZB vorzubringen, wenn die EZB rechtzeitig genügend Informationen über den Inhalt der Sitzungen des Rats erhalten kann. Dies kann nur durch die Übersendung der Tagesordnung geschehen, denn nur dort werden vorab detailliert die Themen dargestellt. Das ist in Art. 2 der GeschO des Rats aber nicht vorgesehen. Lediglich der Kommission wird gem. Art. 2 Abs. 1 der GeschO die Tagesordnung zugesandt.

Die derzeitige Regelung in der Geschäftsordnung des Rats ist daher bedenklich. Zum einen bezieht sie sich in Art. 4 auf ein „Initiativrecht" der EZB als Voraussetzung, was als rechtswidrig oder zumindest recht unklar eingestuft werden muß. Zum anderen fehlt eine Regelung über die Information der EZB bezüglich der Tagesordnung, deren Zusendung an die EZB bei der untechnischen Auslegung des „Initiativrechts" notwendig wäre.

2.2.2. Umfang der zuzulassenden Teilnahme

Das Teilnahmerecht des Art. 113 Abs. 2 EGV beinhaltet für den Präsidenten der EZB keine weitergehenden Rechte, wie etwa ein ausdrückliches Rederecht oder ein Recht zur Antragstellung. Das Recht des Art. 113 Abs. 2 EGV wird nur bei Eintreten besonderer Voraussetzungen zu einem Rederecht. Diese ausdrückliche Anhörungspflicht ist im Vertrag gesondert normiert. Das ist z.B. bei Art. 105 Abs. 4 (Rechtsvorschriften durch die Gemeinschaft oder nationale Behörden im Zuständigkeitsbereich der EZB) und Abs. 6 (zusätzliche Aufgaben für die EZB) EGV, Art. 107 Abs. 5 und 6 (ex 106, vom Rat zu treffende Bestimmungen, welche die EZB direkt betreffen) EGV, Art. 111 Abs. 1, 2, 3 und 4 (ex 109, Wechselkursregelungen) EGV, Art. 114 Abs. 3 EGV (ex 109c, Zusammensetzung des

[406] Die Auslegungsbefugnis, wann das Gebiet der Währungspolitik tangiert ist, lag in Deutschland im Verhältnis Bundesbank zu Bundesregierung dagegen bei der veranstaltenden Institution, also der Bundesregierung. So Hahn, Währungsrecht §18 Rn. 5.

Wirtschafts- und Finanzausschusses) gegeben. Dort muß der Präsident der EZB aktiv in den Entscheidungsfindungsprozeß eingebunden werden.

Die Verpflichtung des Art. 113 EGV, den EZB-Präsidenten zur Teilnahme an Ratstagungen zuzulassen, ist nicht auf Punkte beschränkt, die primär die Währungspolitik zum Inhalt haben. Vielmehr ist eine Pflicht zur Einladung immer dann gegeben, wenn die Ziele des ESZB, also in erster Linie die Preisstabilität, erörtert werden oder tangiert sind. Das kann auch im Rahmen der Beschäftigungspolitik der Gemeinschaft oder z.B. auch beim internationalen Zahlungsverkehr und somit u.U. dem internationalen Handel der Fall sein. Der Europäische Rat hat in seiner Schlußfolgerung in Luxemburg 1997 besonders das Teilnahmerecht des EZB-Präsidenten herausgestellt, wenn es um die Grundzüge der Wirtschaftspolitik geht.[407] In der Praxis hat der EZB-Vizepräsident die Möglichkeit zur Teilnahme des Art. 113 Abs. 2 EGV im Zeitraum von Januar 1999 bis Anfang 2000 zweimal genutzt. Der Grund für diese seltene Inanspruchnahme mag in den informellen Möglichkeiten (siehe die Euro-11-Gruppe) zum Informationsaustausch liegen. Beachtet man aber die Anlässe der Teilnahme am 10. und 25. Mai 1999, so fällt auf, das an diesen Terminen sowohl über die Grundzüge der Wirtschaftspolitik als auch über Reformen des Bretton-Woods-Systems beraten wurde.[408]

2.3. Allgemeines Stellungnahmerecht der EZB

Im deutschen Bundesbankgesetz war im Rahmen der Kooperation ein Recht der Bundesbank eingeschlossen, von sich aus der Regierung sachkundige Darlegungen und Anregungen vorzutragen. Dieses Recht wurde aus dem allgemeinen Beratungsauftrag bei Angelegenheiten von währungspolitischer Bedeutung gelesen.[409] Eine so weitgehende Beratungsfunktion wird der EZB im Vertrag in Art. 105 Abs. 4 a.E. EGV ausdrücklich zugewiesen. Auch Art. 34 ESZB-Satzung weist ihr die generelle Befugnis zu, Empfehlungen und Stellungnahmen abzugeben. Diese Befugnis ist ebenfalls direkt im Vertrag in Art. 110 (ex 108a) EGV festgelegt. Dessen Abs. 2 definiert Empfehlungen und Stellungnahmen (parallel zu Art. 249 (ex 189) EGV bezüglich der Rechtsakte der Organe der EG) als nicht

---

[407] Europ. Rat a.a.O. Fn. 351 Anhang 1 Punkt III 12. zur Bindungswirkung der Schlußfolgerung des Europäischen Rats für den Rat Teil 1 Kapitel 3 Punkt 2.3.2.1. und Teil 2 Kapitel 4 Punkt 1.1.

[408] Dieses System stellt einen völkerrechtlichen Vertrag dar und fällt damit unter Art. 111 (ex 109) EGV. In diesem Bereich besitzt die EZB tatsächlich ein Initiativrecht zur Rechtsetzung durch den Rat.

[409] Hahn Währungsrecht §18 Rn. 5, Gramlich BBankG §13 Rn. 4.

verbindlich. Das bedeutet, diese Akte sind bloße Meinungsäußerungen zu Themen, die den Aufgabenbereich der Zentralbank betreffen. Diese Befugnis zur Abgabe von Empfehlungen und Stellungnahmen kann die EZB aus eigener Initiative wahrnehmen.[410] Sie hat damit ein Instrumentarium zur Hand, sich zu den für die Geldpolitik relevanten Themen konkret gegenüber anderen Institutionen zu äußern. Dieses Recht kann die EZB wie eine Beratungsfunktion einsetzen. Eine Einschränkung durch eine Verordnung des Rats aufgrund von Art. 105 Abs. 4 zweiter Spiegelstrich EGV ist nicht denkbar. Diese Regelung bezieht sich nur auf die notwendige Teilnahme der EZB bei nationalen Rechtsakten. Die allgemeine Beratungsbefugnis ist vielmehr als Möglichkeit für die EZB gedacht, auf unformelle Art auch auf die Politik von Mitgliedstaaten einzuwirken.

2.4. Fazit

Als Ergebnis kann man festhalten, daß in Art. 113 Abs. 1 und 2 EGV die gegenseitigen Teilnahmerechte von Rat und EZB hinreichend normiert wurden. Die getroffenen Regelungen sind derart ausgestaltet, daß sie nur geringen Spielraum lassen, die Unabhängigkeit der EZB zu beeinflussen, auf der anderen Seite aber einen ausreichenden Informationstransfer gewährleisten können. Nicht zuletzt sei aber auf die gerichtliche Durchsetzbarkeit der Beteiligungsrechte hingewiesen.[411] Des weiteren ist zu beachten, daß ein Großteil der Informationen auf untergeordneten Ebenen und in informellen Gremien (wie z.B. der Euro-11-Gruppe[412]) ausgetauscht wird, so daß die hier beschriebenen Teilnahmerechte nur einen Bruchteil des Informationsflusses ausmachen.

3. Befugnisse des Rats zur Rechtsetzung im Bereich der Satzung des ESZB

Die Unabhängigkeit der EZB scheint durch die Satzung des ESZB nicht immer ausreichend gewährleistet. Insbesondere fällt auf, daß der Rat in verschiedenen Verfahren erhebliche Teile der ESZB-Satzung abändern und ergänzen kann. Das trifft vor allem auch auf die geldpolitischen Instrumente zu, die nur in der ESZB-Satzung ausführlich aufgezählt sind. Inwieweit hier ein Eingriff in die Tätigkeiten der EZB und in ihre Stellung erfolgen kann und rechtmäßig ist, muß nachfolgend geklärt werden.

---

[410] So auch GTE – Smits Art. 105 Rn. 18.
[411] Dazu ausführlich unten Teil 2 Kapitel 5 Punkt 3.2.
[412] Siehe unten Teil 2 Kapitel 4 Punkt 3.3.

Gemäß Art. 311 (ex 239) EGV stellt die Satzung des ESZB, ebenso wie der EGV selbst, Primärrecht dar. Demnach wäre sie nur im Wege des Vertragsänderungsverfahrens gem. Art. 48 (ex N) EUV unter Mitwirkung aller Mitgliedstaaten abzuändern. Von diesen strengen Anforderungen an die Änderung des Satzungstextes wurden im EGV mehrere Ausnahmen zugelassen. Art. 107 (ex 106) Abs. 5 und 6 EGV, deren Inhalt in Art. 41 und 42 ESZB-Satzung wiederholt wird, ermöglichen eine vereinfachte Satzungsänderung und -ergänzung. Der Rat kann also in einem erleichterten Verfahren, abweichend von den Regeln zur Änderung des EGV, Teile der Satzung des ESZB ändern und ergänzende Regeln erlassen. Art. 107 (ex 106) Abs. 5 EGV regelt dabei die vereinfachte Änderbarkeit der Satzung des ESZB, während Art. 107 Abs. 6 EGV den Modus bestimmt, in welchem der Rat ergänzende Vorschriften erlassen kann.

Der Rat ist demnach im Rahmen des Art. 107 Abs. 5 EGV ausnahmsweise befugt, selbst Primärrecht durch die Satzungsänderungen zu schaffen.[413] Diese Befugnis steht sonst nur der Gemeinschaft der Mitgliedstaaten nach deren jeweilig verfassungsrechtlichen Vorschriften zu (vgl. nur Art 48 EUV). Das vereinfachte Verfahren kommt zum Großteil bei Bestimmungen zum Zuge, deren Inhalt nicht „verfassungsrechtlichen" Charakter im Sinne des Vertrags hat, sondern nur technischer Art ist.[414] Es handelt sich um Aufgaben wie z.B. statistische Bewertungen und die Verteilungsschlüssel monetärer Einkünfte. Zu untersuchen ist nun, ob die betreffenden Normen nicht dennoch grundlegend für die Sicherung des unabhängigen Status des ESZB sind.

Dem Rat stehen des weiteren in der Satzung des ESZB Rechtsgrundlagen offen, auf deren Basis er Ausführungsbestimmungen erlassen kann, die unter Umständen tief in den Aufgabenbereich der EZB eingreifen. Gem. Art. 19.2. und 20 Satz 2 ESZB-Satzung kann der Rat nämlich z.B. auch konkrete Regelungen in Hinblick auf die einzelnen Instrumente der EZB treffen. Im Bereich der Mindestreserven (Art. 19 ESZB-Satzung) kommen der EZB Rechtsetzungsbefugnisse zu, das heißt, hier kann sie durch die Festlegung einer Reservepflicht für die Geschäftsbanken direkt in die Rechte Dritter eingreifen. Den Umfang hoheitlicher Eingriffsbefugnisse kann jedoch der Rat bestimmen, indem er Regelungen über

---

[413] Im Gegensatz zu der Regelung des Art. 104 (ex 104 c) Abs. 14 UAbs. 2 lösen die vom Rat erlassenen Bestimmungen hier nämlich gerade nicht das Protokoll des ESZB ab, sondern das geänderte Protokoll behält seinen primärrechtlichen Charakter. Siehe hierzu Calliess – Häde Art. 107 Rn. 15.

[414] GTE- Smulders Art. 106 Rn. 24, so auch Smits, ICLQ 96 S. 319.

die Rahmen der Mindestreservesätze durch Verordnung niederlegt.[415] Zu untersuchen ist demnach, ob man in einzelnen Befugnissen zum Erlaß von Ausführungsbestimmungen eine Gefährdung für die Unabhängigkeit der EZB auch im instrumentellen Bereich sehen könnte.

3.1. Verfahren

An dem vereinfachten Verfahren des Art. 107 Abs. 5 und 6 EGV sind als Entscheidungsträger der Rat, die Kommission, das Parlament und die EZB beteiligt.

3.1.1. Satzungsänderung gem. Art 107 (ex 106) Abs. 5 EGV

Das Verfahren der Satzungsänderung gem. Art. 107 Abs. 5 i.V.m. Art. 41 der ESZB-Satzung ist „asymmetrisch" aufgebaut. Das bedeutet, die im Rat notwendigen Mehrheitsverhältnisse sind verschieden, je nachdem wer das Verfahren einleitet. Das Änderungsverfahren ist demnach folgendermaßen aufgebaut:

- Der Rat benötigt entweder eine qualifizierte Mehrheit (vgl. Art. 205 (ex 148) Abs. 2 EGV) nach Empfehlung der EZB und Anhörung der Kommission,
- oder Einstimmigkeit nach Empfehlung der Kommission und Stellungnahme der EZB.
- In beiden Fällen muß das Europäische Parlament zustimmen.

Der Grund für den asymmetrischen Aufbau ist, daß die Hürden zur Änderung der Satzung des ESZB dann höher sein sollten, wenn die Initiative dazu nicht von der EZB, sondern von der Kommission ausgeht. Das mag daran liegen, daß bei Abschluß des EG-Vertrags von besserer Sachkunde der EZB gegenüber der Kommission ausgegangen wurde. Dieses Argument liegt vor allem deswegen nahe, weil die Empfehlungen der EZB zur Änderung der Satzung des ESZB wohl aufgrund konkreter Selbstbetroffenheit erfolgen werden, da lediglich das ESZB vertiefte praktische Erfahrung mit seiner eigenen Satzung sammelt.

Man kann als Grund für die Asymmetrie im Rechtsetzungsverfahren auch einen gewissen Vertrauensvorschuß zugunsten der Zentralbank sehen. Diese wird kaum Regelungen vorschlagen, die den Zielen des ESZB und seiner unabhängi-

---

[415] Siehe Verordnung (EG) Nr. 2531 des Rats vom 23.11.1998 über die Auferlegung einer Mindestreservepflicht durch die EZB, ABl. EG 1998 Nr. L 171 / 33.

gen Stellung widersprechen, während die Kommission aufgrund ihrer umfangreicheren Aufgaben eher aus einem Zielkonflikt heraus agieren könnte.[416]

Der Begriff der „Empfehlung“ des EZB-Rats ist in Art. 41.2. ESZB-Satzung noch genauer niedergelegt. Dabei muß der EZB-Rat beim Einbringen einer Initiative zur Rechtsetzung an den Rat einstimmig handeln. Dies stellt eine Besonderheit dar, denn das grundsätzliche Verfahren ist anders. Ist nichts besonderes bestimmt, so handelt der EZB-Rat gem. Art 10.2. UAbs. 2 Satz 2 ESZB-Satzung mit einfacher Mehrheit. Dem hier bestehenden Einstimmigkeitserfordernis wird teilweise eine bedeutende Blockadewirkung zugesprochen.[417] Diese ist innerhalb des EZB-Rats auch gegeben. Nur bei einem Konsens zwischen den Präsidenten aller nationaler Zentralbanken kann der EZB-Rat also eine Empfehlung zur Änderung der Satzung abgeben. Der Satzungsänderung wird somit ein besonderes Gewicht beigemessen. Es wird verhindert, daß der EZB-Rat gegen den Willen eines Mitglieds Satzungsänderungen empfiehlt, die das Gleichgewicht zwischen den nationalen Zentralbanken innerhalb des ESZB ändern könnten.

Nicht übersehen darf man aber, wenn man von Blockadewirkungen spricht, daß der EZB-Rat keine Möglichkeit hat, eine Satzungsänderung zu blockieren, wenn diese auf Initiative der Kommission erfolgt, da er dann lediglich angehört werden muß.

Sowohl der EZB als auch dem Parlament kommen im Verfahren nach Art. 107 Abs. 5 EGV recht umfangreiche Mitentscheidungsbefugnisse zu: Die EZB hat entweder ein Initiativrecht oder muß im Wege der Anhörung beteiligt werden. Das Europäische Parlament muß in beiden Alternativen der Vorlage zustimmen. Das Zustimmungsverfahren wird im Gegensatz zu dem Mitentscheidungsverfahren des Art. 251 (ex 189b) EGV nicht im einzelnen im EGV geregelt.[418] Dieses Verfahren wurde durch die EEA für Beitritte und Assoziationsvorkommen eingeführt. Ein Zustimmungserfordernis durch das Parlament besteht nun auch in ge-

---

[416] Zum Verhältnis der EZB zur Kommission siehe Teil 2 Kapitel 2 Einleitung.

[417] GTE – Smulders Art. 106 Rn. 24.

[418] Siehe dazu Gündisch / Mathijsen S. 145, Oppermann Rn. 269, 270, Reich S. 135, unklar Streinz, Rn. 453ff. Das Zustimmungsverfahren ist nicht mit dem Mitbestimmungsverfahren gleichzusetzen, denn nach dem Grundsatz der beschränkten Einzelermächtigung ist es ausgeschlossen, ein Verfahren zur Annahme anderer Rechtsakte als in den ausdrücklich vorgesehenen Fällen zu benutzen (Handbuch europ. Recht – Schoo Art. 189b Rn. 7).

wissen Materien der internen Gesetzgebung,[419] es ist aber auch nach dem Amsterdamer Vertrag noch recht selten.[420] Hieran kann man erkennen, daß der Änderung der Satzung hohe Bedeutung zugemessen wird, denn das Zustimmungserfordernis bedeutet, daß die zu erlassende Norm vom Europäischen Parlament nochmals auf ihre Rechtmäßigkeit und somit auch auf die Vereinbarkeit mit Primärrecht überprüft wird. Bedenken des Europäischen Parlaments können somit nicht übergangen werden. Sollte das Europäische Parlament die Normen für rechtswidrig halten, so hat es als Organ, das rechtsstaatlichen Grundsätzen unterworfen ist die Pflicht, seine Zustimmung zu versagen.

3.1.2. Verfahren beim Erlaß zusätzlicher Bestimmungen

Der Rat kann gem. Art. 107 (ex 106) Abs. 6 EGV, Art. 42 ESZB-Satzung auch ergänzende Bestimmungen erlassen, wo ihm eine Rechtsetzungsbefugnis in der Satzung des ESZB eingeräumt wurde.

Hier muß er sowohl nach Vorschlag der Kommission als auch auf Empfehlung der EZB mit qualifizierter Mehrheit entscheiden. Sowohl die Kommission als auch die EZB sind jeweils zusätzlich anzuhören. In jedem Falle muß auch das Parlament angehört werden.

Nach der Formulierung des Art. 107 (ex 106) Abs. 6 EGV ist zwar nicht ganz eindeutig, ob nach Vorschlag der EZB im Rat ebenfalls eine qualifizierte[421] Mehrheit nach Art. 205 (ex 148) Abs. 2 EGV oder nur eine einfache Mehrheit[422] gem. Art. 205 Abs. 1 EGV notwendig ist. Da aber die Unterscheidung zwischen Kommission und EZB, ausgedrückt durch die Konstruktion „entweder / oder", erst nach der Festlegung, daß der Rat mit qualifizierter Mehrheit entscheiden muß, getroffen wird, scheint der Wortlaut in jeder Alternative eine qualifizierte Mehrheit im Rat zu fordern.[423]

---

[419] Die betreffenden Regelungen (z.B. Art 49 (ex O) EUV, Art. 105 Abs. 4, Art. 161 (ex 130d), Art. 190 (ex 138) EGV) werden insgesamt als von eher verfassungsmäßigem Charakter qualifiziert.

[420] Reich S. 135, siehe Teil 2 Kapitel 3 Punkt 1 Fn. 610.

[421] So GTE – Smulders Art. 106 Rn. 25.

[422] Calliess – Häde Art. 107 Rn. 16.

[423] Als Grundsatz wurde gem. Art 205 (ex 148) Abs. 1 EGV festgelegt, daß der Rat mit einfacher Mehrheit entscheidet. Zumeist wird aber mit qualifizierter Mehrheit gem. Abs. 2 abgestimmt (Dieses Verfahren sieht der EGV am öftesten, insgesamt 46x vor, siehe GTE – Jacqué Art. 148 Rn. 4). Zur faktischen Lösung, daß nämlich meist einstimmig entschieden wird und deren geschichtlichen Hintergrund siehe Bleckmann S. 103ff, Rn. 225ff, auch Seidel EuZW 2000 S. 65.

Dieses Verfahren ist also im Gegensatz zu dem des Art. 107 (ex 106) Abs. 5 EGV symmetrisch ausgestaltet. Allerdings ist zu beachten, daß sich in den weiteren Verfahrensregeln dennoch ein Unterschied in den Fällen der Initiativrechte ergibt. Eine Empfehlung der EZB kann mit qualifizierter Mehrheit vom Rat geändert oder mißachtet werden. Ein Vorschlag der Kommission kann nach Art. 250 (ex 189a) Abs. 1 EGV nur einstimmig durch den Rat abgeändert werden.[424]

Im Gegensatz zu der Änderung der Satzung des ESZB stellt dieses Verfahren geringere Anforderungen, es fehlt das Erfordernis der Zustimmung des europäischen Parlaments. Das liegt daran, daß der Rat hier kein Primärrecht schafft, sondern lediglich die ihm generell nach dem EGV zustehenden Rechtsetzungsbefugnisse wahrnimmt.

Gem. Art. 42 ESZB-Satzung muß der Erlaß der Verordnungen durch den Rat unmittelbar nach Eintritt in die dritte Stufe erfolgen.

Fraglich ist, ob das Verfahren des Art. 107 (ex 106) Abs. 6 EGV somit nur unmittelbar nach Eintritt in die dritte Stufe und daher nur einmalig vorgenommen werden kann.[425] Dem widerspricht aber die Erwähnung des Art. 20 ESZB-Satzung im Verfahren nach Art. 42 ESZB-Satzung. Denn Sinn und Zweck des Art. 20 ESZB-Satzung als Auffangtatbestand, nämlich angemessen auf Veränderungen des Geldmarktes zu reagieren können und jederzeit eine Befugnis für die EZB zum Einsatz neuer Instrumente durch eine Ratsänderung zu schaffen, wurden schon dargelegt. Art. 20 ESZB-Satzung, der ohne besondere Kennzeichnung, d.h. nicht als Sonderfall, in Art. 42 ESZB-Satzung mit aufgezählt ist, ist also ersichtlich nicht dafür geschaffen worden, vom Rat nur einmal unmittelbar nach Beginn der dritten Stufe durch Verordnung verwirklicht zu werden. Anhand dieses Beispiels ergibt sich, daß derart eingeschränkte Kompetenzausübungsmöglichkeiten wie eine lediglich einmalige Befugnis aus dem Wortlaut des Art. 42 ESZB-Satzung nicht zu ziehen sind. Die Formulierung ist eine Definition des Beginns der Rechtsetzungsbefugnisse des Rats und eine Vorschrift, die den Rat verpflichtet, so schnell wie möglich nach dem Eintritt eines Bedürfnisses nach Rechtsetzung tätig zu werden, um der EZB eine effektive Arbeit zu ermöglichen.

---

[424] Zu dieser Überlegung siehe GTE - Smulders Art 106 Rn. 26.
[425] Unklar bei GTE – Smulders Art. 106 Rn. 25.

3.2. Begründung für die Rechtsetzungsbefugnisse des Rats im Bereich der ESZB-Satzung

3.2.1. Begründung der Änderungsbefugnis des Rats bezüglich der Satzung des ESZB in einem vereinfachten Verfahren

Die vereinfachte Änderbarkeit gewisser Teile der Satzung des ESZB scheint eine Einschränkung der primärrechtlich garantierten Unabhängigkeit. Die erleichterte Änderbarkeit der instrumentellen Normen hat indes einen praktischen Grund. Das vereinfachte Verfahren zur Satzungsänderung gem. Art. 107 Abs. 5 EGV dient der EUV unter Einbeziehung sämtlicher nationaler Parlamente. Die EZB ist als Institution des EGV nur befugt, im Rahmen ihrer Ermächtigungsnormen zu handeln. Sollte es sich als notwendig erweisen, die derzeit in der ESZB-Satzung vorgesehenen Instrumente zu modifizieren, um auf Marktinnovationen oder auf veränderte Techniken der Finanzmärkte zu reagieren, so ist dies durch das erleichterte Gesetzgebungsverfahren möglich. Das erleichterte Verfahren wurde an dieser Stelle in erster Linie gewählt, um auch in Zukunft die Effektivität der Geldpolitik zu schützen.[426]

3.2.2. Begründung für die Befugnis des Rats zum Erlaß von Ausführungsregelungen

Bei der Festlegung der Befugnis des Rats zum Erlaß von Ausführungsregelungen innerhalb der ESZB-Satzung wurde Rücksicht auf die nur schwache inhaltlich-sachlich demokratische Legitimation der Zentralbank genommen. Während in personeller Hinsicht[427] zumindest indirekt noch eine Verknüpfung mit den Entscheidungen des „Wahlvolkes" als demokratischem Legitimationsgeber zu erkennen ist, ist eine demokratische Rückanknüpfung im sachlichen Bereich wegen der Unabhängigkeit der EZB in der Entscheidungsfindung nicht mehr gegeben.

Dazu kommt noch, daß die EZB im gesamten EGV der einzige regelmäßige „Alleingesetzgeber"[428] ist. Sie ist also die einzige Institution, die bei der Verordnungsgebung generell nicht mit einer anderen Institution zusammenarbeitet. Diese Sonderstellung der EZB als Rechtsetzungsinstitution ohne Überwachung oder Mitarbeit durch ein demokratisch legitimiertes Organ wurde (ebenso wie schon bei der Bundesbank) als Ausnahme vom Prinzip der unmittelbaren demo-

---

[426] So Smits S. 233, ders. in GTE nach Art. 109 m Art 17 bis 24 ESZB-Satzung Rn. 8, eine eingehendere Argumentation bezogen auf Art. 20 der Satzung des ESZB hierzu schon vorne Teil 1 Kapitel 4 Punkt 3.1.

[427] Umfassend hierzu Brosius-Gersdorf EuR 99 S. 135ff, S. 153, konkreter Waigel S. 199.

[428] Gündisch / Mathijsen S. 109.

kratischen Verantwortung wegen der Bedeutung des Ziels Preisstabilität prinzipiell hingenommen. Dies stellt eine Modifizierung des Demokratieprinzips dar, die nach Ansicht des BVerfG nur im Bereich der Geldpolitik möglich ist.[429]

Das gilt aber nur in begrenztem Umfang. Die demokratische Legitimation wurde von den Verfassern der EGV zumindest dann eingearbeitet, wenn die EZB die Möglichkeit hat, in Rechte Dritter belastend einzugreifen, also nicht marktkonform und „neutral“ arbeitet, sondern hoheitlich tätig wird.[430] Eingriffe in Rechte Privater müssen gesetzlich legitimiert sein. Die Gemeinschaft muß in den Bereichen, in denen ihr bisher nationale staatliche Befugnisse anvertraut wurden, ebenso nach den Prinzipen des gewaltenteilenden Rechtsstaats arbeiten wie die Mitgliedstaaten.[431]

Dabei ist zunächst das Prinzip der begrenzten Einzelermächtigung zu beachten. Im Europarecht wird der Begriff des „Vorbehalt des Gesetzes“ oftmals innerhalb dieses Begriffs bearbeitet.[432] Die EZB ist ausdrücklich für das Sachgebiet der Währungspolitik alleine zuständig. Im Rahmen dessen wird der EZB in Art. 105 EGV ausdrücklich eine konkretisierte Aufgabe zugewiesen.[433] Dennoch ist die Rechtsetzung durch den Rat in Form von Verordnungen noch zusätzlich notwendig. Eine kompetenzbegründende Norm kann alleine noch keine rechtliche Eingriffsgrundlage begründen.[434]

Eingriffe in die Freiheit und das Eigentum Einzelner bedürfen einer gesetzlichen Grundlage. Hierzu reicht die allgemeine Aufgabenzuweisung an die EZB nicht aus. Vielmehr müssen hier einzelne Normen konkrete Rahmen und Vorgaben für das Handeln der EZB geben. Die Eingriffe der EZB in die Rechte Dritter müssen zumindest aufgrund von Ausübungsregelungen durch den Rat demokratische Legitimation genießen. Das wird allein durch eine allgemeine Aufgabenzuweisungen an die EZB im EGV nicht bewirkt. Es erschien den Verfassern des

---

[429] Weber, JZ 94 S. 59, Grabitz / Hilf – Pernice Art 4a Rn. 4, die Begründung geht zurück auf BVerfG in NJW 1993 S. 3047ff = EuGRZ 1993 S. 429 (435). Dazu auch ausführlicher BK/Sonderdruck – Hahn/Häde Art. 88 Rn. 247ff, 552ff.

[430] Zu der parallelen Situation der Kommission im Rahmen der Regelungen des Art. 83 (ex 87) EGV siehe GTE – Smulders Art. 106 Rn. 27. Craig S. 96f weist demgemäß auch darauf hin, daß die Befugnis der EZB zum Erlaß von Normen gem. Art. 110 (ex 108a) EGV auf die spezialgesetzlich geregelten Fälle, die konkrete Ermächtigungsnormen enthalten, beschränkt ist.

[431] Zum Begriff des Vorbehalts des Gesetzes in der Bundesrepublik siehe Kremser / Leisner Rn. 84ff. Für das Europarecht vgl. Oppermann Rn. 241f.

[432] Kraußer S. 27, ähnlich GTE – Smits nach Art. 109 m Art. 17 bis 24 ESZB-Satzung Rn. 5.

[433] Damit wird lediglich dem Prinzip der begrenzten Einzelermächtigung genüge getan. Vgl. Grams S. 209.

[434] Waigel S. 258.

EGV daher notwendig, daß die hoheitlichen Befugnisse der EZB durch eine konkrete Rahmengesetzgebung verbindliche normativen Vorgaben erhielten.[435]

Die Festlegung einer Grundlage für die entscheidenden Eingriffe in Rechte Dritter wurde deswegen einer demokratisch legitimierten Instanz durch ein mehrstufiges Verfahren zugewiesen, die zumindest den Rahmen des Eingriffs zu bestimmen hat.

3.3. *Kollision mit der unabhängigen Stellung der EZB*

Die Befugnis des Rats zur ergänzenden Rechtsetzung kann in direktem Konflikt mit der Unabhängigkeit der EZB stehen. Daher ist nun vorab allgemein zu überdenken, welche Grenzen der Rechtsetzung durch den Rat gegeben sind, unter Berücksichtigung welcher Grundsätze allein die Rechtsetzung des Rats den Anforderungen des EGV entspricht.

3.3.1. Satzungsänderung

Mit Art. 18 ESZB-Satzung und Art. 23 ESZB-Satzung sind z.B. konkrete Instrumente der EZB durch den Rat im erleichterten Verfahren abänderbar. Bei Änderung dieser Teile der Satzung könnte der Aufgabenumfang der EZB auch zu deren Nachteil verändert werden, weil die Ausführung der Geldpolitik mangels wirksamer Instrumente verhindert werden könnte. Eine derartige Änderung der Satzung wäre aber nicht mit der primärrechtlich festgelegten unabhängigen Stellung der EZB vereinbar.

Art. 105 EGV legt den Aufgabenbereich des ESZB allgemein fest. Auf diese allgemeine Festlegung bezieht sich Art. 108 (ex 107) EGV, welcher der EZB innerhalb dieses Bereiches Unabhängigkeit garantiert. Das Verbot, die Unabhängigkeit der EZB durch Vertragsänderungen oder Änderungen in der Satzung des ESZB zu beschränken, ergibt sich aus dieser umfassenden Aufgabenstellung für die EZB. Dieser Schluß wird noch verstärkt durch die Kompetenzverteilung innerhalb des EGV. Der Rat hat bei der Gesetzgebung die eindeutige Kompetenzzuweisung bezüglich der Geldpolitik an das ESZB zu beachten.[436] Diese ist in Art. 105 Abs. 2 EGV als Ausschließliche sichergestellt. Der Artikel zählt die Aufgaben des ESZB zwar nur allgemein auf, macht jedoch deutlich, daß die EZB

---

[435] Waigel S. 199ff.

[436] Kritisch dazu Endler S. 506. Es ist jedoch ein Unterschied, ob eine Einschränkung der Unabhängigkeit der EZB wie im Bereich der Wechselkurspolitik schon durch originäres Primärrecht selbst vorgenommen wird, oder ob sie durch nachträgliche Gesetzgebung des Rats entstünde.

die alleinige Kompetenz im Bereich der Geldpolitik der Gemeinschaft innehat. Daraus folgt, daß ihr das Feld der geldpolitischen Instrumente offenstehen muß und sie alleine deren Anwendung in Übereinstimmung mit dem EGV betreiben kann. Das schließt eine Beschränkung des Instrumentariums durch den Rat aus. Denn dies käme einer Beschränkung der ausschließlichen Kompetenz gleich. Die Aufgabenverteilung in Form der ausschließlichen Kompetenz schließt indes eine dem widersprechende Kompetenz der Organe der Gemeinschaft aus.

Eine Änderung der betreffenden Normen dürfte daher keine Regelungen beinhalten, die irgendwie geeignet sind, die alleinige Kompetenz des ESZB im Rahmen dieser Aufgaben einzuschränken.

Zusätzlich zu beachten ist für den Rat bei Änderungsformulierungen, daß die Zielbestimmungen des Gemeinschaftsrechts in den Art. 2 ff, insbesondere Art. 4 Abs. 2 EGV, welche die Preiswertstabilität als vorrangiges Ziel benennen, im Rahmen der Währungspolitik keine bloßen Programmsätze, sondern rechtlich verbindliche Normen darstellen.[437] Das Handeln des Rats ist also nur soweit rechtmäßig, als es sich mit dem vorgegebenen Ziel in Übereinstimmung befindet.[438] Akte der Rechtsetzung, die zu diesem Ziel im Widerspruch stünden, wären daher wegen Verstoßes gegen Primärrecht rechtswidrig und könnten mit der Nichtigkeitsklage angegriffen werden.

3.3.2. Ergänzende Rechtsetzung durch den Rat

Die Schranken für die ergänzenden Rechtsvorschriften, die der Rat gem. Art. 107 (ex 106) Abs. 6 EGV erlassen kann, ergeben sich aus dem Primärrecht. Auch im Rahmen der ergänzenden Rechtsetzungsbefugnis des Rats gilt, daß der Rat die festgelegte Unabhängigkeit der EZB, die für deren gesamten Aufgabenbereich gilt, sowie die ausschließliche Kompetenz betreffend geldpolitischer Aufgaben nicht ignorieren darf.

Die ergänzende Rechtsetzung durch den Rat kann nur im Rahmen der für den Rat bestehenden ausdrücklichen Ermächtigungsgrundlagen erfolgen. Bei der Auslegung dieser Ermächtigungsgrundlagen ist die Systematik der ESZB-Satzung zu berücksichtigen, aus der sich immanente Beschränkungen ergeben können.[439]

---

[437] Teil 1 Kapitel 3 Punkt 1.3.1.
[438] Basedow S. 49ff, Endler S. 397.
[439] Beispiele hierfür siehe später insb. Punkt 3.5.2. (Fn. 470), ebenso Punkt 3.4.4. nach Fn. 455.

Der EGV hat im Bereich der Geldpolitik eine umfängliche Aufgabenzuweisung an die EZB formuliert. Das hat zur Folge, daß die Rechtsetzung des Rats nicht über die Festlegung eines Rahmens für die Ausübung der Geldpolitik hinausgehen kann. Zwar sind die Grundsätze der Bestimmtheit noch zu wahren, aber der Rat kann keine Detailregelungen erlassen. Seine Befugnis ist durch die Kompetenzverteilung auf die Festlegung von Grundvoraussetzungen für die Eingriffe in Rechte Dritter beschränkt. Die Rechtsetzung durch den Rat muß daher inhaltlich ausfüllungsfähig und vor allem ausfüllungsbedürftig bleiben. Das alleine gebietet die umfassende Aufgabenzuweisung und somit die Systematik des EGV.

Die Unabhängigkeit der EZB innerhalb ihres Aufgabenkreises ist primärrechtlich garantiert. Das bedeutet, der Rat kann durch ergänzende Rechtsetzung keine Regelungen aufstellen, die geeignet sind, die Unabhängigkeit der EZB zu blokkieren oder zu gefährden.

Neben diesen ausdrücklichen Regelungen durch den EGV muß die Rechtsetzung des Rats noch den allgemeinen Grundsätzen und Anforderungen an Rechtsakte genügen. Dabei ist insbesondere an das Effizienzgebot zu denken. Das bedeutet, die ergänzenden Ausführungsbestimmungen müssen geeignet sein, die Aufgabe der EZB zu fördern oder doch zumindest sie nicht ohne ersichtliche Rechtfertigung zu beeinträchtigen. Denn dem Ziel der Gestaltung der Geldpolitik unter Bewahrung der Preisstabilität muß zur größtmöglichen Wirksamkeit verholfen werden. In diesem Rahmen haben sich die Verfasser des EGV unter anderem auf die Unabhängigkeit der EZB als probates Mittel zur Zweckerreichung geeinigt.

Ebenso als Kriterien der Rechtmäßigkeit der ergänzenden Bestimmungen sind das Gebot der Verhältnismäßigkeit und das Übermaßverbot als geltende Rechtsgrundsätze zu beachten. Den genauen Inhalt dieser Grundsätze kann man jedoch nur bei einer Einzelbetrachtung näher definieren.

3.4. Darstellung einzelner Rechtsetzungsbefugnisse des Rats im organisatorischen Bereich

3.4.1. Artikel 4 ESZB-Satzung

Zur Aufgabenerfüllung der EZB ist, wie oben[440] schon erklärt, die gegenseitige Information und ein Zusammenarbeiten der verschiedenen Institutionen wichtig. Der Rat kann bei Anhörung der EZB vor den nationalen Behörden Grenzen und Bedingungen festlegen. Diese Norm gilt aber ausdrücklich nur für die „Anhö-

[440] Dieses Kapitel Punkt 2.

rung" vor Behörden der Mitgliedstaaten.[441] Dabei macht die Formulierung des Art. 105 Abs. 4 Spiegelstr. 2 EGV klar, daß sich die Rechtsetzungsbefugnis des Rats nur auf „Grenzen und Bedingungen" bezieht. Die zwingende Teilnahme der EZB ist in diesem Artikel selbst geregelt. Eine ergänzende Regelung bleibt damit nur für das „Wie", nicht mehr für das „Ob". Eine Einschränkung der Unabhängigkeit der Zentralbank kann hierin zudem deswegen nicht gesehen werden, weil diese Bestimmung das allgemeine Beratungsrecht der EZB auch gegenüber den nationalen Behörden gem. Art. 4 Punkt b) ESZB-Satzung nicht einschränken kann. Dieses wird nochmals in Art. 105 Abs. 4 a.E. EGV ausdrücklich garantiert. Es besteht vielmehr die Möglichkeit, die Zusammenarbeit in formellen Verfahren einheitlich zu gestalten.

3.4.2. Artikel 5 ESZB-Satzung

Der Rat kann im erleichterten Verfahren nach Art. 107 Abs. 5 EGV eine Änderung von Art. 5.1 bis 5.3 ESZB-Satzung vornehmen und zusätzliche Regelungen gem. Art. 5.4 ESZB-Satzung i.V.m. Art. 107 Abs. 6 EGV erlassen. Art. 5.1 bis 5.3 ESZB-Satzung betreffen die Erhebung statistischer Daten durch die EZB und die nationalen Zentralbanken. Die Erhebung von Daten ist zwar notwendig zur Erfüllung der Aufgaben des ESZB, jedoch ist in diesem Bereich keine entscheidende Möglichkeit zur Einschränkung der Handlungsfreiheit des ESZB gegeben. Die Verteilung bezüglich der Kompetenzen zur Einholung von Daten erscheint eher organisatorischer Natur, weil die Aufgabe der Datenerhebung selbst nicht beschränkt werden kann. Diese Aufgabe ergibt sich als notwendiger Bestandteil schon aus der Zuweisung der ausschließlichen Kompetenz im Bereich der Geldpolitik,[442] nicht aus Art. 5 der ESZB-Satzung. Der Artikel regelt lediglich den Modus der Datenerhebung, unter anderem das Zusammenspiel von EZB und den nationalen Zentralbanken. Dies ist aber im ESZB durch die Weisungsbefugnis der EZB gem. Art. 14.3 ESZB-Satzung im Grundsatz schon festgelegt.[443]

---

[441] Dazu auch die Entscheidung des Rats in: ABl. EG 1998 Nr. L 189 / 42.

[442] Die Datenerhebung ist Voraussetzung dafür, daß die EZB die Instrumente der Geldpolitik voll ausnutzen kann, da sie so eine Übersicht über die monetäre Entwicklungen in den teilnehmenden, als ein Wirtschaftsgebiet geltenden Mitgliedstaaten bekommt. Daher muß die geldpolitische Aufgabe teleologisch ausgelegt alle Maßnahmen der EZB enthalten, die notwendig zur effizienten Arbeit der EZB sind. Vgl. hierzu Oppermann Rn. 528. Allerdings gilt dies nicht für die Befugnis zum Eingriff in die Rechte Dritter.

[443] Umstritten ist im Verhältnis zwischen der EZB und den nationalen Zentralbanken die Anwendbarkeit des Subsidiaritätsgrundsatzes. Zu diesem sehr ausführlich diskutierten Thema siehe konkret auf Art. 5 ESZB-Satzung bezogen Handbuch europ. Recht – Smits nach Art. 109m Art. 5 Rn. 15f.

Der Rat kann gem. Art. 5.4 ESZB-Satzung eine Bestimmung des Referenzkreises von Berichtspflichtigen gegenüber dem ESZB bei der Erhebung statistischer Daten vornehmen.[444] Auch diese Regelung ist in erster Linie organisatorischer Natur. Die Pflicht zur Berichterstattung ist eine Regelung, die in die Rechte Dritter eingreift. Dies gilt um so mehr, als ein Verstoß gegen diese Pflichten generell durch Sanktionen geahndet werden kann. Daher ist nach der oben genannten Begründung eine Rahmenregelung durch Ratsverordnung zu treffen. In der vom Rat am 23. 11. 1998 zu Art 5.4 ESZB-Satzung erlassenen Verordnung[445] wird in Art. 2 der Referenzkreis der Berichtspflichtigen definiert. Eine Einschränkung der Tätigkeit des ESZB wäre hier lediglich durch eine unsachgemäße Verminderung dieses Kreises denkbar.

Daneben mußte der Rat durch die VO[446] Regelungen erlassen, die Dritten gegenüber eine vertrauliche Behandlung gesetzlich garantieren.[447] Der Grund hierfür ist der Schutz der berichtspflichtigen natürlichen und juristischen Personen.

Soweit der Rat durch Art. 3 der VO an das ESZB die Verpflichtung zum Rückgriff auf bereits bestehende Statistiken aufgibt, ist dies notwendig, um bei dem Eingriff in die Rechte Dritter das Übermaßverbot nicht zu verletzen.

Der Rat ist gem. Art. 5.4. ESZB-Satzung befugt, Vorkehrungen zur Durchsetzung der Datenerhebung für die EZB festzulegen. Diese Formulierung beinhaltet nicht lediglich eine Festsetzung von Sanktionen, die die EZB zusätzlich zu denen des Art. 34 ESZB-Satzung ergreifen kann, sondern beinhaltet auch die Rechte zur Überprüfung der gegebenen statistischen Daten sowie die zwangsweise Erhebung der Daten, vgl. Art. 6 der VO. Das Verfahren in diesem Fall ist vom Rat festgelegt worden. Zusätzlich wurden noch Sanktionen in Form eines Strafgeldes gem. Art. 7 der VO normiert. Der Artikel enthält auch eine genaue Festlegung der Voraussetzung für das Eintreten der Sanktionsmöglichkeit.

---

[444] Verordnung (EG) Nr. 2533 des Rats vom 23.11.1998 über die Erfassung statistischer Daten durch die EZB siehe in ABl. L 318 vom 27.11.1998 S. 8ff.

[445] Siehe Fn. 444.

[446] Siehe deren Vorbemerkung Ziff. 18ff.

[447] Siehe zu der Geltung der Verordnungen über die Vertraulichkeit statistischer Daten in der EG die Begründung der VO Ziff. 18ff, sowie Handbuch europ. Recht - Smits nach Art. 109m Art. 5 ESZB-Satzung Rn. 36ff.

3.4.3. Personeller Bereich und sonstige Geschäfte (Artikel 24 und 36 ESZB-Satzung)

Art. 24 ESZB-Satzung betrifft sonstige Geschäfte für den Betrieb der EZB. Die Befugnis der EZB, Geschäfte für ihren eigenen Betrieb zu übernehmen, ist als Auffangtatbestand anzusehen. Es handelt sich unter anderem um die Befugnis zum Abschluß zivilrechtlicher Verträge. Rechtsgeschäfte, die zum Funktionieren der Aufgaben des ESZB notwendig sind, können danach vorgenommen werden. Diese Befugnis ergibt sich aber auch schon aus den Befugnisnormen kraft Natur der Sache selbst und aus der Regelung des Art. 9.1. ESZB-Satzung nach dem die EZB weitgehendste Rechts- und Geschäftsfähigkeit besitzt.[448] Die weitergehende Befugnis der EZB, zusätzliche Geschäfte abzuwickeln ist eine lediglich zusätzliche Aufgabe der EZB, wie schon die Formulierung nahelegt. Eine erleichterte Änderung ist deswegen schon unproblematisch, weil diese zusätzliche Aufgabe nicht zu dem grundsätzlich geschützten originären Aufgabenbereich der EZB des Art. 105 Abs. 2 EGV gehört.

Auch im personellen Bereich hat der Rat die Möglichkeit zur vereinfachten Änderung der Satzung des ESZB. Art. 24 ESZB-Satzung betrifft sonstige Geschäfte für Bedienstete. Art. 36 betrifft das Personal und den Gerichtsstand in arbeitsrechtlichen Dingen. Auch diese Norm ist eher organisatorischer Natur. Zum einen kann der Rat bezüglich der Bediensteten keine Regelungen treffen, die gegen arbeitsrechtliche Bestimmungen verstoßen. Zum anderen sind die Entscheidungsträger der EZB durch primärrechtliche Normen gegen Eingriffe in ihre personelle Unabhängigkeit geschützt. Der Begriff des Personals oder des Bediensteten bezieht sich auf Angestellte.[449] Dies gilt nicht für die unabhängigen Mitglieder der Organe der EZB, diese sind Amtsinhaber.[450] Für das Direktorium greift die Spezialnorm des Art. 11.3 ESZB-Satzung ein. Die Präsidenten der nationalen Zentralbanken sind durch die Mitgliedstaaten nach deren Bedingungen bestellt. Auch für ihre Stellung wäre daher eine Änderung des Art. 36 ESZB-Satzung irrelevant.

---

[448] GTE – Smits nach Art 109m, Art. 24 der Satzung Rn. 2.

[449] Parallele Auslegung im Rahmen der Kommission i.V.m. dem Statut der Beamten bzw. den Beschäftigungsbedingungen für die sonstigen Bediensteten der vom Rat nach Art 283 EGV erlassen wurde

[450] So auch für die Kommission Grabitz / Hilf – Hummer Art. 157 Rn. 18.

3.4.4. Finanzvorschriften

Viele der erleichtert änderbaren oder ergänzbaren Vorschriften stammen aus dem Bereich der Finanzvorschriften über das ESZB. Diese Regelungen könnten daher prinzipiell die finanzielle Unabhängigkeit der EZB betreffen. Grundsätzlich wird die finanzielle Unabhängigkeit der Zentralbank durch die Tatsache garantiert, daß nur unabhängige nationale Zentralbanken und nicht die Mitgliedstaaten Inhaber und Zeichner des Kapitals der EZB sein dürfen.

Zusätzliche Rechtsetzungsbefugnisse des Rats bestehen bei der Bestimmung von Kapitaländerungen der EZB. Art. 28.1 ESZB-Satzung betrifft eine Kapitalerhöhung durch die EZB. Ein derartiger Beschluß der EZB muß innerhalb vom Rat festzusetzender Grenzen und Bedingungen stattfinden.

Eine Manipulation von Seiten des Rats z.B. durch übermäßige Absenkung des Kapitals kann nicht stattfinden, da der Rat gem. Art. 28.1 ESZB-Satzung nur die Befugnis hat, den Rahmen einer Kapitalerhöhung festzulegen. Die konkrete Erhöhung muß außerdem vom EZB-Rat gem. Art. 28.1 ESZB-Satzung mit qualifizierter Mehrheit beschlossen werden. Allerdings könnte der Rat den Rahmen, in dem eine Kapitalerhöhung stattfindet, auch in lediglich geringerem Umfang als vom EZB-Rat erwünscht, festsetzen und damit eine größere Kapitalerhöhung verhindern.[451]

Dennoch wird dieser Regelung eine relativ geringe Bedeutung zugemessen. Das Eigenkapital der EZB stellt nur einen weiteren Risikopuffer neben den Gewinnen aus der Banknotenmonopolstellung dar.[452]

Auf den konkreten Schlüssel der Kapitalzeichnung kann der Rat z.B. bei der Erweiterung der Währungsunion ebenfalls einen gewissen Einfluß nehmen. Denn Art. 29.2 ESZB-Satzung befaßt sich mit den Daten zur Erhebung von Informationen über den Schlüssel der Kapitalzeichnung. Die Erhebungsmodi legt der Rat fest. Das könnte sich auf die Bewertung von neuen Mitgliedern der Währungsunion auswirken. Ein Einfluß auf die Entscheidungsfindung im Aufgabenbereich der EZB durch veränderte Gewichtung der Zentralbanken ist jedoch nicht möglich, die nationalen Zentralbanken stimmen im EZB-Rat meist[453] nicht gewichtet

---

[451] Zu dieser Problematik siehe auch Stadler S. 216f.

[452] GTE – Weber nach Art. 109m Art 28 ESZB-Satzung Rn. 1, Wertung ebenfalls bei Potacs S. 33.

[453] Lediglich in den Fällen des Art. 28, 29, 30, 32, 33 und 51 werden nach Art. 10.3 Satz 1 ESZB-Satzung die Stimmen im EZB-Rat nach dem Anteil der nationalen Zentralbanken am gezeichneten Kapital der EZB gewogen. Hierbei geht es ausnahmslos um finanzielle Aspekte.

nach ihrer Größe ab, sondern gem. Art 10.2 Unterabs.2 Satz 1 ESZB-Satzung mit einer Stimme pro EZB-Ratsmitglied.

Ebenso kann der Rat die Verteilung der monetären Einkünfte durch eine Änderung von Art. 32.1 bis Art 32.2 ESZB-Satzung beeinflussen. Auch der derzeitige Modus des Jahresabschlusses gem. Art. 26 ESZB-Satzung ist durch den Rat vereinfacht abänderbar. Dasselbe gilt gem. Art 33.1 a ESZB-Satzung für die Verteilung des Nettogewinns. Die Gewinn- sowie die Verlustverteilung erfolgt nach Art. 33 ESZB-Satzung zwischen dem allgemeinen Reservefonds und den nationalen Zentralbanken. Der Rat kann das Verhältnis dieser Verteilung abändern.

In diesem Sinne ist relevant, daß dem Rat nur eine Befugnis zur Änderung von Art. 33.1 a ESZB-Satzung übertragen wurde. Denn dadurch ist gewährleistet, daß er nichts an der Empfängerstellung der nationalen Zentralbanken ändern kann. Es steht also außerhalb der Befugnis des Rats, das System der finanziellen Unabhängigkeit zu unterlaufen. Denn nur die nationalen Zentralbanken sind Eigner des Kapitals und Empfänger des Nettogewinns.[454] Die Abhängigkeit vom Haushalt der Gemeinschaft oder der Mitgliedstaaten ist somit vermieden.

Diesen Grundsatz kann der Rat nicht abändern. Allerdings schmälert jeder Betrag, der in den Reservefonds fließt, die Gewinnausschüttungen an die nationalen Zentralbanken. Diese stehen aber im Eigentum der Mitgliedstaaten.[455] Es fragt sich nun, ob es dem Rat möglich ist, den Reservefonds der EZB durch eine andere Konstruktion zu ersetzen oder eine Einzahlung auszusetzen. Die Tatsache, daß nur ein kleiner Teilbereich der Norm abänderbar ist, läßt auch im Hinblick auf Art. 33.2 ESZB-Satzung, der ebenfalls den Reservefonds zum Inhalt hat, darauf schließen, daß die Abänderungsbefugnis sich lediglich auf die konkrete Prozentzahl beziehen darf. Die Formulierung des Artikels setzt also der Befugnis des Rats eine systematische Schranke.

---

[454] Dies wird als Voraussetzung für die finanzielle Unabhängigkeit einer Notenbank angesehen: Bofinger S. 197.

[455] Siehe hierzu genauer Handbuch europ. Recht – Weber nach Art. 109m, Art. 33 ESZB-Satzung Rn. 6f, auch Köhler S. 107ff.

3.5. Rechtsetzungsbefugnisse des Rats, die in die Instrumente der EZB eingreifen

Besonderes Augenmerk ist auf die Änderbarkeit der instrumentellen Normen zu lenken. Damit sind alle Normen gemeint, die direkt mit der Erfüllung der nach Art. 105 Abs. 2 EGV normierten Aufgaben der EZB zu tun haben.[456] Betreffend die in der Satzung des ESZB der EZB konkret zur Verfügung gestellten Instrumente kann der Rat entweder Änderungen vornehmen oder ergänzende Regelungen erlassen.

3.5.1. Offenmarktgeschäfte

Art. 18 der ESZB-Satzung ist vereinfacht abänderbar. Er gibt der EZB die Befugnis zur Durchführung der Offenmarkt- und Kreditgeschäfte.[457] Unter Offenmarktpolitik versteht man den An- und Verkauf von Wertpapieren durch die Notenbank für eigene Rechnung. Diese Art von Geschäften machen den Hauptbestandteil der Geldpolitik der EZB aus.[458] Die Befugnisnorm ist sehr allgemein gehalten. Im Gegensatz zu dem früheren § 21 BBankG ist im Vertrag keine beschränkende Aufzählung der Wertpapiere vorgenommen worden, welche die nationalen Zentralbanken oder die EZB zu diesem Zweck handeln dürfen.[459] Eine derartige Regelung wäre z.B. nachträglich durch den Rat noch denkbar.[460]

Eine einzige Beschränkung ergibt sich aus Art. 21.1 ESZB-Satzung, der inhaltlich Art. 101 EGV entspricht. Danach darf die EZB von Organen oder Insti-

---

[456] Hierher könnte man den bereits behandelten Art. 5 ESZB-Satzung ebenfalls zählen, da statistische Erhebungen eine notwendige und grundlegende Tätigkeit zur Erfüllung der Aufgaben der EZB sind. Dennoch hat er deswegen eher organisatorischen Charakter, weil er weniger den Inhalt der Datenerhebung als vielmehr die Aufgabenverteilung betrifft.

[457] Siehe Issing, Geldpolitik S. 88. Das Instrument ist besonders marktkonform, weil die Zentralbank hier in erster Linie als Bank und nicht als Währungsbehörde tätig ist. (Hahn, Währungsrecht § 19 Rn. 46) Ein Verkauf von Offenmarkttiteln durch die Notenbank führt zur Vernichtung von Zentralbankgeld und damit zur Verringerung der Bankenliquidität, zu Kurssenkungen bezüglich dieser Papiere und zu Zinssteigerungen. Ein Ankauf führt zu einer Schaffung von Zentralbankgeld. Die zusätzliche Nachfrage wirkt kurssteigernd und zinssenkend, da die Menge an Zentralbankgeld vergrößert wird. (Issing, Geldpolitik S. 88ff)

[458] EZB Geldpolitik S. 4, 13 (auch zu den einzelnen Arten an Refinanzierungsgeschäften), ebenso Jahresbericht 99 S. 51.

[459] Sehr ausführlich zu den Möglichkeiten des Offenmarktgeschäfts Stadler S. 196ff.

[460] Denkbar könnte dies aus Harmonisierungszwecken oder wegen Sicherheitsanforderungen sein. Allerdings ist zu beachten, daß es sich bei den Offenmarktoperationen um das wichtigste geldpolitische Instrument der EZB handelt. Daher kann eine Beschränkung durch den Rat den Kernbereich des Ermessens der EZB bei der Erfüllung der ihr zugewiesenen Aufgabe verletzen. Die Möglichkeit der Aufgabenerfüllung durch die EZB muß aber gewährleistet sein.

tutionen der EU oder von öffentlichen Stellen nationaler Ebene keine Schuldverschreibungen auf eigene Rechnung, also direkt kaufen. Diese Schranke ist zum Schutz der Preiswertstabilität eingeführt worden, da eine Staatsfinanzierung über die EZB verhindert werden sollte. Ein Ankauf auf dem Sekundärmarkt ist aber möglich.[461]

3.5.2. Mindestreserven

Der vereinfacht abzuändernde Art. 17 ESZB-Satzung betrifft die Konteneröffnung bei der EZB und den nationalen Zentralbanken zur Geschäftsdurchführung. Das ist die Voraussetzung für das Mindestreservegeschäft. Art. 19.1 ESZB-Satzung behandelt die Festsetzung der Höhe der Mindestreserven. Gem. Art. 19.2 ESZB-Satzung legt der Rat durch eine ergänzende Bestimmung in dem Verfahren des Art. 42 ESZB-Satzung den Rahmen und die Basis für die Mindestreserven und die Bandbreite, sowie für die Sanktionen bei Verstößen gegen die Reservepflicht fest.

Unter Mindestreserven versteht man die Bestände an bestimmten Aktiva, meist Zentralbankgeld, die auf Veranlassung der Notenbank von den Kreditinstituten gehalten werden müssen.

Das heißt, die Geschäftsbanken müssen ein Mindestguthaben auf einem Konto der nationalen Zentralbanken[462] haben. In dieser Höhe verringert sich die Bankenliquidität. Die Höhe der Reservepflicht wird in Relation zu bestimmten Positionen in den Bankbilanzen berechnet, die entsprechenden Prozentsätze heißen Mindestreservesätze oder -quoten.[463] Die Mindestreserven sind als Sichtguthaben bei der Notenbank zu halten. Sie werden von der Bundesbank mit dem Satz für die ESZB-Hauptrefinanzierungsgeschäfte verzinst. Der Rechtscharakter dieser Maßnahme stellt sich, allgemein formuliert, als öffentlich-rechtliche Handlungsform mit Außenwirkung dar.[464] Der Eingriff in die Rechte der Geschäftsbanken ist der Grund, weswegen die Mindestreserve als geldpolitisches Instrument nur zurückhaltend angewandt wird. In Art. 19.1 ESZB-Satzung wird zusätzlich nochmals auf deren Artikel 2 Satz 3 verwiesen. Dieser Verweis auf das Prinzip der offenen Marktwirtschaft mit freiem Wettbewerb ist als Schranke bei der Anwendung des Instruments der Mindestreserve anzusehen. Damit soll deutlich gemacht werden, daß die Mindestreservepflicht im Rahmen der Geldpolitik als

---

[461] Siehe zur Bedeutung von Art. 101 EGV schon Punkt 1.
[462] Siehe zu diesem Punkt schon vorne Teil 1 Kapitel 4 Punkt 2.2.1.
[463] Issing, Geldpolitik S. 107.
[464] So schon für das BBankG Coburger, WM 1989 S. 1005.

eher interventionistisches Instrument zurückhaltend einzusetzen ist.[465] Den marktkonformen Instrumenten ist bei gleicher Wirksamkeit der Vorrang zu geben, da sie dem Gebot des Art. 2 Satz 3 ESZB-Satzung nicht widersprechen. Die EZB hat aber einen weiten Beurteilungsspielraum, auf welche Weise, also mit welcher Gewichtung der einzelnen Instrumente, sie das Ziel der Preiswertstabilität am effektivsten zu erreichen meint. Durch die Verzinsung der Mindestreservesätze[466] hat die EZB den Eingriff in die Rechte der Geschäftsbanken abgemildert.

Gemäß Art. 19.2 ESZB-Satzung hat der Rat die Befugnis, sowohl die Basis für die Mindestreserven als auch die höchstzulässigen Relationen der Mindestreserven zu dieser Basis festzulegen. Diese Rechtsetzungsbefugnis scheint eine Einschränkung der Unabhängigkeit der Zentralbank zu sein. Das ist aber mit dem Charakter der Mindestreserve als Akt der Eingriffsverwaltung zu erklären. Die Festsetzung konkreter Mindestreservesätze stellt Verwaltungshandeln dar. Die Verpflichtung zur Unterhaltung einer Mindestreserve bedeutet eine Einschränkung der wirtschaftlichen Handlungsfreiheit. Es ist die Aufgabe der demokratisch legitimierten Organe der EG, die auch für die Rechtsetzung zuständig sind, zumindest über den Rahmen dieses Eingriffs zu entscheiden.[467] Daher sind Höchstsätze bezüglich der Mindestreserverelationen gesetzlich, also durch Ratsverordnungen, festzusetzen. Auch hier gilt dasselbe Prinzip, daß die Exekutive zum Erlaß von belastenden Vorschriften einer Rahmengesetzgebung bedarf.

Die EZB hat am 7. Juli 1998 eine Empfehlung bezüglich einer Verordnung über die Auferlegung einer Mindestreservepflicht durch die Europäische Zentralbank verabschiedet.[468] Dieser Empfehlung ist der Rat durch seine VO[469] gefolgt.

Fraglich ist nun, in welchem Umfang Art. 19.2 ESZB-Satzung eine ergänzende Rechtsetzung des Rats ermöglicht.

---

[465] Stadler S. 205. Zu der Problematik des Einsatzes von Mindestreserven siehe Issing, Geldpol. S. 110ff, zur Diskussion über den Einsatz von Mindestreserven bei Erstellung des geldpolitischen Konzeptes innerhalb der Währungsunion siehe Bruggmann Außenwirtschaft 1993 S. 286, eine ausführliche Abhandlung zu diesem Thema, insb. zur genauen Ausgestaltung Alting S. 190ff.

[466] Art. 8 der Verordnung (EG) Nr. 2818 / 98 der EZB vom 1. Dezember 1998 über die Auferlegung einer Mindestreservepflicht (EZB / 1998 / 15). Siehe ABl. Nr. L 356 vom 30. 12. 1998 S. 1ff.

[467] Handbuch europ. Recht - Smits nach Art. 109m Satzung ESZB Art. 19 Rn. 21.

[468] Siehe EZB / 1998 / 8 in ABl. Nr. C 246 vom 6. 8. 1998 S.6 ebenso Compendium S. 7.

[469] ABl. Nr. L 318 vom 27. 11. 1999 S. 1ff.

Aus der Formulierung des Art. 19.2 der ESZB-Satzung wird schon klar, daß der Rat keine Definitionsbefugnis bezüglich des Begriffs Kreditinstitute hat. Die Festlegung des Adressatenkreises der Mindestreservepflicht ist nicht von der Rechtsetzungsbefugnis des Rats i.S.v. Art. 19.2 i.V.m. Art. 42 ESZB-Satzung umfaßt.[470] Das ergibt sich aus der eindeutigen Formulierung des Art. 19.2 ESZB-Satzung. Der Adressatenkreis wird in Art. 19.1 ESZB-Satzung festgelegt. Eine Konkretisierung des Begriffs obliegt somit der EZB alleine. Dieses Ergebnis ist insofern auch rechtmäßig, als die Adressaten des Eingriffs durch das Wort „Kreditinstitute" schon hinreichend bestimmt sind. Zu beachten ist allerdings, daß Art. 19.1 ESZB-Satzung eine der Normen ist, die gem. Art. 107 (ex 106) Abs. 5 EGV, Art. 41 ESZB-Satzung erleichtert abänderbar sind. Das bedeutet, daß der Rat durch Änderung der Satzung für sich eine Definitionsbefugnis schaffen könnte.

Die recht eindeutige Formulierung des Art. 19.2 ESZB-Satzung weist dem Rat lediglich eine Befugnis zur Rahmenfestlegung zu. Das bedeutet, der Rat kann den Begriff der Basis der Mindestreservesätze in der Verordnung definieren. Ebenso legt er zahlenmäßig die Obergrenze der Bandbreite fest. Keine Befugnis hat er dagegen, zur Bestimmung der konkreten Sätze. Ein Eingriff in die konkrete Anwendung dieses Instruments durch die EZB in Einzelfällen oder in Fallgruppen ist nicht möglich. Ebenso hat der Rat wegen des eindeutigen Wortlauts des Art 19.2 ESZB-Satzung keine Befugnis zur Bestimmung, ob für die Mindestreserven Verzinsung durch die EZB erfolgt, oder nicht.[471]

Fraglich ist allerdings, ob der Rat verschiedene Rahmen für verzinsliche und unverzinsliche Mindestreserven festsetzen dürfte. Denn unverzinsliche Mindestreserven greifen tiefer in die Rechte der Kreditinstitute ein, als solche, die zu verzinsen sind, da die Liquidität der Kreditinstitute ohne eine Entschädigung verkürzt wird. Aus diesem Grund könnten die Obergrenzen für derartige unverzinsliche Reserven tiefer anzusetzen sein, als für verzinsliche.

Ein reines Wortlautargument könnten man aus dem Gebrauch des Plurals bezüglich des Begriffs der „höchstzulässigen Relationen" ziehen. Das bedeutet, daß die Regelung detaillierter ausfallen kann, als die Festlegung einer Prozentzahl als absoluten Obergrenze.

---

[470] Smits S. 279, auch ausführlich zur Definitionsbefugnis der EZB, die nicht durch die Definition des Begriffs in der 1. Bankrechtskoordinierungsrichtlinie eingeschränkt ist, da diese Definition zu einem anderen Zwecke (Bankenaufsicht) erfolgte. Vgl. auch GTE – Smits Art 18 ESZB-Satzung Rn. 19.

[471] Smits S. 282 Fn. 279.

Um diesen Artikel jedoch auszulegen, muß man abwägen, ob die Frage der Verzinsung von Mindestreserven schon in die konkrete Anwendung des Instruments fällt, ob es sich also um verschiedene Fallgruppen handelt, oder ob verzinste Mindestreserven zu unverzinsten ein „aliud" darstellen, so daß die Festlegung eines eigenen Rahmen gerechtfertigt ist.

Diese Frage ist eine Frage der Definition des Instruments selbst. Der Zweck dieses Instruments ist die Verringerung der Bankenliquidität und dadurch deren indirekte Steuerung. Zur Erreichung dieses Zwecks ist die Verzinsung der Mindestreserven jedoch weitgehend unwichtig. Sie dient lediglich dazu, den Eingriff in die Rechte der Banken abzumildern. Die Verzinsung stellt eine gewisse Entschädigung für die Liquiditätsminderung, die einen Wettbewerbsnachteil gegenüber anderen nicht reservepflichtigen Instituten bedeutet, dar. Für die Definition des Instruments, also sowohl für die Wirkungsweise als auch für den Anwendungsbereich ist die Verzinsung irrelevant. Das bedeutet aber, würde der Rat hier eine Differenzierung vornehmen, so griffe er bereits in die konkrete Anwendung des Instruments ein.[472] Denn die Entscheidung für oder gegen eine Verzinsung ist lediglich eine Differenzierung innerhalb eines bestehenden Instruments.

Auf der anderen Seite ist der Zweck der Verordnung, eine Legitimation für Rechtseingriffe zu schaffen. Dabei muß auch das Gewicht der Eingriffe berücksichtigt werden. Die VO definiert eine Obergrenze an Eingriffsstärke, die vom Rat zugelassen wird. Diese Obergrenze kann durchaus differenziert gesehen werden, je nachdem, welche prinzipielle Eingriffsstärke eine Maßnahme an sich hat. Zu bedenken ist zusätzlich, daß die Frage der Verzinsung innerhalb des Euroraums nicht differenziert gehandhabt werden kann, weil die EZB ansonsten gegen den Grundsatz der offenen Marktwirtschaft und im konkreten auch gegen das Gebot der Wettbewerbsneutralität verstieße.[473] Das bedeutet, als Mittel zur flexiblen Steuerung und Kontrolle des Geldmarkts ist die Verzinsung nicht geeignet.

---

[472] So zählt gem. Grund (6) zum Erlaß der VO 2531 / 98 über die Auferlegung eine Mindestreservepflicht durch die EZB die Verzinsung der Mindestreserven auch schon zur detaillierten Ausgestaltung des Instruments.

[473] Siehe hierzu vorne Teil 1 Kapitel 4 Punkt 2.2.1. Diese Gebote sind an die Ausführung der Geldpolitik gekoppelt, nicht an die Institution EZB. Aus diesem Grund ist der Rat, wenn er in den Bereich der Geldpolitik eingreift, auch an sie gebunden.

Eine differenzierte Festlegung von Obergrenzen der Mindestreservesätze je nach Verzinsung derselben durch die EZB ist m.E. noch von der Rechtsgrundlage des Art. 19.2 der ESZB-Satzung gedeckt.

3.5.3. Öffnungsklausel Art. 20 ESZB-Satzung

Schließlich ist noch die Befugnis des Rats zur Rechtsetzung im Rahmen des Art. 20 ESZB-Satzung zu erwähnen. Dort ist eine instrumentelle Öffnungsklausel enthalten. Gemäß Art. 20 ESZB-Satzung legt der Rat den Anwendungsbereich solcher Instrumente fest, die Verpflichtungen für Dritte mit sich bringen. Relevant ist dies nur bei der Einführung interventionistischer Mittel der Geldpolitik, also solcher, bei denen Eingriffe in die Rechte Dritter durch besondere Verpflichtungen stattfinden. Der Grund für diese ergänzende Rechtsetzung des Rats ist, daß derartige Regelungen einen Eingriff in die Rechte Dritter, nämlich der Geschäftsbanken und somit auch in das allgemeine Wirtschaftsleben bedeuten, die EZB somit hierfür eine konkrete Ermächtigungsgrundlage benötigt.

Sinn der gesamten Regelung des Art. 20 ESZB-Satzung und der Rechtsetzungsbefugnis des Rats ist, wie oben[474] schon erklärt, die flexible Handhabung des Auffangtatbestands.

Aus diesem Grund ist die Befugnis des Rats auch sehr allgemein gehalten. Er legt den Anwendungsbereich der Instrumente fest, wenn sie Verpflichtungen für Dritte beinhalten. Aus einem Vergleich mit den übrigen Befugnissen und der Heranziehung der allgemeinen Grundsätze bei der Kompetenzverteilung im Bereich der Geldpolitik muß man daher den zulässigen Inhalt einer derartigen Verordnung bestimmen.

Der Rat kann grundsätzlich den Adressatenkreis der Instrumente festlegen. Die Tatsache, daß er den Begriff der Kreditinstitute in Art. 19.2 ESZB-Satzung nicht definieren darf, ist kein allgemeiner Grundsatz sondern ergibt sich lediglich aus der konkreten Systematik jenes Artikels. Dabei ist zu beachten, daß der Rat den Adressatenkreis auch im Rahmen des Art. 19 ESZB-Satzung, nämlich durch die erleichterte Satzungsänderung modifizieren kann. Zusätzlich hat der Rat auch in Art. 5 ESZB-Satzung die Befugnis zur Festlegung des Adressatenkreises. Der Rat könnte hier eine einschränkende Rechtsetzung generell vornehmen.

Der Begriff „Anwendungsbereich“, der die Rechtsetzungsbefugnis des Rats kennzeichnet, umfaßt dagegen lediglich die Befugnis zu einer Rahmenfestle-

---

[474] Teil 1 Kapitel 4 Punkt 3.1.

gung. Er beinhaltet gerade nicht Befugnis zur Festsetzung von Regelungen über die konkrete Anwendung, also über Verfahrensmodi. Somit kann z.B. ein Zustimmungserfordernis des Rats vor der Einsetzung eines bestimmten Instruments durch die EZB nicht eingebaut werden, da dies nicht mehr von der Rechtsgrundlage für die Ratsverordnung gedeckt ist, der Anwendungsbereich unterscheidet sich nämlich von den konkreten Verfahrensregeln.

3.5.4. Sanktionsbefugnis der EZB

Eine zusätzliche Rechtsetzungskompetenz hat der Rat schließlich auch betreffend Art. 34.3 ESZB-Satzung. Danach kann die EZB Sanktionen verhängen, wenn gegen die von ihr erlassenen Verordnungen oder Bestimmungen verstoßen wurde. Der Rahmen dieser Sanktionen muß aber durch den Rat in einer Verordnung vorher festgelegt worden sein. Die EZB hat im Rahmen des Instruments der Mindestreservepflicht eine Sanktionsbefugnis gem. Art 19.1. Satz 3 und 19.2. ESZB-Satzung. Dadurch kann sie ihrer Geldpolitik einen größeren Nachdruck verleihen. Weil Sanktionen ebenfalls in die Rechte Dritter eingreifen, gilt bezüglich der Sanktionen ebenfalls der Grundsatz, daß der Rat in einer Verordnung den Rahmen bzw. die Obergrenzen festzulegen hat.

Die allgemeine Rechtsgrundlage des Art. 34.3 ESZB-Satzung berechtigt die EZB ebenfalls zum Erlaß von Sanktionen. Während dort allerdings die Art der Sanktionen, nämlich Geldbußen oder in regelmäßigen Abständen zu zahlende Strafgelder schon niedergelegt ist, spricht Art. 19.2 i.V.m. Art 19.1 ESZB-Satzung, der hier als lex specialis im Bereich der Mindestreserven anzusehen ist, lediglich von Strafzinsen und Sanktionen vergleichbarer Wirkung.

Daraus ergibt sich hier die Frage, ob es sich vom Umfang her nur um die Befugnis zur Rahmenrechtsetzung des Rats handelt, oder ob er auch die Auswahl von Sanktionen vornehmen kann. Der Wortlaut des Art. 19.2 ESZB-Satzung spricht für eine umfassende Befugnis des Rats zur Festlegung von Sanktionen.[475] Diese hat er durch Art. 7 Abs. 1 der VO 2531 / 98 auch ausgenutzt.

Eine Beeinträchtigung der Aufgabenerfüllung durch die EZB wäre hier nur durch die Verweigerung einer Rechtsetzung durch den Rat vorstellbar. In diesem Falle könnte die EZB keine Sanktionen gegen Dritte ergreifen, da eine Rechtsgrundlage fehlen würde.

Zu untersuchen ist nun des weiteren, ob der Rat auch rechtsetzend im Bereich der Entscheidung über die Verhängung von Sanktionen tätig werden kann. Gem. Art.

---

[475] GTE – Smits nach Art. 109m Art. 19 ESZB-Satzung Rn. 22.

2 Abs. 2 der Verordnung des Rats[476] Nr. 2532 / 98 über das Recht der europäischen Zentralbank, Sanktionen zu verhängen, hat der Rat für die EZB gewisse Kriterien definiert, die sie bei der Verhängung von Sanktionen zu berücksichtigen hat. Dazu gehört allgemein das Prinzip der Verhältnismäßigkeit. Der Rat hat aber auch konkret Abwägungsgründe aufgezählt, die die Höhe von Sanktionen begründen sollen.

Diese Aufzählung ist aber als rein deklaratorisch anzusehen, da sie nur eine nicht abschließende Aufzählung dessen, was sowieso in den Abwägungsvorgang einfließen muß, darstellt. Sie ist dagegen nicht als tatsächlicher Abwägungskatalog für die EZB anzusehen.

Dasselbe Problem ergibt sich, weil der Rat in der Verordnung das Verfahren zum Erlaß von Sanktionen festgelegt hat. Hier ist jedoch zu beachten, daß er gem. Art. 34.3 ESZB-Satzung die „Bedingungen" festlegen kann, unter denen Sanktionen verhängt werden. Diese Bedingungen können auch das Verfahren erfassen, in welchem Sanktionen gegenüber Dritten verhängt werden. Dabei ist zu beachten, daß die Unabhängigkeit der EZB weniger durch die Festlegung von Verfahrensordnungen als vielmehr durch die Einschränkung ihres Ermessens gefährdet werden kann.

3.5.5. Sonstiges

Zu den Normen des instrumentellen Bereichs ist auch der vereinfacht abänderbare Art. 23 ESZB-Satzung zu rechnen. Er betrifft Geschäfte mit Drittländern. Diese sind sowohl wegen Devisengeschäften als geldpolitisches Instrument als auch im Rahmen der Wechselkurspolitik wichtig. Erleichtert änderbar ist auch Art. 22 ESZB-Satzung, der die Verrechnungs- und Zahlungssysteme betrifft. Deren Förderung und Organisation gehört zu den Aufgaben der EZB.

3.6. Fazit

Der Umfang der Rechtsetzungsbefugnis des Rats wird oft mit dem Hinweis auf den rein organisatorischen Charakter der Regelungen als völlig irrelevant für die Unabhängigkeit der EZB klassifiziert.

Dies gilt aber nur bedingt. Gerade im Bereich der instrumentellen Regeln könnte der Rat durch seine Rechtsetzung tief in die Handlungsfreiheit der EZB eingreifen.

---

[476] ABl. L Nr. 318 / 4 vom 27. 11. 98.

Der Rat kann den Rahmen für die Mindestreservesätze so eng ausgestalten, daß eine freie Handhabung des Instruments für die EZB faktisch ausgeschlossen wird.

Durch eine ebenso enge Handhabung beim Erlaß von Regelungen von Sanktionen oder bei der Verweigerung irgendeiner Rechtsetzung in diesem Bereich könnte er verhindern, daß die EZB z.B. die Pflicht zur Mindestreserve wirksam durchsetzen kann.

Nach dem Text des Protokolls könnte die EZB ohne Ermächtigungsgrundlage des Rats keine Sanktionen durchsetzen, da diese wegen fehlender Rechtsgrundlage nichtig wären.

Ebenso könnte der Rat sich einem neuen Instrument gem. Art. 20 ESZB-Satzung verweigern. Die EZB könnte dann keine Instrumente anwenden, die in Rechtspositionen Dritter eingreifen, da für einen derartigen Eingriff keine gültige Rechtsgrundlage vorhanden wäre.

Nur anhand dieser Beispiele ist also aufgezeigt, daß diese vereinfachte Rechtsetzung durchaus auch die Kernbereiche des Aufgabenbereichs betrifft. Fraglich ist nun, ob man aus diesem Grund von einer Gefährdung der Unabhängigkeit sprechen kann.

Das Verfahren, nach welchem die Verordnungen erlassen werden müßte, wurde oben dargelegt. Es stellt ein rechtsstaatliches Gesetzgebungsverfahren unter Einbeziehung sämtlicher Organe der EG dar. Im Rahmen dieser Rechtsetzung sind auch die Organe an das Primärrecht gebunden, das die ausschließliche Kompetenz der EZB im Bereich der Geldpolitik sowie ihre Unabhängigkeitsgarantie beinhaltet.

Insgesamt ist das erleichterte Verfahren nicht als Beeinträchtigung des Unabhängigkeitsstatus der Zentralbank zu werten. Die Bundesbank war generell nur durch ein einfaches Gesetz „installiert", aber auch sie war hinreichend geschützt. Dagegen ist die EZB durch die Aufgabenzuweisung und die Unabhängigkeit im Rahmen ihrer Aufgaben primärrechtlich vor zu umfangreichen Änderungen geschützt. Trotzdem können sich aufgrund dieser vereinfachten Verfahren zur Änderung, vor allem aber aus der Befugnis und der Notwendigkeit des Erlasses von zusätzlichen Regelungen Gefährdungen für die Unabhängigkeit der EZB ergeben. Wie im einzelnen oben schon erläutert, könnte der Rat durch Akte der Rechtsetzung die Unabhängigkeit der EZB im instrumentellen Bereich zumindest für eine Weile einschränken. Die EZB hat bei dem erleichterten Satzungsänderungsverfahren gem. Art. 107 (ex 106) Abs. 5 EGV bzw. Art. 41 ESZB-Satzung kein Vetorecht. Dennoch kann die EZB effektiven gerichtlichen Schutz erlangen.[477]

3.7. Exkurs: Möglichkeit zur Festlegung eines Geldmengenziels durch Rat oder Parlament

Oftmals wurde gefordert, die EZB möge ein gewisses Geldmengenziel als Zwischenziel veröffentlichen und darüber konkret vor dem Europäischen Parlament Rechenschaft ablegen. Vereinzelt wurde sogar darüber nachgedacht, daß der EZB ein gewisses Geldmengenziel von Rat oder Parlament vorzugeben sei.

Eine derartige Verpflichtung würde aber einen Verstoß gegen Art. 12.1 ESZB-Satzung darstellen. Danach liegt die Entscheidung, ob und wie die EZB ihre Zwischenziele festlegt, alleine in ihrem Ermessen. Eine Verantwortlichkeit dem Parlament gegenüber läßt sich nach der derzeitigen Vertragsformulierung nicht konstruieren.

Die Konsequenz hieraus ist, daß die EZB bei der Festlegung eines Zwischenziels einen Beurteilungsspielraum[478] hat. Das bedeutet, sie kann nicht nur das Zwischenziel frei bestimmen, sondern hat auch die Befugnis, über Sinn und Zweck eines derartigen Ziels frei zu entscheiden.[479] Dieser Beurteilungsspielraum ist gerichtlich nicht nachprüfbar.

Zusätzlich ist der Rat im Rahmen seiner Gesetzgebung ebenfalls an die Regeln des Vertrags gebunden, also auch an die Beachtung des Art. 108 (ex 107) EGV, also die Unabhängigkeitsgarantie für die EZB.

4. Sonderregelungen im Rahmen der Kompetenzzuweisung bezüglich der Wechselkurspolitik

Im EGV wird eindeutig zwischen inneren und äußeren Währungsangelegenheiten unterschieden. Grundsätzlich hat die EZB auch umfassende Aufgaben und Befugnisse betreffend den Bereich des äußeren Währungsrechts. Sowohl Art. 105 Abs. 1 EGV als auch Art. 3.1 der ESZB-Satzung weisen der EZB die Aufgabe zu, die Devisengeschäfte im Einklang mit Art. 111 (ex 109) EGV durchzuführen. Die EZB verwaltet die Devisenreserven und kann auch gem. Art. 23.1

---

477 Siehe unten Teil 2 Kapitel 5 Punkt 3.3.

478 Zu diesem Begriff Bleckmann Rn. 558 sowie im deutschen Recht Kopp, VwVfG § 40 Rn. 40ff.

479 Es konkurrierten hier generell zwei verschiedene Lösungsansätze: direkte Inflationssteuerung und Zwischenzielstrategie bezüglich der Geldmenge; dazu ausführlich v. Hagen S. 370ff.

Spiegelstrich 2 ESZB-Satzung Devisen per Kasse und per Termin kaufen und verkaufen.[480]

Gerade im Bereich der Devisen- und Wechselkurspolitik wurde und wird die „offene Flanke“ der unabhängigen Stellung der EZB gesehen.[481] Denn Art. 111 (ex 109) EGV weist in diesem Bereich auch dem Rat einige Aufgaben und Entscheidungsbefugnisse zu. Daher ist nun zuerst eine genaue Kompetenzabgrenzung zwischen Rat und EZB sowie deren rechtliche Bewertung vorzunehmen. Ebenso sind die einzelnen Verfahren zur Entscheidungsfindung auszuwerten, denn alleine aus den so gewonnenen Ergebnissen kann man beurteilen, ob die Unabhängigkeit der EZB im oder durch den Bereich der äußeren Währungspolitik eingeschränkt ist.

4.1. Allgemeines

Relevant für die Aufgaben der Geldpolitik ist in erster Linie der Binnenwert einer Währung. Grund dafür ist, daß interne Stabilität auch den äußeren Wechselkurs beeinflußt. Der Außenwert ist daher zwar ein Indikator für die Inflationsbewertung, dennoch verfolgt die EZB kein Wechselkursziel.[482]

Die Wechselkurspolitik hat aber für die Wirtschaftspolitik eine nicht unerhebliche Bedeutung. Die Wechselkurse haben Einfluß auf die Entwicklung der Importe und Exporte und beeinflussen damit auch die Daten innerhalb einer Volkswirtschaft, wie das Sozialprodukt oder den Beschäftigungsstand.[483] Die EZB hat im Rahmen der Geldpolitik ihr Augenmerk auch auf die Verhältnisse zu

---

480 Zur Charakterisierung als Sonderfall eines Offenmarktinstruments Stadler S. 206. Genaueres dazu EZB Geldpolitik S. 18f.

481 Beck S. 215, Hasse S. 118, von Hagen S. 384, Janzen S. 147ff.

482 So ausdrücklich Sirkka Hämäläinen (Mitglied des Direktoriums der EZB) in einem Interview mit der FAZ 10. April 1999, abgedruckt in: Deutsche Bundesbank, Auszüge aus Presseartikeln Nr. 23 / 99 S.22, ebenso EZB Monatsbericht Januar 99 S. 45. Ebenfalls Duisenberg bei der Befragung vor dem Wirtschafts- und Währungsausschuß des Europäischen Parlaments am 20. 3. 2000 S. 7 http://www.europarl.eu.int/dg2/econ/EMU/EN/default.htm.
Eine ausführliche Stellungnahme Duisenbergs anläßlich des stark gesunkenen Wechselkurses gegenüber dem Dollar, der von seinem Wert von 1 Euro = 1,161 Dollar am 1.01. 1999 auf in einem ständigen Abwärtstrend erstmals im Mitte Februar 2000 einen Wert von eins zu eins erreichte, findet sich in dem Protokoll der Anhörung des Zentralbankpräsidenten vor dem Wirtschafts- und Währungsausschuß des Europäischen Parlaments am 29. November 1999, v.a. S. 3. Zu den Daten über die Wechselkurse siehe Monatsberichte EZB insb. März 2000 S. 48*.

483 Grundlegendes hierzu bei Issing, Geldpol. S. 229ff.

Drittstaaten zu richten, denn durch das Wechselkursverhalten kann das vorrangige Ziel der Preiswertstabilität beeinträchtigt werden.

Im Gegensatz zur Geldpolitik weist der EGV die Kompetenz in Teilen der Wechselkurspolitik in Art. 111 (ex 109) EGV nicht alleine der EZB, sondern auch dem ECOFIN-Rat[484] zu. Im Delors-Bericht war die Festlegung der Wechselkurskompetenz noch unklar.[485] Die gewählten Formulierungen ließen auf eine Verlagerung[486] der Kompetenz zur Zentralbank hin vermuten. Im Rahmen der Vertragsverhandlungen über die Wirtschafts- und Währungsunion stellte sich jedoch schnell zumindest bezüglich der Festkursabkommen eine Einigkeit bezüglich der generellen Kompetenz des Rats heraus. Die Verfahrensregelungen waren im Einzelnen aber stark umstritten.[487] Das hatte zur Folge, daß der letztendlich als Kompromiß festgelegte Art. 111 (ex 109) EGV inhaltlich von recht unklarer Struktur ist.

Auch im Rahmen der Wechselkurskompetenz gilt das Ziel der Preiswertstabilität als vorrangig. Art. 4 (ex 3a) EGV legt dieses Ziel nämlich in Abs. 2 sowohl für die Geldpolitik als auch für die Wechselkurspolitik als primäres fest. Das hat zur Folge, daß unabhängig von der Kompetenzzuweisung in diesem Bereich eine Zielabwägung zwischen den in Art. 2 EGV genannten Zielen nicht stattfinden kann. Vielmehr muß das Ziel der Preiswertstabilität von jeder in diesem Bereich zuständigen Institution als vorrangiges Ziel beachtet werden. Bei den relevanten Entscheidungen ist das Ermessen der entscheidenden Instanz verkürzt, da eine umfängliche Zielabwägung nicht erlaubt ist.[488]

Art. 111 EGV sieht zwei verschiedene Szenarien vor, wie Wechselkurse zu bestimmen sein können, nämlich durch ein förmliches Festkursabkommen oder die

---

[484] Erklärung Nr. 3 zum Vertrag von Maastricht, BGBl. II 1992 S. 1319.

[485] Siehe Delors-Bericht Dt. Bundestag, Wissenschaftliche Dienste I: Ziff. 31 weist dem ESZB die Handhabung über die Wechselkurspolitik zu, Ziff. 33 dagegen spricht davon, daß die Wechselkurspolitik als Teil der „Wirtschaftspolitik“ in Zusammenarbeit mit dem EZBS-Rat formuliert werden soll.

[486] Traditionell lag die Kompetenz bezüglich der Währungspolitik bei den Regierungen der Mitgliedstaaten. Auch in der Bundesrepublik war dies der Fall. Allerdings wurde die deutsche Bundesbank immer mit einbezogen. Vgl. BK– Hahn / Häde Art. 88 Rn. 602.

[487] Ausführliche Zusammenfassungen hierzu sowohl bei Stadler S. 170f als auch bei Endler S. 334ff, zur deutschen Position Zusammenfassung bei Krägenau / Wetter S. 59.

[488] Dies hat zur Folge, daß im Rahmen dieser Politik eine erleichterte gerichtliche Überprüfung und Durchsetzbarkeit von stabilitätsfördernden Maßnahmen gegeben sein kann. Zum Umfang der Bindung siehe noch später Punkt 4.2.1.3.

freie Konvertibilität der Währungen. Er weist innerhalb jeder dieser beiden Möglichkeiten die Kompetenzen für die Bestimmung der Wechselkurspolitik zu.

4.2. Förmliches Festkursabkommen gem. Art. 111 (ex 109) Abs. 1 EGV

Der Rat hat gem. Art. 111 Abs. 1 EGV die Kompetenz zum Abschluß von förmlichen Festkursabkommen sowie der dafür notwendigen Festlegung der Modalitäten gemäß Abs. 3. Derartige Abkommen stellen völkerrechtliche Verträge dar.[489] Im Gegensatz zu dem Verfahren nach Art. 300 (ex 228) EGV zum Abschluß völkerrechtlicher Verträge, in dem der Kommission die Aufgabe zugewiesen wird, die Verhandlungen zu führen (siehe Abs. 1 Satz 2), hat der Rat hier eine überragende Position inne.

Die Gefahr solcher Festkursabkommen für die Geldpolitik der EZB liegt im Extremfall darin, daß aufgrund derartiger Abkommen Interventionspflichten der EZB eintreten könnten, um die Kurse stabil zu halten. Im schlimmsten Fall könnten Interventionen dazu führen, daß sich die Geldmenge übermäßig erhöht und daß dies inflationäre Tendenzen auslöst.[490] Insgesamt wird die Errichtung eines Festkurssystems seit dem Zusammenbruch des Festkurssystems von Bretton Woods zu Beginn der 70er Jahre als unwahrscheinlich angesehen.[491]

Nicht unter den Anwendungsbereich des Art. 111 Abs. 1 EGV fällt das sogenannte WKM II, da hier Regelungen zwischen Staaten innerhalb der EU getroffen werden. Art. 111 EGV dagegen bezieht sich nur auf Drittstaaten, also solche, die nicht der EU angehören.[492]

Der Begriff „förmlich“ bedeutet, daß nur Vereinbarungen, die völkerrechtlich bindende Verträge darstellen, unter den Anwendungsbereich dieses Absatzes fallen sollen, so wie das Abkommen von Bretton Woods. Er soll also nicht anwendbar auf informelle Übereinkommen sein.[493] Im Rahmen solcher informeller

---

[489] Siehe auch Calliess – Häde Art. 111 Rn. 6. Ausdrücklich sind hier keine neuartigen Arten von Abkommen gemeint, sondern klassische völkerrechtliche Abkommen. Siehe Erklärung Nr. 8 zum Vertrag von Maastricht BGBl. II 1992 S. 1320.

[490] Nicolaysen Europarecht II S. 392.

[491] Von Hagen S. 384, Slot S. 238; Calliess – Häde Art. 111 Rn. 8; gewisse Bestrebungen gab es allerdings zu Beginn 1999 durch die Wirtschaftsminister Deutschlands und Frankreichs, vgl. Martenczuk S. 93 Fn. 4.

[492] BK – Hahn / Häde Art. 88 Rn. 603, Calliess – Häde Art. 111 Rn. 4, etwas undeutlicher Duijm S. 17. Zur konkreten Ausgestaltung als Vereinbarung zwischen den Zentralbanken siehe denn auch ABl. EG Nr. C 345 vom 13. 11. 1998.

[493] Endler S. 456; Bognar S. 357; GTE – Smits Art. 109 Rn. 29 mit Beispielen informeller Wechselkursabkommen in Fn. 15. Diese fallen nicht unter Abs. 1 sondern unter Abs. 2, der Rat stellt hierbei also gegebenenfalls allgemeine Orientierungen auf.

Abkommen kann der Rat gem. Art. 111 Abs. 2 Satz 1 EGV allgemeine Orientierung an die EZB richten, ansonsten liegt die Kompetenz bei der EZB.

4.2.1. Abschlußkompetenz

Das Verfahren zum Abschluß einer derartigen förmlichen Vereinbarung nach Art. 111 Abs. 1 EGV unterscheidet sich wesentlich von dem des Art. 300 (ex 228) EGV. Dieser regelt generell das Verfahren beim Abschluß völkerrechtlicher Verträge.

4.2.1.1. Verfahren

Im Rahmen des Art. 300 EGV ist das zuständige Organ der Rat in seiner Zusammensetzung der Staats- und Regierungschefs, während gemäß der Erklärung Nr. 3 zum Vertrag von Maastricht[494] im gesamten Bereich der Wirtschafts- und Währungsunion der Rat als ECOFIN-Rat handelt.[495]

Eine Sicherung widerstreitender Interessen und die Vornahme ausreichender Abwägungen wurde durch das Erfordernis der Einstimmigkeit im Rat zu gewährleisten versucht. Jeder einzelne Mitgliedstaat hat somit ein Vetorecht gegen den Abschluß eines derartigen Abkommens.

Sowohl die EZB als auch die Kommission haben ein Initiativrecht betreffend den Abschluß von förmlichen Abkommen. Zu beachten ist hier die Abweichung von Art. 300 (ex 228) EGV, dort ist nämlich lediglich die Kommission als Initiativorgan genannt und zuständig. Hier zeigt sich wiederum, wie im Bereich der Wirtschafts- und Währungspolitik die Kompetenzen der EZB diejenigen der Kommission einschränken und begrenzen. Beide haben das Recht, eine Empfehlung abzugeben. Diese Empfehlungen sind unverbindliche Mitwirkungsrechte der EZB oder der Kommission. Rechtsakte, die auf Vorschlag der Kommission erfolgen, können gem. Art. 250 (ex 189a) Abs. 1 EGV nur einstimmig beschlossen werden, wenn der Rat vom Vorschlag der Kommission abweichen möchte. Die Tatsache, daß das Wort „Vorschlag" hier nicht verwandt wurde, sondern die Mitwirkung durch das Wort „Empfehlung" ausgedrückt wurde, läßt darauf schließen, daß diese Regelung hier grundsätzlich nicht gelten soll.[496]

---

494 BGBl. II 1992 S. 1319.

495 GTE – Smits Art. 109 Rn. 38.

496 Was hier noch ohne Belang ist, da der Rat in diesem Fall generell einstimmig zu entscheiden hat. Siehe aber unten Punkt 4.2.2.

4.2.1.2. Anhörung der EZB

Der Rat hat zusätzlich die Pflicht, die EZB anzuhören. Dieses Erfordernis der zusätzlichen Konsultation der EZB mit einer Konsensbemühung ist wohl in beiden Verfahrensalternativen notwendig, also sowohl bei Verfahrenseinleitung durch Empfehlung der Kommission als auch nach Empfehlung durch die EZB. Die Formulierung dieser Anhörungspflicht ist aber zweideutig, da Art. 111 Abs. 1 Satz 1 EGV grammatikalisch auch anders gelesen werden könnte, nämlich dahingehend, daß eine Anhörung der EZB nur nach Empfehlung der Kommission notwendig wäre.[497]

Diese Auslegung wäre aber zu eng. Insbesondere ist zu beachten, daß auch in der ersten Alternative, nämlich nach einer Empfehlung der EZB, eine Anhörung denselben Sinn hat, wie in der zweiten, in der der Rat auf Empfehlung der Kommission tätig wird. Wird nämlich das Verfahren durch Empfehlung der EZB eingeleitet, so sind diese Empfehlungen der EZB nicht bindend, sondern für den Rat unverbindlich. In diesem Stadium hat die EZB nicht mehr als ein erstes Darlegungsrecht.[498] Sie kann in ihrer Empfehlung nicht die gesamte Argumentation und Entscheidungsfindung des Rats vorwegnehmen. Als geldpolitisch verantwortliche Institution sind aber die im Verfahren vor dem Rat vorgebrachten Argumente für sie und ihre Aufgabe von größter Bedeutung, so daß eine Koordination im Sinne einer Anhörungspflicht hier noch über das Initiativrecht hinaus notwendig erscheint. Freilich ist eine Anhörung dann nicht notwendig, wenn der Rat die Empfehlung der EZB unverändert übernimmt. Sie würde in diesem Fall einen übertriebenen Formalismus darstellen.[499]

Der Inhalt dieser Anhörung wird durch die Formulierung: „... in dem Bemühen, zu einem mit dem Ziel der Preisstabilität in Einklang zu stehenden Konsens zu gelangen..." definiert. Diese Umschreibung, die die Anforderungen an die Konsultation der EZB betrifft, ist um einiges unverbindlicher als ursprünglich in der deutschen Vertragsformulierung vorgesehen.[500] Die gewählte Formulierung wird

---

[497] Zu diesem Problem auch Smits S. 388 m.w.N., Gormley / Kapteyn S. 1006.

[498] Anderer Ansicht Bognar S. 358, der meint, daß der Rat Änderungen nur nach neuerlicher Empfehlung durch die EZB einbringen kann. Dafür gibt es aber aus rechtlicher Hinsicht keine Verpflichtung.

[499] Im Ergebnis ebenso Bognar S. 358.

[500] So lautete der deutsche Vorschlag: „Über das Wechselkursregime der Gemeinschaft entscheidet der Rat der Wirtschafts- und Finanzminister einstimmig nach Konsultationen mit dem Rat der EZB, die darauf gerichtet ist (wohl: „sind" eigene Anmerkung), einen Konsens zu erreichen, der mit dem Ziel der Preisstabilität vereinbar ist." siehe in Krägenau / Wetter Teil B Dokument Nr. 59 S. 334.

in der Literatur allgemein als wenig bindend angesehen und wurde als „Zwischenform zwischen Beratung und Mitentscheidung“[501] definiert.

Die Formulierung soll ausdrücken, daß während der Anhörung der EZB im Rat eine ernsthafte Konsensbemühung stattfinden muß, in der sich Konflikte[502] durch das Erarbeiten eines gemeinsamen Lösungsweges beseitigen lassen sollten. Dem Begriff „Bemühung“ ist aber auch immanent, daß ein Erfolg im Sinne einer tatsächlichen Herbeiführung eines Konsenses nicht notwendig sein muß. Dem Mitwirkungserfordernis ist also auch dann Genüge getan, wenn nach umfangreicher Diskussion und Zusammenarbeit der Rat nicht dem Lösungsweg folgt, der von der EZB favorisiert wird. Das Verfahren ist auch nicht solange fortzusetzen, bis eine Einigung erreicht ist.[503] Wie im Falle des Anhörungsrechts des Parlaments ist davon auszugehen, daß der Rat die EZB jedenfalls dann nochmals anzuhören hat, wenn er von den erarbeiteten Lösungswegen im Nachhinein abweichen möchte.[504]

Als geeignete Lösung wäre die Einsetzung eines Vermittlungsausschusses bei Diskrepanzen vorstellbar. Nach der Auswertung der von ihm vorgebrachten Ergebnisse könnte das Anhörungsverfahren dann, u.U. auch unabhängig von einer Konsensfindung, beendet werden. Dieser Vorschlag geht aber wohl über die Mindestanforderung an die Ausgestaltung des Verfahrens hinaus.[505] Er wäre aber deswegen sinnvoll, weil ein neutrales Gremium im Konfliktfall als Vermittlungsausschuß wohl mehr zu einer sachgerechten Lösung beitragen kann, als die Beteiligten, deren Interessen (in der konkreten Situation) offensichtlich widerstreitender Natur sind.

Als geeignetes Gremium wäre der Wirtschafts- und Finanzausschuß denkbar, dessen Aufgabe darin besteht, den Dialog zwischen der EZB und dem Rat wei-

---

[501] Slot beschreibt dieses Verfahren als „somewhere between consultation and assent“, siehe S.240, gegen eine Bindung des Rats an die Meinung der EZB auch Seidel, Integration 1998 S. 210. Gegen eine Bindung auch BK– Hahn / Häde Art. 88 Rn. 603.

[502] Zum Inhalt solcher Konflikte siehe Endler S. 458, z.B. die Frage nach der Entscheidung zwischen festen Paritäten oder Zielzonen und genauen Regelungen über Interventionen und deren Begrenzung.

[503] Die Mindestanforderungen an das „ernsthafte Bemühen“ sind m.E. parallel zu den Mitwirkungsregeln bezüglich des Europäischen Parlaments zu setzen. So ist selbstverständlich, daß der Rat seine Entscheidungsfindung vor der Anhörung der EZB noch nicht abgeschlossen haben darf. (Dazu EuGH Slg. 95 I RS. 417/93 S. 1185, 1214).

[504] So zur Stellung des Parlaments Oppermann Rn. 267 und EuGHE 1970 RS 41/69 S. 661ff sowie EuGH Slg. 1995 I RS. 417/93 S.1185, 1215ff.

[505] Eine hierbei zu erwägende Stelle wäre der Wirtschafts- und Finanzausschuß, so auch GTE – Child / Wittelsberger Art. 109c Rn. 9.

terzuführen (siehe Art. 2 der Satzung des Wirtschafts- und Finanzausschusses[506]). Fraglich ist die tatsächliche Eignung jedoch aus zwei Gründen. Zuerst ergibt sich ein personelles Ungleichgewicht wegen des Übergewichts von Vertretern, die von der Kommission und den einzelnen Mitgliedstaaten gewählt werden, von denen jeder gem. Art. 114 (ex 109c) Abs. 2 letzter Satz EGV zwei Mitglieder benennt. Eine derartige Unterrepräsentation der EZB, die ebenfalls nur zwei Mitglieder benennt, ist in einer vermittelnden Institution zur Erreichung eines Kompromisses wohl nicht effektiv.

Der Wirtschafts- und Finanzausschuß ist von seinen Aufgaben her eher als Hilfsorgan für den Rat zu qualifizieren, denn als unabhängige, neutrale Institution. Dagegen spricht ausdrücklich sogar Art. 4 der Satzung,[507] der in Fällen, in denen der Rat nachträglich einen Entschluß faßt, die Mitglieder, die von Kommission und EZB entsandt wurden, zwar nicht von der Beratung, wohl aber von der Abstimmung ausnimmt. Eine personelle Modifikation wäre daher zusätzlich überdenkenswert.

Mancherorts wird in der Literatur davon ausgegangen, daß der Rat nicht handeln kann, ohne zu einer Übereinstimmung mit der EZB gekommen zu sein.[508] Diese Argumentation zielt darauf ab, daß das Erfordernis der Preiswertstabilität von so fundamentaler Bedeutung ist, daß hier ein Konsens nicht nur angestrebt, sondern auch erzielt werden muß. Die übergeordnete Bedeutung dieses Ziels wird aus der nochmaligen ausdrücklichen Erwähnung in Art. 111 Abs. 1 EGV entnommen. Dessen Formulierung ist eindeutiger als die des Art. 4 Abs. 2 EGV. Denn Art. 111 EGV fordert einen „Einklang mit dem Ziel der Preiswertstabilität". Art. 4 EGV dagegen spricht lediglich von der „vorrangigen Verfolgung" dieses Ziels.

Die strengere Zielsetzung kann aber nicht dazu führen, das Wort Bemühen über seinen Sinn hinaus zu dehnen. Auch im Rahmen dieser strengen Zielsetzung kann es mehrere Wege der Ausgestaltung geben, die das Ziel gleichermaßen erreichen. Ein Konsens ist daher für die Zielerreichung nicht notwendig und muß daher in dem Anhörungsverfahren nicht erreicht werden.

506 ABl. EG Nr. L 5 vom 9. 1. 1999.

507 A.a.O. Fn. 506

508 Darstellung dieser Ansicht von Geelhoed bei Smits S. 389, siehe nun Gormley / Kapteyn S. 1006.

4.2.1.3. Inhaltliche Bindung des Rats an die Preisstabilität

Unabhängig von einem Konsens mit der EZB ist der Rat bei der Ausarbeitung eines solchen Abkommens an verschiedene Ziele gebunden. Genauer gesagt hat er im Bereich der Wechselkurskompetenz nicht die allgemeinen Ziele des Art. 2 EGV zu berücksichtigen, sondern ebenfalls, wie ansonsten die EZB, vorrangig das Ziel der Preiswertstabilität.[509] Ausdrücklich zu erwähnen ist nochmals, daß der Begriff der Bemühung sich lediglich auf den Konsens mit der EZB bezieht. Er weicht nicht die Verpflichtung zur Einhaltung und Sicherung des Ziels Preiswertstabilität auf.

Die Verpflichtung auf das Ziel der Preiswertstabilität ist hierbei auch für den Rat nicht ein lediglicher Programmsatz, dessen Nichtbeachtung keinerlei Folgen hat, sondern inhaltlich bindend und somit ermessensverkürzend für seine Wechselkurspolitik.[510] Der Grund für die Bewertung des Ziels als konkrete Verpflichtung ist die ausdrückliche Benennung in Art. 4 (ex 3b) Abs. 2 EGV, die zeigt, daß die Preisstabilität in der Zielhierarchie den obersten Platz einnimmt.[511] Dies wird in Art. 111 (ex 109) Abs. 1 Satz 2 und Abs. 2 Satz 2 EGV nochmals ausdrücklich für den Rat bekräftigt.[512] Diese Einordnung hat für den Rat wohl nicht eine Ermessensreduzierung auf Null zur Folge, sie verengt jedoch die zulässige Weise seines Vorgehens.

Die Pflicht zur Einhaltung und Erreichung der Preisstabilität kann konkrete Auswirkungen auf die Ausgestaltung von Wechselkursabkommen haben. Denn jede Formulierung, die ersichtlich die Preisstabilität beeinträchtigen kann, ist somit als Verstoß gegen den Vertragstext anzusehen. Es kann im Bereich eines Festkursabkommens zu einer ernsthaften Gefährdung des Ziels Preiswertstabilität kommen, wenn die Zentralbank in einem System mit festen Wechselkursen im Falle von Verschiebungen unbeschränkt Interventionsmaßnahmen ergreifen muß.

---

[509] Stadler S. 108; Goetze S. 138, siehe schon oben Punkt 4.1, Fn. 488.

[510] Die meisten Autoren bewerten die Bindung des Rats an das Ziel der Preisstabilität ein wenig vorsichtiger. So kommt die Bemühenspflicht des Rats in Art. 111 EGV einer Verpflichtung nach BK – Hahn / Häde Art. 88 Rn. 603 nahe, ebenso Häde in Calliess Art. 111 Rn. 9. Eine Verpflichtung auf das Stabilitätsziel nimmt aber ebenfalls Stadler S. 179 an, so auch Nicolaysen S. 30. Eine Darstellung findet sich bei Goetze S. 137. Smits S. 389, insb. Fn. 93 zieht die Verpflichtung aus der Formulierung des Art. 111 Abs. 1 EGV.

[511] Einordnung der verschiedenen Zielgruppen bei Basedow, S. 58f. Danach kann man die Preiswertstabilität als „Zustandsziel" beschreiben. Die Politik der Gemeinschaft wird auf einen näher bestimmten Endzustand verpflichtet. Zur rechtlichen Verbindlichkeit von Zielbestimmungen im Gemeinschaftsrecht auch M. Weber Kompetenzverteilung S. 114.

[512] Etwas differenziert wohl BK – Häde / Hahn Art. 88 Rn. 603, die eine Verpflichtung auf das Ziel der Preiswertstabilität aus der Bemühenspflicht des Art. 111 Abs. 1 EGV lesen.

Dabei kann sich die Menge an Zentralbankgeld derart erhöhen, daß dies inflationäre Tendenzen bewirkt, die nur unzulänglich aufgehalten werden können. Die gesamte innerstaatliche Geldpolitik würde somit wirkungslos.[513] Dieser Effekt ist also dann vorhersehbar, wenn ein Festkursabkommen ohne Begrenzung der Interventionspflicht geschlossen wird. Würde der Rat daher eine solche Formulierung wählen, so verstieße er durch die entstehende unbedingte Verpflichtung der EZB gegen seine Rechtspflicht, die Preisstabilität zu wahren und zu erhalten. Eine Lösung dieser Gefahr für die Geldpolitik der EZB wurde z.T. darin gesehen, daß der Rat eine Verpflichtung der EZB gegenüber eingeht, die Interventionspflicht auf ihr Verlangen auszusetzen.[514] Aufgrund der Verpflichtung des Rats auf das Ziel der Preisstabilität ergibt sich aber schon aus Primärrecht eine Pflicht zur Vertragsabfassung eines Wechselkursabkommens dergestalt, daß die Aussetzbarkeit von Interventionspflichten[515] möglich ist, sobald die Interventionsverpflichtung ernsthaft geeignet ist, die Stabilität zu gefährden. Dies ist die einzige Lösung, wie der Rat seiner Verpflichtung genüge tun kann. Denn die Aussetzung bei einer Gefährdung der Stabilität hängt für die EZB somit nicht von weiteren Handlungen des Rats ab, der diese trotz eines Handlungsbedarfs verzögern könnte und das Ermessen, wann die Stabilität ernsthaft gefährdet ist, wird der EZB zugewiesen. Dies ist von Seiten des Rats notwendig, um den Schutz der Geldwertstabilität zu gewährleisten, indem er effektives Handeln der EZB ermöglicht.

4.2.2. Ausführungskompetenz (Festlegung und Änderung der Leitkurse)

Im Entwurf der Bundesbank war als Empfehlung festgestellt worden, die EZB solle die alleinige Zuständigkeit für Devisenmarktinterventionen erhalten und bei allen anderen Entscheidungen der äußeren Währungspolitik, insbesondere Wechselkursentscheidungen, rechtzeitig und mitverantwortlich beteiligt sein.[516] Dieser Forderung ist im Bereich des Festkurssystems lediglich durch eine Konsultati-

---

[513] Gegen die fehlende Wechselkurskompetenz wandte sich schon das Manifest von 62 deutschen Wirtschaftswissenschaftlern gegen Maastricht Ziff. 6, siehe in Krägenau / Wetter Teil B Dok. Nr. 81 S. 401.

[514] Als Vorbild hierfür gilt der sogenannte Emminger-Brief der Deutschen Bundesbank aus dem Jahr 1978, siehe Hasse / Starbatty S. 128. Genauer hierzu auch noch unten Punkt 4.3.1 Fn. 521.

[515] So geschehen in Art. 3.1. EWS II ABl. EG C 345 vom 13.11.98 S. 6. Dessen Formulierung lautet: „...Die EZB und die teilnehmenden, nicht dem Eurogebiet angehörigen nationalen Zentralbanken können automatische Interventionen jedoch aussetzen, wenn diese ihrem vorrangigen Ziel der Gewährleistung der Preisstabilität zuwiderlaufen sollten."

[516] Krägenau / Wetter S. 328 Dok. Nr. 56, Stellungnahme der Dt. BBank Nr. V.2.f.

onspflicht mit einer Konsensbemühung entsprochen worden. Grundsätzlich hat der Rat auch die Ausführungskompetenz in einem förmlichen Wechselkursabkommen. Durch eine Festlegung der Wechselkurse und deren Änderung, bzw. das Unterlassen von Änderungen kann er Interventionspflichten der EZB auslösen.

Das Verfahren und die Entscheidung über den aktuellen Stand der Wechselkurse wird nach Art. 111 Abs. 1 Satz 2 EGV vorgenommen. Es entspricht grundsätzlich dem Verfahren des Satz 1 bis auf die Tatsache, daß im Rat kein einstimmiger Beschluß, sondern lediglich eine qualifizierte Mehrheit notwendig ist. Diese Entscheidung der Verfasser gegen die Einstimmigkeit steht im Gegensatz zu den ursprünglichen Forderungen der Bundesregierung[517]. Der Rat entscheidet auch hier wieder entweder nach Empfehlung der EZB oder nach Empfehlung der Kommission und nach Anhörung der EZB. Das Initiativrecht liegt also bei diesen Stellen.

Hier wird der Unterschied zwischen dem Begriff „Empfehlung", wie er in Art. 111 EGV verwandt wird und dem Begriff „Vorschlag", der an anderen Stellen im Bereich der Rechtsetzung des Rats auf Initiative der Kommission verwandt wird, relevant. Das Erfordernis der einstimmigen Entscheidung, das Art. 250 (ex 189a) EGV vorsieht, wenn der Rat von Vorschlägen der Kommission abweichen möchte, gilt nicht für Empfehlungen. Man kann dies entweder als Versehen wegen des einmaligen Begriffs „Empfehlung" in diesem Zusammenhang der konkreten Rechtsetzung[518] ansehen und Art. 250 EGV trotzdem für anwendbar erklären. Betrachtet man aber die langwierigen Verhandlungen um diesen Artikel so muß man daraus schließen, daß das Wort Empfehlung mit Bedacht genau deswegen gewählt wurde, um klarzustellen, daß die Initiative von EZB oder Kommission unverbindlicherer Natur ist. Diese Auslegung stimmt dann auch mit Art. 249 (ex 189) a.E. und Art. 110 (ex 108a) Abs. 2 S.3 EGV überein, die die Empfehlungen als unverbindliche Handlungsakte definieren.[519]

---

[517] Siehe hierzu die Zusammenfassung bei Krägenau / Wetter S. 59ff.

[518] Dieser Zusammenhang unterscheidet sich sowohl von Art. 133 (ex 113) als auch von Art. 99 (ex 103) EGV insofern als dort nicht unmittelbar ein Rechtsetzungsakt erfolgt.

[519] Dazu auch Duijm Wirtschaftsdienst 98 S. 664. Diese Ausführungen relativieren sich jedoch aufgrund der Entscheidungspraxis des Rats, der auch jetzt noch stets einstimmig zur Entscheidung gelangt. (Dazu kritisch Seidel, EuZW 2000 S. 65).

4.3. Bewertung der Kompetenzaufteilung im Bereich der „förmlichen Abkommen" nach Art. 111 Abs. 1 EGV

4.3.1. Gefahr der Einschränkung der Unabhängigkeit der EZB

Für eine Wechselkurskompetenz der EZB sprach sich schon der Sachverständigenrat zur Begutachtung des gesamtwirtschaftlichen Gleichgewichts aus. Er beschränkte diese Forderung aber auf das Vorliegen flexibler Wechselkurse. Anders sieht das bis jetzt ein beachtlicher Teil der Literatur.[520] So wird aus mehreren Gründen die Wechselkurskompetenz der Zentralbank auch im Bereich formeller Wechselkursabkommen gefordert.

Dabei wird die größere Sachkunde der Zentralbank, was die komplizierten Zusammenhänge im Bereich der Geld- und Währungspolitik mit den anderen Zielen betrifft, betont. Insbesondere die Fähigkeit zur langfristigen Prognose von Folgen einzelner Einflußmaßnahmen scheint bei der unabhängigen Zentralbank alleine aufgrund ihres Tätigkeitsfeldes in größerem Maße vorhanden zu sein als z.B. beim Rat. Dieser könnte des weiteren eher geneigt sein, das Ziel der Geldwertstabilität zugunsten anderer Ziele zurückzustellen.

Die Unabhängigkeit der EZB besteht gem. Art. 108 (ex 107) EGV nur innerhalb ihres Aufgabengebiets i.S.v. Art. 105 EGV. Dieses Aufgabengebiet wird durch Art. 111 (ex 109) Abs. 1 EGV beschränkt (siehe Art. 105 Abs. 2 Spiegelstr. 2 EGV). Diese Wertung wurde von den Signataren bei Erstellung des EGV getroffen. Eine Kollision der Befugnis des Rats mit der unabhängigen Stellung der EZB ist daher von vornherein nicht grundsätzlich gegeben, auch wenn Kritiker diese Entscheidung im EGV als nicht sachgerecht angreifen. Ihre Forderungen sind als lediglich rechtspolitischer Art einzuordnen.

Eine Kollision kann sich jedoch, wie oben schon erklärt, dann ergeben, wenn durch die Befugnis des Rats zum Abschluß völkerrechtlicher Verträge die Aufgabe der EZB gefährdet wird. Das kann geschehen, wenn seine Entscheidungen im Bereich der Wechselkurspolitik die Unabhängigkeit und Entscheidungsfreiheit der EZB im Bereich der inneren Geldpolitik gefährden und ihr die Erreichung ihres Ziels Geldwertstabilität erschweren oder unmöglich machen. Als Beispielsfall hierfür kann eine unbedingte Verpflichtung zu Interventionen bei Bewegungen des Wechselkurses in einem Festkurssystem gelten. Die fehlende

---

[520] Sachverständigengutachten Ziff. 498; Forderungen für die Kompetenz der EZB bei Siebert S. 49, Jochimsen EA 1993 S. 386f, kritisch auch von Hagen S. 384, umfassende weitere Nachweise siehe bei Endler S. 465f Fn. 195.

Wechselkurskompetenz der EZB wird daher oftmals als die „offene Flanke“ der unabhängigen Zentralbank bezeichnet.

Moderatere Meinungen forderten eine Konfliktlösung, die sich an den sogenannten Emminger-Brief der deutschen Bundesbank aus dem Jahre 1978[521] anlehnt. Im Konkreten soll der Rat sich selbst verpflichten, die EZB nach ihrem Ermessen von der Pflicht zur Intervention freizustellen, wenn sie selbst dies fordert, weil sie durch drohende Interventionsverpflichtungen eine Gefährdung ihrer Geldpolitik sähe.[522]

In der Sache kann man aber eine derartige Verpflichtung des Rats schon aus dem Primärrecht ziehen.[523] Denn gerade im Bereich der Wechselkurspolitik ist der Rat vorrangig dem Ziel der Preiswertstabilität verpflichtet. Das bedeutet, er muß vorrangig vor einer Festlegung der Wechselkurse den Binnenwert der Währung berücksichtigen. Der Abschluß von Wechselkursabkommen ohne die Möglichkeit der Aussetzung einer Interventionspflicht für die EZB stellt aber einen Verstoß gegen dieses Primärziel dar. Das bedeutet, der Rat ist schon nach dem EGV verpflichtet, eine Befreiung der EZB von der unbedingten Interventionspflicht vorzusehen, ohne daß es einer ausdrücklichen Zusicherung gegenüber der EZB überhaupt noch bedürfte.

Die Bindung des Rats an das Ziel der Geldwertstabilität dient also der Sicherung der Unabhängigkeit der EZB.

Eine Gefährdung der Unabhängigkeit der EZB stellt alleine die bislang fehlende Überprüfbarkeit von geplanten Festkursabkommen i.S.v. Art. 111 Abs. 1 EGV auf Antrag der EZB dar. Denn der Rat könnte durch rechtswidrige aber nicht effektiv überprüfbare Abkommen die Zielsetzung der EZB die Preisstabilität gefährden. Diese Gefährdung würde durch die Befassung des EuGH mit Festkursabkommen durch von der EZB initiierte Gutachten gem. Art. 300 (ex 228) Abs. 6 EGV vermindert.[524]

---

[521] Siehe genauer bei Stadler S. 179 Fn. 56; aus einem detaillierten Schriftwechsel zwischen Bundesregierung und dem Bundesbankpräsidenten leitete die Bundesbank die Ermächtigung ab, Interventionsverpflichtungen bei Gefährdung der Preisstabilität zu unterlassen.

[522] Hasse / Starbatty S. 128, so auch Beck S. 216 mit zahlreichen Nachweisen zum Meinungsstand in der Volkswirtschaft.

[523] Siehe oben Punkt 4.2.1.3.

[524] Später dazu Teil 2 Kapitel 5 Punkt 3.5.2.

4.3.2. Rechtliche Bedenklichkeit gegen eine Kompetenzübertragung auf die EZB

Fraglich ist nun, ob die rechtspolitischen Forderungen nach ungeteilter Kompetenz der EZB im Bereich der Geldpolitik juristisch sinnvoll und durchsetzbar wären. Die Entscheidung, die Zuständigkeit für Wechselkursabkommen beim Rat zu belassen, ist sicher mit der traditionellen Zuständigkeitsverteilung in den Staaten vor der Währungsunion zu erklären. In keinem Mitgliedstaat lag in der Vergangenheit die Wechselkurskompetenz in den Händen eines autonomen Organs.[525] Selbst in der Bundesrepublik, deren System der Währungsunion in weiten Teilen Pate stand, und von der bei den Vertragsverhandlungen wohl recht große Bemühungen, die Unabhängigkeit der Zentralbank zu festigen, ausgingen, lag die Wechselkurskompetenz bei der Regierung und war nicht an die Bundesbank abgegeben.[526] Von daher war es wohl als ausreichend zur Sicherung der Preiswertstabilität angesehen worden, die Wechselkurskompetenz bezüglich Festkursabkommen beim Rat zu belassen und diesen der strengeren Zielbestimmung Preiswertstabilität als Primat zu unterwerfen.[527] Dieses sogenannte „traditionelle Argument" wird für sich alleine jedoch als nicht stichhaltig kritisiert.[528] Insbesondere wird darauf hingewiesen, daß gerade im Bereich der Wirtschafts- und Währungsunion ein großer Traditionsbruch in den meisten Staaten der EU stattfand.[529] Diesem Argument alleine kann entgegnet werden, daß ein derartiger Bruch aber nur soweit gehen mußte, wie es das Primärziel der Preisstabilität erforderte.

Aber außer mit der Geschichte und Tradition muß man sich mit einem rein pragmatischen Argument auseinandersetzen, nämlich mit der Frage, wer generell besser geeignet ist, in einem Festkurssystem den optimalen Handlungsmodus zu finden. Auf der einen Seite ist die Zentralbank im monetären Bereich die „fachkundigere" Stelle, sie kann wohl am besten erkennen, wann unerwünschte Entwicklungen eintreten und diesen unmittelbar gegensteuern, da sie die Entwick-

---

[525] Roth, Beih. EuR. 1994 S. 65; Auch das Federal Reserve System der Vereinigten Staaten ist nur ausführendes Organ, zuständig ist die Regierung. Die Zuständigkeit beinhaltet hier ebenfalls die Verwaltung der Devisenreserven und Devisenmarktinterventionen. Gleske S. 127f. Siehe diese Argumentation auch bei Torrent CMLR 1999 S. 1235.

[526] Sie wurde jedoch in Zusammenarbeit mit der Bundesbank ausgeführt. Siehe Gramlich § 4 BBankG Rn. 21f. So auch Bognar S. 349.

[527] So auch Wahlig in Gramlich u.a. S. 46.

[528] Endler S. 466ff.

[529] Man bedenke nur, daß vor Beginn der Währungsunion nur zwei der europäischen Zentralbanken als unabhängig gelten konnten, während die jetzige Regelung in ihrer Eindeutigkeit ohne Beispiel ist.

lung der monetären Basis direkt kontrolliert. Es besteht aber die Gefahr, daß sie ihre Unterstützungspflicht bezüglich der allgemeinen Wirtschaftspolitik in der Gemeinschaft zugunsten eines rein stabilitätsorientierten Kurses völlig zurückstellen könnte.

Der Rat hingegen ist ein politisches Gremium, das in erster Linie auf die allgemeinen Ziele der Art. 2 ff EGV, also auf die gesamtwirtschaftliche Stabilität hinarbeiten muß. In diesem Rahmen sind die Abwägungen des Rats nie beschränkt auf ein Ziel, sondern er ist die Stelle, die versucht zu einem Ausgleich zwischen teils auch kollidierenden Zielen zu kommen.[530] Er ist in dem Sonderbereich Wechselkurspolitik der Preisstabilität primär verpflichtet. Dennoch besteht die Gefahr, daß er geneigt ist, diese Verpflichtung zugunsten einer (kurzfristig) positiven wirtschaftlichen Entwicklung zu vernachlässigen, um Erfolge in anderen Teilbereichen seiner Verantwortlichkeit vorweisen zu können.

Somit lassen sich für und gegen die Kompetenz beider Institutionen Argumente finden. Betrachtet man jedoch den gesamten Regelungskomplex zur Währungsunion, so ist[531] festzustellen, daß die in Art. 111 (ex 109) getroffene Entscheidung für eine Wechselkurskompetenz des Rats zum einen ein Bruch mit dem System ist, den Bereich der Geldpolitik den hoheitlichen Stellen zu entziehen, um zu verhindern, daß diese anderen wirtschaftlichen Interessen den Vorrang vor der Geldwertstabilität geben.

Zusätzlich dazu sprechen die allgemeinen Grundsätze der Kompetenzverteilung für eine Zuständigkeit der EZB. Bezieht man das Gebot der Gleichförmigkeit von Innen- und Außenkompetenz[532] nicht nur auf die Zuständigkeitsverteilung zwischen der Gemeinschaft und den Mitgliedstaaten, sondern auch in horizontaler Hinsicht im Rahmen der „Organkompetenz“, also zwischen den zuständigen Stellen innerhalb der Gemeinschaft, so müßte der EZB die Außenkompetenz zufallen.[533]

Problematisiert wurde aber auch die Verhandlungsführung durch die EZB. Aufgrund ihrer Stellung wird die EZB selbst als völkerrechtsfähig angesehen.[534]

---

[530] Darauf weisen auch Zilioli / Selmayr CMLR 99 S. 303 hin.

[531] Endler S. 468.

[532] Aufgestellt im sogenannten ERTA-Urteil EuGH Slg. 70 S. 263ff RS. 22 / 70

[533] Zilioli / Selmayr CMLR 99 S. 291f.

[534] Hoppe S. 164. Die Begründung dafür ist, daß die gem. Art. 107 (ex 106) Abs. 2 EGV ausdrücklich verliehene Rechtspersönlichkeit der EZB, ebenso wie in den Fällen der Art. 281 (ex 210 bezügl. der Gemeinschaft) und Art. 266 (ex 198d bezügl. der EIB) EGV parallel auch die Völkerrechtsfähigkeit der EZB begründen. Zilioli / Selmayr CMLR 99 S. 284.

Dennoch kann es der EZB nach Ansicht vieler rein faktisch an Verhandlungsmacht fehlen. Die Stimme der EZB wurde als nicht gewichtig genug eingeordnet.[535] Da die Völkerrechtsfähigkeit der EZB keine originäre ist, hängt ihr Umfang generell auch davon ab, ob ihre potentiellen Vertragspartner diese Völkerrechtsfähigkeit auch tatsächlich anerkennen.[536] Diese Anerkennung ist jedoch in erster Linie durch eine intern klare Zuständigkeitsverteilung zu erreichen. Außerdem sind Zentralbanken über die rein interne Geldpolitik hinaus in vielen internationalen Bereichen tätig.[537]

Gegen eine völlige Überantwortung der Wechselkurskompetenz an die EZB spricht ein juristisches Argument. Dieses hängt mit dem Charakter derartiger Abkommen als völkerrechtlicher Vertrag zusammen. Festkursabkommen sind Entscheidungen über die wirtschaftliche Integration von und mit Ländern, über welche grundsätzlich die Regierungen zu entscheiden haben.[538] Die Entscheidung über ein derartiges Abkommen hat mindestens eine ebenso bedeutende wirtschaftspolitische wie währungspolitische Komponente. Im deutschen Recht galt daher der Parlamentsvorbehalt nach der Wesentlichkeitstheorie des BVerfG.[539]

Dieser Grundgedanke könnte auch auf die Europäische Gemeinschaft anwendbar sein. Das Demokratiedefizit der EZB wurde aufgrund des Vorrangs der Währungssicherung hingenommen. Darin muß aber die Befugnis zum Abschluß derart komplexer[540] völkerrechtlicher Verträge mit Auswirkungen für die Wirtschaft des gesamten Gebiets der Währungsunion nicht enthalten sein. Denn diese Verträge gehen in ihrer Bedeutung weit über das Ziel der Sicherung von Preiswertstabilität hinaus, wenn sie dieses auch zwingend tangieren.

Das Hauptargument mit dem eine Befugnis der EZB abgelehnt werden könnte, ist somit, daß die Übertragung der Außenvertretung der EG auf eine unabhängige Stelle dem Rechtsstaats- und Demokratieprinzip widersprechen könnte. Daher ist dem Rat als abschließender Institution der Vorrang zu geben.

---

535 Sachverständigenrat 91 Ziff. 432.

536 Ausführlich hierzu Zilioli / Selmayr CMLR 99 S. 277ff.

537 Zu diesem Thema (Teilnahme der EZB bei IWF und G7) siehe Bognar S. 367ff, Martenczuk ZaöRV S. 101ff. Auch Zilioli / Selmayr CMLR 1999 S. 335ff.

538 Sachverständigenrat 90 Ziff. 498.

539 Hahn / Siebelt in Dauses F I Rn. 70 Fn. 279. Der Abschluß eines völkerrechtlichen Vertrags bedarf daher gem. Art. 59 Abs. 2 Satz 1 GG eines Bundesgesetzes.

540 Außer Frage steht die Befugnis der EZB zum Abschluß völkerrechtlicher Verträge über den Sitz der EZB (BGBl. 1998 II S. 2744).Auch die Problematik des EWS II ist hiervon zu unterscheiden. (Siehe unten Teil 2 Kapitel 6 Punkt 2.1).

Art. 300 (ex 228) Abs. 3 Unterabs. 2 EGV regelt diesbezüglich für besondere[541] Abkommen, daß sie einer Legitimation durch Zustimmung des Europäischen Parlaments bedürfen. (Das normale Verfahren sieht jedoch nur eine Anhörung vor.) In rechtsdogmatischer Hinsicht wäre eine solche Lösung eines Zustimmungsvorbehalts auch für bestimmte, von der EZB abzuschließende völkerrechtliche Abkommen denkbar. Dann würde die nicht ausreichende demokratische Legitimation der EZB kein zwingendes Argument gegen eine umfassende Kompetenz zur Außenvertretung[542] der Gemeinschaft im Währungsbereich darstellen.

Die Unabhängigkeit der EZB geht indes nur soweit, wie sie von den Verfassern des EGV eingeräumt wurde. Durch die Kompetenz des Rats im Bereich völkerrechtlicher Abkommen zur Wechselkursfestsetzung kann sie gefährdet werden. Als Regulativ ist daher die Bindung des Rats an das Ziel der Preiswertstabilität zu beachten.

Tatsächlichen Schutz gegen rechtswidrige Akte des Rats unter Verstoß gegen das Stabilitätsziel kann die EZB durch den EuGH erlangen. Der Schutz der EZB hängt somit im Konfliktfall von der Effektivität der Rechtsprechung des EuGH ab.[543]

4.4. Floating nach Art. 111 Abs. 2 EGV

Das Bestehen von flexiblen Wechselkursen gegenüber anderen Staaten ist wohl der Normalfall in der Währungsunion. Bisher gab es in der Währungsunion zumindest noch keine ernsthaften Bestrebungen, zu einem Festkurssystem mit Drittstaaten[544] zu kommen. In diesem Fall hat die EZB unter Berücksichtigung des Art. 111 EGV gem. Art. 105 Abs. 2 Alt. 2 EGV die Kompetenz, in Wechselkursangelegenheiten zu handeln.

Grundsätzlich ist zu sehen, daß in einem System flexibler Wechselkurse politische Entscheidungen größeren Ausmaßes nicht notwendig sind. Der Markt ent-

---

541 Da sind solche, die durch Einführung von Zusammenarbeitsverfahren einen besonderen institutionellen Rahmen schaffen oder solche, die eine Änderung eines nach dem Verfahren des Art. 251 (ex 189b) EGV angenommenen Rechtsakts bedingen und solche nach Art. 310 (ex 238) EGV.

542 Zur genauen Abgrenzung der Außenvertretung sehr ausführlich Zilioli / Selmayr CMLR 99 S. 273ff und hiergegen Torrent CMLR 99 S. 1229ff.

543 Siehe unten Teil 2 Kapitel 5 Punkt 3.5.

544 Drittstaaten sind hier solche, die nicht der Europäischen Währungsunion angehören, siehe oben Punkt 4.2 bei Fn. 492.

scheidet über den Wechselkurs.[545] Eine Einmischung in dieses Marktgeschehen kann Teil der Geldpolitik darstellen, dies wird in der Praxis jedoch überaus selten praktiziert.[546]

Die EZB führt die Devisengeschäfte nach Art. 105 Abs. 2, 2. Spiegelst. EGV durch. Darin wird auf die Regelung des Art. 111 EGV verwiesen. Dieser legt fest, daß bei flexiblen Wechselkursen „allgemeine Orientierungen" vom Rat erlassen werden können. Über den Inhalt und die Reichweite der vom Rat aufzustellenden Orientierungen herrscht auch innerhalb der Organe der EG Unklarheit, da sie in vielerlei Weise ausgelegt werden können. Zur Klarstellung hat der Europäische Rat in Bezug auf diese Frage Stellung genommen.[547] Danach soll der Rat nur unter außergewöhnlichen Umständen, wie z.B. bei eindeutigen Wechselkursverzerrungen allgemeine Orientierungen aufstellen.

4.4.1. Auslegung des Begriffs der „allgemeinen Orientierungen" unter Berücksichtigung der Unabhängigkeit der EZB

Fraglich ist nun, welchen Charakter derartige Orientierungen haben, ob also die EZB im Bereich der Wechselkurspolitik an Orientierungen des Rats rechtlich gebunden ist. Der Begriff der „allgemeinen Orientierungen" ist im EGV einzigartig. Bei der Erstellung des Vertrags waren ursprünglich Begriffe wie „Richtlinien" oder „weite Richtlinien" vorgeschlagen worden.[548] Derartige Richtlinien hätten einen verbindlichen Charakter gehabt.[549] Der Rechtscharakter der allge-

---

545 Zu diesem Mechanismus die ausführliche Stellungnahme Duisenbergs anläßlich der Anhörung vor dem Wirtschafts- und Währungsausschuß des Europäischen Parlaments am 29. November 1999. Siehe im Internet http://www.europarl.eu.int/dg2/econ/EMU/EN/default.htm.

546 Siehe die Äußerungen Duisenbergs in einem Interview mit der SZ, vom 11. Februar 2000, abgedruckt in: Auszüge aus Presseartikeln Nr. 8 / 2000 S. 2.

547 Europäischer Rat in Luxemburg vom 12. und 13. Dezember 1997 Anlage I Schlußfolgerungen des Vorsitzes Nummer II Punkt 8. Siehe http://www.europa.eu.int/council/off/conclu/index/htm oder ABl. C Nr. 44.

548 Vertragsentwurf der niederländischen Präsidentschaft vom 28. 10. 1991 Krägenau / Wetter Dok. 47 S. 224ff.

549 Beachte die Verwendung des Begriffs Richtlinien z.B. in Art. 249 (ex 189) EGV und den Begriff der Leitlinie in Art. 12 der Satzung des ESZB. Obwohl die erstgenannten „Richtlinien" nicht identisch mit der hier gemeinten Situation gewesen wären, zeigt sich, daß die Begriffe generell für Akte verbindlichen Charakters verwendet werden.

meinen Orientierungen des Rats ist verschwommener.[550] In der Literatur wird eine Unverbindlichkeit überwiegend, jedoch nicht durchgehend bejaht.[551]

Rückschlüsse auf den Umfang der Bindungswirkung der allgemeinen Orientierungen können sich aus der Auswertung des Verfahrens zu ihrer Erstellung gem. Art. 111 Abs. 2 EGV ergeben.

Dieses könnte auf eine generelle Verbindlichkeit derartiger Orientierungen hindeuten. Es ist fast ebenso aufgebaut wie das Verfahren zur Änderung der Leitkurse in einem Festkurssystem gem. Art. 111 Abs. 1 Satz 2 EGV. Dieses Verfahren ist demnach weit aufwendiger als das „normale" Verfahren zur Erstellung einer Empfehlung oder Stellungnahme gem. Art. 249 (ex 189) a.E. EGV. Grundsätzlich ist ein besonderes Verfahren für Empfehlungen und Stellungnahmen nämlich nicht festgeschrieben.[552] Sie stellen lediglich unverbindliche Meinungskundgebungen dar. Der entscheidende Punkt liegt aber genau in dem Unterschied zum Verfahren über die Änderung der Leitkurse in einem Festkurssystem. Im Verfahren zur Erstellung allgemeiner Orientierungen muß die EZB gem. Art. 111 Abs. 2 Satz 1 EGV zwar angehört werden oder kann als Initiativrecht eine Empfehlung abgeben, der Rat hat jedoch im Gegensatz zu Art. 111 Abs. 1 EGV keinerlei Verpflichtung, sich um einen Konsens mit der EZB zu bemühen. Diese fehlende Pflicht zur Bemühung um eine gemeinsame Lösung wird herangezogen, um eine Verbindlichkeit der Orientierungen abzulehnen.[553] Das vermag insoweit zu überzeugen, als die EZB grundsätzlich im Bereich der Währungspolitik die zuständige Institution gem. Art. 105 EGV ist. Dazu gehört aufgrund der allgemeinen Zielsetzung Gewährleistung der Geldwertstabilität untrennbar auch die äußere Währungspolitik, was sich auch daran zeigt, daß die EZB sowohl Devisengeschäfte vornehmen kann, als auch die Währungsreserven hält und verwaltet. Die Befugnis des Rats zum Erlaß von Orientierungen ist nicht vergleichbar mit dem Erlaß zusätzlicher Ausführungsverordnungen, deren Sinn

---

[550] Krägenau / Wetter S. 85, Gleske S. 136.

[551] Für eine Unverbindlichkeit Geiger, Art. 109 Rn. 7, Hahn, BayVBl 99 S. 743, ebenso Smits, S. 398 mit einer ausführlichen Darstellung weiterer geteilter Meinungen, knapp dagegen Calliess – Häde Art. 111 Rn. 10, Gleske S. 137, Slot S.238, etwas verschwommen Pipkorn CMLR 94 S. 285, ausdrücklich gegen eine unverbindliche Auslegung Stadler S. 173, 177 und Martenczuk ZaöRV 99 S. 99f. Derselben Meinung wohl auch Bofinger S. 199f unter Verweisung auf die ähnliche Formulierung in § 17 RBNZ-Act, der oft als positiver Vergleich herangezogen wird. Dabei ist jedoch das andere Rechtssystem des „common law-Landes" Neuseeland stets zu beachten, das einen Vergleich nur beschränkt zuläßt.

[552] Ausnahme jedoch z.B. Art. 99 (ex 103) Abs. 2 a.E. EGV.

[553] Hahn, BayVBl. 99 S. 743, Smits S. 399.

es ist, Eingriffe in Rechte Dritter zu ermöglichen.[554] Diese können ohne Übereinstimmung mit der EZB in einem Verfahren nach Art. 42 ESZB-Satzung erlassen werden. Vielmehr stellen die Orientierungen de facto Zielvorgaben für die Wechselkurspolitik der EZB dar.[555] Sie greifen also in die Befugnis der EZB zur freien Ausübung der Geldpolitik ein. Das Verfahren zu ihrem Erlaß ohne eine angemessene Beteiligung der EZB spricht also gegen eine Bindungswirkung.

Die Unabhängigkeit der EZB gem. Art 108 (ex 107) EGV könnte einer Verbindlichkeit der Orientierungen generell im Wege stehen. Dagegen wäre folgendes Argument zu bedenken. Die Unabhängigkeit der EZB ist gem. Art 108 (ex 107) EGV soweit garantiert, wie der Aufgabenbereich der EZB reicht. Art. 105 Abs. 2 EGV verpflichtet die EZB zur Aufgabenerfüllung unter Berücksichtigung von Art. 111 EGV. Der Artikel schränkt ihren Aufgabenbereich daher insoweit ein, als sie die Vorgaben des Art. 111 EGV zu beachten hat. Diese Formulierung wurde als Argument dafür genommen, den Orientierungen einen verbindlichen Charakter zuzusprechen. Denn die Verpflichtung, die Devisengeschäfte im Einklang mit Art. 111 EGV vorzunehmen, hieße auch, sie in Einklang mit dem dort vorgeschriebenen Verfahren vorzunehmen, also unter inhaltlicher Berücksichtigung der Orientierungen.[556] Das würde aber wohl den Umfang der Verweisung in Art. 105 Abs. 2 EGV überdehnen. Die Regelung des Art. 105 Abs. 2 Spiegelst. 2 EGV soll lediglich auf die generell veränderte Kompetenzzuweisung im Bereich der äußeren Währungspolitik bei Festkursabkommen nochmals hinweisen. Sie kann aber keine Verpflichtung begründen, die sich nicht schon aus Art. 111 EGV selbst ergebe.[557] Um dessen Auslegung geht es aber gerade. Als Auslegungshilfe ist die Stelle wegen ihrer allgemeinen Formulierung zu vage. Eine derartige Argumentation gleicht einem Zirkelschluß.

Anknüpfend an das obige Argument bezüglich des Verfahrens kann man also sagen, daß derartige Orientierungen, sollten sie die EZB binden, in einem Ver-

---

[554] Zusätzlich ist darauf hinzuweisen, daß bei Erlaß von Orientierungen nach einer Initiative in Form der Empfehlungen der EZB eine weitere Einbeziehung der Kommission sogar gänzlich entbehrlich ist. Faktisch kann die Kommission trotzdem an der Erstellung der Orientierungen mitwirken, da sie sowohl an den Sitzungen des EZB-Rats als auch des ECOFIN-Rats teilnimmt, siehe auch GTE – Smits Art. 109 Rn. 101. Eine Vergleichbarkeit mit dem normalen Rechtsetzungsverfahren ist also nicht gegeben.

[555] Verwendung dieses Begriffs bei Calliess – Häde Art. 111 Rn. 10. Zum Inhalt der Orientierungen siehe noch unten Punkt 4.4.2.

[556] So Martenczuk ZaöRV 99 S. 99f.

[557] So auch Hahn BayVBl. 99 S. 745, so auch Commentaire Mégret Band 6 S. 84.

fahren erlassen werden müßten, das die EZB sehr viel stärker mit einbezieht als durch die bloße Anhörung. Dies gilt umso mehr, wenn man die Konstellation mit Art. 111 Abs. 1 EGV vergleicht. Die Gründe, den Rat mit dem Abschluß von Festkursabkommen zu betrauen, sind oben[558] ausführlich dargestellt. Diese besonderen Gründe sind aber nicht in gleichem Maße auf die Situation von flexiblen Wechselkursen übertragbar. Das bedeutet, es besteht eine geringere Veranlassung, dem Rat die Befugnis zur Bestimmung der Politik in diesem Bereich zu übertragen. Das wiederum bedeutet aber, daß eine Entscheidungsbefugnis des Rats die unabhängige Stellung der EZB noch stärker beeinträchtigen würde, weil nur geringere Rechtfertigungsgründe hierfür vorhanden sind. Aufgrund dieser Wertung müßte ein Verfahren, in welchem der Rat bindende Entscheidungen für die EZB fällt, daher in noch stärkerem Maße die EZB einbeziehen, als das in Art. 111 Abs. 1 EGV der Fall ist. Genau das Gegenteil ist aber in Art. 111 Abs. 2 EGV normiert. Daraus läßt sich schließen, daß von dem Grundsatz der Unabhängigkeit der EZB in ihrem Aufgabenbereich hier keine Ausnahme gemacht werden sollte. Ebenso fällt auf, daß die in Art. 111 Abs. 3 EGV ausdrücklich festgeschriebene Verbindlichkeit von Vereinbarungen im Zusammenhang mit Währungsfragen oder Devisenregelungen für die EZB nicht ebenso klar für die Orientierungen gem. Art. 111 Abs. 2 EGV festgeschrieben wurde.[559]

Die Erstellung von Orientierungen durch den Rat ist m.E. nicht geeignet, die Unabhängigkeit der EZB gem. Art. 108 EGV einzuschränken. Diese beinhaltet, daß die EZB keine Weisungen annehmen darf und ihr gegenüber auch keine derartigen ergehen dürfen. Der Begriff der Orientierungen könnte bei Verbindlichkeit durchaus mit dem der Weisung verglichen werden. Zwar stellen sie nur allgemeine Zielsetzungen dar, keine konkreten Anweisungen bezogen auf ein bestimmtes Handeln, wohl aber bezogen auf eine bestimmte Situation, ab deren Eintreten vom Rat ein Handlungsbedarf vorgesehen wird. Aus diesem Grund können die allgemeinen Orientierungen nicht als verbindlich für die EZB ausgelegt werden.

Fraglich ist allerdings, weswegen im EG-Vertragstext nicht der Begriff der unverbindlichen Empfehlung sondern der Orientierung verwendet wurde, wenn es

[558] Oben Punkt 4.3.
[559] Argument auch bei Bognar S. 360, der im Endeffekt aber zu einem anderen Schlußergebnis kommt.

sich nun doch in der Sache um nichts anderes als eine Empfehlung handelt.[560] Die unterschiedliche Benennung ist aber eher historisch mit der mühsamen Konsensfindung im Bereich des Art. 111 EGV zu begründen, als sie eine rechtlich relevante Bedeutung hat.

Aus dieser Überlegung heraus sei ergänzend zur oben vorgenommenen Auslegung noch auf ein historisches Argument hingewiesen. Wirft man einen Blick auf die Vertragsentstehung, so kann man gewisse Rückschlüsse aus der Entwicklung dieses Begriffs ziehen. Im Entwurf anläßlich der niederländischen Präsidentschaft am 28. Oktober 1991 fand sich an dieser Stelle noch die Formulierung „broad guidelines", also Richtlinien. Dieser Begriff der Richt- oder Leitlinien kam ebenso im Kommissionsentwurf vor.[561] Die Formulierung der Deutschen Bundesbank dagegen wollte sogenannte Leitlinien von einem Konsens mit der EZB abhängig machen.[562] Aufgrund dieser Diskrepanzen wurde der Begriff in der Endfassung abgeschwächt. Er sollte also keine derart starke Bindungswirkung wie „Richtlinien" entfalten.

In der Praxis bedeutet dies, daß die EZB sich an die allgemeinen Orientierungen nicht zu halten hat. Zum einen ist sie in ihrer Stellung unabhängig gem. Art 108 (ex 107) EGV, zum anderen hat sie stets ihr Handeln am Primat der Preisstabilität auszurichten,[563] dem daher ihr vorrangiges Augenmerk gelten muß. Der Sinn derartiger Orientierungen bleibt daher auf einen gegenseitigen Informations- und Meinungstransfer beschränkt, innerhalb dessen die EZB dieselben nachhaltig und weithin erwägen und berücksichtigen kann, nicht aber muß.[564] Die Beachtung der vom Rat aufzustellenden Orientierungen bleibt ihr freigestellt.

---

[560] Diese Einordnung auch bei GTE – Smits Art. 109 Rn. 95. Diese Einordnung wird untermauert durch die Tatsache, daß keinerlei Bestimmungen über eine Veröffentlichung oder Vertraulichkeit normiert sind.

[561] Dort Art. 108; siehe Entwurf der Kommission vom 10. Dezember 1990 abgedruckt in Krägenau / Wetter Teil B Dokument Nr. 41 S. 201; Entwurf der niederländischen Präsidentschaft vom 28. Oktober 1991 siehe Dok. Nr. 47 S. 224.

[562] Krägenau / Wetter S. 61, zur Entstehungsgeschichte und der deutschen Position ausführlicher Hahn BayVBl. 99 S. 742, Krägenau / Wetter S. 61ff.

[563] Hahn BayVBl 99 S. 744f, Calliess – Häde Art. 111 Rn. 11. Die Befürworter einer Bindungswirkung weisen konsequenterweise darauf hin, daß die EZB ihrer Ansicht nach gegen eine Verletzung des Preisstabilitätsziels durch die Anwendung der Orientierungen des Rats gerichtlich vorgehen müßte und bis zu einem Urteil aufgrund von Art. 242 (ex 185) EGV an die Orientierungen gebunden wäre (Martenczuk ZaöRV 99 S. 100).

[564] Fazit bei Hahn BayVBl 99 S. 744f.

Zum Teil scheinen derartige Orientierungen, solange sie mit dem Ziel der Preisstabilität vereinbar sind, als bindend zu gelten.[565] Die EZB kann aber an die Orientierungen nur aufgrund einer freiwilligen Selbstverpflichtung gebunden sein, die eine vorherige Überprüfung des Inhalts nicht ausschließen kann. Dennoch werden die Orientierungen als besonders berücksichtigenswerte Beschlüsse des Rats[566] anzusehen sein. Ihre Unverbindlichkeit wurde oben erarbeitet. Dennoch obliegt es auch der EZB, auf die Aufgabenverteilung im Rahmen des Art. 111 EGV Rücksicht zu nehmen. Wäre es der EZB daher völlig anheimgestellt, diese Orientierungen zu ignorieren, so widerspräche das der Intention des Vertrags, da die Regelung des Art. 111 Abs. 2 EGV überflüssig wäre. Aus diesem Grund trifft die EZB die Pflicht, unter Wahrung ihrer Unabhängigkeit und Ungebundenheit im Entscheidungsvorgang, die Orientierungen des Rats zu überprüfen und zumindest im Abwägungsvorgang ausreichend zu berücksichtigen.

4.4.2. Inhalt der „allgemeinen Orientierungen" und Vorrang der Preisstabilität
Schon der Begriff der „allgemeinen Orientierung" legt nahe, daß die Ergebnisse des Rats keine punktuellen konkreten Maßnahmen beinhalten sollen, die EZB also nicht zu einem genau festgelegten Verhalten veranlassen können, sondern als Gegensatz allgemein gehalten sind. Der Begriff „allgemein" schließt eine Definition als „Einzelweisung" gerade aus.[567]

Der Begriff der Orientierung beinhaltet schließlich die Festlegung einer allgemeinen Grundrichtung der zu verfolgenden Wechselkurspolitik. Ihm ist aber auch zu eigen, daß eben weder eine konkrete Zielbestimmung noch eine Festlegung von Mitteln und Maßnahmen erfolgt.[568]

Fraglich ist, ob die Festlegung von Zielkorridoren für das Verhältnis bestimmter Wechselkurse zueinander noch dem Begriff „allgemeine Orientierungen" unterfällt.[569] Denn ein Zielkorridor stellt sowohl bezüglich der Ober- als auch der Untergrenze eine konkrete Festlegung der bevorzugten Wechselkurse dar.

---

565 BK – Hahn / Häde Rn. 604.
566 Formulierung bei Hahn BayVBl. 99 S. 744.
567 Hahn BayVBl. S. 745, ähnlich Bognar S. 360.
568 Hahn BayVBl 99 S. 745, GTE – Smits Art. 109 Rn. 93.
569 Gegen die Zulässigkeit der Festlegung von Zielkorridoren Stadler S. 177, dafür Martenczuk ZaöRV 99 S. 99. Letzterer hält zudem die Orientierungen für verbindlich. Eine Unvereinbarkeit der Festlegung von Zielzonen mit dem Ziel der Preiswertstabilität sieht auch: Issing, Auszüge aus Presseart. Nr. 73/91 S. 2.

Diese Problematik verliert angesichts der fehlenden Verbindlichkeit der Orientierungen jedoch relativ an Gewicht. Eine Unvereinbarkeit mit der Anforderung als „allgemein“ ist daher nur im Einzelfall abzuwägen und zu überdenken. Relevant kann sie nämlich dann werden, wenn durch die Aufstellung von allgemeinen Orientierungen in Verbindung mit einer Veröffentlichung die Unabhängigkeit der EZB in Gefahr geriete. Das könnte zum Beispiel dann geschehen, wenn der Rat recht enge Zielzonen als Orientierungen für die EZB veröffentlichen würde, und dies durch den entstehenden öffentlichen Druck auf die EZB einen Beeinflussungsversuch nach Art. 108 (ex 107) EGV darstellen könnte. Dieser wäre auf jeden Fall dann verboten, wenn die Orientierungen nicht mehr als „allgemein“ anzusehen wären.

Das bedeutet, in derartigen Orientierungen können weder Weisungen gegeben, noch konkrete Verhaltensweisen eingefordert werden. Vielmehr legen sie nur eine allgemeine Grundrichtung fest, innerhalb derer sich die EZB frei bewegen, an der sie sich also orientieren kann.[570]

Zusätzlich müssen sich die Orientierungen an dem Primat der Geldwertstabilität messen lassen. Wie bereits erklärt, unterfällt auch die Wechselkurspolitik dem vorrangigen Ziel der Preiswertstabilität. Das wird in Art. 111 Abs. 2 Satz 2 EGV nochmals ausdrücklich bekräftigt. Das bedeutet, auch der Rat ist in diesem Fall dem Primat der Preiswertstabilität unterworfen.

Diese zusätzliche Bekräftigung bringt zum Ausdruck, daß die Orientierungen selbst das Ziel der Stabilität beachten müssen, sie aber zusätzlich mit der Politik der EZB vereinbar sein müssen, weil sie die Ziele der Geldpolitik und auch die Unabhängigkeit der EZB nicht gefährden dürfen.[571]

5. Fazit

Anhand der soeben erarbeiteten Grundsätze fällt auf, daß die Unabhängigkeit der EZB im Gegensatz zu der der Deutschen Bundesbank fest im EGV (im Gegensatz zur einfachrechtlichen Bestimmung bezüglich der Bundesbank) verankert ist. Dennoch ergeben sich gerade im Verhältnis zum Rat noch einige Konfliktfelder, in denen die Stellung der EZB im Extremfall ernsthaft gefährdet werden könnte. Dies würde aber ein Handeln des Rats voraussetzen, das sich nicht mehr

[570] Zusätzlich sind sie nach der Entschließung des Europäischen Rats von Luxemburg generell nur in besonderen Situationen zu erlassen. Schlußfolgerungen des Vorsitzes Nr. II 8 (Amtsblatt C Nr. 44 1997 oder http://www.europa.eu.int/council/off/conclu/index/htm).

[571] Europäischer Rat, ebd. Fn. 570.

im Einklang mit dem Primärrecht befände. Aber auch in vielen einzelnen Punkten ist eine klare Trennlinie nicht ohne Auslegungsarbeit aufzufinden.

Daher ist die klärende Rolle in diesen Bereichen auf den EuGH übertragen worden. Bevor dies jedoch anschließend[572] behandelt wird, ist auf die teilweise parallel verlaufenden Problembereiche zwischen der EZB und der Kommission sowie anderer Institutionen einzugehen.

[572] Siehe unten Teil 2 Kapitel 5 insgesamt.

Kapitel 2
Konkretes Verhältnis der EZB zur Kommission

Die Kommission ist das politisch verantwortliche, rein supranationale Organ der EG.[573] Ihre Aufgaben sind in Art. 211 (ex 155) EGV grundsätzlich, jedoch nicht umfassend aufgezählt. Sie übt Kontrollbefugnisse ebenso aus, wie weitere Exekutivaufgaben und Initiativrechte im Rahmen der gemeinschaftlichen Rechtsetzung.[574] Nach dem Grundsatz der Regeldelegation des Art. 202 (ex 145) EGV hat der Rat die meisten Ausführungsbefugnisse an die Kommission zu delegieren.[575]

Ein konkreter Interessenkonflikt besteht zwischen EZB und Kommission insofern, als die Kommission ein ständiges Interesse daran hat, die Geldpolitik in eine makroökonomische[576] Koordinierung einzubinden.[577] Ihr obliegen zahlreiche politische Lenkungsfunktionen gem. Art. 211 (ex 155) Spiegelstr. 1 und 2 EGV. Diese Koordinierungs- und Lenkungsaufgaben wären kurzfristig einfacher auszuführen, wenn die Kommission auch Einfluß auf die Geldpolitik nehmen könnte, um dadurch andere Politikbereiche zu beeinflussen.[578]

Im Bereich der Wirtschafts- und Währungspolitik besteht jedoch ein geändertes Verhältnis zwischen Rat und dem Exekutivorgan Kommission.[579] So wurden z.B. die ansonsten oft der Kommission obliegenden Koordinationsaufgaben z.T. an den Rat abgegeben, vgl. Art. 99 (ex 103) EGV, so z.B. die Entscheidung über das Bestehen eines übermäßigen Defizits gem. Art 104 (ex 104c) Abs. 6 EGV.

---

573 So zumindest Schweitzer / Hummer Rn. 910, 197ff.

574 Streinz, Rn. 288. Tabelle der Initiativrechte der Kommission im EGV bei Gündisch / Mathijsen S. 241ff.

575 Genauer hierzu Grabitz / Hilf – Hummer Art. 155 Rn. 98.

576 Handbuch Europ. Recht – von Estorff / Molitor Art. 102a Rn. 2. Zur grundsätzlichen Definition des Begriffs Makroökonomik Vahlens Großes Wirtschaftslexikon Band 2 Stichpunkt Makroökonomik: Der Begriff der Makroökonomik geht auf Keynes zurück und umfaßt die volkswirtschaftlichen Theorien, die gesamtwirtschaftliche Zusammenhänge zu erklären versuchen, indem sie bestimmte institutionelle Gruppen (Haushalte, Unternehmen, Staat) und funktionell bestimmte Aggregate (Volkseinkommen, Konsum, Investitionen) heranziehen und anhand deren Relationen das volkswirtschaftlichen Kreislauf analysieren. Makroökonomische Politik zielt auf die Beeinflussung gerade dieser wesentlichen Faktoren in positiver Weise ab.

577 Sachverständigengutachten 1990 / 91 Ziff. 496.

578 Zu den Beeinflussungsmöglichkeiten z.B. der Beschäftigungspolitik durch eine Manipulation des Geldwerts siehe Teil 1 Kapitel 3 Punkt 1.1. Fn. 167 aber auch Teil 2 Kapitel 3 Punkt 6.

579 Siehe auch BK – Hahn / Häde Art. 88 Rn. 387, Slot S. 248.

Ebenso ist es die Aufgabe des ECOFIN-Rats, im Rahmen des Stabilitätspakts Sanktionen zu erlassen.[580] Dies zeigt, daß die Kommission im Rahmen der Wirtschaftspolitik einiges an Ausführungskompetenzen abgeben mußte.

Des weiteren mußte die Kommission ihre typische Rolle als Exekutivorgan zum Teil an die EZB abgeben. Das zeigt sich ebenfalls an den ausführenden Funktionen, also an dem Recht zu Stellungnahmen oder Empfehlungen und an der Befugnis, Entscheidungen und Verordnungen zu erlassen. Diese Rechte und Befugnisse sind im Bereich der Währungspolitik nicht, wie ansonsten, der Kommission nach Art. 211 (ex 155) EGV, sondern der EZB gem. Art. 34.1 der Satzung des ESZB zugeordnet.[581] Sowohl das geänderte Verhältnis zwischen den Institutionen im Bereich der Geldpolitik als auch die konkrete Zusammenarbeit von EZB und Kommission soll jetzt genauer bewertet werden.

1. Gegenseitige Teilnahmerechte und Informationsaustausch

1.1. Teilnahmerecht des Art. 113 EGV

Die Kommission spielt im Rahmen der Wirtschafts- und Währungspolitik im Gegensatz zu ihrer sonstigen Bedeutung, wie oben schon aufgezeigt, eine geringere Rolle. Der Kommissionsentwurf und der französische Vorschlag zu diesem Bereich enthielten weitgehende Rechte für die Kommission. Bemerkungen der Kommission über die Wirtschafts- und Währungspolitik sollten der EZB unterbreitet und gegebenenfalls veröffentlicht werden.[582] Diese Vorschläge wurden aber nicht in Art. 113 EGV, der die gegenseitigen Teilnahmerechte enthält, aufgenommen.

Das Teilnahmerecht der Kommission an Sitzungen des EZB-Rats hat denselben Umfang wie das des Rats. Das bedeutet, es beschränkt sich nicht auf ein bloßes Anwesenheitsrecht, sondern ermöglicht auch Beiträge zur sachlichen Wechselrede. Denn wie oben schon für den Ratspräsidenten ausgeführt, bedeutet Teilnahme nicht nur passive Anwesenheit des Kommissionsmitglied sondern aktive Teilnahme und freie Rede innerhalb der durch Art. 108 (ex 107) gesetzten Grenzen der sachlichen Diskussion ohne Versuche einer Beeinflussung.[583]

Ebenso wie der Rat[584] hat sie keine Befugnis zur Teilnahme an Sitzungen des Direktoriums der EZB. Die Gründe für dieses fehlende Teilnahmerecht beruhen

---

[580] Siehe Art. 104 (ex 104c) Abs. 11 EGV sowie Art. 11 Satz 1, Art. 13 der VO 1467 / 97.

[581] CMLR 1996 Editorial Comment S. 627.

[582] Krägenau / Wetter Dok. Nr. 41 S. 195 (201), Dok. Nr. 64 S. 343 (345).

[583] Ausführlich Teil 1 Kapitel 2, siehe ebenfalls Hahn, JZ 99 S. 958.

[584] Siehe vorne Teil 2 Kapitel 1 Punkt 2.1.1.

in erster Linie auf denselben Erwägungen, die auch gegenüber dem Rat vorzubringen sind. Aus der Stellung der Kommission könnte sich jedoch anderes ergeben.

Die Kommission ist gem. Art. 211 (ex 155) EGV grundsätzlich stets die „Hüterin der Verträge". Es liegt daher in ihrer allgemeinen Kompetenz, die Vereinbarkeit von Handlungen von Institutionen des Gemeinschaftsrechts mit dem EGV zu überwachen. Wegen der ausschließlichen Kompetenz der EZB im Bereich der Geldpolitik kann aber in diesem Bereich eine zusätzliche Kontrollbefugnis der Kommission durch Teilnahme an verwaltungsinternen Sitzungen nicht begründet werden, sie ist vielmehr sogar zu verhindern. Eine solche Befugnis käme nämlich einer Zweckmäßigkeitskontrolle des Handelns der EZB, über eine bloße Rechtmäßigkeitsüberprüfung hinaus, nahe.

1.2. Fehlendes Antragsrecht der Kommission

Der Kommission ist im Rahmen des Art. 113 Abs. 1 Satz 2 EGV im Gegensatz zum Rat jedoch kein eigenes Antragsrecht zugestanden worden. Der Grund hierfür ist in dem verschobenen Verhältnis zu suchen, das im Rahmen der Währungspolitik zwischen den einzelnen Aufgabenbereichen von Kommission, Rat und EZB besteht. Die Kommission als eigentliches Exekutivorgan tritt ihre Aufgaben im Bereich der Währungspolitik zum großen Teil an die EZB ab.[585] Bei der Schaffung des Vertrags gab es sogar Bestrebungen, die Kommission gänzlich aus diesem Kooperationsverfahren herauszuhalten.[586]

Eine strukturelle Verschiebung erfolgt auch zugunsten des Rats gegenüber der Kommission aber auch gegenüber dem EuGH gem. Art. 104 (ex 104c) Abs. 10 EGV. Durch diesen Artikel wird die Kommission in ihren Klagerechten eingeschränkt. Sie kann kein Vertragsverletzungsverfahren erheben, das einen Verstoß eines Mitgliedstaates gegen die Pflicht zur Einhaltung der Haushaltsdisziplin gem. Art. 104 Abs. 1 bis 9 EGV zum Inhalt hat. Diese Regeln betreffen die Lage der nationalen Haushalte und insbesondere übermäßige Defizite. Der Kommission wird in den Absätzen 2 bis 5 lediglich ein Kontrollrecht und Initiativrecht bezüglich Sanktionsmaßnahmen zugestanden. Sie ist somit in diesem Bereich zumindest zum Teil aus ihrer Hüterrolle entlassen.[587]

---

585 Zur Vergleichbarkeit der EZB und der Kommission im exekutiven Bereich auch Gormley S. 11.

586 Der Sachverständigenentwurf 1990 weist insbesondere auf den Interessenkonflikt mit den sonstigen Aufgaben der Kommission hin, Jahresgutachten 1990 Nr. 496f. Für ein Teilnahmerecht der Kommission sprach sich hingegen schon der Delors-Bericht Ziff. 34 aus.

587 Everling – Diskussionsbeiträge S. 99f.

Die Entscheidung zur Versagung eines eigenen Antragsrechts hängt sowohl mit dem hier abgeänderten Aufgabenfeld durch die Schaffung einer eigenständigen Institution als auch mit dem originären Interessenkonflikt zwischen Kommissionsaufgaben und den Aufgaben der EZB zusammen. Der im Zusammenhang mit dem Stabilitätsgesetz gesetzlich[588] eingerichtete Sachverständigenrat für das gesamtwirtschaftliche Gleichgewicht sah in einem Antragsrecht eine Gefahr für die Unabhängigkeit der EZB. Die mehrjährigen Leitlinien, welche die Kommission im makroökonomischen Bereich aufstellt, ebenso wie die multilateralen Überwachungsprozesse wären nämlich effektiver, könnte man die monetäre Komponente mitbestimmen.[589] Die Kommission selbst kündigte im Rahmen der Diskussion über ein derartiges Antragsrecht eine rege Mitarbeit an.[590] Aufgrund dieses sich abzeichnenden Konflikts wurde das Antragsrecht der Kommission nicht in den Vertrag aufgenommen. Ihr steht somit das bloße Rederecht zur Verfügung.

1.3. Teilnahme an Beratungen der Kommission

Der Vertrag hat aber auch kein dem Art. 113 Abs. 2 EGV entsprechendes Teilnahmerecht des Präsidenten des EZB-Rats an Sitzungen der Kommission normiert.

Damit könnte im Vertrag eine abschließende Regelung getroffen sein, die eine dauerhafte Einladung des Präsidenten des EZB-Rats oder eines anderen Mitglieds verhindern könnte. Die gegenseitigen Teilnahmerechte sind in Art. 113 (ex 109b) EGV recht ausführlich niedergelegt worden. Sie waren Gegenstand einer umfangreichen Diskussion mit zahlreichen verschiedenen Regelungsentwürfen.[591] Daher erscheint es unwahrscheinlich, daß die Auslassung auf bloßer Nachlässigkeit basiert.

Allerdings erscheint ein gegenseitiges Teilnahmerecht wegen der engen Verwobenheit der Aufgabenbereiche in der Praxis durchaus sinnvoll.[592] Insofern wird vorgeschlagen, daß die Kommission in ihrer Geschäftsordnung eine Teilnahme von Mitgliedern des Direktoriums zuläßt, bzw. sich selbst verpflichtet, eine der-

---

588 § 6 Abs. 1 des Gesetzes über die Bildung eines Sachverständigenrats zur Begutachtung der gesamtwirtschaftlichen Entwicklung.

589 Argumentation bei Sachverständigengutachten 90 Ziff. 496.

590 Gutachten der Kommission Krägenau / Wetter Dok. Nr. 42 S. 203ff, Stadler S. 50 ff.

591 Siehe dazu ausführlich Stadler S. 160, unter besonderer Berücksichtigung der entgegengesetzten Vorstellungen des Europäischen Parlaments im Franz-Bericht, z.B. Anhang Art. 7 Abs. 4 (Krägenau / Wetter Teil B Dok. Nr. 27 S. 141ff) und dem Delors – Ausschuß Ziff. 34 (Dt. Bundestag, Wiss. Dienste I).

592 Dafür sprechen sich sowohl Smits S. 173f als auch Hahn JZ 99, S. 959 aus.

artige Teilnahme zu initiieren. Ein derartiger Vorschlag verstößt auch nicht gegen den Vertrag, wenn dieser nicht als abschließend ausgelegt wird. Hier muß die teleologische Auslegung vorrangig vor der historischen erfolgen. Den Zielen des Vertrags wäre aber hier in keiner Weise gedient, würde man den Vertrag als abschließend auslegen und somit eine Teilnahme als unzulässig qualifizieren, denn das widerspräche dem Zweck der gesamten Norm, die ja gerade eine gegenseitige Kooperation ermöglichen will. Den Vertrag daher als abschließend zu lesen und ein Teilnahmerecht als unzulässig zu qualifizieren, würde der Effizienz der Kommissionsarbeit zuwiderlaufen.

Die Teilnahme Dritter stellt auch für die Kommission eine Erleichterung ihrer Arbeit, nämlich der Ausarbeitung der einzelnen Initiativmaßnahmen im Rahmen der Rechtsetzung und bei sonstigen Beschlüssen dar. Zusätzlich kann eine Teilnahme von Mitgliedern der EZB gerade im Hinblick auf die Auswertung von statistischem Material, das die Kommission auch im Aufgabenkreis der EZB z.B. durch EUROSTAT ermittelt, nützlich sein.

Grundsätzlich können zu Sitzungen von Institutionen Sachverständige und andere Beteiligte geladen werden. Die GeschO der Kommission[593] ermöglicht es gem. Art. 8 ausdrücklich, daß in einer Durchführungsverordnung Teilnahmerechte Dritter an den Sitzungen festgelegt werden.[594]

Allerdings muß man sehen, daß auch der Rat nicht an den wöchentlich stattfindenden Sitzungen der Kommission teilnimmt.[595] Deren Inhalt ist aufgrund des nach Art. 219 (ex 163) Satz 2 EGV geltenden Kollegialprinzips, nach dem sämtliche Beschlüsse mit der Stimmenmehrheit getroffen werden müssen, stets äußerst umfangreich und inhaltlich selten auf lediglich ein Thema begrenzt. Daher ist ein ständiges Teilnahmerecht an Kommissionssitzungen weder realistisch ausübbar, noch inhaltlich sinnvoll, nicht zuletzt wegen der für die Kommission geltenden Vertraulichkeitsgrundsätze. Es könnte aber zumindest dann regelmäßig eingeführt werden, wenn die die EZB betreffenden Gebiete tangiert werden.

---

593 GeschO Kommission siehe 93/492 Euratom/EGKS/EWG ABl. L 230 S. 15 vom 17. 2. 1993 geändert durch ABl. L 97/82 im Jahre 1997.

594 Die GeschO der Kommission beruht auf Art. 218 (ex 162) Abs. 2 EGV. Da gem. Art 3 der GeschO die Kommission wöchentlich tagt, ist ein ständiges Teilnahmerecht nicht zu erwarten. Derzeit gibt es nach Auskunft der Kommission keinerlei Bestrebungen, ein derartiges Teilnahmerecht der EZB in die GeschO aufzunehmen.

595 Grabitz / Hilf – Hummer Art. 162 Rn. 14.

1.4. Berichtspflicht der EZB gegenüber der Kommission

Nach Art. 113 Abs. 3 S. 2 EGV erhält die Kommission zwar den Jahresbericht der EZB, dieser wird aber nicht vom EZB-Präsidenten präsentiert, sondern der Kommission lediglich unterbreitet. Diese Differenzierung zu Rat und Europäischem Parlament verdeutlichen die geringere Bedeutung der Kommission, der der Präsident der EZB nicht persönlich Rede und Antwort stehen muß.

2. Verhältnis zwischen EZB und Kommission im Bereich der Rechtsetzung

Im Bereich der Rechtsetzung stehen der Kommission zahlreiche Initiativrechte zu. An einigen Stellen wurden aber ebenfalls Initiativrechte der EZB[596] normiert. Es stellt sich die Frage, ob durch die Parallelbefugnisse der EZB die Rolle der Kommission in diesem Bereich als zurückgesetzt angesehen werden kann.[597]

2.1. Geteiltes Initiativrecht

In einigen Bereichen des Währungsrechts ergibt sich ein geteiltes Initiativrecht von EZB und Kommission. Das ist z.B. bei den Änderungen des Protokolls über die Satzung des ESZB gem. Art. 107 (ex 106) Abs. 5 EGV, bei dem Erlaß von zusätzlichen Ratsbestimmungen gem. Art 107 Abs. 6 EGV und bei der Festlegung von förmlichen Wechselkursabkommen nach Art. 111 Abs. 1 EGV der Fall.

Fraglich ist, ob sich dieses geteilte Initiativrecht für die Kommission als eine Beschränkung ihrer Stellung darstellt. Dagegen spricht, daß die Kommission an den Sitzungen des EZB-Rats teilnehmen und somit die Entwicklung von derartigen Empfehlungen verfolgen kann. Da sich das dortige Teilnahmerecht nicht nur auf ein bloßes passives Anwesenheitsrecht erstreckt,[598] kann sie auch am Beratungsprozeß innerhalb einer sachlichen Diskussion teilnehmen. Im Gegensatz dazu ist die Kommission derzeit nicht verpflichtet, den EZB-Rat an Überlegungen zu Initiativrechten von ihrer Seite aus teilnehmen zu lassen.

Nach der Ausübung von Initiativrechten durch die EZB ist die Kommission stets anzuhören. Dieses Teilnahmerecht stellt aber ein Minus zu dem eigenen Initiativrecht dar. Denn im Rahmen einer Anhörung kann der Rat die Meinung der

---

596 Art. 107 (x 106) Abs. 5 und 6 EGV, Art. 111 (ex 109) Abs. 1 und 3 EGV.

597 CMLR 1996, Editorial Comments S. 626f.

598 Siehe zum Umfang des Teilnahmerechts Teil 1 Kapitel 2 Punkt 6.2 und Teil 2 Kapitel 1 Punkt 2.1.1.

Kommission verwerfen, ohne einstimmig handeln zu müssen. Handelt er dagegen auf Vorschlag der Kommission, so kann er hiervon gem. Art. 250 (ex 189a) Abs. 1 EGV nur durch einstimmiges Votum abweichen.[599]

Fraglich ist, ob die Kommission das asymmetrische Verfahren bei Satzungsänderungen der ESZB-Satzung torpedieren und ihre eigene Position durch eine „Gegeninitiative" stärken kann.

Das bedeutet, fraglich ist also, ob die Kommission nach einer Rechtsetzungsinitiative durch die EZB zum selben Thema eine Rechtsetzungsinitiative nach ihren Vorstellungen ausarbeiten könnte, die dann vom Rat nur einstimmig abänderbar wäre. Dies würde das Initiativrecht der EZB und das asymmetrische Verfahren entwerten.

Das ist aber nicht der Fall. Der Rechtsetzungsvorgang zu einem bestimmten Thema kann bis zu seinem Abschluß nur einmal in Gang gesetzt werden. Jede nachträgliche Äußerung der jeweils nicht initiierenden Institution kann nur als Wahrnehmung eines Stellungnahmerechts angesehen werden, gleichsam wie detailliert das Ganze auch sein mag.

Daher kann man sagen, daß das geteilte Initiativrecht die Rolle der Kommission im Bereich der Währungspolitik verringert. Die hervorgehobene Stellung der EZB im asymmetrischen Verfahren des Art. 107 (ex 106) Abs. 5 EGV kann durch die Kommission nicht herabgesetzt werden.

2.2. Ausführungsverordnungen im Bereich der Geldpolitik

Grundsätzlich erläßt die Kommission dort, wo der Rat sie dazu ermächtigt Ausführungsverordnungen (vgl. Art. 211 (ex 155) EGV). Die Kompetenz bezüglich der gemeinschaftlichen Währungspolitik[600] aber liegt in den Händen der EZB. In diesem Bereich hat die Alleinrechtsetzungsbefugnis der EZB bezüglich der Ausführungsverordnungen die Rechtsetzungsbefugnis der Kommission vollkommen verbannt. Das stellt eine Zuständigkeitsverschiebung im Gegensatz zum restlichen gemeinschaftsrechtlichen Aufgabenbereich dar.

---

[599] Diese Norm gilt aber wiederum nicht nach den Empfehlungsinitiativen der Kommission gem. Art. 111 (ex 109) EGV.

[600] Dies ist insofern ungenau, als zur Währungspolitik auch die Gestaltung des Geldwesens auf internationaler Ebene zählt. (vgl. Issing, Geldpol. S. 1) Die Wechselkurskompetenz hat jedoch gem. Art. 111 (ex 109) EGV der Rat inne. Aber auch hier steht der EZB ein Mitspracherecht zu. Dazu vgl. schon Teil 2 Kapitel 1 Punkt 4.2.1.2 und 4.4.

2.3. Unverbindliche Akte: Empfehlungen und Stellungnahmen

Im Bereich der Geldpolitik hat die EZB gem. Art. 110 (ex 108a) Abs. 1 a.E. EGV die Befugnis zum Erlaß von Empfehlungen und Stellungnahmen. Diese Befugnis entspricht derjenigen der Kommission in Art. 211 (ex 155) EGV.

Nach Art. 211 (ex 155) EGV 2. Spiegelstrich kann die Kommission ebenfalls unverbindliche Empfehlungen und Stellungnahmen abgeben. Da sie hierfür zusätzlich zu Art. 211 EGV keine weitere Befugnisnorm benötigt,[601] kann sie dies auch im Bereich der Währungspolitik tun. Eine Grenze ist allerdings dort zu ziehen, wo Art. 108 (ex 107) EGV eingreift und die Kommission durch ihr Verhalten droht, die Unabhängigkeit der EZB zu gefährden. Das betrifft in erster Linie die – gemäß Art. 249 (ex 189) EGV unverbindlichen - Stellungnahmen und Empfehlungen der Kommission. Da die Politik der EZB stark auf Glaubwürdigkeit nach außen aufbaut, haben solche Akte der Kommission unter Umständen erhebliche politische Wirkung.[602] Dies gilt insbesondere bei der Veröffentlichung solch unverbindlicher Akte, die im Ermessen der Kommission steht. Die Grenze der Manipulation und Beeinflussung ist im Einzelfall zu ziehen. Dabei sind die oben[603] aufgestellten Bewertungskriterien uneingeschränkt anzuwenden.

3. Die Kommission in gerichtlichen Verfahren

Dennoch steht auch die Kommission in einem engen Verhältnis zur Zentralbank. Die Kommission wird wegen ihrer Aufgabenstellung gem. Art. 211 (ex 155) EGV, insbesondere aber wegen ihrer Befugnis zur Einleitung des Vertragsverletzungs- oder Aufsichtsverfahrens nach Art. 226 (ex 169) und dem Recht zum Antrag auf Verhängung von Sanktionen gem. Art. 228 (ex 171) Abs. 2 Unterabs. 2 Satz 2 EGV auch als die „Hüterin der Verträge"[604] bezeichnet. Zum Teil wird diese Konstellation zwischen Kommission und EZB mit der Problematik der Rechtsaufsicht über die Bundesbank verglichen.[605] Die Frage einer Rechtsaufsicht, also der Überwachung der Gesetzmäßigkeit des Handelns der Zentralbank war bezüglich der Bundesbank umstritten. Das hatte mit der erschwerten Einordnung der Bundesbank in das Gefüge der Bundesrepublik zu tun. Die Rechtsaufsicht hätte im Falle eines Bestehens der Regierung, also dem Exekutivorgan zu-

---

[601] Lenz - Breier Art. 211 Rn. 6.
[602] So auch Endler S. 418.
[603] Siehe Teil 1 Kapitel 2, insb. Punkt 6.1.
[604] Streinz, Rn. 296, Oppermann Rn. 352, 365.
[605] Endler S. 418.

gestanden.[606] Die Konstellation zwischen EZB und Kommission mag hier wegen der grundsätzlichen Stellung der Kommission vergleichbar erscheinen, die Problemfelder ähneln sich jedoch nicht. Das liegt daran, daß die Aufgabe der Kommission zur Überwachung der Rechtmäßigkeit des Handelns der einzelnen Institutionen weiter gefaßt ist. Sie überwacht ausdrücklich sämtliche Vertragsinhalte und kann somit eine umfassende Rechtmäßigkeitskontrolle vornehmen. Sie kann gerichtlich gegen ihrer Ansicht nach rechtswidriges Verhalten der EZB vorgehen.

Im Verhältnis zur Zentralbank hat die Kommission aber keine besondere Hüterrolle. Denn ihre Befugnis und Pflicht zur Einleitung von Vertragsverletzungs- und Aufsichtsverfahren gem. Art. 226 (ex 169) EGV gilt nur gegenüber Mitgliedstaaten. Gegenüber der EZB ist sie befugt, eine Nichtigkeits- oder Untätigkeitsklage (Art. 230, 232; ex 173, 175 EGV) einzuleiten. Dabei ist sie privilegiert klagebefugt, was bedeutet, sie muß keine eigenen Rechtsverletzungen geltend machen, sie kann statt dessen Verfahren über rein objektive Rechtsverstöße anstrengen. Allerdings ist die Herausstellung der Kommission in diesem Bereich nicht gerechtfertigt.[607] Denn ebenso stehen dieselben Klagebefugnisse der Art. 230 (ex 173) und 231 (ex 174) EGV dem Rat und den Mitgliedstaaten privilegiert zu. Das bedeutet, auch sie können eine derartige Klage anstrengen, ohne in eigenen Rechten verletzt zu sein. Auch das Europäische Parlament kann eine derartige Klage, allerdings unter der Berufung auf die Verletzung eigener Rechte, anstrengen.

Als Konsequenz kann man daraus die Schlußfolgerung ziehen, daß lediglich der EuGH die eigentliche Kontrollfunktion bezüglich der Politik der EZB innehat. Die Kommission dagegen kann, ebenso wie andere Organe, eine Kontrolle durch den EuGH lediglich herbeiführen.

---

[606] Zu diesem Problem Hahn, Währungsrecht § 18 Rn. 2 m.w.N., ausführlich auch Brosius-Gersdorf S. 169ff.

[607] So auch Gündisch / Mathijsen S. 72

Kapitel 3
Konkretes Verhältnis der EZB zum Europäischen Parlament

Auch das Europäische Parlament ist Adressat des in Art. 108 (ex 107) EGV normieren Weisungsverbots. Das Verhältnis einer Zentralbank zum Parlament läßt sich generell in zwei Komponenten unterteilen.[608] Das ist auf der einen Seite die Unabhängigkeit vom Parlament als Instanz der Legislative und auf der anderen Seite die Unabhängigkeit vom Parlament als Kontrollorgan. Es ist aber auch klar, daß ein Ausgleich zwischen notwendiger Unabhängigkeit und notwendiger demokratischer Kontrolle vorhanden sein muß. Die im Rahmen der Währungsunion gezogene Grenzlinie soll hier aufgezeigt und bewertet werden.

1. Allgemeines zur Stellung des Europäischen Parlaments in der EU

Das Europäische Parlament ist von den nationalen Parlamenten grundsätzlich in seinem Aufgabenbereich zu unterscheiden. Es ist nicht, wie diese, das Organ der Legislative oder die Volksvertretung, sondern stellt vielmehr gem. Art. 190 (ex 138) Abs. 1 EGV die Vertretung der in der Gemeinschaft zusammengeschlossenen Völker dar. Als Gesetzgebungsorgan - vergleichbar mit dem Bundestag - ist das Europäische Parlament auch nach einer gewissen Stärkung durch den Amsterdamer Vertrag[609] nicht anzusehen. Es hat im Rahmen der Gesetzgebung kein Initiativrecht sondern muß nur in verschiedener Weise in das Rechtsetzungsverfahren einbezogen werden.[610] Seine Kompetenzen im Bereich der Rechtsetzung sind auch nach dem Amsterdamer Vertrag eher im Bereich der Zusammenarbeit und nur vereinzelt als Zustimmungserfordernis ausgearbeitet.[611] Die Kompetenzen des Europäischen Parlaments sind in den Verträgen abschließend geregelt. Es handelt sich in erster Linie um Beratung und gewisse Kontrollrechte.

---

[608] So Janzen S. 120; schon Lampe S. 21.

[609] Vgl. nur Steinberg, ZRP 1999 S. 367f.

[610] Die im EGV vorgesehenen Verfahren sind in Art. 251 (ex 189b) Mitentscheidungsverfahren und Art 252 (ex 189c) Verfahren der Zusammenarbeit geregelt. Das Zustimmungsverfahren gilt dagegen als vertraglich nicht geregelt (so Gündisch / Mathijsen S. 145 m.w.N. Wertung auch bei Oppermann Rn. 270)

[611] Die Stellung des Europäischen Parlaments war Thema zahlreiche Arbeiten, um nur einige überblicksweise zu nennen: Oppermann Rn. 251 ff, Götz JZ 1997 S. 990ff; Reich Dietmar, Rechte des Europäischen Parlaments in Gegenwart und Zukunft; Suski Birgit, Das europäische Parlament; Corbett, The European Parliament.

2. Stellung des Parlaments als Organ der demokratischen Kontrolle

Mancherorts wird ein Verstoß gegen das Demokratieprinzip durch die Tätigkeit der EZB angemahnt. Dieses Demokratiedefizit wird allgemein der EU[612] vorgehalten aber im besonderen auch der EZB, die als unabhängige Institution noch darüber hinaus einen „Fremdkörper“ darstellt. Die Stellung des Europäischen Parlaments ist dabei wegen seiner geringen Rechtsetzungs- und Überwachungsfunktionen auch nur von verminderter Bedeutung. Die demokratische Legitimation konnte für die Schaffung der EZB nur von den nationalen Parlamenten ausgehen. Die Legitimationsbasis für die EZB wird aus dem Zustimmungsgesetz zum Vertrag von Maastricht[613] gezogen. Die 15 nationalen Regierungen und 15 nationalen Parlamente der EU-Mitgliedstaaten haben den Vertrag von Maastricht einschließlich des Statuts des ESZB und der EZB ratifiziert. Diese Zustimmungsgesetze bilden die demokratische Basis für das Bestehen der unabhängigen EZB.

Insbesondere ist dabei aber ein Demokratiedefizit bezüglich der Zentralbank in sachlicher Hinsicht, also betreffend die konkreten Handlungen der EZB zu beachten. Eine demokratische Legitimation ergibt sich aus der Rückkopplung der Aufgabenausführung in letzter Konsequenz auf das Staatsvolk. Diese Rückkopplung kann aufgrund von Wahlen geschehen aber auch durch die Kontrolle verantwortlicher Stellen.[614] Sie fehlt bezogen auf den sachlich- inhaltlichen Bereich bei der EZB.[615]

Eine demokratische Legitimation ergibt sich bezüglich des Handelns von Organen nicht lediglich daraus, daß ihre Ernennung und die grundsätzliche Aufgabenzuweisung in demokratisch gerechtfertigter Weise stattgefunden hat. Es wird daher im Besonderen kritisiert, daß die einmalige demokratische Legitimation durch das Zustimmungsgesetz zur Währungsunion der demokratischen Verantwortlichkeit der Zentralbank nicht Genüge tut.[616] Die demokratische Legitimation bezieht sich lediglich auf die Institution an sich. Sie umfaßt nicht ausreichend die konkrete Aufgabenerfüllung im Zeitablauf. In diesem Zusammenhang wurde des öfteren eine verstärkte demokratische Kontrolle der Tätigkeiten der

---

[612] Vgl. nur Steinberg ZRP 1999 S. 365ff.

[613] Gesetz vom 28. 12. 1992 zum Vertrag vom 7.02.1992 über die Europäische Union (BGBl. II, 1251).

[614] Argumentation dargestellt bei Hahn JZ 99 S. 961 m.w.N.

[615] Zur Problematik des Demokratiedefizits siehe ausführlich Waigel insb. S. 199ff, Endler S. 565.

[616] Lastra S. 499, Waigel S. 199f.

EZB durch das Europäische Parlament gefordert.[617] Das bestehende Demokratiedefizit wurde jedoch aus deutscher Sicht vom Bundesverfassungsgericht als hinnehmbar eingestuft.[618] Daher ist nun zu Beginn das bestehende System der parlamentarischen Kontrolle der EZB durch das Europäische Parlament näher zu betrachten.

In personeller Hinsicht findet sich dagegen eine Legitimierungskette durch das Europäische Parlament und die Kommission, da die Entscheidungsträger, also die Mitglieder des Direktoriums und des EZB-Rats von demokratisch legitimierten Organen berufen und bestätigt werden.

3. Konkrete Zusammenarbeit zwischen Europäischem Parlament und EZB

3.1. Berichtspflicht gem. Art. 113 Abs. 3 Unterabs. 1 EGV

Die EZB unterbreitet dem Europäischen Parlament einen Jahresbericht.[619] Diesen legt der Präsident der EZB dem Europäischen Parlament persönlich vor. Der Inhalt des vorgelegten Berichts umfaßt die Tätigkeiten des ESZB und die Geld- und Währungspolitik sowohl des laufenden als auch des vergangenen Geschäftsjahres. Dadurch wird nicht nur die Möglichkeit der Diskussion über die gegenwärtige Lage der Geldpolitik gegeben, sondern auch die längerfristige Entwicklung veranschaulicht. Dieser Jahresbericht ist nicht als Rechenschaft gegenüber dem Europäischen Parlament, sondern als bloße Information zu verstehen. Der Bericht ist aber dennoch als notwendig zu bewerten, um dem Gebot der „democratic accountability", der demokratischen Verantwortlichkeit zu genügen.[620] Auf diesen Bericht folgt gem. Art. 113 Abs. 3 Satz 2 EGV eine allgemeine Aussprache. Die Durchführung dieser Aussprache liegt im Ermessen des Parlaments. Eine solche Aussprache gem. Art. 113 EGV endet nicht mit rechtsverbindlichen Akten durch das Parlament, da dies der Weisungsfreiheit der EZB gem. Art. 108 (ex 107) EGV widerspräche.[621]

Das bedeutet, das gesamte Verfahren des Dialogs zwischen der EZB und dem Europäischen Parlament zur Darlegung der Geldpolitik ist auf Information und Kooperation, nicht aber auf Rechenschaft ausgelegt. Das heißt wiederum, daß der Präsident des EZB-Rats sich nicht für seine Geldpolitik vor dem Parlament zu

---

[617] Gormley S. 14.
[618] NJW 1993 S. 3047, sog. Maastricht – Urteil.
[619] Veröffentlicht im Internet unter www.ecb.int.
[620] Pipkorn EuR S. 89.
[621] Janzen S. 121, BBPS S. 116.

verantworten hat. Der Unterschied zwischen Rechenschafts- und Berichtspflicht liegt darin, daß bei der bloßen Berichtspflicht keine Sanktionen vom Parlament verhängt werden können. Im konkreten Fall also hat das Parlament nicht die Möglichkeit, den Präsidenten durch einen offiziellen Beschluß zu sanktionieren, zu entlasten, oder seine Handlungen zu bewerten. Es kann auch keine Maßnahmen für die Zukunft anweisen.[622] Es handelt sich vom Themenbereich her lediglich um eine nachträgliche Auskunft über vergangene Tätigkeiten. Der Themenbereich ist des weiteren darauf beschränkt, daß nur Tätigkeiten auf Gemeinschaftsebene umfaßt sind.[623] Das bedeutet, das Verhalten der nationalen Zentralbanken ist nur von beschränkter Bedeutung. Hierin ist auch der Grund zu erblikken, weswegen die Präsidenten der nationalen Zentralbanken nicht die Pflicht haben, vor dem Europäischen Parlament Bericht zu erstatten.

Die Aussprache im Parlament kann durchaus auch Kritik an der Politik der EZB beinhalten, jedoch kann das Parlament der EZB keine rechtsverbindlichen Anweisungen bezüglich des Vorgehens im Rahmen der Geldpolitik geben. Auch hier gelten des weiteren die allgemeinen Grundsätze, daß der Bereich der sachlichen Wechselrede nicht verlassen werden darf, da sonst eine verbotene Beeinflussung der EZB erfolgen würde. Die sachliche Diskussion ist somit der maximale Rahmen für den Dialog des Europäischen Parlaments mit der EZB, innerhalb dieses Rahmens kann es aber einen kritischen Dialog führen.

3.2. Anhörungen nach Art. 113 Abs. 3 Unterabs. 2 EGV

Nach Art. 113 Abs. 3 a.E. EGV können der Präsident und andere Mitglieder des Direktoriums auf Ersuchen des Europäischen Parlaments von den zuständigen Ausschüssen des Parlaments angehört werden. Das Parlament unterhält einen ständigen Ausschuß für Währungsfragen.[624] Eine Anhörung vor diesem Ausschuß kann auch auf die Initiative der Mitglieder der EZB erfolgen.

Aus der Formulierung „können ... gehört werden“ könnte man schon vom Wortlaut her herauslesen, daß keine Rechenschaftspflicht gegenüber dem Parlament vorliegt.[625] Die Formulierung „gehört werden“ ist eine starke Abschwächung zu der vom Europäischen Parlament im Franz – Bericht[626] geforderten allgemeinen Rechenschaftspflicht. Die Pflicht der EZB erstreckt sich auf eine

---

[622] So auch Hahn, JZ 1999 S. 958.

[623] So Hahn JZ 1999 S. 958, zu dem Verfahren siehe auch EZB Jahresbericht 99 S. 133ff.

[624] Zu den ständigen Ausschüssen des Europäischen Parlaments vgl. Geschäftsordnung des Europäischen Parlaments u.a. veröffentlicht unter: www.europarl.eu.int.

[625] So zumindest Stadler S. 164 m.w.N.

[626] Europäisches Parlament, Franz – Bericht 14. 4. 1989 Anhang Art. 7 Abs. 5.

Darlegung und Erläuterung der Themenpunkte. Eine Pflicht zur Rechtfertigung der Geldpolitik hat die Zentralbank auch gegenüber dem Ausschuß für Währungsfragen nicht. Denn diese müßte gesondert und ausdrücklich normiert sein.

Die Protokolle der Ausschußsitzungen werden ebenfalls veröffentlicht.[627] Wiederum sind die Grenzen des Art 108 (ex 107) EGV zu ziehen. Die allgemeinen Aussprachen dürfen nicht dazu dienen, zu versuchen, die Geldpolitik der EZB zu beeinflussen.

Die Geschäftsordnung des Europäischen Parlaments[628] sieht in Art. 40.3 vor, daß der Präsident der EZB aufgefordert wird, mindestens viermal jährlich an Sitzungen des zuständigen Ausschusses für Wirtschaft und Währung teilzunehmen, um eine Erklärung abzugeben und Fragen zu beantworten. Diese vier zusätzlichen Termine sind auch im Programm der EZB festgelegt. Das heißt, es finden generell jährlich fünf Aussprachen mit dem Parlament, folgend jeweils auf den Vierteljahresbericht sowie auf den Jahresbericht der EZB statt. Die EZB hat sich aber nicht in ihrer eigenen Geschäftsordnung[629] rechtsverbindlich selbst verpflichtet, diese Termine zu initiieren oder wahrzunehmen.

Zusätzlich kann das Europäische Parlament gem. Art. 113 (ex 109b) Abs. 3 a.E. EGV die Mitglieder des Direktoriums ersuchen, zu weiteren Aussprachen zu erscheinen. Fraglich ist, ob den betreffenden Personen aus diesem Ersuchen eine Pflicht zum Erscheinen besteht. Bedeutsam ist für diese Frage die Wortwahl von Art 113 Abs. 3 a.E. EGV. Statt „Einladung" wird hier das Wort „Ersuchen" verwendet. Könnte man noch überlegen, ob eine Ladung durch ein Organ generell für den Betroffenen eine Verpflichtung nach sich zieht, zu erscheinen, so kann dies bei dem Wort „Ersuchen" wohl abgelehnt werden. Der Begriff ist vertraglich nicht vorgeprägt. Es existiert kein derart benannter Rechtsakt. Das Wort enthält vielmehr ein bittendes Element. Daraus ergibt sich, daß das Parlament die Mitglieder des Direktoriums nicht verpflichten kann, dem Ersuchen nachzukommen.[630] Die im Gegensatz zu Art. 113 Abs. 3 EGV in der Geschäftsordnung des Parlaments stärkere Formulierung, die Personen zum Erscheinen „aufzufordern", kann ebenfalls keine zusätzliche Pflicht für die Mitglieder des Direktori-

---

[627] Das geschieht sowohl auf dem Server der EZB www.ecb.int als auch auf dem Server des Europäischen Parlaments unter http://www.europarl.eu.int/dg2/econ/EMU/EN/default.htm.

[628] GeschO EP siehe in Sartorius II Nr. 260, Fassung vom Februar 1997 ABl. 97 Nr. L 49/1.

[629] GeschO EZB Fassung vom 22. April 1999, ABl. Nr. L 125 vom 19. 5.1999 S. 34, ebenso Compendium EZB S. 111ff.

[630] Anderer Ansicht: Amtenbrink S. 299 Fn. 686: der EZB-Rat „cannot insist on being heard and the EP cannot compel the former to appear".

ums begründen. Die Geschäftsordnung einer anderen Institution kann sie nicht stärker binden als Primärrecht.

Diese Auslegung wird auch durch die Vertragssystematik getragen. Zum einen entspricht sie dem allgemeinen Grundsatz des Art. 108 (ex 107) EGV, daß keine Weisungsrechte des Europäischen Parlaments gegenüber der EZB bestehen. Zum anderen ist der Mindeststandard an gegenseitigen Berichtspflichten der einzelnen Institutionen abschließend geregelt. Die Vertragsregeln, die terminlich und anzahlmäßig bestimmt die Berichtspflichten der EZB regeln, sind ausführlich genug, um als abschließend zu gelten. Eine Verpflichtung der Mitglieder des Direktoriums zum Erscheinen würde die Anzahl der wahrzunehmenden Berichtstermine alleine in das Belieben des Parlaments stellen. Das entspricht nicht der Systematik und den Zielen des Vertrags. Daher treffen die Mitglieder des Direktoriums keine Sanktionen bei Nichtwahrnehmung des vom Parlament gewünschten Termins.[631]

Beachtlich ist in diesem Zusammenhang noch, daß das Europäische Parlament keine Möglichkeit hat, jedes Mitglied des EZB-Rats aufzufordern, eine Aussprache wahrzunehmen. Die Präsidenten der nationalen Zentralbanken sind nicht in den Informationsaustausch eingebunden. Da aber die Politik der EZB eine einheitliche ist, und die nationalen Zentralbanken und deren Präsidenten gem. Art. 12.1 Unterabs. 2 Satz 2 ESZB-Satzung weisungsgebunden gegenüber den Leitlinien der EZB sind, erscheint eine Anhörung dieser Personen als nicht notwendig, da das Parlament ja den Präsidenten der EZB anhören kann. Diese Weglassung zeigt im Gegenteil, daß die Anhörungen durch das Parlament keinerlei Rechenschaftscharakter haben.

3.3. Allgemeine Beratungen des Europäischen Parlaments über die Geldpolitik

Das Europäische Parlament hat die Befugnis, über alle die Europäische Union betreffenden Fragen zu beraten.[632] Das entspricht der Stellung eines Parlaments als primäres Forum politischer Auseinandersetzung.[633] Diese Stellung umfaßt das Recht, eine Frage zu erörtern, einen einheitlichen Willen zu bilden und diesen kundzutun. Das kann in einer sogenannten „Erklärung des Europäischen Parla-

---

[631] Amtenbrink S. 300 ist wegen der fehlenden Verpflichtung der EZB für eine Vertragsänderung; Beschreibung der Gegenmeinung von J.-V. Louis bei Amtenbrink S. 300 Fn. 690.

[632] EuGH Slg. 1983, 255ff RS. 230/81 Luxemburg / Parlament.

[633] Zu dieser Stellung für den Bundestag Degenhart, S. 164 Rn. 380.

ments“ geschehen.[634] Eine derartige Erklärung hat nur politische Bedeutung. Sie hat keinen verbindlichen Charakter.[635] Da die Wirtschafts- und Währungsunion ein bedeutender Teil der EU ist, kann das Europäische Parlament hierzu stets allgemeine Beratungen abhalten. Das Europäische Parlament ist daher befugt, Fragen der Währungspolitik auf seine Tagesordnung zu stellen.

Art. 113 Abs. 3 EGV könnte jedoch den Umfang der möglichen Beratung im Europäischen Parlament abschließend regeln.[636] Nach seiner Formulierung stellt die allgemeine Aussprache des Art. 113 Abs. 3 Satz 2 EGV die einzige Möglichkeit dar, die Tätigkeit von EZB und ESZB zu diskutieren. Dieser Artikel verdrängt aber die allgemeine Beratungsbefugnis nicht. Diese ist nicht deswegen ausgeschlossen, weil spezialgesetzlich besondere Beratungsmodi vorgeschrieben sind, um Teilaspekte zu klären. Art. 113 Abs. 3 EGV a.E. gibt nur zusätzlich zur allgemeinen Beratung die ausdrückliche Befugnis, den Präsidenten der EZB oder ein Mitglied des Direktoriums zu hören.[637]

Allerdings sind dieser allgemeinen Beratungsbefugnis die im Vertrag geregelten Grenzen gesetzt. Die Grenze, innerhalb derer sich eine Erklärung des Europäischen Parlaments bewegen darf, ist hier wieder nach Art. 108 (ex 107) EGV zu ziehen. Danach darf die EZB nicht vom Europäischen Parlament in ihren Aufgaben beeinflußt werden. Hierbei ist im Rahmen der Wertung verschärfend zu beachten, daß die Äußerungen des Europäischen Parlaments bei allgemeinen Tagungen nicht in einem zur Zusammenarbeit vorgesehenen Forum fallen, also nicht als Dialog mit Möglichkeit der direkten Widerrede ausgestaltet sind.[638] Dies bedeutet in keinem Fall eine Enthebung der EZB von jeglicher Kritik durch das Europäische Parlament.[639]

---

[634] BBPS S.116, siehe auch Bleckmann Rn. 312.

[635] Derartige Erklärungen und Entschließungen des Europäischen Parlaments werden im Amtsblatt C der Europäischen Gemeinschaft veröffentlicht.

[636] So Gormley S. 8, ebenso Amtenbrink S. 299.

[637] Allerdings lautet Art. 40.4. der GeschO des EP: „Auf eigene Initiative oder auf Initiative des Parlaments werden der Präsident, der Vizepräsident und die übrigen Mitglieder des Direktoriums der Europäischen Zentralbank aufgefordert, an zusätzlichen Sitzungen teilzunehmen.“ Zu der tatsächlichen Praxis der Zusammenarbeit zwischen EZB und Europäischem Parlament siehe EZB Jahresbericht 99 S. 135.

[638] Zum Unterschied zwischen Rechtssätzen und rechtspolitischen Forderungen siehe Hahn JZ 99 S. 962.

[639] Siehe Calliess – Häde Art. 113 Rn. 7, ebenso Hahn, JZ 1999 S. 960.

3.4. Bewertung der Zusammenarbeit im Hinblick auf „democratic accountability"

Seit neuem ist die Diskussion um das Verhältnis der Zentralbank zum Parlament wiederbelebt worden. Es fiel das Stichwort der „accountability", also der Rechenschaftspflicht der EZB gegenüber dem Parlament. Eine solche sei nach einigen volkswirtschaftlichen Untersuchungen trotz ihrer Notwendigkeit nicht gegeben.[640] Das bestehende System beinhaltet, wie eben aufgezeigt Akte der Information und Kooperation. Es fehlen Pflichten der EZB zur Rechenschaft und Sanktionsmöglichkeiten.[641] Diese Mechanismen werden aber vor allem von den Vertretern der „ökonomischen Theorie"[642] angemahnt. Eine demokratische Kontrolle, wie sie dort aber als erstrebenswert dargestellt wird, ist aber nach derzeitiger Lage unvereinbar mit dem Vertragstext (siehe Art. 108 EGV).

Derartige Akte der Rechenschaft bedürften daher wohl der Vertragsänderung. Nach der derzeitigen Vertragslage ist die EZB lediglich zur Offenlegung ihrer Politik verpflichtet.[643] Wenn dies auch keine Rechenschaft darstellt, so sind die Mechanismen der Geldpolitik zumindest der Öffentlichkeit zugänglich. Die EZB ist somit der Öffentlichkeit verantwortlich, da diese ihre Meinung nach der tatsächlich erfolgten Politik bilden kann. Dieser „Sanktionsmechanismus" setzt natürlich ein gewisses Stabilitätsbewußtsein in der Bevölkerung voraus.

Weitere Bestrebungen setzen auf eine Selbstverpflichtung der EZB zur Einhaltung einer bestimmten, von vornherein über mehrere Zeitperioden festgelegten Geldpolitik. Das Europäische Parlament will darauf dringen, daß die EZB regelmäßig vor dem Parlament anhand eines nachprüfbar formulierten Preisziels Rechenschaft über ihre Arbeit ablegt. Diese und andere Forderungen wurden in einem Entschließungsantrag formuliert.[644]

Da aber die EZB gegenüber dem Europäischen Parlament keine Rechenschaftsverpflichtung hat, ist auch die Möglichkeit zur Festlegung eines Preis- oder Geldmengenziels als Verpflichtung der EZB durch das Parlament nicht

---

[640] Schnelting S. 61 zur Bemessung der „Accountability", also des Umfangs der Rechenschaftspflicht mit Hinweis auf einen von Briault, Haldane und King entwickelten Index.

[641] So Gormley / Kapteyn S. 1012 und Schnelting S. 60f, ebenso Lastra S. 499ff. Dahingestellt seien bei dieser Aussage die Möglichkeit der Amtsenthebung bei schweren Fehlern gem. Art. 14.2 UAbs. 1 der Satzung des ESZB und Art. 11.4 der Satzung.

[642] Dazu insgesamt Frey S.1ff und Beck S. 220ff.

[643] Weitergehende Veröffentlichungen sind der EZB nicht möglich siehe vorne Teil I Kapitel 4 Punkt 1.3, und könnten im Extremfall sogar als schwere Verfehlung und damit als Amtsenthebungsgrund gelten, siehe später Teil 2 Kapitel 5 Punkt 3.6.2.

[644] Auszüge aus Presseart. Nr. 8 / 1998 S. 10, weitere rechtspolitische Forderungen bei Randzio-Plath Wirtschaftsdienst 98 S. 274ff.

möglich. Eine derartige Regelung steht nicht mit Art. 108 (ex 107) EGV in Einklang.[645] Die Festlegung eines Zwischenziels als geldpolitisches Steuerungsmittel kann nicht von einer anderen Institution angewiesen werden, da die EZB im instrumentellen Bereich unabhängig ist.

4. Bedeutung des Europäischen Parlaments für die EZB als Gesetzgebungsorgan

Eine Bedeutung des Europäischen Parlaments als Rechtsetzungsorgan ist daher für die EZB nur in relativ geringem Umfang gegeben. Die Unabhängigkeit der Deutschen Bundesbank konnte durch den Bundestag aufgehoben werden, da sie lediglich einfachgesetzlich verankert war. Die Unabhängigkeit der EZB ist primärrechtlich garantiert, kann also nur durch ein Vertragsänderungsverfahren gem. Art. 48 EUV aufgehoben werden. Hierzu kann das Europäische Parlament keinen formellen Anstoß geben. Außerdem hat das Parlament kein Initiativrecht im Gesetzgebungsverfahren nach EGV. Es kann also keine Änderungsvorschläge bezüglich der vereinfacht änderbaren Satzungsteile machen.

Das Parlament ist aber dennoch in das Rechtsetzungsverfahren des Art. 107 (ex 106) Abs. 5 und 6 EGV eingebunden. Es muß im Rahmen des Verfahrens der Satzungsänderung des Abs. 5 seine Zustimmung zur Satzungsänderung geben. Dies ist auch dann der Fall, wenn die Satzungsänderung auf Empfehlung der EZB geschehen soll. Ein derartiges Zustimmungserfordernis stellt grundsätzlich das stärkste Teilnahmerecht des Europäischen Parlaments an der Gesetzgebung dar. Es ist im allgemeinen nur bei Rechtsakten besonderer Tragweite vorgesehen.[646]

Das Zustimmungserfordernis kann auf der einen Seite statt einer Einschränkung der Unabhängigkeit der Zentralbank einen gewissen Schutz darstellen. Das Parlament muß, da es an das Rechtsstaatlichkeitsgebot gebunden ist, vor seiner Zustimmung die entsprechenden Normen auf ihre Rechtmäßigkeit prüfen. Es darf daher rechtswidrigen Normen nicht zustimmen. Dies kann eine Regulativwirkung haben, sollte der Rat nach Vorschlag der Kommission Änderungen in der Satzung vornehmen, die den Anforderungen des EGV widersprechen.

---

[645] Hahn JZ 99 S. 958.

[646] Oppermann Rn. 265, Reich S. 135.

Nicht zu übersehen ist dabei jedoch auch eine Möglichkeit des Europäischen Parlaments, Regelungen zu verhindern, die ihm als unangemessen erscheinen. Es besteht also eine Blockademöglichkeit gegenüber von der EZB initiierten Änderungen. Das Zustimmungsverfahren beinhaltet jedoch nicht das Recht des Parlaments zur Änderung der Vorlage, es handelt sich daher um eine „Ja oder Nein“ Entscheidung. Das Europäische Parlament hat in diesem Verfahren also keine formellen Rechte zur inhaltlichen Mitgestaltung des Rechtsakts.[647] Betrachtet man die Satzung als derzeit ausgewogen und der Unabhängigkeit der EZB angemessen, so kann eine Blockadehaltung des Parlaments die Stellung der EZB hier nicht beeinträchtigen. Eine Erzwingung der Zustimmung durch die EZB ist im Rahmen der Untätigkeitsklage auch gegen das Europäische Parlament möglich.

Die Unabhängigkeit der Zentralbank beschränkt sich auf deren Aufgabenbereich. Sie geht nicht soweit, daß die Normen betreffend die Zentralbank außerhalb der Gesetzgebungssystematik stehen. Das Gegenteil ist der Fall. Das Gesetzgebungsverfahren wird in Zusammenarbeit aller Organe der Gemeinschaft vorgenommen. Kein Organ kann daher aufgrund seiner herausragenden Kompetenz seine Vorstellungen alleine durchsetzen. Das Zustimmungserfordernis zeigt m.E., daß die Änderung der Satzung, die von den Verfassern als ausgewogen betrachtet wurde, eine große Bedeutung für die Geldpolitik haben könnte. Das vereinfachte Verfahren bedeutet nicht, daß ein „einfaches“ Verfahren stattfindet, sondern es ist wegen der Bedeutung der Thematik so ausgestaltet, daß ein Konsens aller Institutionen vorhanden sein muß, um sicherzustellen, daß eine ausgewogene Regelung hergestellt werden kann.[648]

In der Satzung des ESZB sind noch einige Gesetzgebungsbefugnisse des Rats vorgesehen.[649] Hierbei hat das Europäische Parlament lediglich ein Anhörungsrecht. Zu erwähnen ist noch das Anhörungsrecht des Parlaments bei der Ernennung des Direktoriums gem. Art. 112 (ex 109a) Abs. 2b) EGV bzw. Art. 11 der ESZB-Satzung.[650]

---

[647] Handbuch des europ. Rechts – Haag Art. 138b Rn. 4. Allerdings versucht das EP auch hier, einen gewissen Einfluß zu erlangen (vgl. Art. 80 GeschO EP).

[648] Siehe auch oben Teil 2 Kapitel 1 Punkt 3.1.2.

[649] Siehe oben Teil 2 Kapitel 1 Punkt 3.4. zu den einzelnen Tatbeständen.

[650] Vgl. das interessante Wortprotokoll bei der Ernennung des Direktoriums zum 1. Juli 1998 ABl Nr. L 4–519 / 140ff vom 13.05.1998; generell zur personellen Struktur des ESZB sei verwiesen auf die ausführlichen Arbeiten von Endler, S. 424 – 445, Seidel Integration S. 204ff.

5. Europäisches Parlament als konkretes Kontrollorgan (Untersuchungsausschüsse)

Dem Parlament stehen allgemein im EGV noch gewisse Kontrollbefugnisse zu. Das Europäische Parlament ist als Kontrollorgan ebenso wie der Bundestag[651] zur Einsetzung von Untersuchungsausschüssen befugt. Dies ergibt sich aus Art. 193 (ex 138 c) EGV.

5.1. Gegenstand der Untersuchung

Die Befugnis des Europäischen Parlaments zur Untersuchung bezieht sich auf alle Teile der Exekutive[652] sowie auch auf sonstige Einrichtungen der Gemeinschaft, sogar auf Verhalten Privater,[653] auch auf die Tätigkeit der EZB.[654] Deren unabhängige Stellung ändert daran nichts. Die Untersuchung bezieht sich auf Gebiete des Gemeinschaftsrechts und der gemeinschaftlichen Zuständigkeiten. Die Ausgestaltung der Institutionen, die diese Aufgaben wahrnehmen, kann dabei eine Befassung des Untersuchungsausschusses mit einem Gebiet des Gemeinschaftsrechts nicht ausschließen.

Der Untersuchungsgegenstand ist jedoch eingeschränkt. Es gilt gem. Art. 193 (ex 138c) Satz 1, 2. Halbsatz EGV die Sperre der Rechtshängigkeit. Das bedeutet, vor dem EuGH oder einem anderen Gericht darf kein identischer Streitgegenstand anhängig sein.

Des weiteren hat das Europäische Parlament keine Befugnis zur Einsetzung eines sogenannten Enquète-Ausschusses.[655] Das geht aus dem eindeutigen Wortlaut des Art. 193 (ex 138c) EGV hervor, der von „Verstößen“ und „Mißständen“ spricht, sich also auf konkrete Vorgänge bezieht. Daher können politisch bedeutsame Themen, die nicht mit einem konkreten Fehlverhalten und Verstoß gegen Gemeinschaftsrecht im Zusammenhang stehen, nicht Gegenstand eines nichtständigen Ausschusses sein.[656]

---

[651] Ausführlich zu der früheren großteils parallelen Rechtslage bezüglich des Verhältnisses der Zentralbank zu einem Untersuchungsausschuß in der Bundesrepublik Siebelt S. 187ff. Zur jetzigen Befugnis nationaler Untersuchungsausschüsse siehe unten Teil 2 Kapitel 6 Punkt 3.1.2. bei Fn. 922.

[652] Siebelt S. 186, Achterberg Parlamentsrecht S. 449, Janzen S. 122. Zu dem umfassenden Kontrollrahmen siehe Handbuch europ. Recht – Haag Art. 138c Rn. 5.

[653] Einschränkung hierbei vgl. Handbuch europ. Recht – Haag I A 80, Art. 138 c Rn. 5.

[654] So auch BK – Hahn / Häde Art. 88 Rn. 525. Janzen S. 122, M. Weber WM 98 S. 1470.

[655] Dessen Untersuchungsgegenstand kann generell- abstrakten Charakter besitzen. Siehe im deutschen Recht Art. 44 GG.

[656] Handbuch Europ. Recht – Haag Art. 138c Rn. 3.

Im deutschen Recht unterliegt der Untersuchungsausschuß einer weiteren Einschränkung, er darf sich nicht auf laufende Regierungstätigkeiten beziehen.[657] Dieser Grundsatz mußte auch bei der Bundesbank greifen, denn ein Untersuchungsausschuß hat grundsätzlich den Kernbereich exekutiver Eigenverantwortlichkeit zu respektieren.[658] Derselbe Grundsatz gilt auch im Europarecht.[659] Die Einschränkung der Unbewertbarkeit laufender Angelegenheiten muß auch im Rahmen der Geldpolitik der EZB gelten. Als die die Geldpolitik ausschließlich wahrnehmende Institution trägt die EZB in diesem Bereich die exekutive Eigenverantwortlichkeit. Die Wertung, daß keine laufenden Regierungstätigkeiten Gegenstand einer Untersuchung sein können, ergibt sich aus der Formulierung der zu untersuchenden Tatbestände „Verstöße" und „Mißstände". Diese Begriffe setzen einen abgeschlossenen Sachverhalt voraus.[660]

Gegenstand einer Untersuchung durch einen Ausschuß des Europäischen Parlaments kann auch nicht der Inhalt einer Ermessensentscheidung über die Überprüfung von Ermessensfehlern hinaus sein. Das Europäische Parlament kann, ebenso wie die Judikative, Ermessensentscheidungen der politischen Akteure nur auf Ermessensfehler hin überprüfen, nicht aber in die konkrete Ausübung des Gestaltungsermessens eingreifen. Das ergibt sich nicht zuletzt aus der Rechtsgrundlage Art. 193 EGV. Denn Verstöße gegen das Gemeinschaftsrecht sowie Mißstände liegen nur dann vor, wenn die entscheidenden Institutionen ihr Ermessen rechtswidrig, also fehlerhaft ausgeübt haben.[661]

5.2. Verfahren

Die Rechte und Pflichten der Untersuchungsausschüsse sind im Vertragstext selbst nur lückenhaft geklärt. Das Europäische Parlament hat in Anlage VIII zur Geschäftsordnung eine detaillierte Verfahrensregelung aufgestellt, die Rechte

---

[657] Siehe im Bezug auf die Bundesbank Siebelt S. 186f.

[658] Siebelt, S.187, Degenhart Rn. 392f S. 172.

[659] Beachte jedoch, daß dieser Grundsatz nicht weit ausgelegt wird. Als Beispiel kann hier der Untersuchungsausschuß April - November 1997 gelten, der sich mit der Rolle der Kommission betreffend die Bekämpfung und den Schutz vor der Rinderseuche BSE beschäftigte. (COM/97/509), hierzu auch Amtenbrink S. 302 und sehr ausführlich Beckedorf EuR 97 S. 239ff. In diesem Verfahren warf der Untersuchungsausschuß der Kommission sowohl Untätigkeit als auch Ermessensfehler vor.

[660] So auch M. Weber WM 98 S. 1470, so auch schon Weikart RiA 1993 S. 10.

[661] Siehe dazu ausführlich in Bezug auf die Kontrolldichte des EuGH Teil 2 Kapitel 5 Punkt 2, insb. 2.3.

und Pflichten der Beteiligten, sowie Geheimhaltungsregeln näher definiert.[662] Dem Europäischen Parlament sind bei der Vornahme von Untersuchungen nicht, wie im deutschen Recht, richterliche oder staatsanwaltliche Befugnisse verliehen worden.[663] Das vermindert aber nicht den Umfang, innerhalb dessen der Untersuchungsausschuß tätig werden kann, sondern lediglich die Mittel,[664] die ihm zur Beweiserhebung zur Verfügung stehen.

Allerdings ist in Art. 193 Unterabs. 3 EGV eine Ermächtigungsgrundlage eingefügt, aufgrund derer von Rat, Kommission und Parlament einvernehmlich Einzelheiten bezüglich des Untersuchungsrechts festgelegt werden können. Der Umfang der Ermächtigung des Art. 193 a.E. EGV geht über die bloße Erstellung einer Verfahrensordnung hinaus, denn ansonsten hätte er nicht nochmals gesondert normiert werden müssen.

Fraglich ist daher, ob dem Europäischen Parlament Rechte auch gegenüber der EZB verliehen werden können, die dem Eingriff in deren Rechte, z.B. der Erzwingung der Herausgabe von Unterlagen, dienen. Bei der Rechtsetzung in diesem Bereich sind jedoch dieselben Grundsätze zu beachten wie stets, wenn der Aufgabenbereich der EZB betroffen ist. Die Unabhängigkeit der EZB ist primär festgeschrieben. Das bedeutet, die Regelung des Art. 108 (ex 107) EGV kann nicht durch Gesetzgebung der anderen Institutionen umgangen werden. Da das Parlament gegenüber der EZB in einem detaillierten Regelungswerk (Art. 113 Abs. 3 EGV) schon Überprüfungsbefugnisse erlangt hat, muß dessen Wertung herangezogen werden. Dem Europäischen Parlament kann im Verhältnis zur EZB keine weiterreichende Befugnis zur Erlangung von Informationen z.B. durch Zwang zur Aktenherausgabe zugestanden werden, weil die Unabhängigkeit der EZB vom Parlament und der Schutz dieser Unabhängigkeit dem Bedürfnis nach Kontrolle vorgehen muß.

---

[662] ABl. L 113 vom 19. 05. 1995 S. 2 zum Beschluß des Europäischen Parlaments, des Rats und der Kommission über Einzelheiten der Ausübung des Untersuchungsrechts des Europäischen Parlaments. Zu den verfahrenstechnischen Fragen auch Beckedorf EuR 97 S. 237ff.

[663] Lenz – Kaufmann- Bühler Art. 194 Rn. 13, Handbuch europ. Recht – Haag Art 138 c Rn. 2. Siehe auch Beschluß (a.a.O. Fn. 662) Art. 3 Punkt 3, 4, 8.

[664] So sind z.B. richterliche Vernehmungen oder die Beschlagnahme von Beweismaterial nicht möglich, siehe auch Corbett S. 276.

5.3. Abschluß des Untersuchungsausschusses

Der Abschluß des Untersuchungsausschusses geschieht durch einen abschließenden Bericht mit Aufnahme eines bestehenden Minderheitsvotums und der Veröffentlichung dieses Berichts. Rechtliche Konsequenzen entstehen nicht aus dem Ergebnis des Untersuchungsausschusses.

Nicht zu vernachlässigen ist in diesem Bereich jedoch die öffentliche Wirkung einer derartigen Veröffentlichung. Die Meinungsbildung in der Öffentlichkeit, die für gewisse Themen sensibilisiert werden soll, ist gerade eine erwünschte Konsequenz derartiger Ergebnisse.

5.4. Vereinbarkeit mit der Unabhängigkeit der EZB

Die Einsetzung eines Untersuchungsausschusses verstößt generell nicht gegen das Unabhängigkeitsgebot der EZB. Dem Europäischen Parlament wurde durch Art. 193 EGV ein umfassendes Untersuchungsrecht ausdrücklich eingeräumt.[665] Der Untersuchungsausschuß bearbeitet nur Fragen nach der Rechtswidrigkeit des Handelns der EZB. Diese ist in das Rechtsschutzsystem ebenso vollständig eingegliedert, wie sie verpflichtet zum rechtmäßigen Handeln ist.[666] Daher stimmt das bestehende Untersuchungsrecht des Europäischen Parlaments mit der allgemeinen Wertung des EGV bezüglich der Stellung der EZB überein.

Auf der anderen Seite ist die EZB gegenüber dem Verhalten der Organe des EGV besonders zu schützen. Das ausdrückliche Beeinflussungsverbot hebt ihre Unabhängigkeit gegenüber den Handlungen der anderen Organe hervor. Untersuchungsausschüsse stellen stets den Gegenstand des besonderen öffentlichen Interesses dar. Darauf sind sie von ihrer Wirkweise her angelegt. Daher besteht die Gefahr eines Mißbrauchs dieses Instruments durch das Europäische Parlament durch die leichtfertige Einsetzung und die Mißachtung der Entscheidungsfreiheit der EZB.

Den Möglichkeiten zum Mißbrauch der Institution Untersuchungsausschuß stehen jedoch die Einschränkungen bezüglich seines möglichen Gegenstands entgegen. So muß der Untersuchungsgegenstand ein konkreter abgeschlossener Sachverhalt sein und der Umfang des nicht überprüfbaren Gestaltungsermessens ist zu berücksichtigen. Durch die Beschränkung auf abgeschlossene Sachverhalte

---

[665] Es besteht auch gegenüber der Kommission und dem EuGH. Auch diese Institutionen sind unabhängig in ihrer Aufgabenerfüllung, vgl. Art. 213 Abs. 2 und 223 EGV (ex 157 und 167).

[666] Den Untersuchungsausschuß als probates Mittel sieht auch Hahn, Der Vertrag von Maastricht S. 96.

sind konkrete Weisungen des Europäischen Parlaments gegenüber der EZB ausgeschlossen.
Außerdem kann sich ein Ausschuß erst nach 12 Monaten mit einem vormals untersuchten Thema erneut befassen und muß gem. Art 151.4 der GeschO EP[667] nach spätestens 18 Monaten beendet sein, was die Bestellung eines faktisch ständigen Untersuchungsausschusses ausschließt.

Gegen einen rechtswidrigen Einsetzungsbeschluß kann die EZB Nichtigkeitsklage erheben, wenn der Beschluß geeignet ist, in ihre Rechte einzugreifen. Nicht zuletzt ist zu berücksichtigen, daß die Ergebnisse des Ausschusses rechtlich keine Bindungswirkung haben.

Insgesamt könnte die EZB einer Gefährdung ihrer Unabhängigkeit somit effektiv entgegenwirken.

6. Exkurs: Gegenwärtige Debatte über die Stellung der EZB

Das Europaparlament hat die Debatte über die Unabhängigkeit der Zentralbank Anfang des Jahres 1999 erneut aufgenommen.[668] So wurde im Unterausschuß Währung des Europäischen Parlaments argumentiert, unter Berücksichtigung der derzeitigen Wirtschaftslage und einer Entwicklung, die weit weg von einer Inflation zielt, sei es an der Zeit, zu überlegen, ob nicht andere Ziele bei der Festlegung der Geldpolitik in den Vordergrund treten sollten. „Es sei nun zu prüfen, ob die Autonomie einer Institution höher zu gewichten ist, als die Möglichkeit, durch Abstimmung der Träger der Stabilisierungspolitik einen Beitrag zu leisten, Massenarbeitslosigkeit abzubauen."[669] Diese Argumentation zielt zwar in erster Linie auf die Einhaltung der Unterstützungspflicht, wie sie im Vertrag normiert ist, ab, es werden jedoch auch Rufe nach einer weitergehenden Einbindung der EZB laut.[670]

---

[667] Fassung Feb. 97 ABl. 97 Nr. L 49/1.
[668] Deutsche Bundesbank, Auszüge aus Presseartikeln Nr. 8/98 S. 10.
[669] Zitat Prof. Filc; Beitrag für die öffentl. Anhörung d. Subcommittees on Monetary Affairs (EP) vom 6.1.99, zitiert in Stark S. 3.
[670] So z.B.: das Gutachten Prof. Bean S. 6 zur Anhörung des EZB-Ratspräsidenten vor dem Ausschuß für Wirtschafts- und Währungsfragen am 29. November 1999. Dort wird das Ziel der Preiswertstabilität kritisch durchleuchtet. Eine Reihe von Forderungen wurde auch bei Randzio-Plath Wirtschaftsdienst 98 S. 271, 273ff insbesondere zur verstärkten Einbeziehung des EP erhoben.

Das Europäische Parlament zeigt ebenfalls Bestrebungen, die Rechenschaftsverpflichtung der EZB ihm gegenüber weiter auszubauen.[671] Denn die EZB unterliegt nach Ansicht vieler keiner ausreichenden Rechenschaftspflicht einer anderen Institution gegenüber.[672] Dieser Ansicht sind auch generelle Befürworter einer unabhängigen Zentralbank. Diese weisen darauf hin, daß eine ausreichende Rechenschaftspflicht die Unabhängigkeit einer Zentralbank nicht gefährdet, die Bank jedoch dadurch in das demokratische Gefüge eingebettet wird.[673]

---

[671] Siehe nur die Konversation, insbesondere die Äußerungen der Vorsitzenden Randzio-Plath bei der ersten Tagung des Ausschusses Währung und Wirtschaft am 18. Januar 1999 Protokoll S. 17 veröffentlicht www.europa.eu.int.

[672] Auf dieses Problem wird ausführlicher in Kapitel 5 Punkt 2.3. eingegangen werden.

[673] Beispielhaft hierfür Lastra S. 499 und Gormley S. 13f, Amtenbrink S. 378f.

Kapitel 4
Konkretes Verhältnis der EZB zu anderen Institutionen der Gemeinschaft

Die Unabhängigkeit der EZB wird dort relativiert, wo der Vertrag explizit den einzelnen Institutionen der Europäischen Gemeinschaft Aufgaben zur Überwachung und Zusammenarbeit mit der EZB zuweist, oder aber da, wo einzelne Institutionen ihre originären Aufgaben innerhalb eines Organisationsgefüges, dessen Teil auch die Zentralbank ist, wahrnehmen. Diese Grenzlinie gilt es näher zu definieren.

1. Europäischer Rat

Die generelle Stellung des Europäischen Rats wurde schon[674] dargelegt. Er ist das politische Leitorgan der EU und besteht aus den Staats- und Regierungschefs der Mitgliedstaaten und dem Präsidenten der Kommission. Aufgrund seiner intergouvernementalen Ausrichtung, d.h. seiner Stellung als zwischenstaatliche Institution,[675] wird der Europäische Rat bei seiner Tätigkeit weder durch die Kommission kontrolliert, noch unterliegt gem. Art. 46 (ex L) EUV seine Tätigkeit der Rechtsprechung durch den EuGH. Der Europäische Rat ist als oberste Regierungsgewalt der EU zu betrachten und fungiert daher als Impulsgeber für die europäische Integration. Darüber hinaus ist er im Rahmen der Wirtschafts- und Währungsunion auch in das konkrete Verfahren zur Festlegung der Wirtschaftspolitik eingebunden.

1.1. Stellung des Europäischen Rats in der Wirtschafts- und Währungsunion

Die Stellung des Europäischen Rats im Bereich der Währungsunion war im Delors-Bericht als einiges dominanter vorgesehen gewesen, als sie es nun im Endeffekt ist: Die EZB sollte dem Europäischen Rat grundsätzlich rechenschaftspflichtig sein und hätte ihm den Jahresbericht vorlegen müssen. Auf Einladung durch den Europäischen Rat hin sollte der Präsident der EZB persönlich Bericht erstatten müssen.[676] Diesen Anforderungen ist in Art. 113 Abs. 3 Satz 1 EGV nicht vollständig genüge getan worden. Die EZB muß lediglich den Jahresbericht unterbreiten.

---

[674] Siehe Teil 1 Kapitel 2 Punkt 3.3.
[675] Zu diesem Unterschied sehr aufschlußreich Koenig / Pechstein Rn. 9ff.
[676] Dt. Bundestag, Wiss. Dienste I - Delors - Bericht Ziff. 32.

Ursprünglich war auch vorgesehen, daß der Europäische Rat die Mitglieder des Direktoriums bestellte. Eine derartige Gestaltung hätte nicht nur Einfluß auf den Status der EZB gehabt, sondern unter Umständen auch auf die Stellung des Europäischen Rats. Durch einen derart konkreten Aufgabenzuwachs innerhalb des Systems der EG hätte sich seine Stellung hin zu einer echten Institution der Gemeinschaft gewandelt. Denn seine Entschließungen wären nicht mehr nur auf politischer Ebene geblieben, sondern hätten verbindliche Rechtsakte dargestellt[677]. Diesen Entwürfen wurde jedoch nicht gefolgt.

Der Europäische Rat kann prinzipiell keine Rechtsakte im Sinne des Gemeinschaftsrechts setzen,[678] da er kein Organ der Gemeinschaft ist. Problematisch scheint dies im Rahmen seines Aufgabenbereichs nach Art. 4 EUV. Es ist hierbei umstritten, ob seine allgemeinen Zielvorstellungen für die Entwicklung der Union nur politisch oder auch juristisch in den Verfahren nach dem EGV verbindlich sind.

Eine juristische Bindungswirkung wurde vor der Errichtung des Vertrags von Maastricht eindeutig abgelehnt. Der Grund hierfür war vor allem, daß die Gesetzgebung im Rahmen des EGV in einem förmlichen, von der unabhängigen Kommission zu initiierenden Verfahren stattfindet. Diese Befugnisse sollten nicht von außerhalb der Institutionen gefaßten Beschlüssen beeinträchtigt werden. Es konnten sich also durchaus im Gesetzgebungsverfahren noch Änderungen zu dem Konsens der Staats- und Regierungschefs ergeben.[679]

Nach den tiefgreifenden Änderungen durch die Errichtung der Union in Maastricht wird nun zum Teil eine über das Politische hinausgehende Bindung der Organe der EG an die Zielvorstellungen des Europäischen Rats bejaht.[680]

Die Bindungswirkung, die über die bloße politische Bindungswirkung hinausgeht, könnte mit der sogenannten impliziten Vertragsänderungen der Gemeinschaftsverträge durch den Unionsvertrag begründet werden.[681] Die vorgebrachte

---

677 Hahn, Währungsrecht §14 Rn. 27.

678 Martenczuk S. 156, ebenso Selmayr AöR 1999 S. 381 der auf zahlreiche Beispiele zur Tätigkeit des Europäischen Rats im Bereich der Wirtschafts- und Währungsunion hinweist, die aber keine verbindliche Wirkung vor Umsetzung durch die nach EGV zuständigen Institutionen haben. (Errichtung eines Wechselkursmechanismus in der dritten Stufe der WWU ABl. 97 Nr. C 236/5, ebenso die Entschließungen zum Stabilitäts- und Wachstumspakt vom 16. 6. 1997 ABl. 97 Nr. C 236/1) Weitere Nachweise bei Selmayr Fn. 93 – 104.

679 So Everling FS Constantinesco S. 153.

680 So z.B. Schachtschneider S. 756, Rupp, ZRP 1993 S. 212, ablehnend dagegen Grabitz / Hilf – Hilf / Pache Art. D EUV Rn. 12.

681 Koenig / Pechstein Rn. 176ff und 101ff.

Argumentation legt dar, daß bei Änderung der Gemeinschaftsverträge im Gegensatz zum deutschen Grundgesetz[682] keine Ausdrücklichkeitsforderung besteht. Die Aufgabenzuweisung, die in Art. 4 (ex D) EUV an den Europäischen Rat stattfand, soll nach dieser Ansicht eindeutig eine rechtliche Dimension haben, zumal sie dem Europäischen Rat die Führungsrolle in der gesamten Union zuweist. Die bloße politische Befugnis hätte im Vertrag nicht niedergelegt werden müssen. Im Ergebnis wird daher eine Bindung der Gemeinschaftsorgane an die Schlußfolgerungen des Europäischen Rats bejaht. Diese juristische Verbindlichkeit soll aber noch nicht zur Folge haben, daß der Europäische Rat zu einem Gemeinschaftsorgan wird.[683]

Unabhängig von dieser Argumentation ist man sich aber über die politische Bindungswirkung[684] für die Organe der Gemeinschaft weitgehend einig.

Die Befugnis des Europäischen Rats gem. Art. 4 EUV, die politischen Zielvorstellungen festzulegen, kann mit der alleinigen Kompetenz der EZB im Bereich der Geldpolitik kollidieren. Anfänglich war es besonders von Frankreich gewollt, daß der Europäische Rat auch die Leitlinien der Geldpolitik festlegt.[685] Daher sind nun der Wortlaut des Art. 4 EUV und die Artikel über die Wirtschafts- und Währungsunion im EGV zu untersuchen.

---

682 Dort legt Art. 79 Abs. 1 Satz 1 GG fest: „Das Grundgesetz kann nur durch ein Gesetz geändert werden, das den Wortlaut des Grundgesetzes ausdrücklich ändert oder ergänzt." Eine solche Ausdrücklichkeitsforderung hat nach Koenig / Pechstein Rn. 101 auch der EuGH bisher nicht aufgestellt.

683 Ausführliche Argumentation unter Hinweis auf die Rechtslage im Rahmen von GASP und ZBJI Koenig / Pechstein Rn. 177f.

684 Grabitz / Hilf – Bandilla Art. 103 EGV Rn. 6, auch diese politische Bindung wird aber relativiert, vgl. Everling EuR Beih. 2/95 S. 47. Rein faktisch werden die betreffenden Minister im Rat den Vorgaben der Regierungschefs wohl folgen. Aber die Umsetzung der Grundzüge der Wirtschaftspolitik erfolgt durch eine „Empfehlung" des Rats. Diese ist unverbindlich, so daß die Grundzüge der Wirtschaftspolitik, wie sie vom Europäischen Rat festgelegt werden, nicht einmal mittelbar rechtliche Wirkung entfalten. Der Begriff der politischen Bindungswirkung ist daher als faktische Bindung, nicht als rechtliche zu verstehen. Siehe auch Teil 1 Kapitel 3 Punkt 2.3.2.1. und vorne Punkt 1.1.

685 Everling EuR Beih. 2/95 S. 41f.

1.2. Aufgabenverteilung zwischen Europäischem Rat und Zentralbank

1.2.1. Allgemeine Befugnisse

Der Europäische Rat legt gem. Art. 4 EUV die allgemeinen politischen Leitlinien für die Entwicklung der EU fest. Aber der Europäische Rat ist nicht befugt, die Ziele des EGV zu ignorieren, sondern er ist daran gem. Art. 2 (ex B) Abs. 1 Spiegelstrich 5, sowie Art. 47 (ex M) EUV gebunden.

Die Aufgabe der Entwicklung von Zielvorstellungen wird konkretisiert durch Art. 99 (ex 103) EGV. Danach erstellt der Europäische Rat eine Schlußfolgerung zu den Grundzügen der Wirtschaftspolitik in den Mitgliedstaaten und in der Gemeinschaft. Art. 99 (ex 103) Abs. 2 EGV beschränkt die Schlußfolgerungen des Europäischen Rats im Gegensatz zum französischen Vorschlag ausdrücklich auf den Bereich der Wirtschaftspolitik.[686]

In dieser Formulierung kann man einen Ausschluß der Befassung mit Währungsfragen sehen. Das muß zumindest für die spezielle Aufgabenzuweisung der Art. 4 EUV i.V.m. Art. 99 (ex 103) EGV gelten, da sich der Standort des Art. 99 EGV, also Kapitel 1 des siebten Titels des EGV ausschließlich mit der Wirtschaftspolitik befaßt. Eine andere Auslegung stünde immer in Kollision mit den Zuständigkeitsnormen des EGV.

Im Zusammenhang mit Fragen zur Wirtschaftspolitik gilt gegenüber der EZB der allgemeine Handlungsrahmen, der Weisungen und Einflußnahmen verbietet (Art. 108 EGV).[687] Fraglich ist, ob eine politische Bindung auch der EZB an die Leitlinien des Europäischen Rats besteht. Eine politische Bindung bedeutet, daß die EZB rechtlich nicht verpflichtet ist, den Leitlinien des Europäischen Rats zu folgen, dies aber dennoch tut, weil sie die politisch überragende Stellung des Europäischen Rats als höherwertig zu ihren eigenen Entscheidungen anerkennt. Durch das konkrete Verfahren in Art. 99 (ex 103) EGV kann man eine politische Bindung für die Organe der Gemeinschaft ableiten, obwohl eigentlich nur die Mitgliedstaaten Adressaten der Empfehlung des Europäischen Rats sind.[688] Eine politische Bindung für die EZB an eventuelle währungsrechtliche Bestimmungen wird aber verneint. Diese politische Bindung verstieße nämlich gegen das Unabhängigkeitsgebot in Art. 108 (ex 107) EGV. Das Verbot bezieht sich auch auf unverbindliche Richtlinien, die nur im politischen Bereich Wirkung erzeugen. Problematischer wird die Frage, ob die Zentralbank politisch an die allgemeinen

---

686 Roth EuR Beih. 1/94 S. 64.
687 Siehe Teil 1 Kapitel 2.
688 So auch Grabitz / Hilf – Bandilla Art. 103 EGV Rn. 6.

Leitlinien zur Wirtschaftspolitik gebunden ist. Aufgrund der Unterstützungspflicht, die Teil der Aufgabe des ESZB ist, ist diese Frage nicht mit einem bloßen Verweis auf die Unabhängigkeit gem. Art. 108 (ex 107) EGV zu beantworten, sondern muß etwas differenzierter betrachtet werden.[689] Eindeutig ist die EZB aber vorrangig der Preisstabilität verpflichtet und von konkreten Weisungen unabhängig.

Der Europäische Rat ist auch als Konferenz der Mitgliedstaaten auf höchster Regierungsebene anzusehen. Als solche hat er ein Recht, sich mit allen Tätigkeitsbereichen zu befassen, die ihm als relevant für die Politik der EU erscheinen. Dieses Recht geht über die in Art. 4 EUV genannten Bereiche hinaus.[690] Die Grenzen seiner Befugnisse liegen aber dort, wo auch die Befugnisse der nationalen Regierungen oder der EU enden.

Gemeinsam ist dem Europäischen Rat als Institution der EU ebenso wie als Konferenz der mitgliedstaatlichen Regierungen, daß er die Unabhängigkeit der Zentralbank zu wahren hat, weil er an Art. 108 (ex 107) EGV gebunden ist.[691]

1.2.2. Konkrete Zusammenarbeit

Der deutsche Sachverständigenrat für das gesamtwirtschaftliche Gleichgewicht sah eine Befugnis des Europäischen Rats zur Teilnahme an Sitzungen des EZB-Rats als sinnvoll an.[692] Das ist aber in den Vertrag nicht aufgenommen worden. Statt dessen ist das Teilnahmerecht dem Präsidenten des ECOFIN-Rats zugefallen. Im Gegenzug besteht zwar die Befugnis zur Beteiligung des EZB-Präsidenten nach Art. 113 (ex 109b) EGV an den Sitzungen des Rats aber nicht ausdrücklich an den Sitzungen des Europäischen Rats.[693]

Art. 113 (ex 109b) Abs. 3 Satz 1 EGV verpflichtet die EZB zur Unterbreitung eines Jahresberichts vor dem Europäischen Rat. Allerdings besteht keine Verpflichtung des Präsidenten der EZB, diesen Bericht persönlich vorzulegen.

---

[689] Siehe ausführlich Teil 1 Kapitel 3 Punkt 2.3.2.1.
[690] Grabitz / Hilf – Hilf / Pache Art. D EUV Rn. 14, Martenczuk S. 154 m.w.N.
[691] Dazu ausführlich oben Teil 1 Kapitel 2 Punkt 3.3.
[692] Sachverständigengutachten 1990 Ziff. 496.
[693] GTE – Smulders Art. 109b Rn. 1.

2. Wirtschaftsregierung, beratende Ausschüsse

2.1. Exkurs: Bestrebungen zur Errichtung einer Wirtschaftsregierung, deutsch-französischer Wirtschaftsrat

Während von deutscher Seite die Unabhängigkeit der Zentralbank schon lange nahezu unbestritten als volkswirtschaftliche Notwendigkeit angesehen wurde, war diese Meinung in vielen Mitgliedstaaten der EU nicht vorherrschend. Als Beispiel hierfür können verschiedene Bestrebungen Frankreichs aufgezeigt werden, die Unabhängigkeit der Zentralbank durch eine überwachende Institution einzuschränken:

Frankreich forderte zunächst bei den Verhandlungen zum Vertrag von Maastricht als Gegenpol zur EZB die Errichtung eines „gouvernement économique" innerhalb deren Leitlinien sich die EZB dann „autonom" bewegen könne.[694] Hier sollte ein wirtschaftspolitischer Gegenpol geschaffen werden, an dessen Vorgaben sich die EZB zu halten gehabt hätte. Diese Position ist damit zu begründen, daß in Frankreich die Meinung vorherrscht(e), die Richtung der Geld- und Währungspolitik könne nicht außerhalb demokratischer Entscheidungsprozesse liegen.[695]

Diese Forderung nach einer Wirtschaftsregierung wurde aber mit Eintreten der Unabhängigkeit der französischen Nationalbank fallengelassen.[696] Aber auch heute noch wird stellenweise der Begriff der „Wirtschaftsregierung" als „gouvernement économique" verwendet. Das geschieht in Bezug auf den Europäischen Rat. Die Besonderheit des Verfahrens bei der Erstellung der Grundzüge der Wirtschaftspolitik in Art. 99 (ex 103) EGV unter Einbeziehung des Europäischen Rats, der ja nicht Organ der EG ist, lassen diese Formulierung wieder aufleben.

Aber auch schon vor dem Vertrag von Maastricht gab es eine recht enge Zusammenarbeit in wirtschaftspolitischer Hinsicht, die auch die Geldpolitik tangieren sollte. Am 13.11.1987 sollte ein deutsch-französischer Wirtschaftsrat gegründet werden, dem die Finanzminister und Notenbankgouverneure beider Länder angehören sollten.[697] Dies sollte durch ein Protokoll als Zusatz zu dem Vertrag über die deutsch-französische Zusammenarbeit vom 22.11.1963 geschehen. Die Auf-

---

[694] Endler S. 329 m.w.N., Jochimsen EA 1991 Nr. 18 S. 539ff, Krägenau / Wetter S. 64ff.

[695] Eine Einordnung der Meinungen zur Unabhängigkeit der Notenbank in den verschiedenen Staaten der EU findet sich bei Krägenau / Wetter S. 66ff. Siehe auch Selmayr AöR 99 S. 380 Fn.96.

[696] Schönfelder / Thiel, Integration 98 S. 69.

[697] Dt. BBank – M.J.M. Neumann, S. 332ff, dazu auch Schmidt-Bleibtreu – Schmidt-Bleibtreu Art. 88 GG Rn. 5a .

gabe dieses Rats sollte in der Koordinierung der Zinspolitik beider Länder liegen. Die Schaffung eines solchen Rates hätte jedoch die Unabhängigkeit der Bundesbank beeinflußt, weil die Einbindung der Präsidenten der beiden Zentralbanken in politische Entscheidungen vorgesehen war. Sie wurde daher abgelehnt und unter modifizierten Bedingungen (Teilnahme der Wirtschaftsminister) mit einem geänderten Aufgabenbereich, der nur noch die Beratung über monetäre Politiken im Hinblick auf ihre gegenseitige Annäherung beinhaltete, vorgenommen. Die Gouverneure der Zentralbanken sollten nur noch an den Beratungen „teilnehmen", jedoch keine vollwertigen Mitglieder mehr sein. Der Rat wurde in dem Protokoll vom 22.1.88[698] als Konsultativorgan ausgestaltet. Seine Aufgabe war es gem. Art. 3 des Protokolls lediglich, sich um Absprachen zu „bemühen". Kritiker[699] sahen schon hierin eine Einschränkung der Unabhängigkeit der deutschen Bundesbank, weil sie nunmehr auch international politischem Druck ausgesetzt sei. Auch der Bundesrat[700] äußerte Bedenken wegen eines Eingriffs in die Unabhängigkeit der Bundesbank.

Derartige Konstruktionen sind aber mit dem Abschluß des Vertrags von Maastricht und dem Eintritt in die letzte Stufe der Währungsunion am 1. 1. 1999 hinfällig geworden.

2.2. *Wirtschafts- und Finanzausschuß*

Das Bedürfnis der vertieften Zusammenarbeit durch weitere Gremien zeigte sich aber auch innerhalb der Struktur der Währungsunion. Innerhalb des EGV gibt es neben den Organen der Gemeinschaft noch weitere Institutionen, deren Aufgabengebiet mit dem der EZB zusammenhängt.

Nur beratende Funktionen kommen dem Wirtschafts- und Finanzausschuß (WFA) zu, der ab der dritten Stufe den Währungsausschuß ersetzte und in den von der Kommission, von der EZB und von den Mitgliedstaaten je höchstens zwei Mitglieder entsandt werden, siehe Art. 114 (ex 109 c) EGV.[701] Die Vorschriften des Kapitel 3 in Titel VII (ex VI) des Vertrags scheinen die EZB nach Art. 112 (ex 109a) EGV und den Wirtschafts- und Finanzausschuß nach Art. 114 (ex 109c) EGV gleichrangig nebeneinander zu stellen. Dieser Eindruck, den die Gliederung des Vertrags erweckt, täuscht.[702] Der Wirtschafts- und Finanzausschuß ist weder eine Wirtschaftsregierung noch ein wirtschaftspolitisches Kor-

---

[698] BT-DrS. Nr. 11/3258.
[699] Siehe den ausführlichen kritischen Aufsatz von Siebelt, DVBl. 1988 S. 672ff, insb. S. 675f.
[700] BT-DrS. Nr. 11/3265.
[701] Grabitz / Hilf – Pernice Art. 4 a EGV Rn. 1.
[702] Geiger S. 142.

relat zur Zentralbank.[703] Er stellt ein Forum dar, innerhalb dessen der Dialog auf der Ebene hoher Beamter vorbereitet und weitergeführt werden kann.[704]

Die Aufgabenbereiche sind im Vergleich zu denen des Währungsausschusses angepaßt worden, da seit Beginn der dritten Stufe die EZB die alleinige Kompetenz über die Währungspolitik innehat. Es wurde im Vertragstext eine Beschränkung der Aufgaben des Wirtschafts- und Finanzausschusses gegenüber dem Währungsausschuß, der mit Abschluß der zweiten Stufe umgewandelt wurde, vorgenommen. Art. 105 Abs. 2 EGV erteilt der EZB die Aufgabe der Überwachung des reibungslosen Funktionierens der Zahlungssysteme in den Mitgliedstaaten. Dies war noch in der zweiten Stufe Aufgabe des Währungsausschusses gem. Art. 114 (ex 109 c) Abs. 1 Spiegelstrich 1 EGV. Schon der jetzige Name zeigt, daß die Währungspolitik nicht mehr zur Aufgabe des Ausschusses gehört.[705]

Allerdings wäre vorstellbar, daß dieser Ausschuß im Rahmen der Wechselkurspolitik ein geeignetes Gremium der Kooperation sein könnte, z.B. um Vermittlungsvorschläge für Rat und EZB in einem Konfliktfall zu führen.[706]

Die Aufgaben des Ausschusses sind rein beratender Natur. Aber auch innerhalb dieses Bereichs kann es zu Konflikten mit der Zentralbank kommen. Man darf nicht übersehen, daß der Ausschuß in erster Linie für den Rat im Rahmen vieler Verfahren vorbereitend tätig wird. Außerdem ist es der Rat, der die endgültige Zusammensetzung des Ausschusses gem. Art. 114 Abs. 3 EGV festlegt.[707] In diesem Rechtsetzungsverfahren kommt den anderen Beteiligten kein großer Raum der Mitbestimmung zu. Auch die Satzung des Ausschusses wurde vom Rat durch Beschluß 99/8/EG[708] festgelegt. In der Satzung ist ebenfalls zu erkennen, daß der Wirtschafts- und Finanzausschuß vorrangig der Unterstützung von Ratsaufgaben dienen soll. So werden z.B. nach Art. 4 der Satzung- WFA[709] die Mitglieder, die als Vertreter der Kommission und der nationalen Zentralbanken entsandt wurden, nicht an der Beschlußfassung beteiligt, wenn diese Fragen betrifft, die später ein Beschlußthema des Rats sein könnten. Das ist deswegen

---

703 Lenz - Schill, Art. 113 –115 Rn. 4.

704 Schlußfolgerungen des Europäischen Rats in Luxemburg Anhang 1 Punkt III Nr. 12.

705 Vgl. zum Ausschuß GTE – Child / Wittelsberger Art. 109 c Rn. 7ff.

706 Dieser Vorschlag auch bei GTE – Child / Wittelsberger Art. 109c Rn. 9, ausführlicher in Kapitel 7.

707 Beschluß des Rats 98/743/EG, veröffentl.: ABl. Nr. L 358/98.

708 Veröffentlicht in ABl. Nr. L 5/99.

709 A.a.O. Fn. 708.

bemerkenswert, weil es sich doch gemäß der Aufgabe des Ausschusses um rein informative Beschlüsse handelt.

Im Rahmen der allgemeinen Kooperation zwischen den einzelnen Institutionen ist die Grenze des Art. 108 (ex 107) zu beachten. Die Unabhängigkeit geriete schon dann in Gefahr, wenn es dem allgemein- politisch argumentierenden und agierenden Gremium Wirtschafts- und Finanzausschuß gem. Art. 114 (ex 109c) Abs. 2 EGV gestattet würde, durch eigene Vorgaben auf die EZB Druck auszuüben. Daher ist es ihm verboten, auch nur mittels konkreter, an die EZB gerichtete Empfehlungen auf deren Handlungsfreiheit einzuwirken.[710]

3. Bestrebungen zur Schaffung neuer Gremien

Die bestehenden Kooperationsmechanismen zwischen der EZB und den Organen der Gemeinschaft und den Mitgliedstaaten wurden von vielen Seiten als nicht ausreichend kritisiert. Daher bestanden immer wieder Bestrebungen zur Einrichtung neuer Institutionen, um den Informationstransfer zu verstärken, aber auch aus anderen Gründen.[711]

Als Beispiel hierfür kann die verfolgte Einrichtung eines sogenannten Stabilitätsrats der europäischen Staats- und Regierungschefs gezählt werden. Er sollte ein wirtschaftspolitisches Gremium auf Gemeinschaftsebene darstellen.[712] Die Aufgabe der Überwachung und Koordinierung des Stabilitätspaktes kann sich aber auch dem Bereich der Geldpolitik annähern.

Insofern ist nun zu fragen, inwieweit die Bildung neuer Ausschüsse nach dem Vertrag überhaupt möglich ist, und ob die Schaffung neuer Institutionen gegen den Vertrag verstoßen kann. Dort sind an mehreren Stellen zu bildende Ausschüsse erwähnt (Art. 113 Abs. 3, ex Art. 83 EGV). Das könnte, als abschließende Regelung gelesen, schon darauf hindeuten, daß zusätzliche Institutionen nicht ohne weiteres geschaffen werden können. In der Rechtsprechung des EuGH

---

[710] Sachs / Tettinger Art. 88 GG Rn. 11.

[711] Als aktuelles Beispiel kann hier das neu (ABl. L 136/1 vom 31. 05. 1999) geschaffene office européen de lutte anti-fraude (OLAF) als Amt zur Betrugsbekämpfung genannt werden. Dieses hat generell die Befugnis, zur Betrugsbekämpfung auch Überprüfungen in den einzelnen Institutionen der Gemeinschaft vorzunehmen.

[712] Hasse / Starbatty S. 123f. Die Schaffung eines derartigen Gremiums war ursprünglich auch von deutscher Seite als „informeller Stabilitätsrat“ unterstützt worden. Schließlich wurde aber doch die sog. Euro-11-Gruppe gegründet, da diese weniger an eine „Wirtschaftsregierung“ anlehnte. Siehe Schönfelder / Thiel, S. 74ff.

ergeben sich gewisse Leitlinien für den Umfang von Aufgaben, die an Institutionen vergeben werden dürfen, die nicht originär im Vertrag vorgesehen sind.[713]

3.1. Verbot der Schaffung von Institutionen mit eigenen Befugnissen

3.1.1. Allgemeines

Die Mitgliedstaaten sind gem. Art. 48 (ex N) EUV zuständig, die Verträge zu ändern. Eine solche Änderung wäre notwendig, wenn eine neue Institution mit eigenen Befugnissen geschaffen werden sollte, die Aufgaben, die der Gemeinschaft zuzurechnen sind, übernehmen könnte. Denn nur die Regierungen der Mitgliedstaaten haben die Befugnis das organisatorische Kräfteverhältnis im Aufbau der Organe zu verändern.[714]

Grundsätzlich gilt, daß die Ausübung von Hoheitsbefugnissen, die einem Organ ausdrücklich zugewiesen sind, nur in den vertraglich vorgesehenen Fällen auf andere Institutionen übertragen werden können.[715] Die Hauptorgane können den Kernbereich ihrer Befugnisse weder freiwillig verschieben noch verkürzen. Es kann geschehen, daß die Organe im Wege der Allgemeinklausel des Art. 308 (ex 235) EGV zusammen neue Einheiten mit eigener Rechtspersönlichkeit gründen. Eine Grenze ist aber dort zu ziehen, wo eine zu große Divergenz zwischen tatsächlicher Entscheidungsgewalt und rechtlicher (Außen-) Verantwortlichkeit herrscht.[716] Diese Aussage läßt sich auf den Grundsatz des institutionellen Gleichgewichts zurückführen.[717] Ein Verstoß gegen diesen Grundsatz und den EGV wird daher zumeist dann angenommen, wenn die neu geschaffenen Institutionen Rechtsetzungsgewalt ausüben würden.[718]

Das entscheidende Kriterium für die Bewertung der Zulassung einer Delegation von Befugnissen ist die Bemessung des institutionellen Gleichgewichts, also ob die Abgabe von Kompetenzen eine Schwächung des Organs bedeutet, daneben

---

[713] EuGH Slg. 1991, I S. 6079, Gutachten 1/91 Rn. 71; EuGH RS. 9 / 56 und 10 / 56 (Meroni); EuGH Slg. 81, S. 1241 Rn. 20, RS 98/80 (Romano / INAMI)

[714] Grabitz / Hilf – Nettesheim Art. 4 EGV Rn. 7f, Oppermann Rn. 449. Als Beispiel wurde vom EuGH die Schaffung eines EWR-Gerichtshofs mit Entscheidungsgewalt über die Auslegung des Gemeinschaftsrechts als nicht mit dem Vertrag vereinbar angesehen, vgl. EuR 1992, S. 163.

[715] Handbuch europ. Recht – Bieber I A 18 Art. 4 Rn. 21. Siehe z.B. die Übertragung von Befugnissen des Rats an die Kommission gem. Art 211 (ex 155) EGV Spiegelstr. 4.

[716] Grabitz / Hilf – Nettesheim Art. 4 EGV Rn. 9.

[717] Berger S. 87ff.

[718] EuGH Slg. 1981 S. 1241ff Rn. 20 (Romano), Unterstützung dessen in der Literatur z.B. Berger S. 88, Darstellung bei Calliess – Calliess Art. 7 Rn. 32ff,

aber auch die Frage nach der Effektivität des Rechtsschutzes. Daher ist eine Delegation unzulässig, wenn sie eine effektive Rechtmäßigkeitskontrolle verhindert. Das würde eine Verkürzung der Rechtsschutzgarantie durch den EuGH bedeuten.

Daher wird die Übertragung der Befugnis zum Erlaß von Entscheidungen mit konkreter Außenwirkung zum Teil als möglich angesehen, wenn ein umfassender Rechtsschutz gewährt ist.[719] Ausgeschlossen ist aber nach allgemeiner Meinung die Schaffung von Institutionen, die Befugnisse von politischer Tragweite wahrnehmen.[720] Der Grund hierfür ist, daß eine Schaffung derartiger Institutionen das im EGV niedergelegte Institutionsgefüge wesentlich verändern würde. Die primäre Organisationsebene des EGV (also Haupt- und Nebenorgane) kann nur durch eine Vertragsänderung im Wege des dafür vorgesehenen Verfahrens nach Art. 48 (ex N) EUV geändert werden. Das entspricht der Systematik der EG als supranationale Organisation, innerhalb derer eine Kompetenz-Kompetenz nicht besteht.[721] Aus diesem Grund kann sich die Gemeinschaft auch nicht aus sich selbst heraus durch Schaffung neuer, mit politischen Aufgaben versehener Institutionen fortentwickeln.

Als Beispiel sei hier kurz das Europäisches Amt für Betrugsbekämpfung (OLAF) erwähnt. Bedenken gegen die Schaffung der Institution OLAF[722] Mitte 1999 ergeben sich vor allem im Hinblick auf zwei Bereiche. Das ist zum einen die Rechtsgrundlage des neuen Art. 280 EGV, die sich nur auf externe Untersuchungen zu beziehen scheint, da die Regelung des Abs. 4 „der Gewährleistung eines effektiven und gleichwertigen Schutzes in den Mitgliedstaaten" dienen soll. Danach könnte eine Befugnis für die interne Überwachung, also die Überwachung der Institutionen der Gemeinschaft fehlen. Für eine interne[723] Anwendbarkeit spricht aber seine Stellung am Ende der Finanzvorschriften der EG, also bei den Regeln über den Haushalt der EG.

---

[719] Nach dem sogenannten Meroni – Urteil des EuGH Slg. 58 S. 53ff RS. 10 / 56 war zu differenzieren zwischen Ermessens- und gebundenen Entscheidungen. Diese Ansicht wird in der Literatur als veraltet angesehen. Allerdings ist stets eine Einzelabwägung notwendig. So Berger S. 90. Siehe Calliess – Calliess Art. 7 Rn. 38 mit dem Beispiel des Europäischen Markenamts. (VO 40/94 vom 20.12 1994 ABl. EG 94 Nr. L 11/28.

[720] Berger S. 90 m.w.N., Calliess – Calliess Art. 7 Rn. 38,

[721] Bleckmann Rn. 87 m.w.N.

[722] Siehe Fn. 711.

[723] Im Sinne des Art. 4 der VO 1073/1999 des europäischen Rats und des Europäischen Parlaments über die Untersuchungen des Europäischen Amts für Betrugsbekämpfung (OLAF) a.a.O. Fn. 711.

Ein weiterer Kritikpunkt ist die fehlende gerichtliche Überwachung der Tätigkeiten von OLAF. Das Amt unterliegt nach der VO nicht direkt der Gerichtsbarkeit des EuGH, sondern es wird gem. Art. 11 der VO ein unabhängiger Überwachungsausschuß gebildet, der die Tätigkeiten von OLAF regelmäßig überwacht. Konkreter Rechtsschutz kann gem. Art. 14 der VO lediglich durch eine Beschwerdeeinlegung bei diesem Ausschuß erreicht werden.[724]

Im Vertrag sind mehrere Unter- oder Nebenorgane vorgesehen, so z.B. der Ausschuß der Regionen oder der Wirtschafts- und Sozialausschuß. Die Funktion von Bei- oder Nebenorganen kann sich nur darauf beziehen, Informationen zu beschaffen, Interessenartikulation zu ermöglichen und Interessenausgleich zu betreiben und damit Entscheidungen vorzubereiten.[725] Ein Aufgabenzuwachs durch Delegation könnte sich lediglich in den gerade erarbeiteten engen Grenzen bewegen.

3.1.2. Zusammenarbeit mit der EZB

Auch bei Institutionen mit eigenen Befugnissen können Entscheidungen der Geldpolitik durch die EZB kein möglicher Überprüfungsinhalt sein.

Als Beispiel bietet sich das Amt für Betrugsbekämpfung OLAF an. Eine Überprüfung der Geldpolitik der EZB durch dieses Amt verstieße gegen den EGV. Das ergibt sich nicht nur aus der Tatsache, daß eine Aufsicht des politischen Handelns der EZB durch den Vertrag ausgeschlossen wurde, sondern generell aus der Unabhängigkeit der EZB im geldpolitischen Bereich.[726] Die laufenden exekutiven Tätigkeiten der EZB unterliegen keiner Kontrolle durch die Organe der Gemeinschaft. Diese Befugnisse können auch nicht mit einem allgemeinen Zweck, wie der Betrugsbekämpfung begründet werden, da dies der Wertung des Art. 108 (ex 107) EGV gerade widerspricht. Daher kann das Amt OLAF keine laufenden Geschäfte der Geldpolitik der EZB überprüfen.[727]

---

[724] Eine ausführliche kritische Stellungnahme hierzu von Selmayr FAZ v. 11.4.2000 S. 14.

[725] Grabitz / Hilf – Nettesheim Art 4. EGV Rn. 4.

[726] Dazu kommt noch die Problematik, daß die EZB zwar durch den EGV eingerichtet, dennoch kein Organ der Gemeinschaft und nach Meinungen der Literatur nicht einmal eine Institution derselben darstellt. Selmayr AöR 99 S. 369, Hahn, Der Vertrag von Maastricht S. 42, 73 ders. JZ 99 S. 958, Seidel EuR 92 S. 138.

[727] Diese Wertung läuft parallel zu der bezüglich des EuGH, der einen Einblick in laufende Verfahren ausgeschlossen hat. Siehe Selmayr FAZ vom 11. 04.2000 S. 14.

Die organisatorische Ebene des Handelns der EZB ist in finanzieller Hinsicht in Art. 27.1 ESZB-Satzung geregelt. Die Tatsache, daß zur Rechnungsprüfung unabhängige Rechnungsprüfer zuständig sind, zeigt, daß die EZB nicht wie die anderen Organe der Überwachung der Gemeinschaft unterliegt. Dazu kommt, daß die Mittel der EZB gem. Art. 28.2. ESZB-Satzung von der Gemeinschaft unabhängig direkt durch die nationalen Zentralbanken zur Verfügung gestellt werden und nicht Bestandteil des Haushalts der Gemeinschaft sind. Diese Wertung zeigt auf, daß eine gemeinschaftliche Überwachung von Haushaltsmitteln hier gar nicht stattfinden kann. Die EZB besitzt Unabhängigkeit nicht nur im funktionalen Bereich,[728] sondern ebenfalls im finanziellen Bereich. Im Gegensatz zum (von der Kommission als Argument vorgebrachten[729]) Haushalt des Europäischen Entwicklungsfonds (EEF) ist der Haushalt der EZB ausdrücklich durch Art. 27.1 ESZB-Satzung aus der gemeinschaftlichen Kontrolle herausgenommen. Der Haushalt des EEF dagegen unterliegt nach analoger Anwendung des Art. 275 (ex 205) EGV der Überwachung des Europäischen Parlaments mit der Notwendigkeit der Entlastung nach Empfehlung des Rats.[730]

In erster Linie kann OLAF nur im Rahmen einer Zusammenarbeit mit der EZB tätig werden.[731] Befugnisse, die darüber hinaus hoheitliches Tätigwerden rechtfertigen, können gegenüber der EZB nicht wahrgenommen werden.

Die EZB selbst hat als Reaktion auf die geforderte Kooperation einen Ausschuß für Betrugsbekämpfung, bestehend aus 3 externen Personen gebildet, der dem Europäischen Rechnungshof und den externen Rechnungsprüfern (Art. 27.1 ESZB-Satzung) Bericht erstatten wird.[732] Das Verhältnis zu der Institution OLAF wird in dem Beschluß der EZB gem. Art. 1 Abs. 9 noch gesondert zu klären sein, eine Verpflichtung dieser Behörde gegenüber zu mehr als Kooperation ist die EZB nicht eingegangen.[733]

---

[728] So aber die Argumentation der Kommission ABl. C 122/8 vom 29. 04. 2000.

[729] ABl. Nr. C 122/8 vom 29. 4. 2000.

[730] Siehe Oppermann Rn. 858, der den Haushalt als eine Art Sonderhaushalt der Kommission qualifiziert.

[731] Beschluß der EZB vom 7. Oktober 1999 betreffend die Betrugsbekämpfung, ABl. L 291 vom 13. 11. 1999.

[732] Die hier nur kurz skizzierte Problematik wird durch die Befassung des EuGH gelöst werden, denn die Kommission hat gegen das Verhalten der EZB Klage eingereicht. Diese ist beim EuGH als Rechtssache C–11/00 anhängig. Die Klage gegen die EIB ist als Rechtssache C-15/00 anhängig. Die Klagemitteilungen befinden sich im ABl. Nr. C 122 vom 29. April 2000 S. 8f.

[733] A.a.O. Fn. 731.

3.2. Problem der Schaffung einer Institution ohne Befugnisse

Die Organe der Gemeinschaft können jedoch intern weitere Institutionen gründen, die in einem hierarchischen Unterordnungsverhältnis zu den Organen stehen. Diese Befugnis ergibt sich aus der Geschäftsordnungsautonomie der Organe.[734] Hierbei handelt es sich nicht um die Schaffung neuer selbständiger Institutionen, sondern lediglich um die Untergliederung der bestehenden Organe.

3.2.1. Generelle Problematik

Die Schaffung von Institutionen ohne eigene Befugnisse ist also prinzipiell möglich, da die einzelnen Organe Organisationsgewalt haben.[735] Die Organe der EG als Entscheidungsträger greifen in der Praxis oftmals auf unterstützende Einrichtungen zurück.[736] Die Verantwortung für solch lediglich unterstützenden Institutionen tragen die Organe, als deren Teile die unselbständigen Institutionen anzusehen sind. Als ein Beispiel sind die ständigen Ausschüsse des Europäischen Parlaments anzusehen.

Die Grenze ist allerdings da zu ziehen, wo der Rechts- oder Entscheidungsfindungsprozeß eines Organs verkürzt wird. Das kann z.B. durch die Umgehung eines notwendigen Verfahrens unter Beteiligung verschiedener Entscheidungsträger geschehen. Das bedeutet, es bestünde die Gefahr, daß einzelne Teilnehmer nicht zu informellen Treffen geladen werden, obwohl sie an einer Entscheidungsfindung zwingend zu beteiligen sind. Dies würde eine Verlagerung des Aufgabenbereichs des betreffenden Organs hin zu der informellen Gruppe bedeuten, die über den erlaubten Umfang hinausginge.

Die Schaffung von informellen Gruppen, die lediglich politische Willensbildung betreiben, ist jedoch generell möglich. Das ist soweit zulässig, wie diese Gruppen nur informell und unterstützend tätig werden, ohne in formelle Verfahren nach dem EGV einzugreifen.

3.2.2. Verhältnis zur Zentralbank

Die Tatsache, daß die einzelnen unselbständigen Institutionen, wie gerade der Wirtschafts- und Währungsausschuß des Europäischen Parlaments keine eigenen zusätzlichen Befugnisse haben, hat für das Verhältnis zur Zentralbank im Endeffekt nur eine geringe Bedeutung. Denn die Gefahr der Beeinflussung durch sol-

---

[734] Handbuch europ. Recht – Bieber Art. 4 Rn. 22.

[735] Handbuch d. europ. Rechts – Bieber I A 18 Art. 4 EGV Rn. 24ff, 35ff.

[736] Eine Liste der untergeordneten Einrichtungen der Gemeinschaft findet sich bei Handbuch des europ. Rechts – Bieber I A 18 Art. 4 Rn. 46.

che Gremien ist nicht an bestimmte Aufgabenbereiche oder ausdrückliche Befugnisse zur Beschlußfassung und Rechtsetzung gebunden. Vielmehr ist sie immer dann gegeben, wenn ein Dialog stattfindet oder wenn aus abgeleiteten Rechten die Währungspolitik tangiert wird.
Denn hier müssen zwei Aspekte betrachtet werden. Erstens bilden sich hier Expertengruppen, die sich politisch betätigen. Zwar nehmen sie nicht an der formellen Entscheidungsfindung teil, dennoch leisten sie hier Vorarbeit und haben somit auch Kontakt zu den betroffenen Institutionen.

Zweitens wird es vorkommen, daß auch Mitglieder der EZB teilnahmeberechtigt an derartigen Gruppen sind. Innerhalb dieser Gruppen kann sich der politische Druck auf Mitglieder der EZB erhöhen. Das kann dadurch geschehen, daß auf diese Teilnehmer eingewirkt wird, um ein gewisses Verhalten der Beschlußorgane der EZB zu forcieren. Es kann sich auch die Situation ergeben, daß die Mitglieder zu einer über ihre Verpflichtung hinausgehenden Rechenschaftsablegung veranlaßt werden sollen.

3.3. Die Euro-11-Gruppe

3.3.1. Begriff

Die sogenannte Euro-11-Gruppe ist eine Gruppe, in der die Wirtschafts- und Finanzminister der elf am Euro-Währungsgebiet teilnehmenden Mitgliedstaaten, die Europäische Kommission sowie, auf Einladung, Mitglieder des Direktoriums der EZB vertreten sind.[737] Sie ist ein Forum, in dem auf informelle Weise Fragen aus dem jeweiligen Verantwortungsbereich im Zusammenhang mit der einheitlichen Währung besprochen werden können.[738]

Die französische Regierung drängte stark auf die Errichtung einer sogenannten Wirtschaftsregierung.[739] Damit konnte sie sich jedoch nicht durchsetzen. Um den französischen Bedenken entgegenzukommen, einigte sich der Europäische Rat im Dezember 1997 in Luxemburg jedoch darauf, ein informelles Beratergremium zu schaffen, die sogenannte „Euro-11-Gruppe". Die Formulierung des Europäischen Rats war aber eher zurückhaltend: „Die Minister der dem Euro-Währungsgebiet angehörenden Staaten können in informellem Rahmen Fragen erörtern, die in Zusammenhang mit ihrer gemeinsamen Währung entstehen. Die Kommission und gegebenenfalls die Europäische Zentralbank werden zu diesen Zusammen-

---

[737] EZB – Jahresbericht 1998 S. 95.
[738] Ebenda Fn. 737. Siehe ebenfalls Cullen S. 23, Büschgen WM 99 S. 931.
[739] Siehe oben Teil 2 Kapitel 1 Punkt 1bei Fn. 355, ebenso dieses Kapitel Punkt 2.

künften eingeladen."[740] Im folgenden wird noch darauf hingewiesen, daß bei weitergehenden Fragen die Minister aller Mitgliedstaaten zu Erörterungen zugezogen werden. Die Organisation der Euro-11-Gruppe ist an die G-7-Treffen angelehnt, bei denen sich die Wirtschafts- und Finanzminister der großen Industrienationen jährlich in Verbindung mit der Jahrestagung des Internationalen Währungsfonds treffen.[741] Daher steht der Euro-11-Gruppe kein Sekretariat zur Verfügung. Es gibt auch keine offizielle Geschäftsordnung und auch keinen organisatorischen Unterbau wie ein Sekretariat o.ä.[742]

3.3.2. Aufgaben

Daß die Euro-11-Gruppe lediglich ein informeller Treff ist, wird auch durch ihre fehlende Befugnis zur Verabschiedung von Beschlüssen klar. Der Europäische Rat hat darauf hingewiesen, daß Beschlüsse nur vom ECOFIN-Rats in der vorgesehenen Verfahrensweise zu treffen sind. Daher ist die Euro-11-Gruppe als Institution ohne eigene Befugnisse zu betrachten. Sie dient in erster Linie dem Informations- und Interessenaustausch, insbesondere im Hinblick auf volkswirtschaftliche Tendenzen und den Stand der Konvergenz.[743] Sie tagt im informellen Rahmen stets vor den ECOFIN-Tagungen.[744] Mit der Euro-11-Gruppe wird das alleinige Recht des ECOFIN-Rats, die Grundzüge der Wirtschaftspolitik zu formulieren und zu verabschieden, nicht in Frage gestellt. Denn die Mitgliedstaaten der EU, die nicht an der Währungsunion teilnehmen, sind zwar z.T. gem. Art. 122 (ex 109k) Abs. 5 i.V.m. Abs. 3 EGV in ihrem Stimmrecht suspendiert, das schließt ihre Teilnahmeberechtigung gem. Art. 203 (ex 146) EGV aber in keiner Weise aus.

Auch jegliche andere Entscheidung mit Rechtswirkung, ebenso wie Empfehlungen und Stellungnahmen nach Art. 249 (ex 189) EGV können lediglich vom ECOFIN-Rat vorgenommen werden.[745] Sobald die Beratung Fragen von „gemeinsamen Interesse" berührt, werden zudem auch zu den Treffen der Euro-11-Gruppe die Minister der Länder geladen, die an der Währungsunion bislang noch nicht beteiligt sind.

---

[740] Europ. Rat in Luxemburg Anlage 1 Nr. I Punkt 6. Zur Meinung des französischen Finanzministers Strauss-Kahn im Jahre 1998 jedoch Selmayr AöR 99 S. 384.

[741] Schönfelder / Thiel Integration 98 S. 74 und Fn. 8.

[742] Hanny / Wessels S. 115 auch genauer zur Organisation.

[743] Hanny / Wessels S. 114, Büschgen WM 99 S. 931.

[744] Oppermann Rn. 428 S. 166, Hanny / Wessels S. 115.

[745] So auch ausdrücklich Zilioli / Selmayr S. 275, BK – Hahn / Häde Art. 88 Rn. 533.

Der Rat bleibt so die zentrale Schaltstelle zur wirtschafts- und finanzpolitischen Koordinierung in der EU, die Bedeutung der Euro-11-Gruppe dagegen ist nur gering.[746] Eine andere Gewichtung verstieße gegen die Aufgabenverteilung in der EG, was insbesondere auf die nicht an der Währungsunion teilnehmenden Staaten und somit auf die Einheit innerhalb der Union große Auswirkungen hätte.[747]

3.3.3. Fazit

Der Präsident der EZB wird nun auch zu Tagungen der informellen Euro-11-Gruppe geladen. Damit ist das Verhältnis dieser Einrichtung zur Zentralbank jedoch noch nicht hinreichend geklärt. Auf die Probleme bei der Zusammenarbeit auch mit informellen Gruppen wurde oben schon hingewiesen. Trotzdem bietet die informelle Gruppe den Beteiligten eine Chance der verbesserten Zusammenarbeit.[748]

Schönfelder sieht in diesem informellen Charakter den Schutz vor übermäßiger Gefährdung der Unabhängigkeit der EZB.[749] Insbesondere ist die Euro-11-Gruppe kein politisches Gegengewicht zur unabhängigen EZB. Allerdings besteht auch hier in nicht geringem Maße die Gefahr „unverbindlicher" Einflußnahmen.

4. Verhältnis der EZB zum Europäischen Rechnungshof: Rechnungsprüfung gem. Art. 27 der ESZB-Satzung

Wie oben bereits erwähnt,[750] ist die EZB auch im finanziellen Bereich unabhängig. Ihr Haushalt ist nicht Bestandteil des Haushaltes des EG, Zeichner des Kapitals sind die unabhängigen nationalen Zentralbanken. Diese Regelung sollte einen Einfluß der politischen Stellen auf die geldpolitischen Instrumente der EZB verhindern.

Aus diesem Grunde besteht gegenüber dem Rechnungshof der Gemeinschaft nur eine eingeschränkte Rechenschaftspflicht. Das bestimmt Art. 27.2 der ESZB-Satzung. Danach wird vom Rechnungshof nur die Effizienz der Verwaltung der

---

[746] Schröder Jahrbuch 1997/98 S. 202f.

[747] So ausführlich zu der Haltung und den Bedenken Großbritanniens Cullen S. 22ff.

[748] Die Gründung der Euro-11-Gruppe weist aber auch auf eine gewisse Ineffektivität in der Behandlung von für die WWU relevanten Themen im ECOFIN-Rat hin. Dazu Selmayr AöR 99 S. 384.

[749] Schönfelder / Thiel Integration 98 S. 69.

[750] Siehe schon bei Teil 2 Kapitel 1 Punkt 3.4.4, aber auch oben Punkt 3.1.2.

EZB überprüft. Damit ist der Prüfungsumfang geringer als der nach Art. 248 (ex 188c) Abs. 2 EGV bezüglich der Organe der Gemeinschaft. Die geldpolitischen Beschlüsse der EZB, die in ihrem Aufgabenbereich anfallen und auch in ihrer Buchhaltung zutage treten, sind demnach von der Überprüfung gerade nicht umfaßt.[751]

Die Zentralbank ist aber auch im finanziellen Bereich trotz ihrer Unabhängigkeit noch weiter in ein Kontrollsystem integriert. Dieses ist aber nicht das der Gemeinschaft. Das zeigt sich daran, daß für ihre Jahresabschlüsse in Art. 27.1 ESZB-Satzung ein Rechnungsprüfungsverfahren durch unabhängige Rechnungsprüfer vorgesehen ist.[752] Somit ist sichergestellt, daß das Finanzgebahren der EZB sich an Recht und Gesetz ausrichtet und sie dafür eine Verantwortlichkeit und Rechenschaftspflicht trägt.

---

[751] Dazu auch Janzen S. 123f.

[752] Beschluß des Rats vom 20. 07. 1998 über die externen Rechnungsprüfer der EZB ABl. 98 Nr. L 216/7 und vom 25. 1.1999 über die externen Rechnungsprüfer der nationalen Zentralbanken, ABl. 99 Nr. L 22/69.

Kapitel 5
Konkretes Verhältnis der EZB zum EuGH als Kontrollinstanz

Gegenüber den anderen Organen der Gemeinschaft sowie gegenüber den Mitgliedstaaten ist die EZB generell unabhängig. Den Umfang dieser Unabhängigkeit hat die vorangegangene Untersuchung gezeigt. Ebenso wurde aber im ersten Teil dargestellt, daß die EZB an die im EGV gesetzten rechtlichen Anforderungen gebunden ist. Diese schränken ihre Unabhängigkeit im Bereich der Geldpolitik in sachlicher Hinsicht ein.

Der EuGH stellt zwar auch ein Organ der Gemeinschaft gem. Art. 7 (ex 4) EGV dar, jedoch kommt ihm im Verhältnis zur EZB eine besondere Bedeutung zu. Grundsätzlich ist der EuGH nach Art. 220 (ex 164) EGV, Art. 136 EAGV, Art. 31 EGKS die für die Auslegung des EG-Rechts zuständige Instanz.[753] Die EZB ist vollständig in das Rechtsschutzsystem der Gemeinschaften eingebaut und das sowohl als aktivlegitimierte als auch als passivlegitimierte Institution.[754] Das bedeutet, daß der EuGH die Handlungen der EZB generell vollumfänglich bewerten kann. Der Erlaß seiner Urteile ist für die EZB bindend. Dies ist kein Widerspruch zu Art. 108 (ex 107) EGV, der die Unabhängigkeit der EZB in ihrem Aufgabenbereich garantiert, weil diese Norm die Garantie eines umfänglichen Rechtsschutzes nicht abbedingt.

1. Grundsätzliche Eingliederung in das Rechtsschutzsystem des EGV

Eine Unabhängigkeit der EZB gegenüber der Judikative besteht also nicht. Die Einrichtung einer unabhängigen Institution mit derart großen wirtschaftspolitischen Lenkungsmöglichkeiten läßt sich ohne die Ermöglichung der vollen rechtlichen Überprüfbarkeit ihres Handelns nicht legitimieren. Die Integration in das Rechtsschutzsystem wird ausdrücklich in den Verfahrensregeln des EGV und in Art. 35 ESZB-Satzung[755] festgelegt. Die EZB ist an mehreren Stellen des Vertrags ausdrücklich als aktiv- wie passivlegitimiert genannt.

---

[753] Der EuGH hat zur Auslegung des Vertragstextes eine eigene Systematik mit verschiedenen Grundsätzen entwickelt, nach der die wörtliche sowie die systematische Auslegung des Vertragstextes Vorrang hat. (Siehe hierzu Oppermann Rn. 681ff, Meyer, JURA 1994 S. 455ff.)

[754] Siehe zu den einzelnen Klagearten unten Punkt 1.

[755] Art. 35 ESZB-Satzung verweist dabei lediglich auf die bereits nach EGV bestehenden Rechtsschutzmöglichkeiten, Gormley / Kapteyn S. 1015.

- Sie kann gemäß Art. 230 (ex 173) Abs. 3 EGV Nichtigkeitsklage erheben. Gemäß Abs. 1 kann sie in einem derartigen Verfahren auch verklagt werden.
- Gemäß Art. 232 (ex 175) a.E. EGV ist die EZB sowohl aktiv- als auch passivlegitimiert im Rahmen von Untätigkeitsklagen.
- Außerdem kann die EZB noch im Verhältnis zu den nationalen Zentralbanken gerichtlich als Klägerin auftreten. Das ergibt sich aus Art. 237 (ex 180) Nr. d) EGV, der für das Verfahren auf Art. 226 (ex 169, Vertragsverletzungsverfahren) EGV verweist, sowie aus Art. 35.6 ESZB-Satzung.[756] In diesem Verfahren haben die nationalen Zentralbanken aber keine Möglichkeit, gegen die EZB vorzugehen, da sie nicht als Aktivlegitimierte genannt sind.[757] Die nationalen Zentralbanken haben jedoch die Möglichkeit, mit der Nichtigkeitsklage gegen Akte der EZB vorzugehen.[758]
- Zusätzlich können Handlungen der EZB gem. Art. 288 (ex 215) EGV i.V.m. Art. 35.3 ESZB-Satzung im Rahmen der Schadensersatzklage angegriffen werden.[759]
- Handlungen der EZB können gem. Art. 234 (ex 177) Nr. b) EGV im Wege des Vorabentscheidungsverfahrens durch den EuGH überprüft werden.

Im Rahmen der vorher erarbeiteten Kollisionsfelder zwischen der EZB und den Organen der Gemeinschaft sowie anderen Institutionen haben jedoch die Nichtigkeits- sowie die Untätigkeitsklage die wohl größte Bedeutung und sollen daher zunächst näher beschrieben werden.

1.1. Nichtigkeitsklage

1.1.1. Allgemeines

Im Rahmen der Nichtigkeitsklage können gemäß Art. 231 (ex 174) EGV Handlungen für nichtig erklärt werden. Die Klage hat rechtsgestaltende Wirkung. Maßnahmen, die für nichtig erklärt wurden, sind demnach gegenüber jedermann als nichtig anzusehen, Art. 231 (ex 174) EGV.

---

[756] Hierzu ausführlich Rengeling Rn. 458ff.

[757] Koenig, EuZW 1993 S. 666 mit Lösungsvorschlägen.

[758] BK – Hahn / Häde Art. 88 Rn. 558, 581 m.w.N., siehe noch genauer Punkt 1.1.3.

[759] Im einzelnen ist hier umstritten, ob die EZB selbst passivlegitimiert ist oder ob die Gemeinschaft als Passivlegitimierte für das Handeln der EZB haftet (siehe M. Weber WM 98 S. 1470). Siehe dazu knapp Lenz – Lageard Art. 288 Rn. 11.

Die EZB ist gem. Art. 230 (ex 173) Abs. 3 EGV nur dann klagebefugt, wenn es um die Wahrung ihrer Rechte geht, da sie nicht zu den privilegiert aktivlegitimierten Stellen zu zählen ist.

1.1.2. Klagegegenstand

Problematisch kann im Rahmen der Geld- und der Wirtschaftspolitik der geeignete Klagegegenstand werden. Nicht angreifbar sind mit der Nichtigkeitsklage nämlich Empfehlungen oder Stellungnahmen. Das ist aus der Definition des Klagegegenstandes abzuleiten, nach der alle Willenskundgebungen von einer gewissen Förmlichkeit, Nachdrücklichkeit oder Endgültigkeit mit einer Nichtigkeitsklage angreifbar sind.[760] Nicht angreifbar sind dagegen unverbindliche Akte aller Art. Der EuGH sieht nur solche Handlungen als anfechtbar an, die Rechtswirkung erzeugen.[761]

Problematisch ist daher, ob Beeinflussungen i.S.v. Art. 108 (ex 107) EGV mit einer Nichtigkeitsklage angreifbar sind, denn diese können oft in Form einfacher Äußerungen stattfinden. Ein Rechtsschutz in Form der Nichtigkeitsklage ist dann nicht statthaft. Bloße Äußerungen können keine verbindliche Form haben.

Des weiteren stellt sich die Frage, ob Weisungen anderer Organe an die EZB gerichtlich für nichtig erklärt werden können. Denn wegen des absoluten Weisungsverbots des Art. 108 (ex 107) EGV können derartigen Weisungen von vornherein offensichtlich keine Bindungswirkung gegenüber der EZB haben.

Eine Nichtigkeitsklage, deren Zweck es ist, rechtswidrige aber wirksame Akte für nichtig zu erklären, kann auch gegen von vornherein nichtige Akte der Gemeinschaft zulässig sein. Es besteht nämlich zumeist ein Interesse an der Feststellung der Nichtigkeit, insbesondere weil die Rechtsprechung des EuGH in diesem Bereich, also zu von vornherein nichtigen Rechtsakten nicht ausreichend ist.[762]

Nach einem Beschluß des EuGH[763] sind Maßnahmen der Organe aber dann kein geeigneter Klagegegenstand, wenn ersichtlich ist, daß die betreffende Stelle keine Entscheidungsbefugnis im jeweiligen Bereich hat. Mangels Zuständigkeit der erlassenden Stelle kann keine rechtsverbindliche Maßnahme erlassen werden. Diese Entscheidung kann aber angesichts der Formulierung des Art. 230 (ex 173)

---

760 GTE – Krück Art. 173 EGV Rn. 8, Lenz – Borchardt Art. 230 Rn. 9, Rengeling Rn. 140.

761 EuGH Slg. 1991 S. 2917 (2922) RS. C-50/90 Sunzest / Kommission, Slg. 86 S. 1965 (1989f) RS. 53/85 AKZO Chemie / Kommission. Siehe Lenz – Borchardt Art. 230 Rn. 19f.

762 Strittig: Für eine Überprüfbarkeit Bleckmann Rn. 847, dagegen Hoppe S. 192 Fn. 1117.

763 EuGH Slg. 1989 S. 1255 RS. 151/88 Italien / Kommission. Dort ging es um die Befugnis zur Auslegung des Gemeinschaftsrechts.

Abs. 2 EGV nicht allgemein auf die hier vorliegenden komplexeren Fälle übertragen werden.

In Art. 230 (ex 173) Abs. 2 EGV ist der Klagegrund der Unzuständigkeit im Rahmen der Nichtigkeitsklage ausdrücklich normiert. Der EuGH ist demnach zuständig für die Überprüfung sowohl der vertikalen Kompetenzverteilung als auch der horizontalen Kompetenzverteilung, also bezüglich relativer, aber auch absoluter Unzuständigkeit.[764]

Solchen Akten, die zwischen den Organen der Gemeinschaft und der EZB vorgenommen werden, ist Rechtswirkung im Sinne des Art. 230 (ex 173) EGV zuzusprechen. Das ergibt sich schon daraus, daß der EuGH eine Außenwirkung selbst bei Akten eines Organs, die über das handelnde Organ hinausgehen und nur ein anderes Organ binden, bejaht. Solche Akte können zulässigerweise gerichtlich im Rahmen der Nichtigkeitsklage überprüft werden. Art. 230 (ex 173) EGV eröffnet also die Möglichkeit zu innergemeinschaftlichen Organstreitigkeiten.[765] Da die EZB einem Organ nur gleichgestellt ist, eine „interne“ Wirkung somit noch eher auszuschließen ist, muß diese Argumentation erst recht für sie gelten. Dazu ist noch umstritten, ob sie überhaupt eine Institution der Gemeinschaft ist.[766] Bei Handlungen der Organe der Gemeinschaft gegenüber der EZB kann man daher nicht von verwaltungsinternem Handeln ausgehen. Vielmehr ist zumeist das Grundverhältnis betroffen. Die Rechtspersönlichkeit und die alleinige Kompetenz im gesamten geldpolitischen Bereich schließen ein innerverwaltungsmäßiges Verhältnis zwischen der EZB und den Organen der Gemeinschaft aus.

1.1.3. Leitlinien und Weisungen gem. Art. 12 ESZB-Satzung als Klagegegenstand

Ein weiteres Problem im Rahmen der Nichtigkeitsklage ist, ob Klagen gegen innerdienstliche Akte ausgeschlossen sind.[767] Ein entscheidender Punkt, an dem diese Frage eine Rolle spielen könnte, ist z.B. die Frage, ob Akte der EZB innerhalb des ESZB mit der Nichtigkeitsklage angefochten werden können.[768]

---

[764] Dauses – Stotz P I Rn. 111, Schweitzer / Hummer Rn. 484

[765] Bleckmann Rn. 845, Fischer / Köck S. 363.

[766] Beispielhaft zu diesem Streit siehe Zilioli/Selmayr CMLR 99 S. 273ff insb. S. 282ff mit der Replik von Torrent CMLR 99 S. 1229ff, insb, 1231.

[767] Bleckmann Rn. 843, ebenfalls Lenz – Borchardt Art. 230 Rn. 21, 23.

[768] Hierzu sehr ausführlich M. Weber Kompetenzverteilung S. 191, 195ff, siehe auch zur konkreten Problematik Rengeling Rn. 144.

Das ist danach zu beurteilen, ob eine Rechtswirkung, bzw. eine Außenwirkung eines Rechtsaktes durch die Berührung des Grundverhältnisses zwischen der EZB und den nationalen Zentralbanken innerhalb des ESZB gegeben ist. spielt Eine Rolle könnte diese Problematik bei Klagen der EZB gegen die nationalen Zentralbanken spielen, jedoch ist hier der EZB die Möglichkeit der Klageerhebung gem. Art. 237 (ex 180) Nr. d) EGV gegeben, die Nichtigkeitsklage betrifft sinnvollerweise nur den umgekehrten Fall. Wichtiger ist die Frage daher bei möglichen Klagen der nationalen Zentralbanken gegen die EZB, weil diese im Rahmen des Art. 237 EGV nicht aktivlegitimiert sind, ebensowenig in Art. 35.6 ESZB-Satzung. Die bindende Rechtswirkung einer Weisung ist unstrittig bei Aufgaben außerhalb des Aufgabenbereichs des ESZB (also nach Art. 14.4 der Satzung des ESZB), da sie in jedem Fall das Grundverhältnis berührt.

Problematisch ist die Einlegung einer Nichtigkeitsklage, weil die Akte der EZB nicht das Grundverhältnis zwischen den Banken berühren könnten und daher ein Verwaltungsinternum darstellen könnten.[769] Diese Argumentation wird dadurch gestützt, daß die Aufgabe der Ausführung der gemeinschaftsrechtlichen Institution ESZB zugeteilt wurde.

Dagegen muß aber die Bedeutung des „ESZB“ an sich gesehen werden. Lediglich die EZB besitzt Rechtspersönlichkeit,[770] nicht aber das ESZB. Es stellt daher nicht viel mehr als einen Sammelbegriff dar für ein föderales System, das aus der EZB auf der einen Seite und den nationalen Zentralbanken auf der anderen Seite besteht.[771]

Die nationalen Zentralbanken sind eigenständige Rechtssubjekte, die nach wie vor den Rechtsordnungen der Mitgliedstaaten unterstellt sind.[772] Daß die nationalen Zentralbanken auch behördliche Aufgaben wahrnehmen steht ihrer Stellung als „juristischen Personen“ nicht entgegen.[773]

Daher wird die Möglichkeit der Einlegung einer Nichtigkeitsklage für die nationalen Zentralbanken bejaht, da Maßnahmen der EZB ihnen gegenüber Rechtswirkungen im Sinne einer Wirkung nach außen entfalten.[774] Die Angreif-

---

769 Koenig EuZW 93 S. 662ff, Rengeling Rn. 144, allgemein bei Lenz – Borchardt Art. 230 Rn. 23.

770 Auch die nationalen Zentralbanken sind zumeist juristische Personen. Siehe Potacs S. 39.

771 BK – Hahn / Häde Art. 88 Rn. 520ff, M. Weber WM 98 S. 1465.

772 BK – Hahn / Häde Art. 88 Rn. 557.

773 Dazu Potacs S. 39, insb. Fn. 99 mit Nachweisen zur Rechtsprechung des EuGH.

774 BK – Hahn / Häde Art. 88 Rn. 581, Louis CMLR 98 S. 55ff, EZB Monatsbericht Juli 1999 S. 63.

barkeit derartiger Leitlinien und Weisungen kann auch im Verhältnis zu Dritten eine Rolle spielen (z.B. bei der Frage nach dem richtigen Klagegegner).[775]

1.1.4. Begründetheit der Nichtigkeitsklage

Die Klagegründe für die Nichtigkeitsklage sind in Art. 230 (ex 173) Unterabs. 2 EGV abschließend aufgezählt. Es handelt sich dabei um Unzuständigkeit, die Verletzung wesentlicher Formvorschriften, Verletzung des EGV oder einer bei seiner Durchführung anzuwendenden Rechtsnorm und um Ermessensmißbrauch. Insbesondere die beiden letzten Klagegründe bedürfen hier wegen der Unterschiedlichkeit zum deutschen Recht einer Erläuterung.

Bei der Rechtmäßigkeitsüberprüfung von Handlungen oder Unterlassungen im Rahmen dieser Klagearten durch den EuGH ist der Begriff des Ermessensmißbrauchs in Art. 230 Abs. 2 (ex 173) EGV anders zu verstehen, als der Begriff der Ermessensüberprüfung i.S.d. deutschen Verwaltungsrechts. Der Klagegrund des Ermessensmißbrauchs wird nur dann angenommen, wenn mit den Mitteln des Gemeinschaftsrechts ein subjektiv rechtswidriges Ziel oder ein derartiger Zweck verfolgt wird. Kein Ermessensmißbrauch liegt vor, wenn objektive Erwägungen dem Handeln zugrunde liegen. Aufgrund dieser engen Auslegung wird aber zusätzlich bei Ermessensfehlgebrauch auf den Klagegrund „Vertragsverletzung" zurückgegriffen.[776]

Der Begriff der Vertragsverletzung stellt einen Auffangtatbestand zu den anderen Klagegründen dar, aber er beinhaltet keine vollständige Überprüfung sämtlicher Rechtsakte. Unter diesen Begriff fällt aber der „deutsche" Ermessensfehlgebrauch.[777] Der Unterschied zwischen unbestimmten Rechtsbegriffen und Ermessenshandlungen im deutschen Recht findet keinen Eingang in das Gemeinschaftsrecht.[778] Das bedeutet, der Prüfungsumfang des EuGH ist dem deutscher Gerichte gegenüber geringer.

---

[775] Das ist der Fall, wenn Klage gegen konkrete geldpolitische Maßnahmen erhoben wird. Siehe dazu Craig S. 103 mit Hinweis auf das ERTA-Urteil Slg. 1971, 263 RS. 22/70, auch Louis CMLR 1998 S. 56f.

[776] GTE – Krück Art. 173 Rn. 90f, auch Lenz – Borchardt Art. 230 Rn. 77ff, ausführlich zu den Unterschieden zwischen der deutschen Rechtsprechung und der des EuGH Rengeling Rn. 188ff, der aber z.T. anderer Ansicht ist (Rn. 192).

[777] Lenz – Borchardt Art. 230 Rn. 78, GTE - Krück Art. 173 Rn. 91, a.A. Rengeling Rn. 192.

[778] Zum Begriff des Ermessens und den Unterschied zwischen deutschem Recht und dem Recht der Gemeinschaften ausführlich Varadinek S. 205ff.

1.2. Untätigkeitsklage

Die Untätigkeitsklage hat einen Charakter als Feststellungsklage. Die Rechtsfolge ist gem. Art. 233 (ex 176) EGV, daß die unterlassende Institution eine Pflicht zum Handeln trifft. Die in dem parallel lautenden Art. 228 (ex 171) EGV niedergelegte Möglichkeit eines Zwangsgeldes ist in Art. 233 EGV nicht vorgesehen. Es wird nur auf die Schadensersatzpflicht nach Art. 288 (ex 215) EGV verwiesen.

Im Rahmen der Untätigkeitsklage sind die Anforderungen an die unterlassene Handlung geringer. Da hier die Empfehlungen und Stellungnahmen nicht ausdrücklich ausgenommen wurden, ist vertretbar, auch unverbindliche Akte von Institutionen „einzuklagen". Die unterlassene Handlung soll einen Beschluß darstellen. Dies ist im Recht der Europäischen Gemeinschaften ein allgemeiner Begriff, der auch Akte sui generis umfassen kann. Es sind nicht lediglich die im Vertrag genannten Rechtsakte gemeint.[779]

Als problematisch kann es sich allerdings erweisen, wenn die Unterlassung von Handlungen gerügt wird, die im Ermessen von Institutionen stehen, und deren konkrete Ausgestaltung somit weder von der beantragenden Partei noch vom Gericht selbst vorweggenommen werden darf. Dazu hat der EuGH ein Urteil im Jahre 1985[780] erlassen, wonach die angemahnte Tätigkeit nur hinreichend bestimmbar sein muß. Bei bestehendem Umsetzungsermessen kann daher eine Untätigkeitsklage auch dann Aussicht auf Erfolg haben, wenn nur das Entschließungsermessen gegen Null reduziert ist. Das Gericht muß dabei die Möglichkeit haben, das Nichtbestehen des Entschließungsermessens nachzuprüfen. Das kann nur dann geschehen, wenn die vorzunehmende Handlung innerhalb eines gewissen Orientierungsrahmens stattzufinden hat, der durch die Ziele des Vertags abgegrenzt wird.[781]

1.3. Einstweiliger Rechtsschutz[782]

Einstweiliger Rechtsschutz wird vom EuGH gem. Art. 242 und 243 (ex 185f) EGV gewährt. Er wäre lediglich im Rahmen eines Vorabentscheidungsverfahrens unstatthaft.

---

[779] Diese Auslegung bei GTE – Krück Art. 175 EGV Rn. 11.

[780] EuGH Slg. 1985 S. 1556 (1592ff) Parlament / Rat.

[781] Zu den Möglichkeiten der Untätigkeitsklage gegen die EZB wegen des Unterlassens konkreter geldpolitischer Maßnahmen siehe Hoppe, S. 218ff, 248ff, 256. Siehe auch ausführlich Endler S. 516ff.

[782] Zum Verfahren Gündisch S. 125.

Klagen vor dem EuGH haben keinen Suspensiveffekt. Das bedeutet, ihnen fehlt die aufschiebende Wirkung. Der EuGH kann daher aber bei Vorliegen einer Notwendigkeit die Durchführung der angefochtenen Handlung aussetzen. Das ist dann der Fall, wenn die Gefahr eines schweren, nicht wiedergutzumachenden Schadens droht.[783] Insbesondere sind hier die Fälle zu bedenken, bei denen Maßnahmen, die im Streit liegen, aus zeitlicher Hinsicht hinfällig würden.

Unter den gleichen Umständen kann der Gerichtshof auch einstweilige Anordnungen gem. Art. 243 (ex 186) EGV erlassen. Allerdings muß bei einer derartigen Anordnung, welche die Organe zu einem Handeln verpflichtet, die Gefahr eines Schadens unmittelbar drohen.[784] Der EuGH bejaht das Vorliegen eines derart gravierenden Schadens prinzipiell nur recht zurückhaltend.

1.4. Fazit

Trotz dieser Eingliederung in das Rechtsschutzsystem der EU zeigt sich schon an dieser Stelle, daß an verschiedenen Stellen im Falle von Interessenkonflikten auch eine Lösung durch den EuGH nur schwer zu einem zufriedenstellenden Erfolg beitragen können wird. Es ergeben sich in materieller Hinsicht einige Fragekomplexe, welche die Beurteilungsspielräume der Organe und der EZB und die Bewertung der Handlungen in den Bereichen ihrer politischen Betätigung durch den EuGH betreffen. Einige davon werden nachfolgend ausführlicher behandelt.

Grundsätzlich ist zu erwarten, daß der EuGH bei Sachverhalten, die den wirtschafts- und währungspolitischen Kernbereich der Zuständigkeit der EZB betreffen, zurückhaltend handeln wird, da dies schon die allgemeine Praxis bei Entscheidungsspielräumen politischer und ökonomischer Beschaffenheit der Fall ist.[785]

Nicht möglich ist, daß der EuGH sein eigenes Ermessen an die Stelle des Ermessen der EZB setzt. Ist also kein Ermessensfehler ersichtlich, so muß der EuGH die grundsätzliche Entscheidung der EZB akzeptieren. Es stellt nicht seine Aufgabe dar, wie die politischen Institutionen die Wirklichkeit aktiv zu gestalten. Das besagt schon die Aufgabenverteilung innerhalb des EGV. In letzter Konsequenz ergibt sich diese Regel aus dem Demokratieprinzip. Denn politische Grundsatzentscheidungen sind den demokratisch legitimierten Stellen überlassen.

---

[783] Oppermann Rn. 746, EuGH Slg. 1977 S. 1411ff RS. 61/77 R.

[784] Ausführlich zu den Voraussetzungen des einstweiligen Rechtsschutzes Ehle S. 39ff.

[785] Bleckmann Rn. 868, Hahn, Der Vertrag von Maastricht S. 99f; Everling JZ 2000 S. 225.

Der Richter darf sich nicht an deren Stelle als politisch Verantwortlicher setzen.[786]

2. Kompetenz zur Auslegung des Begriffs Preiswertstabilität

Die Bedeutung des Begriffs der Preisstabilität wurde schon dargestellt.[787] Dieser Begriff ist das Kriterium, an dem sich das Handeln der EZB messen lassen muß, aber auch das Kriterium, nach welchem z.B. eine Unterstützungspflicht gegenüber der Wirtschaftspolitik zu bemessen ist.

Der Begriff Preiswertstabilität ist aufgrund der erfolgten juristischen Herleitung als absolut definierter Begriff ohne Möglichkeit zur Zielvariation auszulegen.[788] Das ergibt sich unmittelbar aus dem Vertrag an sich. Innerhalb dieses Begriffs ist nun jedoch zu überprüfen, in welchem Umfang der EZB ein Beurteilungsspielraum zusteht, der durch den EuGH nicht zu überprüfen ist.

2.1. Auslegung als unbestimmter Rechtsbegriff

Aufgrund der Komplexität des Begriffes Preiswertstabilität stellt sich die Frage, ob die Preiswertstabilität an sich als unbestimmter Rechtsbegriff[789] gelten kann. Unbestimmte Rechtsbegriffe im deutschen Recht sind solche, deren Inhalt sich nicht durch einen festumrissenen Sachverhalt ausfüllen läßt, sondern die bei der Anwendung auf einen bestimmten Sachverhalt der Fixierung bedürfen.[790] Die mangelnde „Auflösbarkeit" von Rechtsbegriffen ist darin begründet, daß sie einen vielschichtigen Sachverhalt abdecken, zu dessen Beurteilung nicht lediglich die offensichtlichen Fakten, sondern auch die umgebende Gesamtsituation und deren Grundlagen zu berücksichtigen sind.[791]

Im Recht der Europäischen Gemeinschaften wird von der rechtlichen Behandlung her nicht zwischen Ermessen und unbestimmtem Rechtsbegriff unterschieden. Ermessen ist vielmehr die Bezeichnung für jeden Entscheidungs- und Beurteilungsspielraum, der den Gemeinschaftsorganen, bzw. hier der EZB, durch

---

[786] M. Weber Kompetenzverteilung S. 115 m.w.N., Everling FS Mestmäcker S. 378, ders. JZ 2000 S. 224, Ukrow S. 209.

[787] Oben Teil 1 Kapitel 3 gesamter Punkt 1.

[788] Siehe Teil 1 Kapitel 3 Punkt 1.2.3, ebenso Punkt 1.3.3.3.

[789] Zur Auslegung im deutschen Verwaltungsrecht: Kopp § 114 VwGO Rn. 24ff.

[790] Im deutschen Verwaltungsrecht sind derartige unbestimmte Rechtsbegriffe auf der Tatbestandsseite vom Gericht uneingeschränkt zu überprüfen. Dies gilt dann nicht, wenn sie wegen einer notwendigen höchstpersönlichen Wertung zu Beurteilungsspielräumen werden. Diese sind, ebenso wie das Ermessen auf der Rechtsfolgenseite, nur eingeschränkt überprüfbar.

[791] Ausführlich hierzu: Baumann S. 109ff.

Normen eröffnet ist.[792] Die Einordnung als „unbestimmter Rechtsbegriff" würde somit auf gemeinschaftsrechtlicher Ebene den Ermessensspielraum der EZB eröffnen und hätte einen erweiterten Beurteilungsspielraum durch sie, sowie eine eingeschränkte Überprüfbarkeit durch den EuGH zur Folge.

Alleine schon die verschiedenen Möglichkeiten, den Begriff Preiswertstabilität durch einen Index zu berechnen, dessen Komponenten nicht nur unterschiedlich ausgesucht, sondern auch noch untereinander unterschiedlich bewertet werden können,[793] machen den Begriff der Preiswertstabilität zu einem „unbestimmten", eröffnen für die EZB also einen Ermessensspielraum.[794]

2.2. Problematik der Prognoseentscheidungen

Ein weiterer Grund dafür, eine zurückhaltende Rechtsprechung des EuGH zu erwarten, ist die Tatsache, daß die EZB umfangreiche Prognoseentscheidungen treffen muß, die die Grundlage für ihre Geldpolitik sind. Relevant für den Instrumenteneinsatz der EZB ist nicht lediglich der derzeitige Zustand und das gegenwärtige Inflationsniveau. Bei der Bewertung der Preiswertstabilität ist sie vielmehr auf Prognosen bezüglich der zukünftigen Inflationsraten angewiesen, die mehrere Jahre in die Zukunft gerichtet sind. Anhand dieser Prognosen bestimmt die EZB den Einsatz ihrer Instrumente. Als Indikatoren für Preisrisiken dienen ihr hierbei z.B. die Löhne, die Wechselkurse, die Anleihekurse, die Zinsstrukturkurve aber auch Branchen- und Verbraucherumfragen.[795]

Die Bewertung der zukünftigen Entwicklung des Preisniveaus stellt den Kernbereich der Geldpolitik dar. Somit hat die EZB die alleinige Kompetenz zur Ausführung dieser Bewertung und zur Bestimmung des Modus, wie die Bewertung stattfindet, das heißt zur Auswahl der Indikatoren. Die EZB ist dabei lediglich an die Vereinbarkeit ihrer Handlungen mit dem Vertragstext gebunden. Gerade im Bereich der Überprüfung von Prognoseentscheidungen waren die Gerichte in der Vergangenheit recht zurückhaltend.

In einem Urteil über die Bewertung von Störungen des gesamtwirtschaftlichen Gleichgewichts in der Bundesrepublik hat das Bundesverfassungsgericht bezüglich Prognosebeurteilungen entschieden: „... zur Beurteilung der Geldpolitik und zur Annahme einer Störungslage kommt es daher nicht auf das bloße Zahlenma-

---

792 Siehe hierzu Varadinek S. 205ff, sowie Bleckmann Rn. 863.

793 Siehe oben Teil 1 Kapitel 3 Punkt 1.3.3.2.

794 So auch Endler S. 520ff. Zur Problematik der Begriffsbestimmung siehe schon oben Teil 1 Kapitel 3 Punkt 1.3.3.3.

795 Kroneck S. 10, EZB Monatsbericht Juli 1999 S. 35ff, Jahresbericht 99 S. 8, 168ff.

terial, sondern auf die Entwicklungstendenzen an."[796] Diese sind aber von dem Gericht nicht voll überprüfbar. So muß nun gefragt werden, in welchem Umfang der EuGH in den Bereich der Geldpolitik eingreifen wird.

2.3. Ausschluß der Nachprüfung

Eine ausdrückliche Regelung über den Umfang der Überprüfung von wirtschaftlichen Sachverhalten findet sich nur in Art. 33 EGKS. Der EGV legt lediglich in Art. 220 (ex 164) EGV die generelle Befugnis des EuGH zur unbeschränkten Rechtsauslegung fest. Hinweise auf die konkrete Kontrolldichte enthält der EGV selbst dagegen nicht. Aus diesem Grund ist zu überlegen, ob eine Übertragung der in Art. 33 Satz 2 EGKS bestehenden Wertung auch für Sachverhalte des EGV, speziell im konkreten Fall zutreffend ist. Der Hintergrund von Art. 33 EGKS ist aufgrund seiner allgemeinen Geltung im Rahmen des EGKS nicht, einen Sonderfall im Rahmen der Gerichtsbarkeit privilegiert oder anders zu behandeln, sondern eine allgemeine Auslegungsregel für Sachverhalte zu schaffen.

Art. 33 Abs. 1 Satz 2 EGKS beschränkt die Nachprüfung wirtschaftlicher Sachverhalte durch den EuGH. Gem. Art. 33 EGKS ist es dem EuGH nicht möglich, die Würdigung der Gesamtlage, die sich aus den wirtschaftlichen Tatsachen und Umständen ergeben hat und die zu gewissen Handlungen geführt hat, voll zu überprüfen. Eine Nachprüfung kann nur im Rahmen eines Ermessensmißbrauchs oder der offensichtlichen Verkennung von Vertragsnormen stattfinden.

Mit Hinblick auf den Überprüfungsumfang des EuGH unter Berücksichtigung der Wertung des Art. 33 EGKS könnte es dem EuGH daher verboten sein, den Begriff der Preiswertstabilität zu bewerten. In der Literatur ist der Umfang des Ausschlusses der Nachprüfungsmöglichkeit umstritten. Zum Teil wird angenommen, dem Gerichtshof sei grundsätzlich jede Würdigung wirtschaftlicher Tatsachen entzogen.[797] Das wird mit dem Bestehen von Ermessensspielräumen begründet. Nur in diesen Fällen ist der EuGH dann zur Überprüfung befugt. Ein genereller Ausschluß jeglicher Überprüfungsmöglichkeiten ist aber nicht immer anzunehmen. Unter Vergleich der verschiedenen Vertragsfassungen kommt

---

[796] Nicolaysen S. 40, BVerfGE 79, S. 311 (Urteil vom 18.4.1989) zum unbestimmten Verfassungsbegriff.

[797] Siehe den Meinungsstand bei Rausch S. 205 und Bleckmann Rn. 863ff.

Rausch dazu, daß dieser kategorische Beschränkung gem. Art. 33 EGKS nur bezüglich der Gesamtschau der wirtschaftlichen Lage gilt.[798]

Die Wertung dieses Artikels kann grundsätzlich auch auf den EGV übertragen werden.[799] Die Begründung hierfür ist in der Tatsache zu suchen, daß politische Entscheidungen von den dafür vorgesehenen Gremien getroffen werden sollten. Die Rolle des Richters sollte im Recht der Gemeinschaft nicht dahin gehen, politische Entscheidungen inhaltlich über Ermessensfehler hinaus zu überprüfen, was mit der Komplexität der zugrundeliegenden Sachverhalte und deren mangelnde Eindeutigkeit zu erklären ist.[800] Die Bewertung von wirtschaftlich komplexen Situationen bleibt somit Privileg der zuständigen Institutionen. Die Überprüfung ist auf Ermessensmißbrauch und auf formelle Fehler beschränkt. Der EuGH selbst beschränkt seine grundsätzlich umfassende Befugnis zur Überprüfung bei komplexen wirtschaftlichen Sachverhalten dementsprechend auch darauf, ob das einschlägige Verfahrensrecht und die Begründungspflicht beachtet wurde, sowie darauf, ob der Sachverhalt zutreffend festgestellt worden ist und ob keine fehlerhafte Würdigung des Sachverhalts oder ein Ermessensmißbrauch vorliegen. Diese Aussagen hat er zwar in erster Linie im Wettbewerbsrecht bei Handlungen der Kommission getätigt,[801] die Systematik ist aber auf die Situation der EZB übertragbar, da die Festlegung der Definition von Preisstabilität sowie die gesamtwirtschaftlichen Prognosen politische Entscheidungen unter Berücksichtigung wirtschaftlicher Wertungen darstellen. Diese Einschränkung der Überprüfung widerspricht, wie bereits erklärt, der umfassenden Befugnis des Art. 220 EGV deswegen nicht, weil sich die Rechtsüberprüfung durch den EuGH auch im Bereich des EGV nicht in den politischen Bereich des Gestaltungsermessens hinein erstreckt.

Es muß bei der Überprüfung durch den EuGH nunmehr zwischen zwei Sachverhalten unterschieden werden. Der eine ist der Zustand „Preisstabilität", also des-

---

[798] Rausch S. 206. Insbesondere geht er darauf ein, daß der Vertragswortlaut in der französischen Sprache (appréciation de la situation découlant des faits ou circonstances économiques) sehr viel klarer gestaltet ist. Weiterhin weist er auf Art. 100 EGKS hin, wonach der Vertrag nur in einer Fassung abgeschlossen wurde. Das war die französische Fassung.

[799] Bleckmann Rn. 863, zu der nur eingeschränkten Überprüfung volkswirtschaftlicher Sachverhalte und Bewertungen Rn. 868, GTE – Krück Art. 173 Rn. 105, Rausch S. 261. Die Anwendung dieser Auslegungsregel auch bei Endler S. 520.

[800] Bleckmann Rn. 863, als Beispiel EuGH Slg. 1976 S. 19 (30) RS. 55/75 Balkan-Import-Export / Hauptzollamt Berlin-Packhof, Rausch S. 211f.

[801] Siehe ausführlich dazu Lenaerts S. 39ff mit Rechtsprechungsnachweisen.

sen Bestehen und Definition. Der andere ist die Bewertung der zukünftigen Entwicklung dieses Zustands. An diese Bewertung knüpfen die Handlungen der EZB an.

Zu berücksichtigen ist hierbei, daß der Begriff der Preiswertstabilität nur einen Teilbegriff der wirtschaftlichen Gesamtlage darstellt. Er ist klar einschränkbar und abgrenzbar. Innerhalb dieses Begriffes sind keine derart komplexen Abwägungen auch wirtschaftspolitischer Art vorzunehmen, wie bei der Bewertung der gesamtwirtschaftlichen Lage.

Außerdem stellt der Begriff der Preiswertstabilität auch ein Teilziel des Vertrags dar. Die verschiedenen Vertragsziele muß der EuGH jedoch definieren können, da sie die Grundlage für viele Handlungen der Organe und Institutionen bilden. An diesen Zielen muß die Rechtmäßigkeit von Handlungen gemessen werden. Der EuGH beschäftigt sich häufig mit Sachverhalten wirtschaftlicher Natur. Würde man ihm die Kompetenz zur Würdigung ökonomischer Daten völlig versagen, so hätte das zur Folge, daß seine Nachprüfungsbefugnis stark eingeschränkt würde.[802] Die Anwendung des Rechtsgedankens von Art. 33 EGKS ist daher nur bedingt auf die Preiswertstabilität anzuwenden. Es geht nicht um die gesamtwirtschaftliche Lage, sondern lediglich um einen Faktor dieser Lage. Eine volle Ermessensüberprüfung sollte m.E. nach hier stattfinden. Das bedeutet, der EuGH kann den durch die EZB bewerteten Zustand Preiswertstabilität eingeschränkt überprüfen, nämlich im Hinblick auf jeglichen Ermessensfehler bei der Bewertung.

Eine unterschiedliche Behandlung muß sich bei der Bewertung der Entwicklung der Preisstabilität in der Zukunft zur Entscheidung über den konkreten Instrumenteneinsatz ergeben. Das gilt im Hinblick darauf, daß die EZB zur Bewertung der Entwicklung der Stabilität eine Prognoseentscheidung trifft, indem sie vielfältige Indikatoren verwendet. Dadurch will sie die zukünftige Inflationsrate bemessen. Problematisch ist in diesem Bereich, inwieweit der EuGH die Prognosen der EZB überprüfen kann, die sie über die Entwicklung der Preiswertstabilität in den nächsten Jahren aufstellt, um danach ihre Politik zu gestalten. Hier verwendet die EZB Indikatoren, die den gesamten Bereich der wirtschaftlichen Entwicklung abdecken. Aus diesem Grund könnte hier die Wertung des Art. 33 EGKS heranzuziehen sein. Das bedeutet, der EuGH könnte nur einen offensicht-

---

[802] Argument bei Rausch S. 209 mit Hinweis auf die französische Rechtsprechung, die sich z.T. auf eine derartige „Minimalkontrolle beschränkt.

lichen Ermessensmißbrauch rügen.[803] Gerade im Bereich der Prognoseentscheidungen wird vertreten, daß den Gerichten nur ein sehr kleiner Nachprüfungsspielraum zukommt.[804]

2.4. Konkrete Beispiele zur Darstellung möglicher Kollisionen

Darzustellen ist nun, in welchem Umfang der EuGH im Falle einer gerichtlichen Befassung mit diesem Thema befugt wäre, den Begriff der Preiswertstabilität selbst auszulegen. Dies soll anhand zweier Konstellationen näher untersucht werden.

Zum einen ist denkbar, daß die EZB bei ihrer Bewertung des Begriffs Preiswertstabilität in Zukunft nicht nur den HVPI berücksichtigen könnte, sondern ihr Augenmerk auch auf die sogenannte „asset-inflation", also die Inflation der Vermögenswerte, wie Immobilien und Wertpapiere richtet. Diese Tendenzen sind derzeit in den USA zu erkennen. Die EZB benutzt diese Werte als allgemeine Indikatoren für die Wirtschaftslage, sie fließen aber nicht in den Index zur Bewertung von Preisstabilität mit ein.[805]

Hier stellt sich zum einen die Frage, ob der EuGH einen Verstoß gegen den Vertrag schon alleine deshalb annehmen könnte, weil der Begriff Preiswertstabilität abweichend von dem derzeitigen Modus nicht alleine am HVPI gemessen wird. Das ist aber zu verneinen, weil der EZB oben schon die Festlegungsbefugnis bezüglich der Definition von Preiswertstabilität zugesprochen wurde.

Fraglich ist nun, in welchem Umfang der EuGH untersuchen kann, ob die EZB den Begriff der Preiswertstabilität durch einen Index definieren kann, der besagte Positionen enthält. Hier ist die Überprüfung des EuGH auf eine Ermessensüberprüfung beschränkt. Er kann also lediglich bewerten, ob die EZB bei der Einbe-

---

[803] So EuGH Slg. 76 / 19 (30) RS. 55/75 Balkan Imp./Export / Hauptzollamt Berlin-Packhof bezüglich des Spielraums einer Behörde bei einer komplexen wirtschaftlichen Sachlage. Siehe auch oben Punkt 1.1.4 die allgemeinen Ausführungen zum Umfang der Klagegründe im Rahmen der Nichtigkeitsklage. So im Ergebnis auch Endler S. 518ff.

[804] Ausführliche Darstellung unter Einbeziehung der Rspr. des EuGH bei Baumann S. 6ff, siehe hierzu für die deutsche Rspr. BVerfGE 79, 311 (339).

[805] Anhörung des EZB-Ratspräsidenten vor dem Ausschuß für Wirtschafts- und Währungsfragen am 29. November 1999 S. 3 http://www.europarl.eu.int/dg2/econ/EMU/EN/default.htm.

ziehung einen Ermessensfehler begangen hat, weil derartige Werte ungeeignet sind, in einem aussagekräftigen Index berücksichtigt zu werden.[806]

Zum anderen ist die Konstellation zu bedenken, in der einzelne Maßnahmen, wie Unterstützungshandlungen, die Preiswertstabilität zu gefährden drohen. In welchem Umfang hier eine Überprüfung möglich ist, bemißt sich nach dem Überprüfungsumfang von Prognoseentscheidungen. Auch hier ist der EuGH auf die Überprüfung der Entscheidung beschränkt, und zwar auf das Vorliegen offensichtlicher Ermessensfehler. Das ist dann der Fall, wenn die EZB objektiv nachvollziehbar einer falschen Zielsetzung gefolgt ist, oder aber dann, wenn Kriterien, die zur Prognosebewertung herangezogen wurden, ersichtlich ungeeignet waren.[807]

3. Konkrete Konfliktfelder als Beispielsfälle für das Verhältnis der EZB zum EuGH

3.1. Klagemöglichkeiten wegen eines Angriffs auf die Unabhängigkeit der EZB i.S.v. Art 108 (ex 107) EGV

3.1.1. Sanktionen bei Einflußnahmen oder deren Versuchen

Die Gefahr, daß andere Institutionen versuchen würden, die EZB und deren konkrete Geldpolitik zu beeinflussen, wurde schon beschrieben.[808] Insbesondere im Rahmen des geldpolitischen Dialogs mit der Kommission und dem Europäischen Parlament[809] könnte die Gefahr bestehen, daß die sachliche Wechselrede im Rahmen des notwendigen Dialogs der unsachlichen Beeinflussung weicht. Ein Verstoß der Gemeinschaftsinstitutionen gegen das Unabhängigkeitsgebot des Art. 108 (ex 107) EGV ist im Grunde ähnlich einem Verstoß gegen Art. 10 (ex 5) EGV, also dem allgemeinen Loyalitätsgebot, zu bewerten. Vom Rechtscharakter her kann Art. 108 EGV als spezialgesetzliche Ausformulierung des allgemeinen Loyalitätsgebots qualifiziert werden. Eine Sanktionierung von Verstößen ist demnach in demselben Modus vorzunehmen. Daher ist ein Vertragsverletzungs-

---

[806] Wofür in der Tat einiges spricht, da die Festlegung eines reellen, tatsächlichen Sachwertes sowohl bei Immobilien als auch bei Aktien fast unmöglich erscheint. Siehe hierzu genauer ein Interview mit O. Issing in FAZ vom 19. 8. 1999, in: Auszüge aus Presseartikeln Nr. 56 / 99 S. 8.

[807] Auslegung anhand von Beispielsfällen auch bei Endler S. 521ff.

[808] Siehe zu den einzelnen betroffenen Institutionen insgesamt Teil 1 Kapitel 2.

[809] Teil 2 Kapitel 2 Punkt 1.1. und für das Europäische Parlament Teil 2 Kapitel 3 Punkt 3.1. und 3.2.

verfahren nach Art. 226 (ex 169) EGV grundsätzlich möglich.[810] Hierbei ergeben sich jedoch mehrere Probleme. Zum einen ist die EZB in einem derartigen Verfahren nicht generell aktivlegitimiert. Dies sind nur die Mitgliedstaaten und die Kommission. Die Kommission hat bei der Einleitung des Verfahrens einen Ermessensspielraum.[811] Sie kann daher nur schwer von der EZB zur Klageerhebung veranlaßt werden.

Eine Aktivlegitimation für ein Vertragsverletzungsverfahren ergibt sich für die EZB nur im Rahmen des Art. 35 der Satzung[812] oder gem. Art. 237 (ex 180) Nr. d) EGV. Dieses richtet sich lediglich gegen nationale Zentralbanken.

Generell hat die EZB noch die Möglichkeit der Anstrengung einer Nichtigkeitsklage. Allerdings muß schon die Statthaftigkeit im Rahmen von unverbindlichen Beeinflussungsversuchen verneint werden.[813] Außerdem erscheint sie auch von der Zielrichtung her als nicht besonders effektiv. Sie würde im konkreten Fall in erster Linie der Klarstellung dienen und könnte daher lediglich Einfluß auf zukünftiges Verhalten der Verfahrensgegner haben.

Vorbeugender Rechtsschutz gegen drohende Akte der Beeinflussung ist im Recht der Gemeinschaften nicht gegeben.[814] Des weiteren ist eine direkte Sanktionierung des Europäischen Rates generell nicht möglich. Das ergibt sich aus Art. 46 EUV, der die Tätigkeiten des Europäischen Rats aus der Gerichtsbarkeit des EuGH herausnimmt.

Das heißt, im Ergebnis ist ein gerichtlicher Schutz in der Theorie zwar vorhanden, er erscheint aber –zumindest betreffend den Tatbestand der Beeinflussung– sowohl lückenhaft als auch ineffektiv.

Als Ergebnis für die Unabhängigkeit der Zentralbank muß man feststellen, daß diese auch weiterhin nicht unwesentlich dadurch geschützt wird, daß ein Konflikt in der Öffentlichkeit dramatisiert werden kann, um die Meinung der Bevölkerung als Druckmittel gegen beschränkende Maßnahmen zu verwenden. Das hat in der Vergangenheit der Bundesrepublik relativ gut funktioniert.[815] Gerade im Rahmen

---

810 Stadler S. 125.

811 Endler S. 424, Streinz Europarecht Rn. 294, EuGH Slg. 89 S. 291ff RS. 247/87.

812 Handbuch d. europ. Rechts- Smulders I A 53 nach Art. 109m Art. 35 der Satzung ESZB Rn. 3.

813 Klagegegenstand können nur verbindliche Handlungsakte mit Außenwirkung sein, siehe vorne Punkt 1.1.2, ebenso Endler S. 422.

814 Endler S. 422, Berrang, S. 41.

815 Dazu Siebelt S. 181ff.

der Dramatisierung des Konflikts in der Öffentlichkeit sind aber wiederum die Grenzen zur unerlaubten Beeinflussung zu beachten.

3.1.2. Sanktionen gegen die Mitglieder der EZB oder die nationalen Zentralbanken bei Weisungsannahme

Die Regelung des Art. 108 (ex 107) EGV wurde schon ausführlich besprochen.[816] Das Verbot der Weisungsannahme stellt für die geschützten Mitglieder der Beschlußorgane des ESZB mehr als einen Schutz und eine Obligation dar, denn auch sie sind zur Einhaltung verpflichtet. Im Falle eines Verstoßes gegen Art. 108 (ex 107) EGV können daher auch den Mitgliedern der Beschlußorgane des ESZB Sanktionen drohen.

Im Falle eines verbotenen Verhaltens durch ein Mitglied der nationalen Zentralbanken sind die Möglichkeiten der Verhängung von Sanktionen jedoch beschränkt. Maßnahmen gegen Mitglieder der nationalen Zentralbanken könnten lediglich in der Amtsenthebung gemäß Art. 14.2 Unterabs. 1 der ESZB-Satzung bestehen. Die Voraussetzung der schweren Verfehlung muß hierfür gegeben sein.[817] Problematisch ist allerdings, daß eine vorzeitige Entlassung nur auf Initiative der ernennenden Stelle möglich ist.[818] Die Ernennung ist im Falle der Bundesbank als nationaler Zentralbank der Bundesrepublik in einem mehrstufigen Verfahren in § 7 BBankG geregelt. Allerdings enthält das Bundesbankgesetz keine Abberufungsregelung. Es werden mehrere Lösungen erwogen, in jedem Falle steht jedoch fest, daß lediglich nationale Stellen zur Abberufung ermächtigt sind.[819]

Zusätzlich hat die EZB noch die Möglichkeit der gerichtlichen Kontrolle des Verhaltens der nationalen Zentralbanken durch den EuGH gem. Art. 35.6 der Satzung des ESZB.

Art. 237 (ex 180) d EGV räumt der EZB im Verhältnis zu den nationalen Zentralbanken das gleiche Recht ein, wie es normalerweise der Kommission gem. Art. 226 (ex 169) gegenüber den Mitgliedstaaten zusteht, also das Recht zur Einleitung eines Vertragsverletzungsverfahrens, anders formuliert, einer Aufsichtsklage.[820] Als dessen Ergebnis würde der EuGH die Nichtvereinbarkeit der Handlung der nationalen Zentralbank mit dem EGV feststellen. Gem. Art. 237

---

[816] Oben Teil 1 gesamtes Kapitel 2.
[817] Siehe dazu auch noch unten Punkt 3.5.
[818] So auch GTE – Gnan nach Art. 109 m, Art. 14 Satzung ESZB Rn. 21.
[819] Genaue Abhandlung bei Siebelt, S. 174ff, Lampe S. 34ff.
[820] Calliess – Wegener Art. 237 Rn. 5.

(ex 180) Nr. d) EGV ist die nationale Zentralbank dann zur Abhilfe verpflichtet, sollte dies möglich sein.

Nimmt ein Mitglied des Direktoriums der EZB verbotenerweise Weisungen entgegen, so steht die Möglichkeit der Amtsenthebung offen. Diese geschieht nach dem Modus des Art. 11.4 ESZB-Satzung. Die Amtsenthebung wird durch den Gerichtshof vorgenommen. Das Verfahren ist ähnlich dem des Art. 157 Abs. 2 EGV oder dem des Art. 9.7 der EWI-Satzung.[821]

Ein gesonderter Ausschluß eines Präsidenten einer nationalen Zentralbank aus dem EZB-Rat ist nicht vorgesehen. Diese Position kann man nur verlieren, wenn man auch seine Stellung als Präsident der nationalen Zentralbank verliert. Diese Konstellation erscheint angesichts der Regelungen über die Abberufung eines Präsidenten auf den ersten Blick vielleicht etwas unbefriedigend, weil die Entscheidung hierüber alleine bei den nationalen Stellen liegt. Deren Interessen können dem Interesse des EZB-Rats nach Unabhängigkeit gerade entgegengesetzt sein.

Zu bemerken ist aber hier nochmals, daß die Geldpolitik nicht auf die EZB alleine, sondern auf das ESZB übertragen wurde. Diese Konstellation stellt daher keinen Wertungswiderspruch zu der Organisation des ESZB dar.

3.2. Teilnahme- und Mitwirkungsrechte der EZB

Im Rahmen der konkreten Zusammenarbeit ergibt sich die Notwendigkeit eines Dialogs zwischen den Organen der Gemeinschaft und der EZB. Gerade in diesem Bereich ist der eben dargelegte Schutz der Weisungs- und Beeinflussungsunabhängigkeit besonders relevant. Der Dialog zwischen den einzelnen Institutionen hat aber auch eine formelle Komponente. Besonders in Art. 113 EGV wurden die allgemeinen Teilnahmerechte auch in verfahrenstechnischer Hinsicht niedergelegt. Dies zeigt sich durch mehrere Rechtspflichten der EZB, z.B. gem. Art. 113 (ex 109b) EGV dem Europäischen Parlament und der Kommission gegenüber. Art. 113 EGV verleiht der EZB aber auch gewisse Rechte, z.B. das der Teilnahme an Sitzungen des Rats gem. Abs. 2.[822] Des weiteren sind zahlreiche Mitwirkungsrechte der EZB in formeller Hinsicht in verschiedene Gesetzgebungsverfahren eingebaut.[823] Der Umfang des Rechtsschutzes durch den EuGH soll nun nachfolgend genauer dargelegt werden.

---

[821] GTE – Zilioli nach Art. 109m Art 11 ESZB Rn. 16. Siehe dazu genauer unten Punkt 3.5.1.

[822] Siehe unten Teil 2 Kapitel 1 Punkt 2.2.

[823] Siehe nur zum Fall des Art. 111 EGV unten Punkt 3.5.

3.2.1. Gerichtliche Durchsetzbarkeit des Teilnahmerechts an Ratssitzungen

Gem. Art. 113 Abs. 2 EGV wird der Präsident der EZB zu Ratssitzungen geladen. In einer systematischen Auslegung des Wortlauts kommt man dazu, daß dieser Artikel ein Teilnahmerecht des EZB-Präsidenten beinhaltet.[824] Es stellt sich die Frage, ob der Präsident der EZB eine Teilnahme an Tagungen des Rats auch gegen dessen Willen durchsetzen könnte. Der Präsident des EZB-Rats hat im Falle eines (absichtlichen) Versäumnisses der Einladung trotz Wahrnehmung des Initiativrechts die Möglichkeit, vor dem Gerichtshof eine Untätigkeitsklage gem. Art. 232 (ex 175) EGV zu erheben.

Im Rahmen der Untätigkeitsklage und der Nichtigkeitsklage gem. Art. 230 (ex 173) EGV ist die EZB nicht privilegiert. Das bedeutet, sie kann nur dann Klage erheben, wenn sie die Verletzung eigener Rechte geltend macht. Ein solches einklagbares Recht ist aus Normen dann zu ziehen, wenn wegen Interessensicherung und Interessenwahrung ein besonderes Bedürfnis besteht, dem Betreffenden eine gesicherte Rechtsposition einzuräumen. Die Pflicht des Rats zur Einladung des EZB-Präsidenten dient dem Zweck der umfänglichen Informationsweitergabe.

Die Ladung zu einer Ratssitzung bzw. deren Fehlen stellt einen gerichtlich überprüfbaren Beschluß dar. Alleine die Ladung ermöglicht dem Präsidenten des EZB-Rats die Teilnahme an der allgemeinen sachlichen Diskussion innerhalb der Tagungen des Rats. Diese Diskussion zu deren Teilnahme Art. 113 Abs. 2 EGV berechtigt, geht über die Vorbereitung des Erlasses von einzelnen Rechtsakten weit hinaus, betrifft vielmehr die Erstellung von Leitlinien für die zukünftige Politik in der Gemeinschaft.[825] Daher würde es nicht ausreichen, wenn die fehlende Teilnahme des EZB-Präsidenten lediglich als Verfahrensfehler zur Anfechtung einzelner Rechtsakte berechtigen würde. Denn dann wäre auf die leges speciales abzustellen, die Beteiligungsrechte der EZB konkret normieren. (In einem derartigen Fall müßte der betroffene Rechtsakt mit der Nichtigkeitsklage gem. Art. 230 (ex 173) EGV angegriffen werden.)

In einem Urteil des EuGH betreffend die allgemeine Einladungspflicht würde die Rechtswidrigkeit der Unterlassung der Einladung festgestellt.[826] Diese bloße Feststellung hätte die Handlungspflicht des Rats gem. Art. 233 (ex 176) i.V.m. Art. 113 Abs. 2 EGV zur Folge. Auch ein Beschluß des Rats gem. Art 4 Abs. 3 Satz 3 der GeschO des Rats, die EZB von Beratungen auszuschließen, könnte

---

[824] Siehe oben Teil 2 Kapitel 1 Punkt 2.2.

[825] Zum tauglichen Klagegegenstand im Rahmen der Untätigkeitsklage siehe Kapitel 2 Punkt 8.3. Für die gerichtliche Lösung derartiger Konflikte auch Craig S. 113.

[826] So auch Stadler S. 162.

theoretisch angefochten werden. Die richtige Klageart hierfür wäre jedoch die Nichtigkeitsklage gemäß Art. 230 (ex 173) EGV.

Wegen der Eilbedürftigkeit, den Termin einer Sitzung des Rats nicht zu verpassen, könnte ein einstweiliges Verfahren nach Art. 243 (ex 186) EGV oder, im Rahmen der Nichtigkeitsklage gem. Art. 242 (ex 187) EGV in Frage kommen. Dieses ist aber nur dann möglich, wenn der Eintritt eines schweren, nicht gutzumachenden Schadens droht. Das ist im Rahmen der Rechtsetzung wohl deswegen nicht der Fall, weil Rechtsakte, die unter formellen Fehlern, wie der fehlenden notwendigen Beteiligung einer Institution leiden, mit der Nichtigkeitsklage zu beanstanden sind. Allerdings geht es in Ratssitzungen auch um den sachlichen Dialog in wichtigen politischen Problemfeldern. Der Ausschluß der EZB trotz einer vertraglich notwendigen Beteiligung an den Sitzungen läßt den Eintritt eines Schadens für die Aufgabenerfüllung der EZB nicht völlig abwegig erscheinen.

Jedoch muß man sehen, daß diese theoretisch bestehende Durchsetzbarkeit der oben hergeleiteten Rechte in der Praxis wohl kaum Bedeutung erlangen wird. Die EZB arbeitet in erster Linie mit dem informellen Gremium der Euro-11-Gruppe zusammen.[827] Dort kommt es zu einem ausführlichen Informationsaustausch. Des weiteren ist die Einbeziehung der EZB in Rechtsetzungsakte des Rats durch Spezialregelungen gesichert. Das bedeutet, wegen eines zusätzlichen Informationsgewinns, der bei Funktionieren der informellen Gremien von geringer Bedeutung ist, wird die EZB nicht in einem empfindlichen politischen Klima den EuGH anrufen und somit eine gravierende Mißstimmung zwischen den politischen Institutionen deutlich machen oder verursachen. Das umfassende Teilnahmerecht ist bisher auch wegen des umfangreichen Tagesgeschäfts beider Institutionen und des Funktionierens informeller Systeme nur in geringem Umfang genutzt worden. Wichtig ist es jedoch nicht im Hinblick auf eine ständige Inanspruchnahme durch die EZB, sondern weil es in Konflikt- und Krisenfällen einen unbedingten Anspruch der EZB begründet.

---

[827] Oben Teil 2 Kapitel 4 Punkt 3.3.

3.2.2. Mitwirkungsbefugnisse
Die EZB muß bei einer Anzahl von Rechtsetzungsakten im Wege der Anhörung beteiligt werden. Manchmal kommt ihr auch ein Initiativrecht zu.[828] Insbesondere Art. 105 Abs. 4 EGV, der eine Anhörung der EZB zwingend für alle geldpolitisch entscheidenden Bereiche normiert, stellt hier eine Generalregelung dar.

Die Nichtbeachtung derartiger Mitwirkungsrechte stellt, parallel zu der Bewertung von Mitwirkungsbefugnissen des Europäischen Parlaments,[829] einen Verstoß gegen wesentliche Verfahrensvorschriften gem. Art. 230 (ex 173) Unterabs. 2 EGV dar. Der somit rechtswidrig erlassene Akt ist von der EZB mit der Nichtigkeitsklage[830] anzufechten.

3.3. Maßnahmen gegen Rechtsetzungsakte des Rats im Aufgabenbereich der EZB

Ein weiterer Punkt, an welchem die Unabhängigkeit der EZB durch Maßnahmen der Organe beschränkt werden kann, ist die Rechtsetzungsbefugnis gem. Art. 107 (ex 106) EGV Abs. 5 und 6 durch den Rat in Zusammenarbeit mit den anderen Organen der Gemeinschaft.

Die EZB kann selbst Rechtsakte mit Wirkung Dritten gegenüber erlassen. Dazu benötigt sie aber eine Ermächtigungsgrundlage. In Art. 107 (ex 106) Abs. 6 EGV wird dem Rat die Befugnis zum Erlaß derartiger Grundlagen eingeräumt. Ebenso kann der Rat gem. Art. 107 Abs. 5 EGV Teile der ESZB-Satzung in einem erleichterten Verfahren abändern. Diese Befugnis betrifft auch instrumentelle Normen. Der Rat handelt rechtswidrig, wenn er die Unabhängigkeit der EZB und die effektive Aufgabenerfüllung durch seine Rechtsetzung einschränkt,[831] aus diesem Grund ist der EZB gegen derartige Rechtsetzungsakte ein effektiver Rechtsschutz zu gewähren.

Die EZB kann gegen rechtswidrige Rechtsetzungsakte des Rats mit der Nichtigkeitsklage vorgehen. Diese hat jedoch keinen Suspensiveffekt. Das bedeutet, um die Vollziehung derartiger Normen und somit den Zwang zur Anwendbarkeit zu verhindern, muß sie im Wege des einstweiligen Rechtsschutzes vorgehen. Noch vor Inkrafttreten des Rechtsaktes, also während der Entscheidungsfindung kann

---

[828] Art. 105 Abs. 4, 6, Art 107 (ex 106) Abs. 5, 6, Art. 111 (ex 109) Abs. 1, 2 und 3 u.v.a., zu einem Fall des Initiativrechts siehe nur Art. 111 EGV Teil 2 Kapitel 1 Punkt 4.2.1.1. dazu noch Teil 2 Kapitel 2 Punkt 2.1.
[829] Oppermann Rn. 265, EuGH z.B. Slg. 1980 S. 3333ff, RS. 138/79, Hilf EuR 1990 S. 277.
[830] So auch Craig S. 112f.
[831] Zur Rechtsetzungskompetenz des Rats ausführlich Teil 2 Kapitel 1 Punkt 3 insb. Punkt 3.6.

die EZB das Rechtsetzungsvorhaben dagegen nicht effektiv angreifen. Das hat seinen Grund darin, daß das Europarecht keinen vorbeugenden Rechtsschutz kennt.[832]

Problematischer ist, ob die EZB den Rat im Wege der Untätigkeitsklage zwingen kann, einen bestimmten Rechtsakt zu erlassen. Der Begriff des „Beschlusses" umfaßt im Europarecht jedoch jede Maßnahme, deren Tragweite sich hinreichend bestimmen läßt, so daß sie konkretisiert werden kann.[833] Es sind alle Akte umfaßt, die rechtliche Wirkung haben. Aufgrund der konkreten Formulierungen der Ermächtigungsgrundlagen für die Rechtsetzung des Rats in der ESZB-Satzung ist eine Einklagbarkeit demnach zu bejahen. Die EZB ist zur Klageerhebung auch befugt, denn die Setzung von Primärrecht durch den Rat kann auf die EZB konkrete Auswirkungen haben, hier handelt es sich um die sie unmittelbar betreffende Satzung des ESZB.

Die Rechtsetzung des Rats ist also zum einen voll überprüfbar, zum andern durch die EZB auch einklagbar. Im Bereich der Rechtsetzung durch den Rat ist daher effektiver Rechtsschutz gewährleistet.

3.4. Gerichtlicher Konflikt im Rahmen der Unterstützungspflicht der EZB

3.4.1. Zwangsmaßnahmen gegen die EZB zur Herbeiführung der Unterstützung

Die in Art. 105 Abs. 1 Satz 2 EGV niedergelegte Rechtspflicht der EZB, die allgemeine Wirtschaftspolitik in der Gemeinschaft zu unterstützen, wurde schon dargelegt.[834] Innerhalb dieser Rechtspflicht verfügt die EZB jedoch gerade im Bereich des Ausführungsermessens über einen umfassenden Ermessensspielraum. Dieser ist, wie oben aufgezeigt, vom EuGH nur auf Ermessensfehler hin untersuchbar. Denkbare Konflikte, die gerichtlich zu lösen sind, können sich zum einen dadurch ergeben, daß der Rat eine Unterstützung der EZB zu erzwingen versucht, oder sich die EZB gegen Aufforderungen des Rats oder anderer Institutionen zu einem bestimmten Handeln zu wehren hätte.[835]

---

[832] Berrang S. 41, Endler S. 422.

[833] Streinz Rn. 543, Bleckmann, Rn. 898, Grabitz / Hilf – Wohlfahrt Art. 175 Rn. 13. Siehe auch schon oben Punkt 1.2. Fn. 781.

[834] Siehe Teil 1 Kapitel 3 Punkt 2 gesamt.

[835] Zu dieser Problematik auch Bleckmann DVBl. 92 S. 341. Koenig EuZW 93 S. 665, Craig S.

Das deutsche Bundesbankgesetz stellte sich als „Lex imperfecta“ dar, weil es zwar eine Verpflichtung der Bundesbank zur Unterstützung der Wirtschaftspolitik gab, diese aber nicht einklagbar war. Es waren keine Sanktionen gegen die Bundesbank normiert und zum Teil wurde sogar ihre Aktiv- und Passivlegitimation in den im Grundgesetz vorgesehenen Verfahren vor dem Verfassungsgericht abgelehnt.[836] Dagegen sah z.B. das österreichische Nationalbankgesetz eine Konfliktlösung im Wege eines Schiedsverfahrens vor.[837] Im Gegensatz hierzu ist die EZB vollumfänglich der gerichtlichen Kontrolle unterworfen. Die Effektivität dieser Kontrollmöglichkeiten ist jetzt konkreter zu untersuchen.

3.4.2. Verfahren

Die Organe der Gemeinschaft könnten eine Unterstützungshandlung theoretisch vor dem EuGH einklagen. Das könnte im Wege einer Untätigkeitsklage geschehen. Art. 232 (ex 175) EGV gilt nach Satz 5 (a.E.) auch für und wider die EZB. Danach könnte das Unterlassen der Unterstützung als rechtswidrig erklärt werden. Nach Art. 233 (ex 176) EGV könnte sodann eine Verpflichtung zum Handeln ausgesprochen werden. Auch dieser Artikel ist auf die EZB anwendbar. Diese Klageart wird aber in der Praxis an der umfassenden Ermessensentscheidung der EZB über das „wie“ der Unterstützung scheitern müssen. Akte, die im Wege der Untätigkeitsklage eingefordert werden, müssen, wenn nicht bestimmt, so zumindest bestimmbar sein. Das Ausführungsermessen der EZB ist nur auf grobe Ermessensfehler hin zu untersuchen, die Wirkung ihres Handelns betrifft die gesamte Wirtschaftspolitik in der Gemeinschaft, so daß es sich hier um einen komplexen wirtschaftlichen Tatbestand handelt. Der EuGH muß daher eine Klage auf die Vornahme einer bestimmten Handlung der EZB als unbegründet ablehnen, weil er nicht in ihren Ermessensspielraum eingreifen kann. Er kann nur das Bestehen einer Rechtspflicht aussprechen. Diese Rechtspflicht ist aber nicht weiter durch den EuGH konkretisierbar, da ihre Grenzen nur in den allgemeinen Zielsetzungen des Handelns der EZB liegen.[838] Diese Rechtspflicht könnte der EuGH nur bei objektivem Unterlassen von Unterstützungshandlungen aussprechen. Nach Ansicht der EZB stellt aber schon die Einhaltung des Ziels der Preisstabilität das effektivste Mittel zur Unterstützung der Wirtschaftspolitik dar. Aufgrund dieser Überlegungen und des umfassenden Ermessensspielraumes der EZB, auch was das Gewicht der Unterstützungshandlung betrifft, erscheint eine

---

[836] Siehe hierzu ausführlich Hahn, Währungsrecht § 18 Rn. 3, Brosius-Gersdorf S. 167 Fn. 69.

[837] Darstellung bei Hahn, BayVBl. 1982 S. 34.

[838] Siehe im Gegensatz dazu die genauere Konkretisierbarkeit der Rechtsetzungsakte durch den Rat oben Punkt 3.3. bei Fn. 833.

Untätigkeitsklage als wenig effektiv. Solange die EZB ihr Verhalten auf objektiv nachvollziehbare Erwägungen stützt, hat eine Klage mit dieser Begründung keine Aussicht auf Erfolg.

Das Mittel der Nichtigkeitsklage[839] könnten die Organe der Gemeinschaft einsetzen, um die Rechtswidrigkeit eines Handelns feststellen zu lassen, das ihrer Ansicht nach der Unterstützungspflicht direkt widerspricht.

Sie können sich dabei auf eine Vertragsverletzung durch die EZB berufen, weil diese ihre Aufgabe, nämlich die Unterstützung der Wirtschaftspolitik nicht hinreichend ausführt. Wie aber schon ausführlich behandelt, hat die Zentralbank einen umfassenden Beurteilungs- und Ermessensspielraum im Hinblick auf die Preiswertstabilität und auch auf den wirksamen Einsatz ihrer Instrumente. Der Gerichtshof kann diesen Spielraum nicht überprüfen, sondern die angegriffene Entscheidung nur auf einen eventuell offensichtlichen Ermessensfehlgebrauch oder -mißbrauch hin untersuchen.

Der Begriff des Ermessensmißbrauchs als möglicher Klagegrund gegen die EZB wird vom EuGH sehr eng ausgelegt. Der Ermessensfehlgebrauch ist eher unter den Begriff der Vertragsverletzung zu subsumieren. Mit der Begründung des Ermessensmißbrauchs hat eine Klage nur dann Aussicht auf Erfolg, wenn mit den Mitteln des Gemeinschaftsrechts ein subjektiv rechtswidriges Ziel oder ein solcher Zweck verfolgt wird.[840] Solange die EZB ihr Verhalten auf objektive Erwägungen stützt hat eine Klage mit dieser Begründung keine Aussicht auf Erfolg. Da der EuGH überprüfen muß, wie sich das konkrete Verhalten der EZB auf den gesamten Bereich der Wirtschaftspolitik in der Gemeinschaft auswirkt, sind für den Umfang der Nachprüfbarkeit die oben gewonnenen[841] Auslegungsbefugnisse für den EuGH zu berücksichtigen.

Bei einer erfolgreich eingeklagten Verpflichtung zur Handlung der EZB wäre diese aus Art. 233 (ex 176) EGV i.V.m. Art 105 Abs. 1 Satz 2 EGV zur Handlung verpflichtet. Diese Verpflichtung beschränkt sich auf das „ob" des Handelns. Bezüglich des „wie" ist der Ermessensspielraum der EZB auch durch den EuGH zu wahren. Zu beachten ist aber, daß im Rahmen der Nichtigkeits- oder Untätigkeitsklage keine Sanktionen bei Nichtbefolgung des Urteils normiert sind.

---

[839] Die Klageart bestimmt sich je nach Partei nach der Rechtsform des streitgegenständlichen Instruments der EZB. Hierzu ausführlich Hoppe S. 185ff.

[840] GTE – Krück Art. 173 Rn. 90.

[841] Siehe oben Punkt 2.3.

Konkrete Maßnahmen der EZB, die für nichtig erklärt wurden, wären aber wegen der Gestaltungswirkung eines derartigen Urteils von allen als nichtig anzusehen. Zu beachten ist des weiteren, daß mit der Nichtigkeitsklage nur bestimmte Maßnahmen der EZB angegriffen werden können, nämlich solche, die Rechtswirkung entfalten.

3.4.3. Verteidigungsmöglichkeiten der EZB

Die Verteidigungsmöglichkeiten der EZB gegen Druck anderer Institutionen auf die Vornahme konkreter Unterstützungshandlungen sind dieselben wie bei jedem Angriff auf ihre Unabhängigkeit. Auch das Verlangen nach Unterstützung kann einen Sonderfall der Weisung oder, wenn es weniger ausdrücklich geschieht, eine Beeinflussung oder deren Versuch darstellen.

Zum anderen könnte die EZB sich mit dem Argument der rechtswidrigen Gemeinschaftspolitik wegen der Mißachtung des Stabilitätsziels gegen die Einforderung der Unterstützungspflicht wehren, indem sie vorbrächte, die Politik der Organe verstieße gegen die Ziele des Vertrags. In diesem Falle hätte sie eine Nichtigkeitsklage gegen konkrete Maßnahmen der Organe anzustrengen. Aber auch hier ist zu berücksichtigen, daß der Beurteilungsspielraum von Rat und Kommission bezüglich der Verwirklichung ihrer Ziele ebenfalls sehr weit ist. Die Erfolgsaussichten sind aufgrund der oben schon genannten Argumente daher ebenfalls gering.

Ein Vertragsverletzungsverfahren gegen Mitgliedstaaten kommt mangels Klagebefugnis der EZB nicht in Betracht.

3.4.4. Erfolgsaussichten

Fraglich ist allerdings, ob dieser Klagemöglichkeit außer in der Theorie überhaupt eine Bedeutung zukommt. Denn die zurückhaltende Position des EuGH bezüglich Ermessensbegriffen wurde schon ausgearbeitet. In Anbetracht der Tatsache, daß es sich hier auch noch um in erster Linie politische Entscheidungen handelt, weil es im Rahmen der Geldpolitik auch innerhalb der Volkswirtschaftslehre keine „richtigen und falschen Konzepte“ gibt, ist eine gerichtliche Entscheidung wohl kaum zu erwarten.

Die EZB sieht den größten Beitrag der Geldpolitik zur Unterstützung der Wirtschaftspolitik in der Verfolgung des Preisstabilitätsziels.[842]

---

[842] EZB Monatsbericht Januar 1999 S. 44f.

3.4.5. Fazit

Insgesamt ist die EZB zwar vollumfänglich in das Rechtsschutzsystem der Gemeinschaften eingebaut. Im Bereich der Wirtschafts- und Währungspolitik ist eine gerichtliche Lösung jedoch wohl nur als ultima ratio angebracht. Das System der Geld- und Wirtschaftspolitik ist auf Kooperation ausgelegt. In einem derartigen System wird jeder Teilnehmer auch den Freiraum zur Meinungsäußerung haben, ohne sich sofort dem Vorwurf des politischen Drucks ausgesetzt zu sehen.

Zu beachten ist auch, daß es sich in der Mehrzahl um politische Entscheidungen handelt. Diese sind durch den EuGH kaum überprüfbar. Es handelt sich in den besagten Gebieten um umfassende Beurteilungsspielräume und um Prognoseentscheidungen, die gerichtlich nicht nachvollzogen werden können und sollen. Die Rechtsprechung ist nicht befugt, in politische Bereiche dadurch einzudringen, daß sie ihr eigenes Gestaltungsermessen an das der politischen Stellen setzt.

3.5. Konfliktlösung durch den EuGH im Bereich der Wechselkurspolitik

Im Bereich der Wechselkurspolitik sind die Kompetenzen anders aufgeteilt, als im Bereich der internen Währungspolitik. So hat der Rat gem. Art. 111 (ex 109) Abs. 1 EGV die Befugnis, förmliche Wechselkursabkommen mit Drittländern abzuschließen. An einem derartigen Verfahren ist die EZB zwar beteiligt, es steht ihr aber weder ein Vetorecht noch eine konkret ausgestaltete Mitbestimmungsbefugnis zu.[843] Förmliche Wechselkursabkommen können aber erheblichen Einfluß auf die interne Währungspolitik und die Geldwertstabilität haben. Überzogene Interventionspflichten der EZB könnten im Extremfall dazu führen, daß der EZB die Erfüllung ihrer Aufgabe, die Erreichung von Preiswertstabilität, unmöglich gemacht würde. Aufgrund dessen ist ein effektiver Rechtsschutz der EZB zur gerichtlichen Überprüfung derartiger Abkommen von erheblicher Bedeutung.

3.5.1. Problemstellung

Der EZB stünde die Möglichkeit einer Nichtigkeitsklage gegen ein vom Rat abgeschlossenes Abkommen im währungsrechtlichen Bereich wegen Verletzung des in Art. 4 Abs. 2, Art. 111 Abs. 1 EGV genannten Ziels der Geldwertstabilität vor dem EuGH offen. Der EuGH würde dann die Rechtmäßigkeit des Abkommens selbst überprüfen.[844] Die EZB kann auch wegen eines fehlerhaften Verfah-

---

[843] Siehe zu diesem Problem ausführlich Teil 2 Kapitel 1 Punkt 4.2.1.2. und 4.2.2.

[844] GTE – Tomuschat Art. 228 Rn. 84.

rens, z.B. bei fehlender Anhörung im Wege der Nichtigkeitsklage gegen den Rat vorgehen. Hier wäre Klagegegenstand die Handlung, durch die das Abkommen getroffen wurde.[845]

Das Problem in diesem Fall ist aber, daß eine Nichtigkeitsklage die Wirksamkeit eines einmal getroffenen Wechselkursabkommens meist nicht berühren kann. Das ergibt sich grundsätzlich aus völkerrechtlichen Vertrauensschutzgesichtspunkten.[846] Denn ein derartiges Abkommen wäre als völkerrechtlicher Vertrag anzusehen, der von dem Völkerrechtssubjekt europäische Gemeinschaft als internationaler Organisation[847] mit Drittstaaten geschlossen wurde. Aus diesem Grund könnte grundsätzlich Art. 46 WVKIO[848] eingreifen. In der WVKIO wurden diese Vertrauensschutzgesichtspunkte als Regelungen über das Zustandekommen und die Wirksamkeit völkerrechtlicher Verträge niedergelegt. Aus Art. 46 WVKIO ergibt sich eine Bindung an den völkerrechtlichen Vertrag auch bei Verstoß der Vereinbarung gegen Gemeinschaftsrecht.[849]

---

[845] GTE – Tomuschat Art. 228 Rn. 84.

[846] Zu differenzieren ist hier zwischen den Rechtswidrigkeitsgründen. Bei fehlerhaftem Verfahren unter Verstoß gegen Kompetenzzuweisungen unter Auseinandersetzung mit der sogenannten „Ultra-Vires-Lehre" Bleckmann Rn. 1407ff, 1419ff, Oppermann Rn. 1721 und Endler S. 458 Fn. 175. Eine Nichtigkeit völkerrechtlicher Abkommen könnte grundsätzlich aber wohl lediglich wegen fehlender Kompetenzzuweisung an die EG, also Verbandskompetenz, nicht dagegen wegen fehlender Organkompetenz innerhalb der EG, daher erst recht nicht wegen fehlender Beteiligung der EZB angenommen werden. (Siehe hierzu auch Ipsen S. 558f). Vgl. auch Art. 46 WVRÜ und Art. 46 WVKIO.
Anderes könnte bei dem Verstoß gegen materielles Gemeinschaftsrecht, also gegen Zielbestimmungen des EGV gelten. Hier wird aber ebenfalls zumeist von einer Wirksamkeit der völkerrechtlichen Verträge ausgegangen. Positiv geregelt ist dies in Art. 46 WVRÜ (Wiener Vertragsrechtskonvention BGBl. 1985 II S. 926 vom 23.5. 1969), das für Staaten gilt. Eine wortgleiche Regelung findet sich im Wiener Übereinkommen über das Recht der Verträge zwischen Staaten und Internationalen Organisationen oder zwischen Internationalen Organisationen WVKIO BGBl. 1990 II S. 1414. Dieses ist aber noch nicht ratifiziert, da hierfür insgesamt 35 Staaten und Internationale Organisationen unterschreiben müssen. Siehe hierzu Ipsen S. 95.

[847] Einordnung der EG als supranationale Organisation und damit als Unterform der internationalen Organisation bei Busse S. 161 unter Auseinandersetzung mit einer Neuordnung durch den EUV. Einordnung und Darstellung verschiedener Theorien auch bei Streinz Rn. 113, ebenso Handbuch europ. Recht – Zuleeg Art. 1 Rn. 6.

[848] Siehe das Gesetz zum Wiener Übereinkommen vom 21. März 1986 über das Recht der Verträge zwischen Staaten und internationalen Organisationen oder zwischen internationalen Organisationen vom 22. November 1990 in BGBl. II 1990 S. 1414ff, siehe auch Rengeling Rn. 511, ebenso GTE – Tomuschat Art. 228 Rn. 78 unter der Bezeichnung WVRÜ II.

[849] Völkerrechtliche Verträge sind wirksam, solange sie nicht gegen zwingende Normen (ius cogens) des allgemeinen Völkerrechts (vgl. Art. 53 WVKIO) verstoßen. Ansonsten gilt die

3.5.2. Anwendbarkeit von Art. 300 Abs. 6 EGV: Gutachten des EuGH

Es wird erwogen, den EuGH schon präventiv mit der Frage der Rechtmäßigkeit eines derartigen Festkursabkommens zu befassen. Insbesondere sollte die Möglichkeit der Beauftragung des EuGH mit einem Gutachten zur Rechtmäßigkeit des geplanten Abkommens auch der Zentralbank eröffnet werden. Dies könnte durch die erweiterte Anwendung von Art. 300 (ex 228) EGV Abs. 6 geschehen. Darin ist festgelegt, daß Rat, Kommission oder ein Mitgliedstaat vorab ein Gutachten des EuGH zur Rechtmäßigkeit von Abkommen einholen können. Käme der EuGH zu einer Unvereinbarkeit des geplanten Abkommens mit dem Vertrag, so müßte gem. Art. 300 Abs. 6 Satz 2 EGV entweder der Vertragstext nach Art. 48 EUV geändert werden, oder das Abkommen könnte nicht in Kraft treten.

Diesen Absatz könnte man auch auf das Verfahren beim Abschluß förmlicher Wechselkursabkommen gem. Art. 111 Abs. 1 und 3 EGV anwenden.[850] Dagegen sprechen aber mehrere Argumente: Art. 111 EGV bezeichnet das Verfahren als „abweichend von Art. 300 EGV". Aus dieser Formulierung könnte man schließen, daß Art. 300 EGV gänzlich unanwendbar sein sollte. Dagegen kann man aber halten, daß Art. 111 EGV lediglich eine Spezialregelung darstellt, die den allgemeineren Art. 300 EGV nur insoweit verdrängt, als sie abweichende Verfahrensregeln festlegt. Bei den restlichen Regeln könnte man auf Art. 300 EGV zurückgreifen, sofern es die Systematik erlaubt.

Der komplette Ausschluß der Anwendung von Art. 300 EGV hätte weitreichende Folgen auch für Rat und Kommission. Ihnen wäre die Möglichkeit, ein vorheriges Gutachten einzuholen, ebenfalls verwehrt. Das stünde im Gegensatz zu allen sonstigen völkerrechtlichen Verträgen. Die Rechte der Kommission wurden zwar im Bereich der WWU teils beschnitten, der Grund war jedoch zumeist eine Übertragung der Kompetenzen auf die EZB, also eine Teilung der bestehenden Mitwirkungsrechte. Bestehende Rechte wurden in erster Linie „umverteilt".

Gegen die Anwendung des Art. 300 Abs. 6 EGV spricht die Auffassung, die Regelung des Art. 111 EGV sei abschließend. Dies wird mit der Begründung angenommen, daß Art. 111 EGV die Außenvertretung im Bereich der Währungsunion umfassend und detailliert regelt.[851] Für eine ergänzende Anwendung des Art. 300 EGV sei ersichtlich kein Platz, da die Regelung des Art. 111 EGV in sich voll-

---

Maxime „pacta sunt servanda". (Art. 42 WVKIO) Vgl. Ipsen S. 146, 149ff. Daher ist ein Verstoß gegen internes Recht irrelevant (Art. 46 WVKIO).

[850] Auslegungsversuch bei Stadler S. 181ff, so auch Endler S. 460ff.

[851] Martenczuk ZaöRV 99 S. 95f, differenziert Stadler S. 182.

ständig sei. Dies erschließe sich aus der Systematik des Artikels 111 Abs. 3 im Vergleich mit Art. 300 (ex 228) EGV.

Die Auslegung, daß eine Regelung über die Erstellung eines Gutachtens wegen der Anwendbarkeit von Art. 300 Abs. 6 EGV als überflüssig erachtet wurde, wird allgemein abgelehnt. Die Regelung des Art 300 Abs. 7 EGV (Verbindlichkeit des Abkommens) wurde nämlich fast wortgleich in Art. 111 Abs. 3 UAbs. 1 EGV nochmals wiederholt. Daraus läßt sich zum einen schließen, daß Abs. 6 absichtlich weggelassen wurde. Zum anderen schien die Wiederholung der Formulierung über die Verbindlichkeit den Verfassern unabdingbar. Das scheint zu zeigen, daß sie einen Rückgriff auf Art. 300 EGV nicht in Betracht zogen. Somit ist die Möglichkeit, ein Gutachten beim EuGH in Auftrag zu geben für den Bereich der Währungspolitik nach herrschender Ansicht nicht gegeben.[852]

Auf der anderen Seite könnte man die nochmalige Bekräftigung der Verbindlichkeit insbesondere gegenüber der EZB auch dahingehend auslegen, daß hier nochmals klargestellt werden sollte, daß der Rat die Kompetenz zum Abschluß von bindenden Abkommen nach Art. 111 Abs. 1 und auch Abs. 3 EGV innehat und diese Abkommen auch gegenüber der EZB als verbindlich anzusehen sind.

Ein weiteres Argument für eine abschließende Regelung in Art. 111 EGV ist, daß Art. 133 (ex 113) Abs. 3 Unterabs. 3 EGV, der ebenfalls Abkommen völkerrechtlicher Art abweichend von Art. 300 EGV regelt, dessen einschlägige Bestimmungen für anwendbar erklärt.[853] Allerdings ist die Systematik dieses Artikels nicht mit der des Art. 111 Abs. 1 EGV zu vergleichen, da die Formulierung des Art. 133 EGV insgesamt nicht parallel zu Art. 111 Abs. 3 EGV ausgestaltet ist.

Eine erweiternde Auslegung scheitert nach Stadler[854] ergänzend zu den systematischen Argumenten an der Entstehungsgeschichte des Art. 111 (ex 109) EGV. Die Befugnis, ein derartiges Gutachten in Auftrag zu geben, war ursprünglich in Art. 111 EGV erwähnt, die dementsprechende Formulierung wurde dann aber nicht verwirklicht.[855] Dies geschah ohne Begründung. Stadler schließt daraus, daß eine derartige Regelung nicht gewollt war.

Die historische Auslegung, wie sie ausführlich von Stadler vorgenommen wurde, ist indes nur nachrangig zu beachten. Denn die Motivationen der Signatare bleiben im Dunkeln. Außerdem sind genügend Textstellen des EG-Vertrags

---

852 So auch Stadler S. 182f, Smits schließt sich dieser Auslegung mit Bedauern an, siehe S. 385, ebenfalls Martenczuk ZaöRV 99 S. 96.

853 Als zusätzliches Argument bei Martenczuk ZaöRV 99 S. 96.

854 Siehe Stadler S. 182.

855 Smits S. 185 m. Verweis auf Stadler S. 182.

Zeugen für die teilweise nachlässige Formulierung, gerade was Verweisungen betrifft, ebenso sieht man an vielen Stellen Verweisungen auf wortgleiche Passagen und überflüssige Doppelregelungen.[856]

Die Frage, die hier zu stellen ist, ist in erster Linie jedoch nicht, ob die Signatare die Regelung abschließend gemeint haben, sondern aus welchem Grund eine derartige Auslegung vorzunehmen sein sollte. Da Aufzeichnungen über die Verhandlungen zur Entstehung der Verträge zum großen Teil nicht zur Verfügung stehen, sind die Motivationen der Signatare auch nur nachrangig zu beachten, vielmehr ist die Systematik des Vertrags zuerst mit Sachargumenten zu überdenken und anhand sachlicher Kriterien auszulegen. Um den abschließenden Charakter der Regelung zu bejahen, sollte daher der Sinn des Ausschlusses der Möglichkeit zur Erstellung eines Gutachtens durch den EuGH diskutiert werden. Es fragt sich also, aus welchem Grund der hier genannte Sonderfall anders zu bewerten ist, als das Verfahren bei anderen völkerrechtliche Verträgen.

Die gesonderte Festsetzung eines abweichenden Verfahrens hatte in erster Linie den Zweck, die EZB in das Verfahren zum Abschluß der völkerrechtlichen Verträge einzubeziehen sowie die Rolle des Rats zu stärken und die der Kommission etwas zu vermindern. Die Sonderregelung trägt also in erster Linie den veränderten Kompetenzen im Bereich der Währungspolitik Rechnung. Eine Sonderstellung des Verfahrens wegen des besonders herausragenden Inhalts der Wechselkurspolitik im Gegensatz zu den sonstigen völkerrechtlichen Verträgen ist dagegen wohl nicht anzunehmen.[857] Die enge Anbindung zweier Währungsgebiete aneinander durch ein Festkursabkommen oder andere Abkommen im währungsrechtlichen Bereich[858] stellen bedeutende Regelung dar, aber auch andere völkerrechtliche Bindungen beinhalten gewichtige Entscheidungen für die Beziehungen zwischen Völkerrechtssubjekten.[859]

Die Bedeutsamkeit des Themas spricht wiederum sogar gegen einen Ausschluß der Begutachtung durch den EuGH. Die Europäische Union ist in erster Linie eine Rechtsgemeinschaft.[860] Dieser Einordnung ist die Wertung zu entneh-

[856] Als Beispiel ist hier nur Art. 105 EGV anzusehen, der mehrmals auf die „offene Marktwirtschaft" hinweist, und dessen Verweisung auf Art. 4 EGV höchst ungenau ist.

[857] Liste der bisher begutachteten völkerrechtlichen Abkommen bei GTE – Tomuschat Art. 228 Rn. 79; hierunter befanden sich auch Abkommen über den EWR und EWR II sowie über den Beitritt zur EMRK.

[858] Beispiel zu Art. 111 Abs. 3 EGV siehe bei Bognar S. 362.

[859] Man beachte nur den bedeutenden Umfang des völkerrechtlichen Abkommens über den EWR, siehe dazu Oppermann Rn. 137ff.

[860] Heintzen EuR 97, S. 8, Zuleeg NJW 94 S. 545ff.

men, daß im Bereich des EGV grundsätzlich ein lückenloser Rechtsschutz bestehen sollte. Diese Aussage ist nicht unreflektiert als Rechtsgrundsatz aufzufassen, es ist ihr jedoch eine gewisse Wertung zu entnehmen. In der Gemeinschaft sollten nach Art. 300 Abs. 6 EGV auf Antrag Entwürfe zu völkerrechtlichen Verträgen vom EuGH begutachtet werden können, wohl auch wegen der unzulänglichen nachträglichen Anfechtbarkeit. Diese Regelung des Art. 300 Abs. 6 EGV, die dem Grundsatz der Rechtsgemeinschaft entspricht, kann für Sonderfälle nur dann ausgeschlossen werden, wenn gewichtige Gründe ihre Anwendung als ungeeignet erscheinen lassen. Alleine wegen des sachlichen Inhalts ist hier aber keine Ungeeignetheit ersichtlich.

Der Zweck eines derartigen Gutachtens besteht für die Teilnehmenden in erster Linie darin, spätere Kollisionen mit dem Gemeinschaftsrecht zu erkennen und zu vermeiden. Daran haben sowohl Rat als auch Kommission als Verhandlungsführer sowie die Mitgliedstaaten zur Überwachung wegen einer möglicherweise vertragswidrigen Bindung und Eingriffen in ihre Befugnisse ein Interesse. Außerdem liegt der Zweck eines derartigen Gutachtens auch in der Schlichtung von Kompetenzstreitigkeiten.[861]

Im konkreten Fall ist also zu fragen, welche Gründe es rechtfertigen, ein derartiges Gutachten generell nicht zuzulassen. Denn auch in diesem Bereich gilt die generelle Unanfechtbarkeit eines wirksam zustande gekommenen völkerrechtlichen Vertrags wegen Art. 46 des WVKIO, so daß eine nachträgliche Rechtmäßigkeitsüberprüfung nicht mit effektiven Konsequenzen erfolgen kann.

Einen Sinn ergäbe eine verschobene Berechtigung zur Beauftragung eines Gutachtens, z.B. eine Beschränkung der Rechte der Kommission wegen ihrer verminderten Aufgaben oder eventuell sogar der Mitgliedstaaten, weil das Währungsrecht in der ausschließlichen Kompetenz der Gemeinschaft liegt. Dies ist aber hier nicht der Fall. Vielmehr würde bei abschließender Auslegung von Art. 111 EGV die Möglichkeit zur Erstellung eines Gutachtens durch den EuGH generell ausgeschlossen. Es fragt sich also, weswegen nicht einmal der Rat als Verhandlungsführer die Möglichkeit haben sollte, seinen Entwurf auf Rechtmäßigkeit überprüfen zu lassen. Zu bedenken ist nämlich, daß der EuGH ohne eine entsprechende Rechtsgrundlage keine Tätigkeiten aufnimmt und daher auch keine Gutachten erstellt. Eine Begründung kann auch nicht darauf gestützt werden, daß der Rat unabhängige Gutachten einholen kann. Eine derartige Argumentation

[861] Oppermann Rn. 1715, GTE – Tomuschat Art. 228 Rn. 78.

ließe den Schluß zu, man wollte eine Befassung des EuGH und eine Erstellung eines gem. Art. 300 Abs. 6 Satz 2 EGV verbindlichen Gutachtens zu dem Thema vermeiden. Diese These ist aber sachlich nicht gerechtfertigt, da der EuGH nach Art. 220 (ex 164) EGV eine umfassende Kompetenz zur Rechtmäßigkeitsüberprüfung hat. Diese umfassende Kompetenz gilt genauso für das Währungsrecht der Gemeinschaft.[862] Daher kann man zu dem Schluß kommen, daß die abschließende Auslegung des Art. 111 Abs. 1 EGV betreffend das Verfahren zum Abschluß völkerrechtlicher Verträge systematisch sauber nachvollziehbar aber inhaltlich und sachlich nicht sinnvoll ist und damit inhaltlich nicht dem Effizienzgebot und dem Rechtsstaatsgebot des EGV sowie dem Charakter der EG als Rechtsgemeinschaft[863] entspricht.

Deshalb muß man zu einer nicht abschließenden Auslegung von Art. 111 EGV kommen, so daß ein Rückgriff auf Art. 300 Abs. 6 EGV nach meinem Dafürhalten möglich sein sollte.[864]

3.5.3. Mögliche Aktivlegitimation der EZB aufgrund richterlicher Rechtsfortbildung durch den EuGH

Die Beauftragung des EuGH mit einem Gutachten könnte aber zumindest für die EZB auch daran scheitern, daß sie als Antragsberechtigte in Art. 300 Abs. 6 EGV nicht erwähnt wird. Auch die Verfahrensordnung des EuGH sieht in Art. 107b kein Antrags- bzw. Auftragsrecht der Zentralbank vor. Die Aufzählung in Art. 300 Abs. 6 EGV wird als enumerativ und abschließend ausgelegt.[865] Diese Auslegung wird durch die Tatsache untermauert, daß die EZB in das System des Rechtsschutzes in der EG in den Art. 230 (ex 173) bis 237 (ex 180) EGV recht sorgfältig und ausdrücklich eingebaut wurde. Dieses Argument kann man aber relativieren. Art. 300 EGV steht systematisch weiter entfernt von diesen Normen. Seine Formulierung fand in einem anderen Zusammenhang statt, eine Aufnahme der Zentralbank in den Kreis der Berechtigten zur Einholung eines Gutachtens könnte gerade deswegen vergessen worden sein.

---

[862] In diesem Fall hat der EuGH zudem noch eine besondere Rolle, da er die einzige Kontrollinstanz für die EZB darstellt.

[863] Heintzen EuR 97 S. 8f, Zuleeg NJW 94 S. 545, Everling JZ 2000 S. 217, EuGH Slg. 1986 S. 1339 (1365f) RS. 294/83 Les Verts/Europäisches Parlament.

[864] So auch Zilioli / Selmayr CMLR 99 S. 346ff.

[865] GTE – Tomuschat Art. 228 Rn. 78, Rengeling Rn. 512.

Fraglich ist, ob der EuGH im Wege der Rechtsfortbildung nicht eine Antragsberechtigung der EZB trotz ihres Fehlens in der Verfahrensordnung annehmen kann.

Als Beispielsfall für eine derartig bedeutende Entscheidung im Rahmen der richterlichen Rechtsfortbildung kann die Gewährung der Aktivlegitimation bei der Nichtigkeitsklage für das Europäische Parlament durch den EuGH[866] gelten. Im Vergleich mit den Gründen dieses Urteils ist die Situation der EZB betreffend den Abschluß eines förmlichen Wechselkursabkommens durch den Rat zu bewerten.

Vorab ist zu klären, ob nicht andere Rechtsbehelfe der EZB zur Verfügung stünden. Dies würde einer richterlichen Rechtsfortbildung und der Annahme einer ungeschriebenen Antragsberechtigung im Wege stehen.[867] Nur wenn keine anderen Rechtsbehelfe vorhanden sind, kann eine Antragsberechtigung der EZB überhaupt in Erwägung gezogen werden. Die Problematik der Nichtigkeitsklage wurde oben schon erwähnt. Sie kann von der EZB zwar gegen ein Abkommen erhoben werden, aber da das Gemeinschaftsrecht keinen vorbeugenden Rechtsschutz kennt, ist eine Nichtigkeitsklage vor allem wegen des Völkerrechts problematisch. Das einmal geschlossene Abkommen könnte die EG gegenüber anderen Staaten auch bei innergemeinschaftlicher Nichtigkeit wegen des WVKIO binden.[868]

Die EZB könnte dann ausreichend geschützt sein, wenn die Kommission als Hüterin der Verträge vorrangig eine Überprüfung im Wege des gutachterlichen Verfahrens einholen müßte und die EZB aufgrund dieser Rechtspflicht ausreichend geschützt würde. Die Kommission hat auch die Aufgabe, die Einhaltung der Rechtmäßigkeit des Vertrags zu überprüfen, dies ergibt sich aus Art. 211 (ex 155) Satz 1 Spiegelstr. 1 EGV.

Gegen diese Argumentation spricht aber die Ungewißheit eines derartigen Vorgehens. Die Kommission ist nicht gezwungen, Rechtsbehelfe einzulegen, wenn sie selbst die rechtliche Lage für unbedenklich hält.[869] Zu überdenken wäre hier aber, ob die Kommission nicht doch eine Rechtspflicht zur Einholung eines Gutachtens hat. Mit dem Antrag auf ein Gutachten kommt sie ja nicht in die wi-

---

[866] EuGH Slg. 1990 I S. 2041ff RS. C 70/88 Europäisches Parlament / Rat der Europäischen Gemeinschaften.

[867] So noch das „Komitologie-Urteil" des EuGH vom 27. 09. 1988, Slg. 88 S. 5615ff RS. 302/87. Dazu auch genauer Ukrow S. 201f.

[868] Siehe oben Punkt 3.5.1. insb. Fn. 846.

[869] EuGH Slg. 1990 I S. 2041ff RS. C 70/88 Rn. 19.

dersprüchliche Situation, eine Klage zu erheben, die sie selbst für unbegründet hält, sondern es handelt sich um ein umfassendes feststellendes Gutachten. In diesem Falle unterscheidet sich die vorliegende Situation von der des Urteils des EuGH[870] vom 22. Mai 1990.

Das heißt, es könnte auch eine Untätigkeitsklage gegen die Kommission in Frage kommen, wenn eine Übereinstimmung der beiden Organe Rat und Kommission herrscht und die EZB die Möglichkeiten zur Überzeugung erschöpft hat. Man könnte argumentieren, die Kommission kann sich, anders als bei einer Klageerhebung, nicht dagegen verwehren, ein Gutachten in Auftrag zu geben, da dieses nicht impliziert, die gefundene Lösung sei rechtswidrig. Aber der Kommission kann dennoch ein gewisses Ermessen zustehen, ihre eigene Rechtsmeinung kann nicht vollkommen belanglos bleiben, so daß hier effektiver Rechtsschutz nicht „gewiß" ist.

Der Begründung des EuGH in dem Urteil vom 22. Mai 1990 war auch eine Wertung zu entnehmen, daß es von Bedeutung sei, daß gerichtlicher Schutz von einer Institution selbst zu erlangen ist.[871]

Problematisch ist weiterhin, daß die EZB selbst kein Organ der Gemeinschaft i.S.v. Art. 7 EGV darstellt. Organe im vorliegend gemeinten Sinne haben normalerweise keine eigene Rechtspersönlichkeit, weil sie lediglich Bestandteile einer eigenständigen internationalen Organisation (der Europäischen Gemeinschaft) sind.[872] Der EZB hingegen ist Rechtspersönlichkeit verliehen worden. Die Stellung der EZB in der Gemeinschaft ist umfassend diskutiert worden.[873] Meines Erachtens kann sie jedoch in diesem Rahmen dahingestellt bleiben. Der EuGH begründete seine Stellung zur Aktivlegitimation auch mit der Organstellung des Europäischen Parlaments und dem institutionellen Gleichgewicht.

Hier ist aber zu sehen, daß das institutionelle Gleichgewicht auf die Aufgaben der Organe abstellt, und nicht auf deren formale Stellung. Es soll der funktionsgerechten Wahrnehmung der Organkompetenzen dienen.[874] Wichtig ist also eine sinnvolle Ausübung der im EGV niedergelegten Befugnisse. Wie den Organen wurde aber auch der EZB in Art. 105 Abs. 1 EGV eine politische Aufgabe zuge-

---

[870] EuGH Slg. 1990 I S. 2041ff RS. C 70/88.
[871] Siehe Hilf EuR 90 S. 274.
[872] Stadler S. 94.
[873] Zuletzt ausführlich im Rahmen der Außenvertretung siehe Zilioli / Selmayr, CMLR 99 insb. S. 285ff mit der Replik von Torrent CMLR 99 S. 1229.
[874] Ukrow S. 200.

wiesen, die für den Vertrag von Bedeutung ist.[875] Diese politische Aufgabe ist für die Gemeinschaft von derartiger Wichtigkeit, daß die damit beauftragte Institution unabhängig von der rechtlichen Ausgestaltung eine bedeutende Stellung im Gefüge der Europäischen Gemeinschaft innehat. Auch auf die EZB ist daher im Rahmen des institutionellen Gleichgewichts Rücksicht zu nehmen.

Das Urteil, das die Aktivlegitimation des Europäischen Parlaments begründete, berief sich daher in erster Linie auf den Grundsatz des institutionellen Gleichgewichts.[876] Der Zweck, zu dem die Aktivlegitimation des Europäischen Parlaments zugelassen wurde, lag weitergehend in der Notwendigkeit des effektiven Rechtsschutzes. Die Zuständigkeitsverteilung zwischen den Organen sollte auch gerichtlich durchsetzbar sein.[877] Dieses Argument ist auf die vorliegende Konstellation anzuwenden. Äußere und innerer Währungspolitik hängen so eng zusammen, daß der Rat durch ein entsprechend formuliertes Abkommen die Aufgabenerfüllung der EZB unmöglich machen könnte. Um ihre bestehende Zuständigkeit wahrzunehmen, muß es daher der EZB ermöglicht werden, Maßnahmen des Rats, die geeignet sind, dies zu verhindern, effektiv gerichtlich überprüfen zu lassen.

Die Grenzen der Rechtsfortbildungsbefugnis des EuGH[878] werden dort gesehen, wo es um die Schaffung vollkommen neuer Rechtsbehelfe geht. Das ergibt sich aus dem Demokratieprinzip, nach welchem die Schaffung von Recht den demokratisch legitimierten Stellen zu überlassen ist.[879] So wurde noch ausdrücklich im Jahre 1977 eine Schaffung der Klagebefugnis für eine Arbeitnehmerorganisation als nicht zulässig angesehen. Dieses Argument kann im vorliegenden Fall jedoch nicht greifen. Es wird überlagert von der Bedeutung des institutionellen Gleichgewichts. Unter Berücksichtigung dieses Grundsatzes könnte man eine Aktivlegitimation der EZB nicht als neuen Rechtsbehelf qualifizieren, sondern als notwendige Erweiterung eines bestehenden, da die EZB mit der Gruppe der Antragsberechtigten vergleichbar ist und sich homogen in sie einpaßt.

Die ausdrückliche Abgeschlossenheit der Rechtsschutzsystems gem. Art. 35 ESZB-Satzung könnte dann der richterlichen Rechtsfortbildung ebenfalls kein

[875] Siehe dazu insgesamt vorne Teil 1 Kapitel 3 Punkt 1 und 2.
[876] Calliess – Calliess Art. 7 Rn. 14ff zum institutionellen Gleichgewicht.
[877] Siehe auch EuGH Slg. 90 I S. 2053 (Schlußanträge des Generalanwalts van Gerven).
[878] EuGH Slg. 1977 S. 305 ff RS 66/76 CFDT / Rat.
[879] Ukrow S. 210.

Hindernis mehr bereiten, ist gegen sie jedoch die oben entworfene Argumentenkette ebenfalls stichhaltig.

3.5.4. Ergebnis

Als Ergebnis bleibt festzuhalten, daß wegen vieler Parallelen der Stellung der EZB zum Europäischen Parlament der Gedanke an die Aktivlegitimation aufgrund richterlicher Rechtsfortbildung naheliegt.

Dennoch dürfen auch einige Unterschiede nicht mißachtet werden. Diese ergeben sich zum einen aus dem Unterschied zwischen dem Charakter eines Gutachtens nach Art. 300 Abs. 6 EGV und einer Klage, so daß ein Vorrang der Tätigkeit durch die Kommission hier nur schwerer auszuräumen wäre als in der vergleichbaren Rechtssache 70 / 88 und außerdem aus der fehlenden Organstellung der EZB. Die Aktivlegitimation der EZB im Wege der richterlichen Rechtsfortbildung erscheint nicht aussichtslos, aber aufgrund fehlender Tendenzen des EuGH auch nicht absehbar. In der Literatur scheint sich aber die Notwendigkeit der erweiterten Auslegung zu verfestigen.[880]

3.6. Kontrollmöglichkeit des EuGH im personellen Bereich der EZB

3.6.1. Verfahren der Amtsenthebung

Die EZB ist auch im personellen Bereich unabhängig.[881] Diese sogenannte „personelle Unabhängigkeit" wurde gem. Art. 112 (ex 109a) Abs. 2 EGV durch möglichst lange Amtszeiten von acht Jahren für das Direktorium zu garantieren versucht, ebenso wie durch das Verbot einer Wiederwahl der Mitglieder des Direktoriums. Daß betreffend diese Regeln die Diskussion noch immer anhält und hierbei insbesondere auf Schwachstellen bei den nationalen Zentralbanken verwiesen wird, sei nur angemerkt.[882]

---

[880] Stadler noch völlig ablehnend S. 182f, Smits schloß sich dem mit ausdrücklichem Bedauern an (S. 385), während Zilioli / Selmayr CMLR 1999 S. 346ff die Notwendigkeit ersehen und eine Möglichkeit des Beauftragens mit einem Gutachten aufgrund des institutionellen Gleichgewichts annehmen.

[881] Das wird durch die Art. 108 (ex 107) EGV, der sich auch auf die einzelnen Mitglieder bezieht, verdeutlicht, ebenso Art. 7 ESZB-Satzung. Die personelle Unabhängigkeit zeigt sich auch in Art. 36 ESZB-Satzung. Dazu recht ausführlich Endler S. 424ff, Stadler S. 126ff, Selmayr AöR 99 S. 388ff, M. Weber Kompetenzverteilung S. 67f, Janzen S. 107ff.

[882] Dieses Thema ist äußerst komplex und hat nicht zuletzt aufgrund der Ernennung des Präsidenten des Direktoriums Duisenberg trotz des französischen Widerstandes eine große Bedeutung erlangt. Daher sind an dieser Stelle nur einige wichtige Veröffentlichungen aufzuführen: Endler S. 424-443, Janzen S. 107ff, Beck S. 217ff. Siehe auch Häde JZ 98 S. 1092ff.

Ein Ausdruck dieser personellen Unabhängigkeit ist, daß weder das Europäische Parlament noch der Rat oder die Kommission für die Entlassung der Mitglieder des Direktoriums zuständig sind.
Das Verfahren der Amtsenthebung ist für das Direktorium vielmehr abschließend in Art. 11.4 ESZB-Satzung geregelt. Danach ist der EuGH die einzige Instanz, die befugt ist, das Verhalten der Mitglieder des Direktoriums zu überprüfen und zu bewerten.

Eine Amtsenthebung ist gem. Art. 11.4 ESZB-Satzung nur unter den dort abschließend aufgezählten Gründen zulässig. Das ist der Fall,

- wenn die Voraussetzungen zur Amtsenthebung nicht mehr erfüllt sind, oder
- wenn eine schwere Verfehlung begangen wurde.

3.6.2. Der Enthebungsgrund „schwere Verfehlung"

Die Formulierungen der Gründe für die Amtsenthebung der Mitglieder des Direktoriums sind recht allgemein. Aufgrund der zahlreichen Rechtspflichten, die den Mitgliedern des Direktoriums auferlegt sind, ist es daher notwendig, für den Begriff der schweren Verfehlung eine konkretere Definition zu finden. Dies könnte durch einen Vergleich mit den Statuten von nationalen Zentralbanken geschehen, um so zu einem gemeinschaftsrechtlichen Konsens zu gelangen, unter dessen Lichte die ESZB-Satzung auszulegen wäre.[883] Diesem rechtsvergleichenden Blick von nationalen Regelungen zu dem vorrangigen Recht der Gemeinschaft sollte jedoch eine Analyse des Vertrags an sich vorangehen.

Innerhalb der Systematik des EGV ist daher zunächst ein Vergleich mit den Regeln betreffend die Kommission anzustellen. In Art. 216 (ex 160) EGV wird das Amtsenthebungsverfahren bezüglich der Kommission dargestellt. Dieses ist vergleichbar mit dem der EZB, die Mitglieder der Kommission können nur durch den Gerichtshof ihres Amtes enthoben werden.[884] Dem liegen dieselben Kriterien zugrunde, wie dem bezüglich des Direktoriums der EZB.

Der Begriff der schweren Verfehlung beinhaltet im Verfahren gegen ein Kommissionsmitglied ein schuldhaftes, nicht aber notwendigerweise strafbares Handeln.[885] So muß aber hier ein Vermögensdelikt als schwere Verfehlung gel-

---

[883] Siehe hierzu ausführlich Amtenbrink S. 273.

[884] Der Mißtrauensantrag des Parlaments nach Art. 201 (ex 144) EGV betrifft demgegenüber nur den geschlossenen Rücktritt der Kommission.

[885] Siehe Grabitz / Hilf – Hummer Art. 160 Rn. 8, der darauf abstellt, daß strafbares Handeln (z.B. Verkehrsdelikte mit Personenschäden) nicht immer Grund für eine Amtsenthebung sein muß. So auch Handbuch europ. Recht – Schmitt von Sydow Art. 160 Rn. 4.

ten, da ein solches geeignet ist, die Reputation der EZB und ebenso der Gemeinschaft zu vermindern.

Vor allem die Verletzung von Amts- und Rechtspflichten kann als Verfehlung gewertet werden. Im Gegensatz zu der Aufzählung des Art. 213 (ex 157) Abs. 2 EGV gibt es keine gesonderte Aufzählung von Amtspflichten für die Mitglieder der Beschlußorgane der EZB. Daher müssen die Amtspflichten dieser Mitglieder des Direktoriums aus der Systematik des EGV hergeleitet werden. Eine konkrete Verbotsnorm ist hier in Art. 108 (ex 107) EGV zu sehen, der es Mitgliedern der EZB ausdrücklich untersagt, Weisungen von anderen anzunehmen oder einzuholen. Dies kann als Rechtspflicht von überragender Bedeutung angesehen werden, da das gesamte ESZB der Unabhängigkeit verpflichtet ist, was als Grundvoraussetzung für effiziente Geldpolitik gewertet wird. Art. 108 EGV ist aus diesem Grunde extra so aufgebaut, daß seine Verpflichtungen an beide Seiten als Adressaten gehen.[886] Auch die Aufnahme einer Nebentätigkeit wird als Amtsenthebungsgrund angesehen.[887]

Fraglich ist, inwieweit Verstöße gegen die Pflicht zur Verschwiegenheit als Amtspflichtverletzungen und auch als schwere Verfehlungen zu gelten haben. Hier ergibt sich die Problematik, daß die EZB eine Politik der Transparenz betreibt, und dies sogar als ihre Pflicht ansieht.[888] Das bedeutet, es entspricht der derzeitigen Politik der EZB, daß die Mitglieder des Direktoriums die Öffentlichkeit über ihre Tätigkeiten und die Hintergründe und Mechanismen der Geldpolitik informieren. Eine Grenze zur Verschwiegenheitspflicht wurde oben schon zu ziehen versucht. Im konkreten Fall ist durch den EuGH sicherlich auf den Umfang des Verstoßes dieser Verschwiegenheitspflicht abzustellen, welchen Grades also die Indiskretionen waren, als auch darauf, welche Konsequenzen derartige Äußerungen in der Öffentlichkeit haben. Gerade den Äußerungen der Mitglieder von Beschlußorganen der Notenbanken wird oft eine sehr hohe Bedeutung zugemessen, da ihr Handeln großen Einfluß auf die Finanzmärkte hat und großes Vertrauen in ihre Bewertung der wirtschaftlichen Situation gelegt wird.[889] Die Verschwiegenheitspflicht der Zentralbankmitglieder hat daher einen weiteren Grund als den Schutz ihrer Unabhängigkeit, sie dient auch der Wettbewerbsneu-

---

[886] Als Grund zur Amtsenthebung auch genannt bei Stadler S. 150.
[887] Handbuch europ. Recht – Zilioli nach Art. 109 Art. 11 Rn. 15.
[888] Siehe vorne Teil 1 Kapitel 4 Punkt 1.
[889] Als besonderes Beispiel gilt der Einfluß Alan Greenspans, siehe z.B. Browning, Wall Street Journal Europe, in Auszüge aus Presseart. Nr. 3 / 2000 S. 15.

tralität,[890] weil die Herausgabe von Informationen, gerade über das weitere Vorgehen der EZB, dem Adressatenkreis zu Vorteilen auf dem Finanzmarkt gereichen kann. Daher kann ein Verstoß gegen die Verschwiegenheitspflicht, wenn er geeignet ist, diesen Grundsatz der Wettbewerbsneutralität zu berühren oder die Glaubwürdigkeit und Arbeit der EZB ernsthaft zu beeinträchtigen, eine Verfehlung darstellen. Die Schwere der Verfehlung hängt von den konkreten Umständen ab. Sie ist vom EuGH alleine nach den besonderen Umständen des Einzelfalls zu bewerten.[891]

3.6.3. Nationale Zentralbanken

Problematischer gestaltet sich die Amtsenthebung bei den Mitgliedern des Rats der EZB, der sich gem. Art. 112 (ex 109a) Abs. 1 EGV ja aus den Präsidenten der nationalen Zentralbanken zusammensetzt.[892] Deren Amtsenthebung ist nach nationalem Recht vorzunehmen.[893] Gegen die willkürliche Amtsenthebungen durch die Mitgliedstaaten aus politischen Gründen stellt allerdings Art. 14.2 ESZB-Satzung eine Sicherung dar. Die Mitgliedstaaten könnten die Unabhängigkeit der EZB untergraben, indem ein dem Mitgliedstaat unliebsamer Direktor einer nationalen Zentralbank willkürlich seines Amtes enthoben würde, um einem linientreueren Platz zu schaffen.[894]

Art. 14.2 ESZB-Satzung ermöglicht sowohl der EZB als auch dem enthobenen Direktor, binnen zweier Monate nach Kenntniserlangung bzw. Bekanntgabe gegen diesen Beschluß vor dem EuGH vorzugehen.

4. Bewertung der Rolle des EuGH

Der EuGH stellt für die unabhängige EZB und ihre Geldpolitik im Gegensatz zu den anderen Organen der Gemeinschaft die einzige konkrete Kontrollinstanz dar.[895]

Allerdings ist der Umfang seiner Kontrolle zum Teil sehr beschränkt, denn dem EuGH ist es nicht möglich den Inhalt des Ermessens politischer Entschei-

---

[890] Ausführlich hierzu Tietmeyer, Auszüge aus Presseart. Nr. 41 / 99 S. 3.

[891] Amtenbrink S. 274, ebenso Grabitz / Hilf – Hummer Art. 160 Rn. 10 bezogen auf die Kommission.

[892] Zusätzlich dazu sind auch die Mitglieder des Direktoriums Bestandteil des EZB-Rats.

[893] Amtenbrink S. 267.

[894] Siehe hierzu auch Craig S. 115.

[895] Zu dem hier weitgehend unbeachtet gebliebenen Rechtsschutz von Einzelnen gegen die EZB und die Angreifbarkeit konkreter Maßnahmen von Betroffenen siehe Selmayr AöR 99 S. 393ff, ebenso Craig S. 100ff.

dungen abschließend zu bewerten, innerhalb dieses Bereichs ist das Handeln der EZB nicht zu kontrollieren. Eine Zweckmäßigkeitskontrolle der Handlungen der EZB kann grundsätzlich nicht vorgenommen werden. Die Rolle des EuGH ist vielmehr beschränkt auf die Rechtmäßigkeitskontrolle.[896] Das beinhaltet, daß die weiten Ermessensspielräume der EZB unangetastet bleiben.

Allerdings ist darauf hinzuweisen, daß das Handeln der EZB durch zahlreiche Rechtspflichten innerhalb der Ausgestaltung ihres Aufgabenbereichs im Gegensatz zu einer politisch vollkommen frei agierenden Institution stark verrechtlicht worden ist. Die Pflichten der EZB sind klar normiert, ebenso wie zahlreiche Anforderungen an ihr Handeln.

Aktiv- und Passivlegitimation der EZB wurde in den EGV umfassend eingebaut. Effektive Kontrolle durch den EuGH ist daher möglich, wenn es sich um schwerwiegende Fehlentscheidungen der EZB handelt, ebenso im Zusammenspiel der einzelnen Institutionen.

In welchem Maße der EuGH Stellung zum Charakter der Unabhängigkeit der EZB nehmen wird, wird aus aktuellem Anlaß bald geklärt werden, denn eine erste Klage der Kommission gegen die EZB wegen deren Verweis auf ihre unabhängige Stellung ist bereits anhängig.[897]

---

[896] So auch schon Bleckmann DVBl. 1992 S. 338.

[897] RS C 11/00, Klagemitteilung der Kommission in ABl. C 122/8 vom 29.4.2000.

Kapitel 6
Konkretes Verhältnis der EZB zu Institutionen der Mitgliedstaaten

1. Allgemeines

1.1. Kompetenz der Mitgliedstaaten im Bereich der Wirtschafts- und Währungspolitik

Die Kompetenz und die Verantwortung zur Ausübung der Wirtschaftspolitik ist in weiten Teilen noch bei den Mitgliedstaaten verblieben.[898] Die Mitgliedstaaten sind durch Art. 98 (ex 102a) EGV bezüglich ihrer Wirtschaftspolitik an die Ziele des Art. 2 EGV gebunden. Sie müssen zur Verwirklichung der Grundzüge der Wirtschaftspolitik gem. Art. 99 (ex 103) EGV beitragen.[899]

Im Rahmen der Geldpolitik jedoch ist die Kompetenz als ausschließliche auf die Gemeinschaft übergegangen. Für eine mitgliedstaatliche Geldpolitik ist daher keine Grundlage mehr gegeben.[900] Dennoch sind auch die Mitgliedstaaten mittelbar in die Geldpolitik mit einbezogen. Daß sie letztendlich immer noch die „Herren der Verträge"[901] sind und somit auch diejenigen Stellen, die die Organisation und den Aufbau der EZB und des ESZB tragen, zeigt sich an den Regeln zur Änderung des EGV.

1.2. Änderungsverfahren des Art. 48 EUV

Die Organisation der EZB sowie des ESZB sind im EGV und in der Satzung des Europäischen Systems der Zentralbanken und der Europäischen Zentralbank festgeschrieben. Diese Satzung ist als Protokoll Nr. 3 gemäß Art. 311 (ex 239) EGV ein fester Bestandteil des Maastrichter Vertrags und stellt Primärrecht dar. Das bedeutet, eine Änderung dieses Protokolls kann grundsätzlich nur unter denselben Voraussetzungen vorgenommen werden, wie eine Änderung des Vertrags an sich.

Der Modus der Vertragsänderung ist in Art. 48 EUV geregelt. Eine Vertragsänderung und somit auch eine Änderung der Satzung ist daher folgendermaßen vorzunehmen:

---

[898] Zur genaueren Beschreibung der Systematik der Wirtschaftspolitik innerhalb der Europäischen Gemeinschaft Roth S. 70ff, Calliess – Häde Art. 4 Rn. 3.

[899] Teil 1 Kapitel 3 Punkt 2.2.1.

[900] Siehe oben Teil 1 Kapitel 4 Punkt 2.3.2.

[901] Oppermann Rn. 501.

- Nach einem entsprechenden Vorschlag durch die Regierung eines Mitgliedstaates oder die Kommission gibt der Rat eine Stellungnahme ab.
- Vor dieser Abgabe hört er das Europäische Parlament.
- Bei institutionellen Änderungen im Währungsbereich gibt auch die EZB eine Stellungnahme ab.
- Bei positiver Stellungnahme des Rates beruft der Präsident des Rats eine Konferenz von Regierungen der Mitgliedstaaten ein, um die Änderungen zu vereinbaren.
- Diese Änderungen treten erst dann in Kraft, nachdem sie von allen Mitgliedstaaten gemäß deren verfassungsrechtlichen Vorschriften ratifiziert worden sind.

Die Notwendigkeit, auch Satzungsänderungen einstimmig in einem Ratifizierungsverfahren zu beschließen, macht eine Änderung der Stellung der Zentralbank, wie sie in der Satzung und auch im EGV selbst festgelegt ist, unwahrscheinlich.[902]

2. Verhältnis der EZB zu den nicht an der Währungsunion teilnehmenden Staaten

2.1. Stellung der nichtteilnehmenden Staaten in der Währungsunion, EWS II

Momentan nehmen vier der 15 Mitgliedstaaten der Europäischen Union nicht an der Währungsunion teil. Zwischen dem Euro-Währungsraum und einigen[903] nichtteilnehmenden Mitgliedstaaten wurde das sogenannte EWS II[904] abgeschlossen. Der Sinn dieses Wechselkursabkommens liegt nicht zuletzt in der Vorbereitung des Eintritts von EU-Staaten in die Währungsunion, da sich die Konvergenzkriterien in Art. 121 (ex 109j) Abs. 1 Spiegelstr. 3 und 4 EGV auf ein Währungssystem beziehen.[905]

Oben[906] wurde bereits dargestellt, daß das EWS II, das für die nicht an der Währungsunion teilnehmenden Mitgliedstaaten der EU das EWS ersetzen soll, nicht

[902] Ausführlich zum Modus der Vertragsänderung nach dem Amsterdamer Vertrag: Koenig / Pechstein EuR 1998 S. 130ff, S. 144.

[903] Beteiligte des EWS II sind Griechenland und Dänemark, nicht dagegen Großbritannien und Schweden. Zu den grundsätzlichen Haltungen Duijm List Forum 97 S. 15f.

[904] ABl. C 345 vom 13. 1.1998 S. 6.

[905] Siehe hierzu ausführlich BK – Hahn / Häde Art. 88 Rn. 475ff.

[906] Siehe Teil 2 Kapitel 1 Punkt 4.2. bei Fn. 492.

auf der Rechtsgrundlage des Art. 111 Abs. 1 EGV basiert. Diese Rechtsgrundlage gilt nur gegenüber Staaten, die nicht Mitglieder der EU sind.

Eine ausdrückliche Regelung über das Verhältnis zwischen den teilnehmenden und den nichtteilnehmenden Staaten trifft Art. 124 (ex 109m) EGV. Danach behandeln die Staaten die Währungsangelegenheiten als Angelegenheiten von gemeinsamem Interesse. Durch diese Regelung soll ein Interessenkonflikt zum Nachteil der EU vermieden werden. Der Artikel stellt eine Verhaltenspflicht auf, er kann aber nicht als Befugnisnorm zum Erlaß eines Wechselkursabkommens ausgelegt werden. Dazu ist er inhaltlich zu vage.[907]

Als Rechtsgrundlagen sind daher Art. 111 EGV analog oder Art. 108 (ex 235) EGV zu überdenken.[908] Beide Rechtsgrundlagen hätten gemeinsam, daß die grundsätzliche Kompetenz für den Erlaß einer derartigen Regelung beim Rat anzusiedeln ist. In der Praxis wurde das EWS II in Anlehnung an eine Entschließung des Europäischen Rats durch die EZB als völkerrechtlicher Vertrag mit den nationalen Zentralbanken als Vertreter der nichtteilnehmenden Mitgliedstaaten getroffen.[909]

Fraglich ist nun, ob hieraus schon eine Kompetenz der EZB zu schließen ist, oder ob die Vereinbarung durch einen Akt des Rats hätte erfolgen müssen. Für die Kompetenz der EZB spricht, daß Art. 105 EGV ihr die ausschließliche Kompetenz im Währungsrecht innerhalb der gesamten Europäischen Gemeinschaft für die 11 teilnehmenden Staaten überträgt. Soweit der EGV dem Rat im Bereich des Außenwährungsrechts Kompetenzen zuspricht, ist dies ausdrücklich in Art. 111 EGV geregelt. Ebenso ausdrücklich wird der EZB in Art. 105 EGV der restliche Bereich der Währungskompetenz inklusive Devisengeschäfte und Währungsreserven zugesprochen.

Auf der anderen Seite kann man der Kompetenz des Rats im Bereich des Festkursabkommens gem. Art. 111 Abs. 1 EGV eine gewisse Wertung entnehmen. Fraglich ist nun, ob der Unterschied zwischen Drittstaaten und den nichtteilnehmenden EU-Staaten so groß ist, daß er eine unterschiedliche Kompetenzverteilung rechtfertigt. Der Wortlaut des Art 105 Abs. 2 EGV spricht von der Geldpo-

---

[907] So auch Smits S. 472.

[908] Siehe Smits S. 469ff, für Art. 308 eher BK – Hahn / Häde Art. 88 Rn. 471.

[909] Die Frage nach der genauen Kompetenzverteilung und eine ausführliche Bewertung der einzelnen Rechtsgrundlagen bei Smits S. 455 – 483.
Weitere Probleme des EWS II sind dargestellt bei Duijm, List Forum 97 S. 10ff.

litik der Gemeinschaft. Auch Art 122 (ex 109k) Abs. 4 EGV, der den Begriff der „Mitgliedstaaten" in Art. 105 EGV als Staaten, die an der Währungsunion teilnehmen definiert, läßt eine gleiche Beschränkung für den Begriff der „Gemeinschaft" nicht zu. Das Verhältnis zu den Staaten, die nicht an der Währungsunion teilnehmen ist somit eines innerhalb der Gemeinschaft. Die Formulierung des Art. 105 EGV ist daher als klar zu definieren und läßt keinen Raum für eine abweichende Kompetenzverteilung.[910]

Im übrigen wird die Beteiligung der nichtteilnehmenden Staaten an Teilen der Wirtschafts- und Währungspolitik nicht durch die Euro-11-Gruppe geschmälert. Diese ist nur ein informelles Forum, alle relevanten Entscheidungen sind vom ECOFIN-Rat bestehend aus den Vertretern aller Mitgliedstaaten zu treffen.

2.2. Der erweiterte Rat

Die nicht an der Währungsunion teilnehmenden Mitgliedstaaten sind innerhalb des ESZB durch den erweiterten Rat vertreten. Dieses Gremium besteht aus den Präsidenten der nationalen Notenbanken sämtlicher Mitgliedstaaten der EG. Es ist gem. Art. 47 der Satzung des ESZB ein rein beratendes Gremium,[911] das von Aufgaben als Leitungs- und Beschlußorgan im Hinblick auf die Geldpolitik nach Art. 107 (ex 106) Abs. 3 EGV gerade ausgeschlossen ist. Seine Hauptaufgabe besteht in der Koordinierung mit den nicht an der Währungsunion teilnehmenden Mitgliedstaaten.

Interessenkonflikte mit den nichtteilnehmenden Staaten sind besonders im Bereich der Wechselkurspolitik denkbar. Hier ist die Kooperationspflicht dieser Staaten mit den Teilnehmerländern in Art. 124 (ex 109m) Abs. 2. i.V.m. Abs. 1 EGV festgelegt.

Ein weiterer Kollisionspunkt ist die Problematik der unterschiedlichen Ausgestaltung der Geldpolitik. So ist z.B. eine Mindestreservepflicht innerhalb des Euroraums zum Vorteil für Standorte außerhalb des Euroraums, da die Mindestreserve die Aktionsfähigkeit der Banken wegen der Bindung von Kapital einschränken kann.[912] Der erweiterte Rat hat aber lediglich eine beratende Stellung, kann also derartige Entscheidungen, bei denen die Präsidenten der nichtteilnehmenden Zentralbanken in einen Gewissenskonflikt geraten könnten, nicht fällen.

---

[910] So auch Zilioli / Selmayr CMLR 1999 S. 310f.
[911] Siehe Art. 44 der Satzung des ESZB. EZB Jahresbericht 99 S. 142.
[912] Siehe dazu Duijm Wirtschaftsdienst 98 S. 664.

3. Verhältnis zu mitgliedstaatlichen Organen am Beispiel der Bundesrepublik

Die Unabhängigkeit der EZB als gemeinschaftlicher Einrichtung muß aufgrund ihrer Supranationalität eine doppelt geschichtete sein.[913] Es wurde im EGV nur Wert auf die Regelung der Zusammenarbeit von EZB und den Organen der EG gelegt. Die Kooperation mit den mitgliedstaatlichen Stellen ist dagegen nur in Art. 105 Abs. 4 i.V.m. Art. 107 (ex 106) Abs. 6 EGV dahingehend geregelt, daß der Rat hier weitergehende Rechtsetzungsbefugnisse hat. Damit scheinen die Mitgliedstaaten nur wenig direkte Einflußmöglichkeiten auf die EZB zu haben.[914]

3.1. Bundestag

3.1.1. Gesetzgebungsorgan

Der Bundestag spielt im Verhältnis zur Zentralbank nur eine untergeordnete Rolle. Vor der Währungsunion hatte der Bundestag die ausschließliche Gesetzgebungskompetenz im Bereich des Währungs-, Geld- und Münzwesens. Die Übertragung der Hoheitsbefugnisse auf die Gemeinschaft führt nicht zum völligen Verlust der Gesetzgebungskompetenz des Art. 73 Nr. 4 GG. Sie besteht formell weiter. Diese hat allerdings keinerlei Bedeutung mehr, da der Bundestag nicht mehr durch konkrete Gesetzgebung auf die Gemeinschaftsstruktur einwirken kann.[915]

Die erschwerte Änderbarkeit der Satzung des ESZB und des EGV an sich haben zur Folge, daß der Bundestag an Änderungen über das Recht der Währungsunion beteiligt werden muß. Das Änderungsverfahren des Art. 48 (ex N) EUV sieht die Ratifikation der Änderungen durch die nationalen Parlamente vor. Der Bundestag hätte insofern zumindest ein Vetorecht bei einer Änderung dieser Vorschriften. Das trifft allerdings nur insoweit zu, als die Vorschriften nicht im Wege des vereinfachten Verfahrens abänderbar sind.

Um ein Änderungsverfahren nach Art. 48 EUV in Gang zu setzen, müßte der Bundestag versuchen, im Rat eine Mehrheit zu überzeugen, eine Regierungskonferenz über dieses Thema einzuberufen. Nur so könnte er eine Vertragsänderung initiieren.[916]

---

913 Janzen S. 119f.

914 Von großer Bedeutung ist dagegen das Verhältnis der einzelnen Mitgliedstaaten zu den nationalen Zentralbanken. Dieses wird aber hier nicht weiter betrachtet werden, da das den Rahmen der Arbeit zu weit ausdehnen könnte.

915 Beisse BB 1992 S. 647.

916 Siehe hierzu auch ausführlicher Waigel S. 180ff.

Der Bundestag hat jedoch einen indirekten Einfluß auf das Verhalten des Rats der EG durch das Verfahren des Art. 23 Abs. 2 GG i.V.m. dem Gesetz über die Zusammenarbeit von Bundesregierung und Deutschem Bundestag in Angelegenheiten der Europäischen Union.[917] Es handelt sich hier lediglich um ein Stellungnahmerecht.

3.1.2. Kontrollorgan

Auch als Kontrollorgan spielt der Bundestag eine geringe Rolle. Eine Zusammenarbeit mit der Zentralbank in Form von Berichterstattung oder direktem Dialog ist im Vertrag nicht vorgesehen. Der Grund dafür ist zum Teil darin zu sehen, daß die nationalen Parlamente kein geeignetes Forum für die zukünftige Ausrichtung der europäischen Wirtschafts- und Währungspolitik bilden. Das kann damit begründet werden, daß sie prinzipiell nicht in die Rechtsetzung der für die Währungspolitik in erster Linie relevanten Entscheidungsbereiche einbezogen sind. Nationale Parlamente sind grundsätzlich diejenigen Stellen, bei deren Gesetzgebung die jeweiligen nationalen Eigeninteressen im Vordergrund stehen.[918] Alleiniger Ansprechpartner ist in diesem Bereich das Europäische Parlament. Die EZB ist, wie sich aus dem Vertragstext ergibt, nur gegenüber Einrichtungen der EG zur Koordination und Kooperation verpflichtet. Eine zwingende Zusammenarbeit mit nationalen Stellen ist dort nicht vorgesehen. Der Grund dafür ist, daß ihre Geldpolitik nicht an den Interessen oder Bedürfnissen einzelner Mitgliedstaaten ausgerichtet werden kann, sondern eine einheitliche europäische ist.[919]

Allerdings wird ein Dialog zwischen den nationalen Parlamenten und den nationalen Zentralbanken unter Umständen als hilfreich angesehen, um dem Transparenzgebot genüge zu tun. Dieser Dialog muß aber die Unabhängigkeit der Zentralbanken wahren.[920] Die fehlende Einbindung der nationalen Parlamente ist insbesondere deswegen angegriffen worden, weil auf europäischer Ebene keine Verpflichtung der Präsidenten der nationalen Zentralbanken besteht, vor dem

---

917 Sartorius I Nr. 96.

918 Gormley S. 17.

919 So auch Hahn JZ 99 S. 961, zur Einheitlichkeit der Geldpolitik sieh genauer später bei Kapitel 6 Punkt 5.2.

920 Während das EWI derartige Treffen als unvereinbar mit dem Vertrag ansah (Jahresbericht 1996 S. 101), hat Smits (S. 174) dagegen unter Wahrung gewisser Bedingungen keine Bedenken. Entschieden lehnt die EZB aber den Ruf nationaler Parlamente nach einer Rechenschaftspflicht ihnen gegenüber ab. Zu einem derartigen Beispiel Hahn, JZ 99 S. 961, ebenso Selmayr AöR 99 S. 385f.

Europäischen Parlament aufzutreten.[921] Hier darf aber nicht übersehen werden, daß die EZB gegenüber dem Europäischen Parlament keine Rechenschaftspflicht hat, sondern lediglich eine Berichtspflicht des Präsidenten des EZB-Rats besteht. Eine derartige Berichtspflicht der nationalen Zentralbanken besteht zumeist auch gegenüber ihren Regierungen. Im Falle der Bundesbank ist dies in §13 BBankG normiert, der die Regierung dazu ermächtigt, von der Bank Auskunft einzufordern.

Auch die Befugnis zur Einsetzung von Untersuchungsausschüssen ist dem Bundestag in Fragen der Währungspolitik nicht gegeben. Art. 44 GG, der diese Befugnis des Bundestags regelt, bezieht sich nur auf Gegenstände, die im Zuständigkeitsbereich des Bundes liegen.[922] Die Geldpolitik ist nun aber in der ausschließlichen Zuständigkeit der Gemeinschaft. Untersuchungsausschüsse können daher Tätigkeiten der nationalen Zentralbanken überprüfen, aber nur, solange diese nicht im ausschließlich gemeinschaftsrechtlichen Bereich agieren.

Die relativ geringen Rechte der nationalen Parlamente haben die Diskussion um das Demokratieprinzip weiter verstärkt. Viele Gegner des jetzigen Systems sehen eine endgültige demokratische Legitimation alleine aufgrund dieses einen Zustimmungsgesetzes zu dem Vertrag von Maastricht als nicht ausreichend an und fordern eine verstärkte Einbindung der nationalen Parlamente oder eine Umstrukturierung der EU.

3.2. Bundesregierung

Primär ist festzuhalten, daß die Bundesregierung als mitgliedstaatliche Regierung dem direkten Weisungsverbot nach Art. 108 (ex 107) EGV und ebenso dem Verbot der Beeinflussung unterliegt. Dies gilt auch gegenüber den nationalen Zentralbanken.[923]

Das Verhältnis der Bundesregierung zur Europäischen Zentralbank beschränkt sich im wesentlichen auf den Einfluß der einzelnen Regierungsmitglieder im Rahmen ihrer Stellung im Rat der Europäischen Gemeinschaft. Dieser Einfluß ist aber nur von geringem Umfang, weil die Regierungen jedes Staates gem. Art. 203 (ex 147) EGV dort nur ein Mitglied von insgesamt 15 stellt. Außerdem sind

---

[921] Amtenbrink S. 301, der aber auch zu dem Schluß der Unvereinbarkeit mit dem Vertragstext kommt.

[922] Janzen S. 135 m.w.N.

[923] Siehe vorne Teil 1 Kapitel 2 Punkt 3.5. Fn. 92.

die dem Rat als Gesamten gesetzten Grenzen bezüglich der Unabhängigkeit der EZB auch von den einzelnen Ratsmitgliedern zu beachten.

Die einzige entscheidende Bedeutung der mitgliedstaatlichen Regierungen ist in der Ernennung der Mitglieder des Direktoriums zu sehen. Diese muß einvernehmlich erfolgen.[924]

Der Umfang der normierten Zusammenarbeit ist daher recht gering. Dieses Ergebnis basiert aber auf mehreren Gründen. Zum einen sind die Mitglieder der Regierung sowohl im ECOFIN-Rat und der Euro-11-Gruppe, als auch im Europäischen Rat vertreten und in dieser Position direkter Ansprechpartner der EZB. Zum anderen ist die Geldpolitik der EZB als einheitliche Politik ausgeformt. Das bedeutet, sie wird für den gesamten Euro-Raum einheitlich gestaltet. Die einzelnen Regierungen sind daher keine Ansprechpartner der EZB. Außerdem sind die nationalen Zentralbanken, deren Präsidenten den größeren Teil des EZB-Rats stellen, als nationale Ansprechpartner vorhanden.

4. Ergebnis

Die Bedeutung der Zusammenarbeit der EZB mit den einzelnen Mitgliedstaaten ist gering. Das liegt zum Großteil an der Ausgestaltung der Geldpolitik als einheitlich.[925] Diese einheitliche Geldpolitik ist ein Schutz vor dem Problem, vielen widersprüchlichen nationalen Interessen und Ansprüchen an die Geldpolitik ausgesetzt zu sein. Es ist gerade der Charakter einer Währungsunion, daß aus vielen einzelnen Teilen ein Gesamtkonzept geschaffen wird, dessen Ansprechpartner auf derselben, nämlich der gemeinschaftlichen Ebene zu stehen haben.

Auf der anderen Seite ist nicht zu übersehen, daß die überragende Rolle des Rats, wie sie in Teil 2 Kapitel 1 dargestellt wurde, ein Zeichen dafür ist, daß die einzelnen Mitgliedstaaten, wenn auch nur mittelbar, auch weiterhin einen ausreichenden Einfluß auf die Bereiche der Wirtschafts- und Währungspolitik und deren Koordinierung nehmen wollten.

Die Partner der EZB sind in erster Linie auf gemeinschaftlicher Ebene zu suchen.

---

[924] Siehe zu der problematischen Ernennung des Präsidenten des Direktoriums im Mai 1998 Häde, JZ 1998 S. 1092.

[925] Siehe dazu schon Teil 1 Kapitel 4 Punkt 2.3.1.

Zusammenfassung

1. Die Sicherung der unabhängigen Stellung der EZB ist durch den Vertragstext des EGV und die Satzung des ESZB in umfassender Weise vorgenommen worden. Der Umfang der rechtlichen Garantien zur Einhaltung ihrer institutionellen, personellen und funktionellen Unabhängigkeit ist bisher ohne Beispiel. Insbesondere ist hier das ausdrückliche Weisungs- und Beeinflussungsverbot des Art. 108 (ex 107) EGV zu nennen, das sich von seiner Struktur her wesentlich klarer und umfassender als die entsprechende deutsche Regelung darstellt.

2. Eine genaue Definition der primären Aufgabe der EZB ist unerläßlich, um die Grenzen der Zusammenarbeit, die von anderen Institutionen gefordert werden kann, aufzuzeigen.

Die EZB muß Preiswertstabilität als primäres Ziel verfolgen und zu erreichen suchen. Innerhalb des Begriffs der „absoluten Preiswertstabilität" hat die EZB dabei jedoch einen gewissen Ermessensspielraum. Sie ist nur an den wissenschaftlichen Kenntnisstand der Volkswirtschaftslehre gebunden, nicht jedoch an Legaldefinitionen oder Vorgaben von Rat oder Kommission. Die Überprüfung des von der EZB gewählten Meßverfahrens zur Bewertung von Preiswertstabilität durch den Gerichtshof beschränkt sich auf Ermessensfehler.

Diese Bindung an das primäre Ziel der absoluten Preiswertstabilität hat zahlreiche Folgen für die Zusammenarbeit mit den Organen der Gemeinschaft. Die wichtigste Konsequenz ist, daß bei Ausführung der Geldpolitik eine Abwägung mit anderen Zielen durch die EZB nicht stattfinden darf. Der Eintritt einer Unterstützungspflicht bezüglich der Wirtschaftspolitik in der Gemeinschaft ist daher nur dann anzunehmen, wenn das Ziel der absoluten Preiswertstabilität dadurch weder gegenwärtig noch zukünftig gefährdet wird. Das sind sehr enge Grenzen, unter denen die Einforderung von Maßnahmen – nicht zuletzt wegen des großen Ermessensspielraums der EZB bei Prognoseentscheidungen – nur selten einen Erfolg zeigen wird, so daß hier beträchtliches Konfliktpotential besteht.

Die Unterstützungspflicht ist dennoch ein notwendiger Bestandteil der Aufgaben der EZB, verpflichtet sie doch die EZB zur aktiven Teilnahme an dem Kooperationsmodell innerhalb der Gemeinschaft. Ohne eine derartige Verpflichtung wäre die Gefahr einer fehlenden Abstimmung im Bereich der Geld- und Wirtschaftspolitik um ein Vielfaches größer. Die Einbindung der EZB in die Entscheidungsfindung der Organe der EG ist aber sinnvoll und notwendig.

3. Das Verfahren der Zusammenarbeit und gegenseitigen Information mit anderen Institutionen und den Organen der Gemeinschaft ist recht ausführlich, hauptsächlich in Art. 113 (ex 109b) EGV, geregelt.

3.1. Der wichtigste Partner der EZB im Rahmen der notwendigen Zusammenarbeit ist der ECOFIN-Rat. Das liegt an seiner herausragenden Bedeutung im Rahmen der allgemeinen Wirtschaftspolitik in der Gemeinschaft.

Dennoch bleiben, betreffend die Zusammenarbeit, im Vertragstext einige Punkte offen. So können sich z.B. Konflikte über den Umfang der Geheimhaltungspflicht bezüglich der Sitzungen des EZB-Rats ergeben, ebenso über die Teilnahme des EZB-Präsidenten an Ratssitzungen.

Dagegen ist der häufige Kritikpunkt, daß die Wechselkurskompetenz dem Rat zusteht, in dieser Absolutheit nicht zu halten. Die grundsätzliche Kompetenzverteilung ist juristisch nicht zu beanstanden. Insbesondere hat der Rat in diesem Bereich eine besondere Verpflichtung auf das Ziel der Preisstabilität, die die Vereinbarung unbegrenzter Interventionsverpflichtungen zu Lasten der EZB rechtswidrig erscheinen läßt. Ein fehlendes Überprüfungsrecht derartiger völkerrechtlicher Abkommen für die EZB durch die Einholung eines Gutachten des EuGH erscheint jedoch kritikwürdig. Vorstellbar wäre hier eine Entwicklung durch richterliche Rechtsfortbildung.

Die Rechtsetzungsbefugnisse des Rats im Rahmen der Satzung des ESZB bedeuten keine ernsthafte Gefährdung für die Unabhängigkeit der EZB, obwohl sie nicht lediglich organisatorische Teile der Satzung betreffen. Sie sind notwendig, um Eingriffshandlungen der EZB in Rechte Dritter durch eine Rahmenverordnung demokratisch zu legitimieren. Außerdem kann gerade im Bereich der Öffnungsklausel des Art. 20 der Satzung des ESZB ein aufwendiges Vertragsänderungsverfahren, um neue geldpolitische Instrumente einzuführen, vermieden werden. Soweit durch die Rechtsetzung des Rats ein Eingriff in die Unabhängigkeit der EZB stattfinden sollte, hat sie die Möglichkeit, gerichtlichen Schutz zu erlangen. In dieser Konstellation ist der Rechtsschutz durch den EuGH als uneingeschränkt effektiv zu bewerten.

3.2. Der Europäische Rat ist im Verhältnis zur EZB ebenfalls in vollem Umfang an das Verbot des Art. 108 (ex 107) EGV gebunden, obwohl seine Stellung in das System der Norm nicht einfach einzuordnen ist.

Seine Rolle als Impulsgeber für die Entwicklungen der allgemeinen Wirtschaftspolitik in der Gemeinschaft kann sich nicht auf die Geldpolitik beziehen, die EZB ist rechtlich nicht an seine Vorgaben gebunden.

3.3. Die Kommission spielt im Verhältnis zur EZB im Gegensatz zum Rat nur eine untergeordnete Rolle. Die geringeren Teilnahmerechte sind damit zu begründen, daß ihre Rolle als Exekutivorgan im Bereich der Geldpolitik wegen der ausschließlichen Zuständigkeit der EZB zurückgesetzt ist. Auch im Rahmen der Wirtschaftspolitik i.S.v. Titel 7 des EGV spielt sie im Gegensatz zum Rat nur eine geringere Rolle.

Trotz des Versäumnisses im EGV wäre ein vertraglich festgelegtes Teilnahmerecht des Präsidenten der EZB an Kommissionssitzungen sinnvoll.

3.4. Die EZB ist dem Europäischen Parlament wohl berichts- nicht aber auch rechenschaftspflichtig. Die Forderungen, besonders des Parlaments, nach mehr Transparenz sind abzulehnen. Sie sind derzeit nicht mit dem Vertragstext vereinbar. Der EGV räumt der Sicherung der Unabhängigkeit der Beschlußorgane der EZB den Vorrang vor dem Informationsbedürfnis des Europäischen Parlaments ein. Die Rufe nach verstärkter demokratischer Rechenschaftspflicht der EZB scheitern an den Grenzen des Vertragstextes. Gleichwohl hat die EZB freiwillig ein großes Maß an Transparenz geschaffen, nicht zuletzt, um ihrer Geldpolitik durch Glaubwürdigkeit zu größerer Wirksamkeit zu verhelfen.

3.5. Die Schaffung neuer Institutionen zum Zwecke der Zusammenarbeit mit der EZB und der Koordinierung der Wirtschafts- und Geldpolitik ist nur dann zulässig, wenn diese Institutionen rein informeller Art sind (wie z.B. die Euro-11-Gruppe), und sie lediglich Konsultativaufgaben wahrnehmen. Eine Verpflichtung der EZB zur Zusammenarbeit besteht nicht. Ebenso müssen auch derartige Institutionen die Unabhängigkeit der EZB in vollem Maße beachten. Jede Bestrebung der Errichtung eines neuen „gouvernement économique" verstieße gegen den Vertragstext.

4. Im Gegensatz zu der Stellung der Deutschen Bundesbank fällt auch die vollständige Einordnung der EZB in das Rechtsschutzsystem der Europäischen Gemeinschaft auf. Jedoch bleibt die tatsächliche Relevanz dieser Einordnung abzuwarten. So muß man zu dem Schluß kommen, daß viele Verstöße gegen das Gemeinschaftsrecht zur Beeinflussung der Unabhängigkeit der EZB nur schwer gerichtlich zu überprüfen wären, da sie sich im Rahmen unverbindlicher politischer Erklärungen und Äußerungen bewegen.

Trotz ihrer weitreichend unabhängigen Stellung steht die EZB nicht außerhalb der Gemeinschaft. Das zeigt sich daran, daß sie auch in passivlegitimierter Stellung uneingeschränkt in das Rechtsschutzsystem der Gemeinschaft integriert ist.

Sie ist durch umfangreiche Regelungen über Zusammenarbeit und gegenseitige Information in die Gemeinschaft eingebunden. Dem EuGH kommt dabei als Kontrollorgan eine ganz besondere Stellung im Verhältnis zur EZB zu. Er ist sowohl für den effektiven Schutz ihrer unabhängigen Stellung als auch zur effektiven Kontrolle nach Klageerhebung zuständig.

5. Als Ergebnis kann man sagen, daß das normierte System bislang keine großen Schwachstellen offenbarte und – vielen Kritikpunkten (insbesondere wegen einer langanhaltenden Wechselkursschwäche) zum Trotz – die EZB, bzw. das gesamte ESZB seine Aufgaben bis jetzt erfolgreich wahrgenommen hat. Es hat jedoch noch immer sehr große Bewährungsproben, wie die reibungslose Einführung des Barzahlungsmittels Euro, oder anstehende Neubesetzungen des Direktoriums, vor sich. Die bislang erfolgten kleineren Angriffe auf ihre unabhängige Stellung (z.B. Einwirkungsversuche von Finanzministern, Rechenschaftsforderungen auch nationaler Parlamente etc.) konnte die EZB erfolgreich abwehren.

Es bleibt abzuwarten, wie sich der EuGH mit der Stellung und den Aufgaben der EZB befassen wird.[926] In rechtlicher Hinsicht wurden aber die Grundsteine sowohl für den Schutz der Unabhängigkeit als auch für eine fruchtbare Zusammenarbeit der EZB mit den Organen der Gemeinschaft gelegt.

[926] Beachte dazu die anhängige Klage der Kommission gegen die EZB RS. C 11/00 eingereicht am 6. Januar 2000 mit der Klagebegründung in ABl. vom 29. 04. 2000 Nr. C 122/8.

Literaturverzeichnis*

Achterberg Norbert, Parlamentsrecht; Tübingen 1984

Alesina, Alberto/ Summers, Lawrence H., Central Bank Independence and Macroeconomic Performance: Some Comparative Evidence; Journal of Money, Credit and Banking Vol. 25, 1993 S. 151 – 162

Alting, Jörg, Europäische Zentralbank und Mindestreservepolitik; Wiesbaden 1998

Amtenbrink, Fabian, The Democratic Accountability of Central Banks; Groningen NL 1998

Baltensperger, Ernst (Hrsg.) / Deutsche Bundesbank (Mitherausg.), Fünfzig Jahre Deutsche Mark, Notenbank und Währung in Deutschland seit 1948; München 1998 (zit.: Dt. BBank)

Bank für internationalen Zahlungsausgleich, Jahresbericht Nr. 60; Basel 1991

Bärmann, Johannes, Stabilität als Rechtsproblem; Nr. 16/17 Gelbe Reihe der Universität Mainz 1976

Basedow, Jürgen, Zielkonflikte und Zielhierarchien im Vertrag über die Europäische Gemeinschaft; in FS Everling (1995), S. 49 – 68

Baumann, Fritz-Achim, Die Nachprüfungsbefugnis des Gerichtshofs der Europäischen Gemeinschaften gegenüber Würdigungen der wirtschaftlichen Gesamtlage durch die Exekutivorgane der Gemeinschaften; Hamburg 1965

Baur, Jürgen F. / Müller-Graff, P.-C. / Zuleeg, Manfred (Hrsg.), Festschrift für Bodo Börner, Europarecht – Energierecht – Wirtschaftsrecht; Köln u.a. 1992 (zit.: FS Börner)

Bean, Charles, An Analysis of the ECB's Monetary Strategy and its Potential Contribution to Growth and Employment; http://www.europarl.eu.int/dg2/econ/pdf/emu/speeches/991129/bean/en/default.pdf, 1999

Beaumont, Paul / Walker, Neil, Legal Framework of the Single European Currency; Oxford, Portland 1999 (zit.: Beaumont / Walker)

Beck, Reiner, Stabilitätspolitik in der Europäischen Wirtschafts- und Währungsunion; Baden-Baden 1997

* Die im Text verwandte abgekürzte Zitierweise ist in Klammern angegeben, soweit dies zur Identifizierung des Verfassers notwendig schien.

Beckedorf, Ingo, Das Untersuchungsrecht des Europäischen Parlaments; EuR 1997 S. 237 – 260 (zit.: Beckedorf EuR 97 S.)

ders., Das Untersuchungsrecht des Europäischen Parlaments; Berlin 1995 (zit.: Beckedorf)

Beisse, Heinrich, Verfassungshürden vor der Europäischen Währungsunion; Betriebsberater 1992 S. 644 – 651 (zit.: Beisse BB 92)

Berger, Michael, Vertraglich nicht vorgesehene Einrichtungen des Gemeinschaftsrechts mit eigener Rechtspersönlichkeit; Baden Baden 1999

Berrang, Thomas Jean, Vorbeugender Rechtsschutz im Recht der Europäischen Gemeinschaften; Baden Baden 1994

Beutler, Bengt / Bieber, Roland / Pipkorn, Jörn / Streil, Jochen, Die Europäische Union; 4. Auflage Baden-Baden 1993 (zit.: BBPS)

Bieber, Roland / Ehlermann, Claus-Dieter / Groeben, Hans von der, Handbuch des europäischen Rechts; Loseblatt Stand 1999, Baden Baden (zit.: Handbuch europ. Recht – Bearbeiter)

Bleckmann, Albert, Europarecht; 6. Auflage Köln 1997 (zit.: Bleckmann)

ders., Der Vertrag über die europäische Union; DVBl. 1992 S. 335 – 343 (zit.: Bleckmann DVBl. 92)

Bofinger, Peter / Reischle, Julian / Schächter, Andrea, Geldpolitik; München 1996 (zitiert: Bofinger)

Bofinger, Peter / Hefeker Carsten / Pfleger, Kai, Stabilitätskultur in Europa; Stuttgart 1998 (zit.: Bofinger / Hefeker / Pfleger)

Bofinger, Peter / Ketterer Karl-Heinz, (Hrsg) Neuere Entwicklungen in der Geldtheorie und Geldpolitik, Festschrift für Norbert Kloten; Tübingen 1996 (zit.: Bofinger / Ketterer – Bearbeiter)

Bognar, Zoltan, Europäische Währungsintegration und Außenwirtschaftsbeziehungen; Baden-Baden 1997

Brosius-Gersdorf, Frauke, Deutsche Bundesbank und Demokratieprinzip; Berlin 1997

dies., Die doppelte Legitimationsbasis der Europäischen Union; EuR 1999 S. 133 – 161 (zit.: Brosius-Gersdorf EuR 99)

Bruggmann, Hugo, Die EG auf dem Weg zur Wirtschafts- und Währungsunion – Eine Zwischenbilanz; Außenwirtschaft 48. Jahrgang 1993 S. 279 – 308

Büschgen, Hans E., Der Euro als neue Umfeldbedingung für die Finanzmarktakteure; WM 1999 S. 929 – 941 (zit.: Büschgen WM 99)

Busse, Christian, Die völkerrechtliche Einordnung der Europäischen Union; Köln u.a. 1999

Calliess, Christian / Ruffert, Matthias (Hrsg.), Kommentar zum EUV und EGV; Neuwied u.a. 1999 (zit.: Calliess – Bearb.)

Calliess, Christian, Subsidiaritäts- und Solidaritätsprinzip in der Europäischen Union; 2. aktualisierte Auflage Baden-Baden 1999

Coburger, Dieter, Mindestreserve- und Diskontpolitik der Deutschen Bundesbank aus rechtlicher Sicht; WM 1989 S. 1005 – 1008 (zit.: Coburger, WM 89)

Corbett Richard / Jacobs, Francis / Shackleton, Michael, The European Parliament; London 1995 (zit.: Corbett)

Craig, Paul, EMU, the European Central Bank and Judicial Review; Beaumont / Walker (1999) S. 95 – 115

Creifelds,Carl / Kauffmann, Hans / Weber, Klaus, Rechtswörterbuch; 14. Auflage München 1997

Cullen, Peter J., Die flexiblen Briten: Rechtsstellung eines Außenseiters in der EU; Bonn 1998

Curtin, Deirdre / Henkels, Ton / Nijhoff, Martinus (Hrsg.), Institutional dynamics of European Integration, Essays in honour of Henry G. Schermers; Dordrecht u.a. 1994

Dauses, Manfred, Handbuch des EU-Wirtschaftsrechts; München, Loseblatt Stand Januar 1999 (zit.: Dauses – Bearb.)

Degenhart, Christoph, Staatsrecht I; 14. Auflage Heidelberg 1998 (zit.: Degenhart)

Deutscher Bundestag, Wissenschaftliche Dienste Nr. 104, Europäische Währungsunion; Bonn 1989 (zit.: Dt. Bundestag, Wiss. Dienste I – III)

Dichtl, Erwin u. Issing, Otmar (Hrsg.), Vahlens Großes Wirtschaftslexikon; München 1987

Dolzer, Rudolf (Gesamthrsg.), Bonner Kommentar zum Grundgesetz; Heidelberg 93. Lieferung. 1999 (zit.: BK – Bearbeiter)

Dörr, Oliver, Zur Rechtsnatur der Europäischen Union; EuR 1995 S. 334 – 348, (zit.: Dörr, EuR)

Due, Ole / Lutter, Marcus / Schwarze, Jürgen, Festschrift für Ulrich Everling; Baden Baden 1995 (zit.: FS Everling)

Duijm, Bernhard, Entscheidungsgremien und Entscheidungsregeln in der EWU; Wirtschaftsdienst 1998 S. 661 – 666 (zit.: Duijm Wirtschaftsdienst 98)

ders., Auf dem Weg zum EWS II; List Forum für Wirtschafts- und Finanzpolitik 23 (1997) S. 10 – 27 (zit.: Duijm List Forum 1997)

Duisenberg, Wim, Introductory Statement delivered at the Hearing before the European Parliament's Committee on Economic and Monetary Affairs; vom 29.11.1999 Internet, Adresse: http://www.ecb.int/key/st991129.htm, ebenso Adresse:
http://www.europarl.eu.int/dg2/econ/pdf/emu/speeches/991129/duisenbe/intrduc/en/default/pdf und Adresse
http://www.europarl.eu.int/dg2/econ/pdf/emu/speeches/991129/fulltxt/en/default/pdf

ders., Antrittsrede vor dem Ausschuß Wirtschaft- und Währung des EP am 18. Januar 1999 unter Adresse:
http://www.europarl.eu.int/dg2/econ/EMU/EN/duis0118.pdf und
http://www.europarl.eu.int/dg2/econ/pdf/emu/en/duis0118.pdf

Duwendag, Dieter / Siebke, Jürgen, (Hrsg.) Europa vor dem Eintritt in die Wirtschafts- und Währungsunion; Berlin 1993

Eijffinger, Sylvester, (Hrsg.) Independent Central Banks and Economic Performance; Cheltenham UK 1997

Ehle, Dietrich, Die einstweilige Anordnung nach dem EWG-Vertrag; AWD 1964, S. 39 – 43

Ehrlicher Werner / Simmert Diethard B., Wandlungen des geldpolitischen Instrumentariums der Deutschen Bundesbank; Beihefte zu Kredit und Kapital Band 10, Berlin 1988

Ehrlicher Werner / Simmert Diethard B. Geld- und Währungspolitik in der Bundesrepublik Deutschland, Berlin 1982

Endler, Jan; Europäische Zentralbank und Preisstabilität, Stuttgart u.a. 1997

Europäische Zentralbank, Jahresbericht 1998; Frankfurt am Main (zit.: EZB Jahresbericht 1998)

Europäische Zentralbank, Jahresbericht 1999; Frankfurt am Main (zit.: EZB Jahresbericht 1999)

dies., Monatsberichte 1999; Frankfurt am Main 1999 (zit.: EZB Monatsbericht Monat 1999 S.)

dies., Monatsberichte 2000; Frankfurt am Main 1999 (zit.: EZB Monatsbericht Monat 2000 S.)

dies., Die einheitliche Geldpolitik in Stufe 3; Frankfurt 1998 (zit.: EZB Geldpolitik)

dies., Compendium, Sammlung von Rechtsinstrumenten; Frankfurt am Main 1999

Europäisches Parlament, Ständiger Ausschuß für Wirtschaft und Währung, Sitzungsdokumente und Hearings 1999, aus http://www.europa.eu.int/committees/de/default.htm

Europäisches Währungsinstitut, Jahresbericht 1997; Frankfurt am Main 1998 (zit.: EWI Jahresbericht 1997)

Europäisches Währungsinstitut, Jahresbericht 1995; Frankfurt am Main 1996 (zit.: EWI Jahresbericht 1995)

Everling, Ulrich, Richterliche Rechtsfortbildung in der Europäischen Gemeinschaft; JZ 2000 S. 217 – 227 (zit.: Everling JZ 2000)

ders., Die Rolle des Europäischen Rates gegenüber den Gemeinschaften; Ress (Hrsg.) EuR Beiheft 2/95 S. 41 – 48 (zit.: Everling Beih. 2/95)

ders., (Hrsg.), Von der Europäischen Gemeinschaft zur Europäischen Union; Reihe: Europarecht Beiheft 1/1994, Baden Baden 1994

ders., Zur rechtlichen Wirkung von Beschlüssen, Erklärungen und Vereinbarungen des Rates oder der Mitgliedstaaten der Europäischen Gemeinschaft; in Lüke G. (Hrsg.) FS Constantinesco 1983, S. 133 – 156 (zit.: Everling FS Constantinesco)

ders., Wirtschaftsverfassung und Richterrecht in der Europäischen Gemeinschaft; in: Festschrift für Mestmäcker (1996) S. 365 – 380 (zit.: Everling FS Mestmäcker)

Faber, Heiko, Wirtschaftsplanung und Bundesbankautonomie; Baden-Baden 1969

Fischer, Stanley, Central Bank Independence Revisited; American Economic Review, Vol. 85 (1995) Nr. 2 (Papers and Proceedings) S. 201 – 206, (zit.: Fischer 1995)

Fischer, Peter / Köck, Herbert Franz, Europarecht; 3. Auflage Wien 1997

Francke, Hans- Hermann, (Hrsg.) Europäische Wirtschafts- und Währungsunion; Reihe Kredit und Kapital, Beihefte Band 14, Berlin 1998

Frey, Bruno, Die ökonomische Theorie der Politik oder die neue politische Ökonomie – Eine Übersicht; Zeitschrift für die gesamte Staatswissenschaft 1970 S. 1 – 23

Geiger Rudolf, Kommentar zu dem Vertrag zur Gründung der Europäischen Gemeinschaft; 2. Aufl. 1995

Glaesner, Hans – Joachim, Der Europäische Rat; EuR 1994 S. 22 – 34 (zit.: Glaesner EuR)

Gleske, Leonhard, Organisation, Status und Aufgaben der zweistufigen Zentralbanksysteme in den Vereinigten Staaten von Amerika, in der Bundesrepublik Deutschland, in der zukünftigen Europäischen Währungsunion; Weber M. (Hrsg.) 1991, S. 123 – 140 (zit.: Gleske)

Goetze, Henning, Die Tätigkeit der nationalen Zentralbanken in der Wirtschafts- und Währungsunion; Frankfurt am Main u.a. 1999

Gormley, Laurence W., Europäische Währungsunion und Demokratieprinzip; Zentrum für Europäisches Wirtschaftsrecht Vorträge und Berichte; Bonn 1997 (zit.: Gormley)

Gormley, Laurence W. (editor) / Kapteyn P.J.G. / VerLoren van Themaat P., Introduction to the Law of the European Communities; 3. Auflage Deventer u.a. 1998 (zit.: Gormley / Kapteyn)

Grabitz, Eberhard / Hilf, Meinhard,(Hrsg.) Kommentar zum EUV/EGV; München, Loseblattsammlung Stand: Ergänzungslieferung 13, Mai 1999 (zit.: Grabitz / Hilf – Bearbeiter)

Gramlich, Ludwig, Bundesbankgesetz, Währungsgesetz, Münzgesetz; Köln 1988

Gramlich, Ludwig / Weber, Albrecht / Zehetner, Franz (Hrsg.) Auf dem Wege zur Europäischen Währungsunion; Baden Baden 1992

Grams, Hartmut A., Zur Gesetzgebung der Europäischen Union; Berlin 1998

Groeben, Hans von der; Thiesing, Jochen; Ehlermann, Claus- Dieter, Kommentar zum EU-/ EG-Vertrag; 5. neubearb. Auflage Bände 1 – 5, Baden-Baden 1999 (zit.: GTE-Bearbeiter Rn.)

Gros, Daniel, An analysis of the ECB's monetary strategy and its contribution to growth and employment; http://www.europarl.eu.int/dg2/econ/pdf/emu/speeches/991129/gros/en/default.pdf

Gündisch, Jürgen, Rechtsschutz in der Europäischen Gemeinschaft – Ein Leitfaden für die Praxis; Stuttgart u.a. 1994

Gündisch, Jürgen / Mathijsen, Petrus, Rechtsetzung und Interessenvertretung in der Europäischen Union; Stuttgart u.a. 1999

Häde, Ulrich, Zur Rechtmäßigkeit der Entscheidung über die Europäische Wirtschafts – und Währungsunion; JZ 1998 S. 1088 – 1095 (zit.: Häde JZ 1998)

ders., Die Europäische Wirtschafts- und Währungsunion; EuZW 1992 S. 171 – 178 (zit.: Häde EuZW 92)

Hagen, Jürgen von, Zwei Bänder für Europa; FAZ vom 7. 11. 1992, S. 13.

Hagen, Jürgen von / Neumann, Manfred J.M., Entwurf für eine Europäische Geld- und Währungspolitik; Francke (Hrsg.) 1998, S.365-386 (zit.: von Hagen)

Hahn, Hugo, „Allgemeine Orientierungen" oder „allgemeine Leitlinien" für die Wechselkurspolitik der Europäischen Währungsunion?; BayVBl 1999 S. 741 – 747 (zit.: Hahn BayVBl. 99)

ders., Berichtspflichten und Informationsmöglichkeiten der Europäischen Zentralbank; JZ 1999 S. 957 – 963 (zit.: Hahn, JZ 99)

ders., Der Stabilitätspakt für die Europäische Währungsunion – Das Einhalten der Defizit-Obergrenze als stete Rechtspflicht; Bonn 1997 (zit.: Hahn, Stabilitätspakt)

ders., Der Vertrag von Maastricht als völkerrechtliche Übereinkunft und Verfassung; Baden-Baden 1992 (zit.: Hahn, Der Vertrag von Maastricht)

ders., Währungsrecht; München 1990 (zit.: Hahn §...)

ders., Die Deutsche Bundesbank im Verfassungsrecht; BayVBl. 1982 S. 33 – 37 (zit.: Hahn BayVBl. 82)

Hahn, Oswald, Die Währungsbank: Behörde, Unternehmung, Autorität; Berlin 1993 (zit.: Oswald Hahn)

Hanny, Birgit / Wessels, Wolfgang, Wirtschafts- und Finanzausschuß und Euro-11-Gruppe; Jahrbuch der Europäischen Integration 1998 / 1999 S. 111 – 116 (zit.: Hanny / Wessels)

Hasse, Rolf, Die Europäische Zentralbank, Perspektiven für eine Weiterentwicklung des Europäischen Währungssystems; Gütersloh 1989 (zit.: Hasse)

ders., Wirtschafts- und Währungsunion auf dem Prüfstand; Stuttgart 1997 (zit.: Hasse / Starbatty)

Heintzen, Markus, Gemeineuropäisches Verfassungsrecht in der Europäischen Union; EuR 1997 S. 1 – 16 (zit.: Heintzen EuR 97)

Herdegen, Matthias, Europarecht; 2. Auflage München 1999

Hilf, Meinhard, Das Klagerecht des Europäischen Parlaments im Organstreit; EuR 1990 S. 273 – 280 (zit.: Hilf EuR 90)

Honrath, Alexander, Umfang und Grenzen der Freiheit des Kapitalverkehrs; Baden-Baden 1996

Hoppe, Hans-Dieter, Rechtsschutz gegen Akte der Währungspolitik; Würzburg 1994

Immenga, Ulrich, Wettbewerbspolitik contra Industriepolitik nach Maastricht; EuZW 1994 S. 14 – 18

Immenga, Ulrich / Möschel, Wernhard / Reuter,Dieter (Hrsg.), Festschrift für Ernst-Joachim Mestmäcker, Baden-Baden 1996 (zit.: FS Mestmäcker)

Ipsen, Knut, Völkerrecht; 4. Auflage München 1999

Issing, Otmar, Einführung in die Geldpolitik; 6. Auflage München 1996 (zit.: Issing, Geldpol.)

ders., Einführung in die Geldtheorie; 10. Auflage München 1995 (zit.: Issing Geldtheorie)

ders., Unabhängigkeit der Notenbank und Geldwertstabilität; Akademie der Wissenschaften und der Literatur; Mainz u.a. 1993 (zit.: Issing, Unabh.)

ders., Das geldpolitische Instrumentarium unter dem Aspekt der Wettbewerbsneutralität; Ehrlicher / Simmert (Hrsg.), Beih. Kredit und Kapital (1988) S. 219 – 240 (zit.: Issing Beih. 10/88)

ders., Die Unabhängigkeit der Notenbank: Theoretisch umstritten, praktisch bewährt; Ehrlicher / Simmert (Hrsg.), Beih. Kredit und Kapital 1982, S. 49 – 60 (zit.: Issing Beih. 7/82)

ders., Stabilitätsbedingungen der Europäischen Wirtschafts- und Währungsunion; in: Auszüge aus Presseartikeln 1991 Nr. 73 S. 1 – 5 (zit.: Issing, Auszüge aus Presseart. Nr. 73/91)

Issing, Otmar / Angeloni, Ignazio, The ECB is Transparent and Accountable; aus Dt. BBank, Auszüge aus Presseartikeln Nr. 68 vom 21. 10. 1999 S. 10f (zit.: Issing / Angeloni)

Janzen, Dietmar, Der neue Art. 88 Satz 2 des Grundgesetzes; Berlin 1996

Jarass, Hans D., Wirtschaftsverwaltungsrecht; 3. neubearb. Auflage Neuwied u.a.1997

Jochimsen, Reimut, Die Europäische Wirtschafts- und Währungsunion – Chancen und Risiken; EA 1993 S. 377 – 388 (zit.: Jochimsen EA 93)

Klein, Hans H., Staatsziele im Verfassungsgesetz; DVBl. 1991 S. 729 – 739

Köhler, Claus, Vertragliche Grundlagen der Europäischen Währungsunion; Berlin 1999

Koenig, Christian, Institutionelle Überlegungen zum Aufgabenzuwachs beim Europäischen Gerichtshof in der Währungsunion; EuZW 1993 S. 661 – 666 (zit.: Koenig EuZW 93)

Koenig, Christian / Pechstein Matthias, Die Europäische Union – Der Vertrag von Maastricht; 2. überarb. Auflage Tübingen 1998

Koenig Christian / Pechstein Matthias, Die EU – Vertragsänderung; EuR 1998 S. 130 – 150 (zit.: Koenig / Pechstein, EuR 1998 S.)

Kopp, Ferdinand J., Verwaltungsverfahrensgesetz; 6. überarbeitete Aufl. München 1996 (zit.: Kopp VwVfG)

Kösters, Wim, Europäische Zentralbank und Preisniveaustabilität; Hamburger Jahrbuch für Wirtschafts- und Gesellschaftspolitik Band 36, 1991 S. 155 – 167 (zit.: Kösters)

Krägenau Henry / Wetter Wolfgang, Europäische Wirtschafts- und Währungsunion, Vom Werner-Plan zum Vertrag von Maastricht; Baden-Baden 1993

Kraußer, Hans-Peter, Das Prinzip begrenzter Ermächtigung im Gemeinschaftsrecht als Strukturprinzip des EWG-Vertrags; Berlin 1991

Kremser, Holger / Leisner, Anna, Verfassungsrecht III , Staatsorganisationsrecht; München 1999

Kroneck, Stefan, Federal Reserve als Vorbild für EZB – Geldpolitik; Dt. BBank Auszüge aus Presseartikeln Nr. 74 / 99 S. 10f

Lampe, Ortrun, Die Unabhängigkeit der Deutschen Bundesbank; 2. Auflage München 1972

Lastra, Rosa Maria, The Independence of the European System of Central Banks; Harvard International Law Journal Vol. 33 1993 S. 475 – 519

Lenaertz, Koen, Sanktionen der Gemeinschaftsorgane gegenüber natürlichen und juristischen Personen; EuR 1997 S. 17 – 46 (zit.: Lenaerts, EuR 97)

Lenz, Carl Otto, (Hrsg.), EG – Vertrag Kommentar; 2. Auflage Köln 1999 (zit.: Lenz – Bearbeiter)

Loef, Hans-E., Stabilitätskultur und Zentralbankunabhängigkeit; Francke u.a. (Hrsg.) S. 317 – 337 (zit.: Loef)

Louis, Jean-Victor, Monetary Union; CMLR 1998 S. 33 – 76 (zit.: Louis CMLR 98)

Louis, Jean-Victor / Séché, Jean-Claude / Wolfcarius, Marie / Margellos, Théophile / Marchipont, Jean-Francois, Commentaire Megret, Le droit de la CEE, Band 6, 2. Auflage Bruxelles 1995

Lüke, Gerhard / Ress, Georg / Will, Michael R., Rechtsvergleichung, Europarecht und Staatenintegration – Festschrift für Léontin-Jean Constantinesco, Köln u.a. 1983 (zit.: FS Constantinesco)

Martenczuk, Bernd, Der Europäische Rat und die Wirtschafts- und Währungsunion; EuR 1998 S. 151 – 177 (zit.: Martenczuk)

ders., Die Außenvertretung der Europäischen Gemeinschaft auf dem Gebiet der Währungspolitik; ZaöRV 1999 S. 93 – 108 (zit.: Martenczuk ZaöRV 99 S.)

Maunz, Theodor / Dürig, Günter / Herzog, Roman / Scholz, Rupert, Kommentar zum Grundgesetz, Loseblattsammlung München Stand Februar 1999 (zit.: Maunz/Dürig – Bearbeiter)

Menkhoff, Lukas, Geldpolitische Instrumente der Europäischen Zentralbank; 2. aktualisierte Auflage, Stuttgart 1996

Meyer, Peter, Die Grundsätze der Auslegung im Europäischen Gemeinschaftsrecht; JURA 1994, S. 455 – 458 (zit.: Meyer, JURA)

Nicolaysen, Gert, Rechtsfragen zur Währungsunion; Berlin u.a. 1993

ders., Europarecht II, Das Wirtschaftsrecht im Binnenmarkt; Baden Baden 1996 (zit.: Nicolaysen Europarecht II)

Noyer, Christian, Monetary policy making in Europe, speech presented to the Spanish Association of Corporate Treasurers (ASSET), Barcelona, 19.11.1999 im Internet unter: http://www.ecb.int/key/sp991119_4.htm

Oppermann, Thomas, Europarecht; 2. Auflage, München 1999

Pipkorn, Jörn, Der rechtliche Rahmen der Wirtschafts- und Währungsunion; EuR 1994 Beiheft 1 S. 85 – 95 (zit.: Pipkorn EuR)

ders., Legal arrangements in the Treaty of Maastricht for the effectivness of the Economic and Monetary union; CMLR 1994 S. 263 – 291 (zit.: Pipkorn CMLR)

Potacs, Michael, Nationale Zentralbanken in der Wirtschafts- und Währungsunion; EuR 1993 S. 23 – 40

Potthoff, M. und Hirschmann Kai, (Hrsg.) Die Europäische Währungsunion – Ein Testfall für die Europäische Integration; Berlin 1997

Randzio-Plath, Christa, Die demokratische Rechenschaftspflichtigkeit der EZB muß erhöht werden; Wirtschaftsdienst 1998 S. 269 – 276 (zit.: Randzio-Plath Wirtschaftsdienst 98).

Rausch, Rolf, Die Kontrolle von Tatsachenfeststellungen und -würdigungen durch den Gerichtshof der Europäischen Gemeinschaften; Berlin 1994

Reich, Dietmar O., Rechte des Europäischen Parlaments in Gegenwart und Zukunft; Berlin 1999

Remsperger, Hermann / Angenendt, Uwe, Freiwillige Reserven in der Europäischen Währungsunion; Die Bank 1995 S. 401 – 406. (zit.: Remsperger / Angenendet, Die Bank 95)

Rengeling, Hans – Werner / Middeke, Andreas / Gellermann, Martin, Rechtsschutz in der Europäischen Union; München 1994 (zit.: Rengeling)

Ress, Georg / Schwarze, Jürgen / Stein, Torsten (Hrsg.) Die Organe der Europäischen Union im Spannungsfeld zwischen Gemeinschaft und Zusammenarbeit; Baden-Baden 1995

Rickes, Reinhold, Praktische ESZB-Erfahrungen; Dt. Bundesbank, Auszüge aus Presseartikeln Nr.66 / 99 S. 5 – 6

Rösch, Ulrich, Geheimhaltung in der rechtsstaatlichen Demokratie; Baden-Baden 1999

Roth, Wulf – Henning, Der rechtliche Rahmen der Wirtschafts- und Währungsunion; EuR 1994 Beiheft 1 S. 45 – 84 (Hrsg.: Everling)

Rupp, Hans Heinrich, Maastricht – Eine neue Verfassung; ZRP 1993 S. 211 – 213 (zit.: Rupp ZRP 93)

Sachs, Michael (Hrsg.), Grundgesetz – Kommentar; 2. Auflage München 1999 (zit.: Sachs – Bearbeiter)

Sachverständigenrat zur Begutachtung des gesamtwirtschaftlichen Gleichgewichts, Die wirtschaftliche Situation in Deutschland; Perspektiven – Wege – Risiken; Band 1991 / 1992, Stuttgart, 1991 (zit.: Sachverständigenrat 91/92 Nr.)

ders., Auf dem Wege zur wirtschaftlichen Einheit Deutschlands; Band 1990 / 1991, Stuttgart, 1990 (zit.: Sachverständigenrat Nr.)

Schachtschneider Karl Albrecht / Emmerich-Fritsche, Angelika / Beyer, Thomas C. W., Der Vertrag über die Europäische Union und das GG; JZ 1993 S. 751 – 760

Scharrer, Hans-Eckart, Probleme der Europäischen Wirtschafts- und Währungsunion nach Maastricht; Hamburger Jahrbuch für Wirtschafts- und Gesellschaftspolitik, Band 37, 1992 S. 207 – 224

Schlesinger, Helmut, Geldwertstabilität: eine nationale und übernationale Aufgabe; Bofinger/Ketterer S. 167 – 180 (zit.: Bofinger / Ketterer – Schlesinger)

Schmidhuber, Peter M., Aufgabe und Verantwortung der Zentralbanken; Deutsche Bundesbank, Auszüge aus Presseartikeln, Nr.26/99 S. 5 – 11 (zit.: Schmidhuber)

Schmidt-Bleibtreu, Bruno / Klein, Franz, Kommentar zum Grundgesetz; 9. Auflage Neuwied 1999 (zit.: Schmidt-Bleibtreu – Bearbeiter)

Schnelting, Gabriele, Die Europäische Zentralbank, die neue Institution der Union und ihre geldpolitischen Funktionen; Aachen 1998 (zit.: Schnelting)

Schönfelder, Wilhelm / Thiel, Elke, Stabilitätspakt und Euro-X-Gremium – Die stabilitätspolitische Untermauerung der WWU; Integration 1998 S. 69 – 76

Schröder, Ulrich, Währungspolitik; Jahrbuch der Europäischen Integration 1997/1998 S. 197 – 204 (zit.: Schröder Jahrbuch 97/98)

Schweitzer, Michael / Hummer, Waldemar, Europarecht; 5. neubearb. Auflage Neuwied u.a. 1996, (zit.: Schweitzer / Hummer Rn.)

Seidel, Martin, Probleme der Verfassung der Europäischen Gemeinschaft als Wirtschafts- und Währungsunion; Baur, J.F. (Hrsg.) 1992 FS für Bodo Börner; S. 417 – 430 (zit.: Seidel in FS Börner)

ders., Zur Verfassung der Europäischen Gemeinschaft nach Maastricht; EuR 1992 S. 125 – 144 (zit.: Seidel EuR 92)

ders., Beschluß- und Entscheidungsverfahren in der Wirtschafts- und Währungsunion: Rechtliche Aspekte; Integration 1998 S. 197 – 211 (zit.: Seidel, Integration 98)

ders., Die Einstimmigkeit im EU-Rat – eine leidige aber nicht dispensable Regel; EuZW 2000 S. 65 (zit.: Seidel EuZW 2000)

Selmayr, Martin / Kamann Hans Georg, Streit um die Unabhängigkeit; FAZ vom 11. April 2000 S. 14 (zit.: Selmayr FAZ)

ders., Die Wirtschafts- und Währungsunion als Rechtsgemeinschaft; AöR 1999 S. 357 – 399 (zit.: Selmayr AöR)

Siebelt, Johannes, Der juristische Verhaltensspielraum der Zentralbank; Baden-Baden 1988 (zit.: Siebelt)

ders., Der deutsch-französische Wirtschaftsrat und der Verhaltensspielraum der Deutschen Bundesbank; DVBl. 1988 S. 672 – 677 (zit.: Siebelt DVBl. 88)

Siebert, Horst, Bedingungen für eine stabile europäische Währung; Die Weltwirtschaft 1992 S. 40 – 49

Slot, Piet Jan, The Institutional Provisions of the EMU; Curtin, D. / Henkels, T. / Nijhoff, M. (Hrsg.) Essays in honour of Henry G. Schermers, 1994, S. 229 – 249 (zit.: Slot)

Smit / Herzog, The Law of the European Economic Community; Loseblatt, New York Stand September 1998 (zit.: Smit/Herzog)

Smits, René, The European Central Bank, Insitutional Aspects; Den Haag 1997 (zit.: Smits)

ders., The European Central Bank: Institutional Aspects; International and Comparative Law Quarterly 1996 S. 319-342 (zit.: Smits, ICLQ 96)

Sodan, Helge, Die funktionelle Unabhängigkeit der Zentralbanken; NJW 1999 S. 1521 – 1524 (zit.: Sodan NJW)

Sommermann, Karl-Peter, Staatsziele und Staatszielbestimmungen; Tübingen 1997

Spindler, Joachim von / Becker, Willy / Starke, Ernst, Die Deutsche Bundesbank – Grundzüge des Notenbankwesens und Kommentar zum Gesetz über die Deutsche Bundesbank; 4. Aufl. Stuttgart u.a. 1973

Stadler, Rainer, Der rechtliche Handlungsspielraum des Europäischen Systems der Zentralbanken; Baden-Baden 1996

Starck, Christian, (Hrsg.), Erledigung von Verwaltungsaufgaben durch Personalkörperschaften und Anstalten des öffentlichen Rechts; Baden-Baden 1992 (zit.: Starck- Bearbeiter)

Stark, Jürgen, Zur Unabhängigkeit der Zentralbanken: Preisstabilität und Stabilität der Währung versus demokratische Kontrolle; Dt. BBank Auszüge aus Presseartikeln 15/99 S. 3 – 7

Statistisches Bundesamt, Statistisches Jahrbuch für die Bundesrepublik Deutschland; 1997

Staudinger (Hrsg.), Kommentar zum Bürgerlichen Gesetzbuch; 13. Auflage Berlin u.a. 1997 (zit.: Staudinger – Bearbeiter)

Steinberg, Rudolf, Grundgesetz und Europäische Verfassung; ZRP 1999 S. 365 – 374 (zit.: Steinberg, ZRP)

Streinz, Rudolf, Europarecht; 4. neubearb. Auflage Heidelberg 1999

Studt, Detlef, Rechtsfragen einer Europäischen Zentralbank; Berlin 1993

Suski, Birgit, Das europäische Parlament: Volksvertretung ohne Volk und Macht; Berlin 1996

Tietmeyer, Hans, Rede beim Empfang des nordrhein-westfälischen Ministerpräsidenten und des Vorstands der Landeszentralbank in NRW in Münster am 23. Juni 1999; Deutsche Bundesbank, Auszüge aus Presseartikeln Nr.43/ 1999 S. 1 – 2

ders., Zum Wechselverhältnis von Geldpolitik und Politik aus Sicht der Notenbank; Bofinger / Ketterer (1996) S. 43 – 69 (zit.: Bofinger / Ketterer – Tietmeyer)

Torrent, Ramon, Whom is the European Central Bank the Central Bank of?; CMLR 1999 S. 1229 – 1241 (zit.: Torrent, CMLR 99)

Ukrow, Jörg, Richterliche Rechtsfortbildung durch den EuGH; Baden Baden 1995

Varadinek, Brigitta, Ermessen und gerichtliche Nachprüfbarkeit im französischen und deutschen Verwaltungsrecht und im Recht der Europäischen Gemeinschaft; Aachen 1995

Vaubel, Roland, Währungsunion à la Maastricht: Probleme der Zentralbankverfassung; Potthoff M. / Hirschmann K. (Hrsg.) 1997, S. 102 – 112 (zit.: Vaubel)

Vaubel, Roland, Eine Public – Choice – Analyse der Deutschen Bundesbank und ihre Implikationen für die Europäische Währungsunion; Duwendag D. / Siebke J. (Hrsg.), 1993, S. 23 – 79 (zit.: Vaubel 1993)

Wagner, Helmut, Europäische Wirtschaftspolitik, Perspektiven einer Europäischen Wirtschafts- und Währungsunion (EWWU); Berlin u.a. 1995

Wahlig, Berthold, Rechtliche Fragen zur Errichtung einer Europäischen Währungsunion; Gramlich / Weber / Zehetner (1992) S. 37 – 51

Waigel, Christian, Die Unabhängigkeit der Europäischen Zentralbank; Baden-Baden 1999

Weber, Albrecht, Die Wirtschafts- und Währungsunion nach dem Maastricht-Urteil des BVerfG; JZ 1994 S. 53 – 60 (zit.: A. Weber JZ 94)

Weber, Manfred, (Hrsg.), Europa auf dem Weg zur Währungsunion; Darmstadt 1991

Weber, Martin, Das Europäische System der Zentralbanken; WM 1998 S. 1465 – 1473 (zit.: M. Weber WM 98)

ders., Die Kompetenzverteilung im Europäischen System der Zentralbanken bei der Festlegung und Durchführung der Geldpolitik; München 1995 (zit.: M. Weber Kompetenzverteilung)

Weikart Thomas, Geldwert und Eigentumsgarantie; Baden-Baden 1993

ders., Der Vertrag von Maastricht und das Grundgesetz; RiA 1993 S. 1 – 14 (zit.: Weikart RiA 93)

Weinbörner, Susanne, Die Stellung der Europäischen Zentralbank (EZB) und der nationalen Zentralbanken in der Wirtschafts- und Währungsunion nach dem Vertrag von Maastricht; Bayreuth 1998

Wichard, Johannes – Christian, Wer ist Herr im Europäischen Haus?; EuR 1999 S. 170 – 184 (zit.: Wichard EuR)

Willgerodt, Hans, Politische Union als Voraussetzung einer Währungsunion?; Bofinger / Ketterer (1996) S. 137 – 163 (zit.: Bofinger / Ketterer – Willgerodt)

Willms, Manfred, Internationale Währungspolitik; 2. Auflage München 1995

➲ *von Damm, Christoph*
Selbsteintrittsrecht der Bauaufsichtsbehörde
Art. 81 BayBO und seine Vereinbarkeit mit der gemeindlichen Planungshoheit
Band 1, 1998, 224 S., ISBN 3-8255-0201-5, DM 79,–

Die Studie betrifft vor allem die Interessen der Gemeinde und deren Verbände, weil hierbei Maßnahmen diskutiert werden, die unter Umständen in die Selbstverwaltung eingreifen. Das Buch bietet eine wissenschaftliche Auseinandersetzung mit den verwaltungs- und verfassungsrechtlichen Aspekten der beschleunigten Ersetzung des gemeindlichen Einvernehmens durch die Bauaufsichtsbehörde. Dabei wird diese Problematik als Teil der Bestrebungen eines „schlankeren" Staates dargestellt, dem Versuch durch Abbau von langdauernden Genehmigungsverfahren ein Anreiz zu Investitionen zu schaffen und so den Standort Deutschland zu stärken.

➲ Koebke, Max
Das Recht auf Umweltinformation unter besonderer Berücksichtigung von Betriebs- und Geschäftsgeheimnissen und der Paragraphen 207-277 UGB-KomE
Band 2, 1999, 182 + XVIII S., ISBN 3-8255-0264-3, DM 79,–

Die Studie führt ein in das Recht der Umweltinformation, wie es durch das UIG geschaffen wurde. Dabei zeigt der Autor den Hintergrund der Informationsfreiheit auf und zieht einen Vergleich mit den Informationsrechten in den USA und in den Staaten der EU. Die Darstellung des konkreten Inhalts des UIG findet ihren Schwerpunkt im Konflikt der Informationsfreiheit mit dem Schutz von Betriebs- und Geschäftsgeheimnissen.

➲ Hamers, Antonius
Der Petitionsausschuß des Europäischen Parlaments und der Europäische Bürgerbeaufragte
Zu den außergerichtlichen Beschwerdeeinrichtungen der Europäischen Gemeinschaft
Band 3, 1999, 290 + XIV S., ISBN 3-8255-0285-6, DM 79,–

Das Buch befaßt sich mit den beiden Einrichtungen Petitionssausschuß und Bürgerbeauftragter auf Ebene der Europäischen Gemeinschaft und geht der Frage nach, ob ein Nebeneinander beider Institutionen sinnvoll und notwendig ist. In diesem Zusammenhang wird insbesondere untersucht, wie die Aufgaben, Kompetenzen und Zuständigkeiten beider Einrichtungen voneinander abgegrenzt werden können.

➲ Knödler, Christoph

Mißbrauch von Rechten, selbstwidersprüchliches Verhalten und Verwirkung im öffentlichen Recht

Band 4, 2000, 260 + XLVI S., ISBN 3-8255-0293-7, DM 79,–

Die Untersuchung zum Rechtsmißbrauch und seinen konkreten Erscheinungen beruht auf ca. 800 Gerichtsentscheidungen, vornehmlich des Bundesverfassungsgerichts, Bundesverwaltungsgerichts und des Bundessozialgerichts, sowie ca. 750 Literaturquellen. Sie zielt auf eine Schärfung der unklaren Konturen des Rechtsmißbrauchs durch Bündelung der Gemeinsamkeiten und Unterschiede der verschiedenen Mißbrauchsfeststellungen und dient weiter der dogmatischen Erfassung und rechtsstaatlichen Anfrage an die Mißbrauchsfigur, ehe sie mit 16 bilanzierenden Thesen zum Rechtsmißbrauch schließt.

➲ Bernard, Claudia

Rundfunk als Rechtsbegriff

Bedeutung, Inhalt und Funktion des Rundfunkbegriffs unter besonderer Berücksichtigung der Multimediadienste

Band 6, 2001, ca. 270 S., ISBN 3-8255-0342-9, ca. DM 70,–

Im Mittelpunkt dieser Arbeit steht ein globaler Ansatz der rundfunkrechtlichen Regelungen. Unter Bezugnahme auf den Rundfunkbegriff in den internationalen und nationalen Regelungen werden seine Funktionen und sein Inhalt dargestellt und die Möglichkeit einer einheitlichen globalen Rundfunkordnung untersucht. Dies bildet den Ausgangspunkt für die Erörterung der rechtlichen Erfassung und Regulierung der Multimediadienste.

FSC
www.fsc.org
MIX
Papier | Fördert gute Waldnutzung
FSC® C083411

Kolibri 360 GmbH
Ferdinand-Jühlke-Straße 7
99095 Erfurt, Deutschland
produktsicherheit@kolibri360.de